山田方谷

至誠惻怛の人

栗谷川　虹

明德出版社

この書を、わがはらから
田子のぶ子
栗谷川せつ子
ビュニャール・しづ子
栗谷川洋
に贈る。
栗谷川虹

山田方谷肖像画　平木政次作（個人蔵）

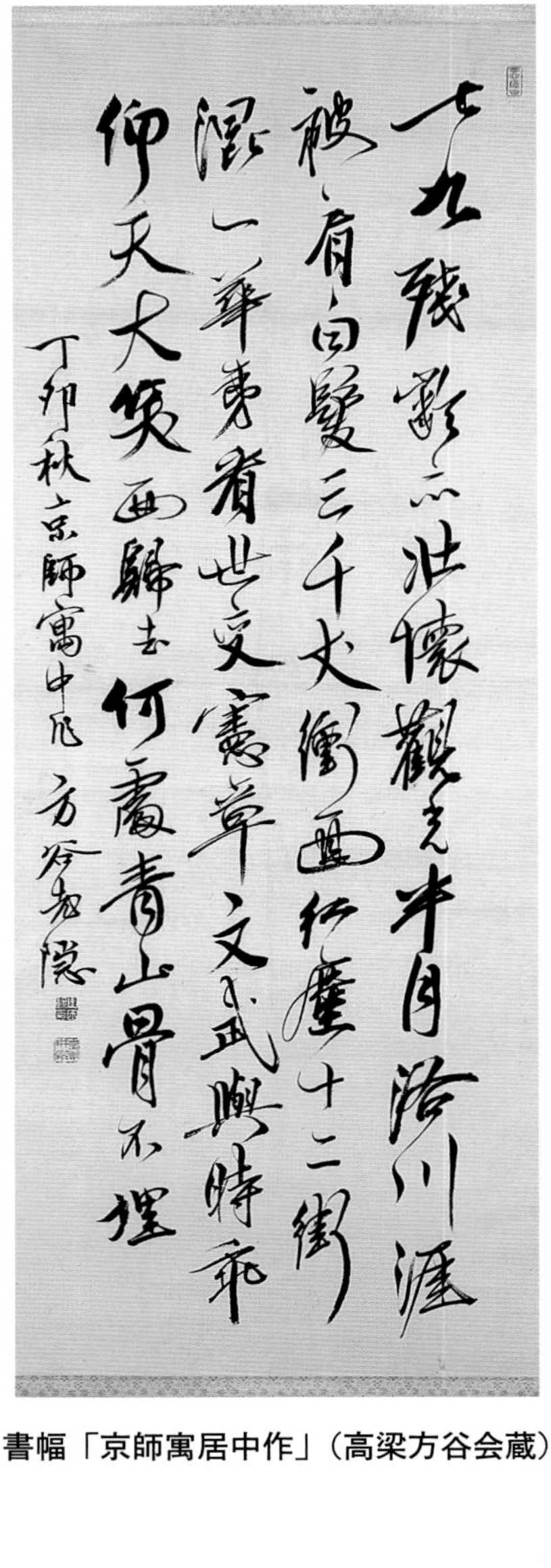

書幅「京師寓居中作」（高梁方谷会蔵）

目次＊山田方谷　至誠惻怛《しせいそくだつ》の人

序にかえて　9

第一章　美しい遺書　15

1　山田方谷の生誕と六十六年前の事件　15

第二章　寧馨児《ねいけいじ》　28

1　方谷生誕伝承　28　2　両親の家再興の熱意と、方谷撫育の天命　35

第三章　述懐　38

1　十四歳の懐い　38　2　大故によって方谷は孤児となり、学業は頓挫する　43

第四章　京都遊学　50

1　帰郷して家業と学業に勉め、やがて士籍を与えられる　50　2　「斯文《しぶん》」と

は何か　57　3 悠々と心を白雲蒼樹《そうじゅ》の間に遊ばせて　60　4 君知るや、山陽の男児意気《いき》に燃《も》ゆるを　65

第五章　空水名月無間《むかん》に相映ず　78

1 備中《びっちゅう》松山城　78　2 災いを転じて福となす　84　3 二千余言の長論考「対策に擬《なぞら》う」　96　4 明君と名臣　111

第六章　江戸遊学　120

1 爛漫《らんまん》たる方谷の春花　燦爛《さんらん》たる川面の秋月　120　2 佐藤一斎塾　128　3 私の魂は、煙のように浮遊し　134　4 大塩平八郎の乱　142　5 帰郷　144

第七章　蝸牛山を出る　157

1 山を出でて去る　157　2 板倉勝静《かつきよ》と方谷　164　3 元締役任命　169　4 板倉家はなぜ困窮に陥ったのか　176

第八章　山田方谷の改革　181

[1] 常器に非ず 181 [2] より良き社会の実現 190 [3] 衰退した世を活気づける 196 [4] 維新後を洞観した革命的な改革 202 [5] 城外の砦としての撫育所 208

第九章　松山藩財政改革成就 215

[1] 松山藩財政改革補記、冗費節約・新借と旧借・破債 215 [2] 改革初期と八年後の情況対比 221 [3] 撫育所 225 [4] 破債とは何か 230 [5] 徳川幕府三度の洗濯論 233

第十章　板倉勝静の寺社奉行就任から罷免まで 240

[1] 板倉勝静の寺社奉行就任 240 [2] 山田方谷の元締役辞職 246 [3] 藩財政逼迫は本多検地ではなく、役人の横道にある 251 [4] 大老井伊直弼による板倉勝静の罷免 258

第十一章　方谷の長瀬移住と河井継之助の入門 263

[1] 長瀬移住 263 [2] 越後長岡藩士河井継之助の入門 270 [3] 「王陽明全

集の後に書し、「河井生に贈る」　280

第十二章　方谷、病に倒れて創業と守成《しゅせい》をいう　289

1　方谷、病に倒れる　289　2　創業と守成　294　3　鉄より重い紙袋　305

第十三章　板倉勝静の老中就任と攘夷《じょうい》の狂熱　313

1　幕府老中顧問　313　2　渦逆巻く鳴門の渦潮　318　3　方谷の霊魂観　326

4　御誠心の確立こそ急務　334

第十四章　人間が夢に食われる　344

1　老懶偏固《ろうらんへんこ》　344　2　将軍徳川家茂《いえもち》上洛　352

第十五章　文久クーデター　363

1　方谷の攘夷実行策　363　2　天誅組《てんちゅうぐみ》の乱　371　3　東方防火兵隊　376

第十六章　法身界《ほっしんかい》と色身界《しきしんかい》　385

目次

1 瑞山墾拓《みずやまこんたく》 385　2 参予会議 394　3 蓼食う虫 399　4 勝静の老中辞任、佐久間象山の暗殺 404　5 禁門の変 407

第十七章　長州征討または四境戦争 411

1 方谷留守部隊を指揮する 411　2 第一次長州征討と条約勅許 419　3 第二次長州征討 424

第十八章　用行舎蔵《ようこうしゃぞう》 438

1 方谷の挽回策 438　2 西郷とサトウ 443　3 長詩「棄甲行」 451　4 我が身に三十棒 459

第十九章　大政奉還 463

1 私はついに仙人になれなかった 463　2 船中八策 475　3 朱墨の献言 484

第二十章　備中松山藩急変 493

1 鳥羽・伏見 493　2 熊田恰《あたか》の切腹 509　3 諸官唯青色、敢えて口を開く

者なし 513
第二十一章 豹変 519
1 松山藩の再興運動 519
2 河井継之助の跪坐作礼《きざさくれい》 527
第二十二章 方谷易簀《えきさく》 537
1 母の魂を慰めん 537
2 温藉《おんしゃ》清遠なる老境 545
3 雲に出没する龍 553
4 茶園の緑芽萌え立つ頃 557
5 春服既に成り 563
主要参考文献 571
あとがき 575

山田方谷

至誠惻怛の人

凡例

一、文中の敬称は省略に従った。敬意を込めた呼び捨てである。

一、引用文中の原注は〔原注・ 〕とし、

一、引用者の注は（引注・ ）又は（ ）のみとした。

一、引用文の旧漢字は新漢字に、旧仮名遣いとカタカナ表記の一部は、新仮名遣いとひらがなに改めた。

一、引用文の所在は『山田方谷全集』ならば全集通し番号により（全一〇〇〇）とした。

一、『魚水実録』ならば（魚前一〇〇〇）などとし、

一、方谷漢詩は宮原信『山田方谷の詩――その全訳』の通し番号により（宮一〇〇）とした。

序にかえて

「風光る方谷といふ無人駅　　行人」

もう十数年も前のことである。俳句ではほとんどが初心者ばかりの、特に指導者もなく句会というよりは同好会で、兼題《けんだい》のこの投句《とうく》が読み上げられたとき、わたくしはちょっとショックをうけた。この題材ならばわたくしが詠みたかった、それも、こんな姿のいい句で満票をさらわれてしまったことが、ひどくうらやましかった。こういう句を詠む人も、この句会にはいたのである。投句者の名乗りで作者は「コウジン」と聞こえた。行人《こうじん》は、詩人松田研之《けんし》の俳号である。詩人ならば、俳句にもこういう秀逸《しゅういつ》があっても不思議ではないが、感心したのは、「風光る」という季語の思いがけない生かし方であった。この季語は、素人《しろうと》には実感がつかみにくく、歳時記の例句を見ても、参考になりそうな句も見あたらず、持てあましたあげく、ろくな句もできなかった。行人の句から気づかされたのは、「風光る」を、誰もが春のみなぎる光をまともに詠《よ》もうとして失敗したのだ。陰翳《いんえい》……「風光る」なかに捉えた「無人駅」という、いわばペーソスの一刷毛《ひとはけ》が必要であった。そのペーソスも、山田方谷《ほうこく》という、幕末のころ岡山県西部の備中《びっちゅう》あたりでは、神のごとくに慕われながら、明治以後は忘れられたに等しい人物を、あの高梁《たかはし》川流域の風趣と共に蘇らせたことにある。

備中北部の、標高五百㍍前後の山々が、波頭のように起伏するカルスト台地を、高梁川が深い谷をえぐり曲がりくねって流れている。方谷駅の近くで支流の佐伏川《さぶせ》が合流し、流れは少し開けた所に出る。広がった瀬はきらめき、両岸にせまる急斜面の濃淡とりまぜた鬱蒼たる緑が輝いている。切り立った山の、陽のあたらぬ側や山襞《やまひだ》には、濃い影が残り、加えて山田方谷の旧宅跡に建てられた駅舎は、迫り来る山と高梁川に挟まれた狭い土地で、当時はいつ通っても人影を見たことがなく、静まり返っていた。この風趣を「風光る」という一語でとらえようとは、遺憾《いかん》ながらわたくしには思いもよらなかった。

備中の、早春芽吹きどきは、まことに豊かで美しい。

冬の枯木、といっても、これもまた独特の風情《ふぜい》がある。緻密《ちみつ》で清楚《せいそ》な灰白色《かいはくしょく》の枯木立《かれこだち》が、爪楊枝《つまようじ》をびっしり逆《さか》しまに並べ立てたように整然と山々を被《おお》っている。やがて、全山の冬芽が、いよいよいっせいに芽吹こうとして、赤ん坊の指先のように、ほんのり赤みをおびて膨らむと、その微妙な色合いが山々にひろがり溶けあい、薄紫の霞のヴェールとなって木々に纏《まつ》わりただよう。漢詩人山田方谷も、これを「鶏足山頭紫嵐《けいそくさんとうしらん》を捲《ま》く」と詠《えい》じている。

わたくしが瀬戸内沿岸の町に住むようになったのは、六十年も昔であるが、毎年春先には、この薄紫の、えも言われぬ色合いを待ち焦《こ》がれてきた。それも、惜しむ間もなくわずか一日か、二日で、すっと消えさって、今度はその下から、あざやかな若葉が萌えあがる。雨でも降れば、若緑といっても千種満類《せんしゅまんるい》、色とりどりの若葉はいっそうつややかになって、山の上からドレッシングでもかけて、そのままパリパリ食べたらさぞ美味《うま》かろうと思う。時季が進むと、高梁川両岸急斜面の新緑の中、あっちからもこっちからも、「我ここにあり」と名告《なの》りをあげるように、山桜が、フワッ、フワッと咲き出す風情《ふぜい》も実にいい。この風景の中を、高梁川は蛇行《だこう》を繰り返し、淵をつくり瀬となりきらきら輝きながら流れている。

この風光る中を、何度訪れたことであろうか。あのころからわたくしは、備中松山藩——街道筋では、貧乏板倉とあだ名された困窮藩を、たちまちのうちに建て直し、藩主板倉勝静を、江戸幕府老中の座に押し上げ、松山藩の守護神と云《い》われながら、一般にはあまり知られていない、山田方谷という人物について書いてみたいと思って、資料も少しずつ集めていた。その方谷の名が付けられた無人駅とは、瀬戸内海沿岸の倉敷から、日本海沿いの米子《よなご》へ、中国地方を南北に縦断する伯備《はくび》線《せん》の、ほぼ中間あたりの小駅である。長瀬《ながせ》と呼ばれる細長く狭い土地は、幕末当時は住む人もない山中であった。そこに、山田方谷が隠棲地として移住した。方谷は藩政の元締役《もとじめ》(財務大臣)を、後に藩主板倉勝静《いたくらかつきよ》が江戸幕府老中の座につくと、その顧問を務めていた。

現在は、方谷駅の下から高梁川には、鉄骨二車線の大きな中井橋が、対岸の国道一八〇号に通じているが、方谷が隠宅を建てたころには、橋はなかったらしい。当時描かれたスケッチには、何も描かれていない。安政六年(一八五九)、つまり明治維新の九年前、越後長岡藩士の河井継之助《かわいつぎのすけ》が、その一軒家に住む山田方谷をはるばる訪ねて来て、弟子は取らないという方谷に、側《そば》に置いてもらうだけでいいからと頼み込んで弟子入りした。九ヶ月ばかり後、継之助は方谷のもとを去るのだが、高梁川を小舟で渡り、対岸に降りたって振り返ると、向こう岸に方谷先生がずっと立って見送っていた。それを見て継之助は、いきなり河原に土下座した。そこには榎《えのき》の大木があって、それ以来「見返り榎《えのき》」と呼ばれてきた。継之助の土下座は一度ではない、誇り高いとも尊大ともいわれる継之助が、三度も方谷先生に土下座をくりかえして、立ち去った。方谷との出会いは、継之助には生涯の決定的な事件であった。

継之助が方谷の許《もと》を去ったのは、万延《まんえん》元年（一八六〇）三月末である。例の、雪の江戸城桜田門外で大老井伊直弼《なおすけ》が暗殺され、江戸幕府の屋台骨が、ぐらりと傾いた二十日ばかり後のことであった。彼は越後に帰ると、方谷の書を床の間に掲げ、毎朝礼拝を欠かさなかったという。

おそらく継之助には、方谷から何ごとかを忽然《こつぜん》と悟得《ごとく》する瞬間があったに違いない。こういうのを豹変と云うのだと思うが、方谷の何が、彼を豹変させたのか。

あのとき、対岸でじっと見送っていた方谷は、明治維新という革命期を、継之助がどう生きてゆくか、ほとんど見透していたとしか思えない。継之助は、方谷から四両で譲り受けた『王陽明全集』と酒徳利を、振り分けにして肩にしていたが、それに添えて方谷は「王文成公全集の後に書し河井生に贈る」と題する漢文一千七百字の文章に添えて、漢方薬の長命丸一包を、餞別として持たせている。この後、維新の戊辰《ぼしん》戦争で、継之助は壮烈な最後を遂げる。（注・王文成＝王陽明）

瀬戸内沿岸の町に住んでいるわたくしは、車で山陰への行き帰りには、「方谷といふ無人駅」に何度も立ち寄ってきた。方谷の年譜には、河井継之助が「河ヲ渡リ、師方谷ノ対岸ニ立テルヲ見テ、幾度カ沙石ノ上ニ跪坐《きざ》作礼《さくれい》シテ去ル」とある。わたくしは勝手に、方谷の立てる場所はここ、継之助の跪坐の場所はこのあたりと、想定していた。山田方谷の資料や、河井継之助の伝記は、かなり読みあさっていたのだが、跪坐作礼を繰り返す継之助の心や、何時までも見送っている方谷の胸中には、近づけないもどかしさをいつも感じていた。そのころ愛読していた大佛次郎の『天皇の世紀』が、大佛氏の病歿によって中断してしまうところ――長岡の市街戦で、指揮を採る河井継之助が、左脚膝下に銃弾を受け戸板で運ばれ退くとき、従者に「人が聞いても傷は軽いと言っておけよ」と言いつけた言葉が、天衣無縫にカラリと明るく響き、小林秀雄が「大佛次郎追悼」で、河井継之助に触れて云っている謎めいた言葉が、いつも、向こう岸で見送る方谷に重なって思い浮かぶのであった。「歴史の動きが、よく見えて、身動きが出来なくなるほど、よく見え過ぎて、その為に歴史に取り殺されて了ふといふ事が、この人物には起きてゐる。といふのは、歴史の一番大事な意味が、人目には附きにくい、この人の内部で體得されてゐるといふ事である。この人の心は及び難く正直で、少しの歪みもないと作者は見てゐるやうに思はれたのであつた。」

山田方谷について書いてみたいというわたくしの夢は、その後、仕事の都合や、長いこと体調を崩したりで、何も手につかないまま年月のみ空しく過ぎ去り、夢はもはや諦めざるをえないかと思っていた。なんとか体調が戻ったのは、八十に近い春のことである。瀬戸内の島に移り住み、よく晴れた朝、三階にある居室から、周囲の芽吹きの山々に見入っていた。

おそらく地球温暖化のためであろう、春先の野山を被うあの薄紫の霞のヴェールは、二、三年前から見ることができなくなっていた。鶯が競《きそ》いあって鳴きしきっていた。

ふと行人の「風光る……」の句とともに、「方谷について書いてみたい」という思いが勃然《ぼつぜん》と蘇ってきた。この年になって書き切れるかどうか、遅筆のうえにこの老齢では、いつまでかかるのか見当もつかないが、これまで、あるいは巨人、あるいは哲人、あるいは聖人などと呼ばれながら、その姿は霞がかかったように、漠然としか感じられなかった山田方谷の人間像を、書くことによって、わたくしなりにはっきりさせてみたいと思った。

これという方針や計画があるわけではない。山田方谷に惹かれる思いを、その生涯に沿って、素直にたどってみようとするだけである。たとえば、備中でよく遭遇《そうぐう》する深く濃い霧の中を歩くように、手探りで、山田方谷の人間像に触れ、その肉声を感じとることができたらと思うのである。

第一章　美しい遺書

1　山田方谷の生誕と六十六年前の事件

【生家】　山田方谷は、徳川氏の幕府が二百年も続いた江戸時代後期、文化二（一八〇五）年二月二十一日に生まれている。旧暦の春分の日で、備中の急峻《きゅうしゅん》な山肌は、瑞《みず》々しい新緑に覆《おお》いつくされ、山桜がそこここに点々と明るいまだら模様を描きはじめていたであろう。

歴史年表によると、文化二年二月には、「大日本沿海輿地《よち》全図」の地理学者伊能忠敬《いのうただたか》が、伊勢・紀伊・山陽・山陰・などの沿岸の測量に向かっている。東日本の測量はほぼ終えて、備中あたりの測量も始まろうとしていた。日本の学術も、近代化がすでに大きく進み始めていたのである。

方谷の生家は、備中国阿賀郡西方村《びっちゅうのくにあがぐんにしがたむら》、現在の岡山県高梁《たかはし》市中井町西方である。江戸時代には備中松山藩《まつやまはん》五万石の領《りょう》域であった。伯備線の無人駅「方谷」からは、高梁川――これは江戸時代末までは松山川と呼ばれていたので、以下は松山川とするが――その左岸に沿った山裾の道を五百㍍ほど遡《さかのぼ》り、そこで、高梁川に流れ落ちる支流佐伏《さぶせ》川の渓《たに》に逸《そ》れ、さらにそのまた支流の津々《つづ》川に沿って、つごう五キロほど東の山地へ入る。

ちなみに、方谷という雅号は、方＝四角の形をした谷という意味で、特にどの地ということはなく、松山川上流域のあちこちに見られる、両岸が垂直に切り立った長方形の、狭い谷をいうとされている。筆者の印象では、長瀬の無人駅「方谷」から、生地の西方村に至る、佐伏・津津両支流沿いの狭い谷こそ、四角い谷の特徴をよく備えているように思った。松山川に沿って走る旧国鉄の伯備線が開通し、方谷先生の旧宅跡に駅が置かれることになった時、地元の人々は、駅名を「方谷」とすることを熱望した。だが国鉄には駅名に人名は用いないという、原則みたいなものがあって、この駅名は難航した。いろいろ運動して、方谷とは、もともとこのあたりの特徴的な谷を云うのであって、つまりは地名なのである。方谷先生はその地名を雅号としたまでであるとして、駅名も方谷と定まったという。（『未公開講演録　司馬遼太郎が語る日本』週刊朝日別冊参照）

この四角い谷を五キロほど遡ると、狭い谷が少し開け、周囲は山に囲まれているが、川沿いの街道に、二十軒ほどの人家が、山を背に一列に並んでいる。地勢図には市場と字名《あざ》がしるされている。その中程の一軒が方谷の生家である。つまり、古くからある生家からあまり遠くない処に、別な家を新築し、そこで暮らしたり、後には塾を開いたりした。河井継之助が方谷に弟子入りしようと訪れたのも、この新築の方の家である。

【系図】　山田家は、鎌倉時代以来備中に根を下ろした古い家系の一族で、『山田方谷全集・年譜』によれば、遠祖《えんそ》は、尾張国《おわりのくに》山田郡（今の春日井郡）河辺荘《かわべのしょう》の山田駿河守《するがのかみ》重英《しげひで》とある。平安朝《へいあんちょう》の末、源氏《げんじ》と平氏《へいし》の合戦が続いていたころ、重英は、源氏の統領源頼朝《みなもとのよりとも》、範頼《のりより》、義経《よしつね》三兄弟の、範頼に従い、平氏追討に中国地方を転戦し、功あって備中英賀郡《あがぐん》（後に阿賀郡）内二十八ヶ村の、地頭職《じとうしき》に補任《ぶにん》（官職を授ける）せられた。以後、山田氏一族は各地に広がって、国衆《くにしゅう》とか国人《こくじん》と呼ばれる土着《どちゃく》の武士となっていった。

重英の第二子、筑前守重春は本家筋から分家して、西方・草間《くさま》・土橋《どばし》の三村を領した。以下山田氏と呼ぶのはこの分家、重春の系統である。

注・『山田方谷全集』とその冒頭に収録の「年譜」は、煩雑を避け、以下それぞれ、全集、年譜、と鉤括弧《かぎかっこ》も省略し、備中松山（現高梁市）は、松山と略す。

織豊時代《しょくほう》（安土桃山時代《あづちももやま》）になると山田氏は、豊臣秀吉に従って明智光秀討伐《あけちみつひでとうばつ》、また九州征伐に加わり、後には毛利氏に属して朝鮮遠征にも出陣している。しかし、天下分け目の関ヶ原戦役《せんえき》では、毛利氏が主将となった西軍は、徳川氏の東軍との戦に破れ、中国地方八ヶ国百十二万石の大大名であった毛利氏が、周防《すおう》・長門《ながと》二ヶ国（現在は二国併せて山口県）に押し込められ、三十六万九千石に減俸《げんぽう》されると、毛利家家臣の多くは禄《ろく》を離れざるをえなかった。山田氏もこのとき武士の列《つら》を離れて、西方村で帰農したとされている。

やがて、江戸時代中期、松山藩が水谷《みずのや》氏支配となると、かつての国衆《くにしゅう》であった山田家は、郷士格《ごうしかく》（若干《じゃっかん》の武士的特権）を与えられて長百姓《おさびゃくしょう》（村役人、組頭《くみがしら》）を勤め、蔵屋《くらや》と号する造り酒屋を営んでいた。現在も残るその屋敷遺構は広大で、街道に面した間口は十メートルほどだが、建物の奥行きはその三倍ほど、さらにその奥の、今は畑地となっているあたりには、かつては酒造蔵や菜種油《なたねあぶら》絞《しぼ》りの作業棟などがあり、それよりも奥の山裾には先祖が勧請《かんじょう》（分霊を迎え祀《まつ》る）した天満宮の祠《ほこら》もあって、かつてはかなり裕福な農商家であった。

【異様な事件】　しかし、方谷生誕の六十六年前の元文《げんぶん》四年ことである。方谷の曾祖父にあたる益《ます》昌《まさ》（正式の読み方は不明で、便宜的《べんぎてき》に一般的な読み方に仮《かり》に従っておく）の代に至って、この一家を一挙に破滅させる異様な事件が起こった。これによって山田家は所払いとなり、家格と全財産と戸籍を奪われ、村を追われた。この事件が、方谷という人物の生涯に、大きな影響をあたえることになった。

年譜は、事件を「益昌元文《げんぶん》中僧を殺し自殺す」と、きわめて簡略に記し、事の次第も詳細ははぶいて、次のように注記している。

《益昌の長男郡治郎は、旦那寺定光寺で文字を習っていた。益昌が寺に行ってみると、寺の僧は益昌に何の断りもなく、郡治郎の髪を剃り僧にしてしまっていた。益昌は大いに怒り、家に帰って遺書を作り、再び定光寺に往き寺僧を切り捨て、併せて自分の子の郡治郎をも指殺《さしころ》さんとしたが見つけられず、みずからは寺で自刃《じじん》した。時に元文四（一七三九）年十一月、歳三十

九、遺書は今も家に伝えられている》　（年譜　引用者意訳　以下同）

【曹洞宗定光寺】　年譜が語るのはこれだけである。定光寺は、山田家の先祖が室町時代に建立した曹洞宗の寺である。両者の関係は、檀家《だんか》と檀那寺《だんなでら》というだけではなく、後になっても寺の創立者の末裔として、大旦那と呼ばれるような関係であったことは、寺の背後の山地は、山田家の寄贈であると、今も寺に伝えていることからも覗える。しかし、父親に何の相談もなしに、その子を剃髪してしまったとは、知らぬ間に嫡男《ちゃくなん》を奪われたようなもので、益昌の激怒も無理からぬことと思える。郡治郎は、幼児からしてすでに逸材《いつざい》で、寺側としても是非とも後継者に欲しいと思わせるような、利発な子であったらしい。しかし、ここにいう僧とは、いうまでもなく、現代の職業としての僧侶ではない。江戸時代以前は「世捨《よす》て人」とか「遁世《とんせい》（世を遁《のが》れる）」といわれるように、僧侶は、普通の社会、いわゆる俗世間の生活を捨て、仏門という宗教的別世界に入るのである。仏に仕えるものとして、また学識者として、それなりの敬意は払われ、幕府も寺院・僧侶を統制保護し、これに五人組など庶民支配の一端を担《にな》わせていた。それゆえ、薙髪《ちはつ》してひとたび僧門に入った者が、再びもとの俗世間に戻る還俗《げんぞく》には、特別の事情や許しが無い限り処罰される法令もあった。定光寺は、江戸時代には松山藩の祈願所であって、格式と勢力のある寺でもあった。山田家からは五百メートルほどの距離にあって、村の街道からは細い山道に折れて、農道をたどった山中にあった。寺の正面に出ると「こんな山奥に」と眼を驚かすほどの門構えと土塀が現れ、その上に本堂の大きな瓦屋根と鐘楼《しょうろう》が見える。寺の構え全体が、半円形に取り囲む小山によって、親鳥が両翼《りょうよく》を拡げて雛鳥を覆《おお》いかばうように隠され、要塞《ようさい》か砦《とりで》のように山懐《ふところ》に収まっている。

郡治郎の年齢は伝えられていない。次男の官次郎は四歳とあるから、兄の郡治郎は五、六歳以上だが、いくつであったか分らない。益昌の遺書によると、事件は、年譜がいうほど単純ではなかった。

【意恨むねにみち堪忍なりがたく】　山田氏の末裔《まつえい》に伝えられた遺書そのものは、わたくしは見ることができなかったが、山田方谷の全詩に、注釈をほどこした宮原信《しん》が、遺書原文を実見し、『山田方谷の詩――その全訳』に、遺書全文を精確に引用し、注解をほどこしている。孫引《まごび》きだがここではそれを借用させてもらうほかはない。（原文のママ、括弧内《かっこない》は宮原信の注記）

《　書きのこす一通

一、嫡子郡治郎こと七月五日よりとんせい（遁世）のこころざししんくわい（心外）にぞんずるところ、定光寺の坊主ども七月以来我等へ対し不届きの儀ども意恨むねにみち堪忍なりがたく今日存じたちうちはたすところかならず悔ゆべからず。

一、そもじ母子を見放ちかくなりはつること、いかばかりに思ひ候へども我等運ぜひなくかくのごとくに候。もし天にかないあとめ相たち候へばこの上本望に存ずるなり。ぶんか（分家）のさふそく（相続）さぞさぞ難儀いたすべしといかばかり心苦しくぞんじ候。なにか書きのこしたきことかずかず候へどもふで（筆）をとめ申し候。
一、官次郎へ申しいれ候。其のほう今若少の者を見放ちかくなること成長に及びては恨むべきとは思へども、このたび定光寺の不届き忍び難く、かくなりはつることかならずかならず恨み給ふまじく候。親なきその子とても生まれたるその気量（器量か）をもってすれば、かならず由々しきものなり。申すに及ばず候へども若年のときより武芸はもとよりの儀、手跡（手蹟か）、物読みして歌道をも心がけばんせう（文章）というものをしならひ諸芸拙なからざるよう随分仁躰人相よく成長して家職第一の儀に候。
一、それがし運命今月今日極まる。生年三拾九歳。良人敷く（おとなしく？）世を渡り存じ残すべきことなし。この上は定光寺一山の坊主ども討ち捨て郡次郎を指殺しそれがしはらきって死するにおいては安楽せかい（世界）なんのうたがひなし。

山田宗左衛門

元文四年末の十一月十二日

益昌　花押

おかよどの

山田官次郎殿

》

宗左衛門は、益昌の字《あざな》である。注意をひくのは、冒頭の「嫡子郡治郎こと七月五日よりとんせい

（遁世）のこころざししんくわい（心外）にぞんずるところ」という一行である。十歳前後と推測される郡治郎の年齢からすれば、みずからの意思で、出家《しゅっけ》しようとするこころざし（発心）があったとも受け取り難い。「坊主ども……不届きの儀ども意恨むねにみち堪忍なりがたく」とあって、怒りがまともに僧侶たちに向けられているのを見ても、僧侶たちが郡治郎を説得し、出家を促したと受け取るのが自然かと思えるが、詳細は不明である。だが、事件の発端《ほったん》はここにあったのだ。「七月五日」は、郡治郎のその「こころざし」を、父宗左衛門が初めて知った日なのであろう。父宗左衛門は、跡継ぎの長男の出家など心外――とんでもないことと思った。この三者の思いのくいちがいが、不幸な結末をむかえたのは、十一月十二日になってからである。四ヶ月というかなりの時間が経過した後のことである。宗左衛門は、郡治郎の「こころざし」を翻《ひるがえ》させようとしたであろう。寺僧が郡治郎の逸材を見込んで、僧となるよう仕向けたとすれば、郡治郎の年齢も問題になる。遺書にはそうしたことは何もない。おそらく長い交渉の果て、とうとう寺側は、宗左衛門の承諾を得ないままに郡治郎を剃髪《ていはつ》し、僧にしてしまったと受け取れる。このとき、最早容易には還《げん》俗《ぞく》できない決定的な事態になったのであろうか。郡治郎は親の説得にもこころざしを翻さなかったらしい。嫡子郡治郎の僧形を見て、激怒した宗左衛門は決意した。「往て寺僧を斬り、併せて其子を殺さんとし獲ず、寺中に自刃す」。

郡治郎は周囲に助けられ、「伯耆《ほうき》（鳥取県西部）に遁れ、天明七年七月常福寺（日野郡多里郷）に寂す、十二世空山恵林大和尚是《これ》なり」とある（年譜）。入寂《にゅうじゃく》（逝去）したのは事件から四十八年後のことになる。享年は伝えられていない。

注・この稿を書きながらふと思い立って、令和二年十一月中旬、地図で調べて、鳥取県日南町多里に常福寺を訪れてみた。山陰地方の山間を抜ける旧街道の、山裾にあるその寺は、大きくはないが、古びて風格があり歴史を感じさせた。案内を請うと、三十ぐらいの女性が親切に応対してくれて、寺の住職の墓でしたらこちらですと、寺の横手の山の急斜面を先に立って、どんどん登っていく。落ち葉が降り積もって急坂の山道は定かでなく、こちらは息を切らしていると、上から「ありました、こちらですよ」と声がする。漸く上り詰めてみると、ちょっとした山中の平地に、僧侶の墓である円筒形の墓石が二十ほど、向かい合って二列に並んでいる。左列中央あたりの台座正面に、「十二世」と刻され、これははっきりと読めるが、円筒形の墓石表面にあるはずの法名は全く読めないほど摩滅している。台座左側には「七月十六日示寂」らしき文字はどうにか読めるが、それ以外の文字は他の墓石と比べて見ても、もともとなかったようで、享年は判明しなかった。年譜によると墓石正面に彫られていたであろう法名は「空山恵林大和尚」とある。

それにしても、事件からは二百年余、ここに静かに佇む墓の主にも、大きなドラマがあったわけである。

【野の水のように冴えた遺書】　宗左衛門益昌の遺書について、さらに触れておきたいのは、山田家に保存されている遺書原本を、実際に眼にして、思いがけず、その文面から強い感動を覚えた宮原信が、次のように述べていることである。

《まず驚いたことは、その筆蹟にすこしの乱れも認めることができなかったことであります。その文字は女手《おんなで》でもあるかのように整然と美しいのです。これから菩提寺にのり込んでその寺僧を惨殺し、あわせてわが子も殺そう、それから自分も自刃して果てよう、そう決心した人間がことを行う直前にしるしたものだから、どこかその筆跡には昂奮と混乱のあとが認められるであろうと実のところわたくしは予期しておりました。

ところが、意外にもその一連の文字から伝わってくるものは水のように澄んだものでありました。さわやかなひびきをもって淡々と流れる野の水のように冴《さ》えた印象をこの遺書の文字はわたくしに投げかけてきました。（中略）

文句のなかに溢れている激情が微塵もその筆跡の上に出ていないのです。この宗左衛門という人はよほど逞しい意思力を持った人間であったに違いありません。》

（宮原信『哲人　山田方谷——その人と詩』　ルビ・注引用者）

「逞しい意思力」は、山田家後継者の血統にもたしかに視えるのであるが、宮原信はそれを「異常な」とも形容している。その強靱《きょうじん》な血脈が、曾祖父から祖父へ、父へと受け継がれ、曾祖父が遺書に書き残した、血筋と家系存続への「断末魔《だんまつま》の祈り」は、事件から六十六年後に生まれた「曾孫《そうそん》方谷にいたってはじめて結実」することになる、と宮原氏はいう。

【追放十九年の後】　筆者がはじめて西方村を訪れたのは、十年ほど前の仲秋、薄曇りの午前であった。稲刈りはすっかり終わり、集落のあたりにはまったく人影もなく静まりかえっていた。見れば、学校の校舎にちがいない鉄筋四階建ての建物などもあるのだが、ここにも人影も人声もない。明るい秋の陽が照ったり陰ったりするほか、動きのまったくない静寂に踏み入ると、芝居の書き割りにでも紛《まぎ》れ込んだような錯覚を覚えた。ようやく出会った老人に教えられた道を、定光寺へとたどりながら、この道を、二八〇年の昔、宗左衛門も踏みしめていったのだが、彼は何を考えていたであろうか。美しく冴えた遺書は、簡潔で、余計なことことは一切書かれていない。自分がなすべきこと、それがどういう結果を生むか、宗左衛門にははっきりと見えていた。一家を破滅させるような仕儀に立ち至ったこと、罪を犯した者の子として残されることになる幼い次男の官次郎は、成長のあかつきには、さぞかし親の我らを恨めしく思うだろう。これも、やむをえない我らの不運と諦めてくれ。官次郎よ、そなたの生まれつきの器量をもって、学問、修行に励めば、我が家の再興もきっと叶うだろう。それが我らのただ一つの願いだ。

おそらく事件は、無言劇でも見るように、淡々とあっけなく過ぎていったにちがいない。

動転した人々が立ち騒ぐ中、宗左衛門はその場で自刃して果てた。

彼は、郡治郎の姿は求めようともしなかったのではなかろうか――

一方、残された家族、方谷の曾祖母（おかよ）と祖父（官次郎　当時四歳）の二人は、事件に連座して、西方村を所払《ところばらい》（追放刑）となり、かつて山田家の先祖が分家したとき、分与された三村の一つ、土橋村の、蓮台寺に身を寄せた。宮原信の前記書に、二人を迎え入れてくれたのは、「宥専・宥現（ゆうせん・ゆうげんとよむのであろう）という二法印であったと山田家の記録にしるしてある」という。

二人が許されたのは、十九年後のことである。四歳にして村を追われ、ようやくにして西方村に帰ることができた官次郎は、二十三歳になっており、名も善太郎正芳と改めていた。

帰村できたのは「松山藩主の石川侯と勢州亀山の板倉侯とがところがえ（封地交換）になったのが契機となっているようである。松山の殿様が板倉家となると直ちに母子赦免の恩典が出されている」と、これも宮原氏の前掲書にいう。山田家が板倉侯に特に恩義を感じていたのは、この処置によるようである。かつて、召し上げられた財産・身分などはどうなったのであろうか。所有していた地所屋敷は返還され、そこに住むことができたらしい。宗左衛門のいまわの悲願は、ここに命脈をつないだことになる。

しかし、帰郷した方谷の祖父善太郎と、父五郎吉の二代は、かつての農商家の繁栄を取り戻そうと逞しい精神力で、悲壮な努力を続けなければならなかった。祖父善太郎の詳細は伝えられてはいない。父五郎吉とその妻梶《かじ》は、ほとんど極限ともいうべき苦労を重ね、方谷が生まれるころには、製油業の商いも再開し、ある程度の余裕も得られるようになっていたとある。だが、それは文字通り、命をすり減らす労苦であった。

第一章　了

第二章　寧馨児《ねいけいじ》

1　方谷生誕伝承

【美しい珠玉】　年譜によると、方谷の父五郎吉は、家業や学問に励むとともに、天満宮を熱心に信仰し、自家の背後に、先祖が勧請《かんじょう》して祀《まつ》った祠《ほこら》があって、常に礼拝をおこたらなかった。五郎吉のこの天満宮信仰も、家再興の悲願とともに、そのまま方谷に伝えられた。方谷の天神ゆかりの梅への異常ともいえる溺愛は、また後に触れることになる。

五郎吉は子どもがなかったことを嘆き、天神祠《てんじんし》に七日七夜お籠《こ》もりして祈り、夢に玉光《ぎょくこう》をみて、生まれたのが方谷であったと、一族の間に語り伝えられている。

偉人生誕にはよくある夢のお告げだが、伝承は措《お》くとして、五郎吉は、祈願の後に生まれた子に、諱《いみな》も字《あざな》も幼名《ようめい》も、すべて夢に見たという玉光にちなんで命名している。正式の名前である諱《いみな》は「球《きゅう》」で、これは「美しい玉《ぎょく》」の意である。諱は、中国の風習に従って、生前は特別な場合をのぞいて、使うのを避け、代わりに字《あざな》を使うが、方谷の字は「琳卿《りんけい》」で、琳も「美玉」の意という。卿は尊称としても使われる呼称である。幼名は「阿璘《ありん》」、阿は愛称の接頭語だが、「璘」は文字通り

「玉光」である。
この子は、周囲の人たちにとって、たちまち名前のとおり、光り輝く子であることを、実際に証《あか》していったのであれば、伝承を退ける必要もあるまい。名前が先か、夢が先かにこだわるよりは、生まれた子が美玉に見とれるようにすばらしい児であったことを、素直に受け取れば足りる。たとえば、方谷五歳のときの最初の師、丸川松隠《しょういん》は、阿璘を寧馨児《ねいけいじ》（すばらしい児）とよび、「山田阿璘童《ありんどう》の至れるを喜ぶ」と題して次のような詩を書いている。訳は方谷の後裔《こうえい》、山田琢《たく》で、その著『山田方谷』より引用した。

ああこんなすばらしい児であるお前はどこから生まれてきたのだ
幼い姿ながら座に居ては独り超然とし
墨をほとばしらせて紙に落とせば竜がおどるような字となり
その手は柔らかいつぼなのようで筆はたるきのように大きい
（山田琢『山田方谷』）

【四歳童山田璘書】　方谷の阿璘の名が、すこしでも世間に知られるようになったのは四歳のとき、満では三歳何ヶ月かである。
《先生（方谷）は生まれつきおだやかな性質で才知すぐれ、さとりの早いことでは抜きんでていた。母梶《かじ》はたいへんこの子をかわいがり、乳飲み児のころから字を教えて、先生は幼くしてりっぱな字を書き、とくに大きな字はすばらしかった。遠近のものは伝え聞いて、先生の字をもとめるものが多かった。美作《みまさか》（岡山県東北部の国名）の木山神社に額字《がくじ》（板に書して額装《がくそう》）を納めたことがあった。見た人がこれは四歳児の書ではあるまいと疑った。これを聞いて、母梶は先生をつれて木山神社に詣で、拝殿において揮毫《きごう》させた。疑った人もこれを見て感嘆し納得した。》（年譜）

方谷が、この年齢で書いた書は、備中を中心にかなり遺されていて、備中各地にある方谷記念館には、四、五点ずつの遺墨《いぼく》が展示されている。揮毫《きごう》には、ほとんど墨《すみ》の手形が捺《お》されており、丸川松隠のいう茅花《つばな》のようなその小さな手には、太い垂木《たるき》のように見えた筆を握って、縦90センチ横60センチほどの板に、手形の数十倍ほどの大文字を、自在に書くさまは、識字率《しきじりつ》の低かった当時としては、たしかに驚くべき光景だったであろう。「賨瑞」（ほうずい）の書（方谷の里ふれあいセンター蔵）など、「四歳童山田璘書」の署名と手形がなければ、成人の書といっても充分に通る。文字を書こうとする意識と手の動きを、ここまで完全にコントロールすることが、この年齢の幼児に可能なのであろうか、「四歳童書」を疑われたのも無理はなかった。

注・近年訪れた「方谷の里ふれあいセンター」で、奇妙なものが展示されているのを見た。縦横高さが約49×25×13センチ（係員に測ってもらった）の大きな硯であった。あれほどの大字を次次と書くには、普通の大きさの硯では、墨液が間に合わなかったであろう。だがこの大きさでは硯が重くて持ち運びが大変だったのではないかと、聞いてみると、「木でできた硯だ」という。驚いて「それでは墨は磨れない」というと、「墨を磨《す》ったのではない、竈《かまど》の煤《すす》をあつめて水で溶いたのだ」との答えであった。ちなみに一枚の額字の下部が擦れて消えかかっている。「これは小学校に保管してあったんじゃが、生徒が、汚れをとろうとして雑巾で拭いたら字がきえてしもうた。固形の墨は膠《にかわ》なんぞが練り込まれているが、竈の煤じゃからのう、ぬれ雑巾で消えてしもうた」という。硯で磨って使う墨を沢山入手するのは、当時の備中山中では困難だったたであろう。

【五歳にして他郷へ遊学】　阿璘が五歳になると、五郎吉は、松山藩の北隣り、新見《にいみ》藩の儒学者丸川松隠《しょういん》に、教育を託した。前に引いた詩「寧馨児《ねいけいじ》」の作者である。五歳にしてすでに他藩への遊学である。繰り返すが満では四歳である。

新見藩は、西方村からは、カルスト台地の起伏の多い山越えで、およそ二十キロほどの、新見《にいみ》に陣屋をかまえる、関《せき》氏一万八千石の小藩である。丸川松隠は、大坂の中井竹山塾に学び、方谷が成人後に師事することになる、江戸時代後期の代表的儒者、佐藤一斎と机を並べた。

松隠は、寛政改革の老中松平定信《さだのぶ》に、幕臣にと招聘《しょうへい》されたが、親の代から関家に仕えているからと云って、つまり二君《じくん》に仕えずということであろう、招聘《しょうへい》を断り、僻遠《へきえん》の小藩教授に甘んじ、藩政にも携わるようになっていた。

方谷の並外れた能力を考えても、数え年五歳にして他郷への遊学とは、尋常とは思えない。方谷が新見で寄宿した安養寺には、母の身内の女性（小阪部《おさかべ》村西谷《にしたに》氏）が嫁《か》していた。この身内がいたことが、遊学を容易にした。だが、それを急がせたのは、五郎吉の、家再興の執念であった。山田家は、農商家とされているが、その商とは、灯《あかり》に使う菜種油《なたねあぶら》の製造販売である。

【製油業】　現代は電灯の存在を当たり前のように思っているが、かつての農村は、日が暮れると、月がなければ真っ暗闇である。蝋燭や灯油は高価であり、一般の庶民は夜は寝るほかはなかった。ところが江戸中期以後の流通経済の発達は、換金商品の製造という副業を発展させた。それに伴って夜も仕事をするため、灯油の需要が高まっていた。

製油業は、実入《みい》りも良く、五郎吉もこれによって方谷の遊学資金も賄《まかな》えたのだが、これはたいへんな重労働であったという。当時の菜種油絞りの作業について、文献は乏しく、詳細ははっきりしない。山田琢著『山田方谷』には、宮原信の記述を借りた紹介があるので、ここでもそれに従って述べておく。

まず、原料の菜種——あの黄色の花を咲かせる菜種菜《なたねな》の種を、せいろに入れて蒸す。これを搾《さく》油機《ゆき》（しめ木）にかけて油を絞り出すのである。これが大仕事であった。搾《しぼ》るには、重りや梃子《てこ》によってじりじりと圧力を加えるのではなく、楔《くさび》に、重りを打ち当てて、その衝撃の圧力によって搾る。搾油機の前と後に二本、天井の梁《はり》から吊した数十貫もある欅《けやき》材の丸太――十貫は三七・五キロであるから、四〇キロ以上にもなるであろうか、この重りをブランコのように、後ろへ引き上げ、反動を利用して、「エイッ」と気合いもろとも、しめ木の楔《くさび》に打ち当てる。これを前と後から交互に繰り返し油を絞り出す。褌《ふんどし》ひとつの作業員は、たちまち全身汗だくになる重労働だという。

五郎吉もそうした作業にも従事したのであろう。しかし、「父五郎吉君家訓」（全一〇九八）をみれば、そこに書かれたような生活が、果たして可能であろうかという疑念がまず浮かぶ。「労働は朝七つ（午前四時）より夜は九つ（十二時）まで。」「食事は一度はかす（くず米）、一度は雑炊《ぞうすい》、一度は麦飯」である。それほど米を倹約した上、さらに、毎日二合の米を藩主に献上している。献上は、板倉侯が、五郎吉の祖父の村追放の罪を解いてくれたという恩義があり、加えて「五郎吉は当時の藩主、板倉勝職《かつつね》からお目見え格に準じて長百姓《おさびゃくしょう》を命じられたので、その報恩であろう」という（山田琢『山田方谷』）。そうした恩義に報い、切り詰めた生活の中で、五郎吉は夜中、人の寝静まった頃、室丈人と呼ばれる人のもとへも通って、読書を習っていた。

【父五郎吉の好学】　方谷の生まれた西方村の隣、中津井村には、室《むろ》という豪族があって、その一族の出で、江戸中期の儒学者室鳩巣《むろきゅうそう》は、新井白石《はくせき》の推薦により八代将軍吉宗の侍講《じこう》となっている。

室氏は、西方村の隣の、中津井村を本貫《ほんかん》（根拠地）とする地侍《じざむらい》であった。山田氏とは、同じような家柄として、方谷の高祖父（祖父の祖父）の代には姻戚となっている。その子が、「美しい遺書」を残した方谷の曾祖父（祖父の父）宗左衛門益昌《ますまさ》である。この曾祖父が定光寺での事件を起こ

た丈人に逢い、「室丈人に贈る序」という漢文の文章を作っている。藩主板倉勝静《かつきよ》の領内巡見に従って中津井村に至ったとき（方谷四十一歳）、八十歳にして健在であっむことを習っていた。丈人は長老への敬称で、名前ではない。この室丈人のことは、後年、方谷が、励むとともに、室丈人《むろじょうじん》と呼ばれる室氏の長老にたより、これに就いて商売を見習い、さらに書を読して以来、逼塞《ひっそく》していた山田家は、方谷の父五郎吉の代になって、家運復興の執念に燃え、家業に

《「室丈人に贈る序」　（全二三七）

室氏は私（方谷）の高祖父の姻戚であります。今なお、お元気でご活躍の長老、室丈人は、私の父（五郎吉）の読書の先生でした。かかる縁で、丈人の深い恩恵は、私の身にまで及んでいるのであります。私は幼い時に読書を父から教えられましたが、学習を怠ると、父は私を叱ってこう言ったものです「お前は儂《わし》が室丈人から読書を習ったことをよく知っているはずだ。儂が少年のころ家は貧しかったから、姻戚である室氏の丈人に頼り、教えを乞うた。丈人の家は商業を営んでいて、一日中店で働き、夜も仕事を続けていた。だから儂は、家中の人がみな寝てしまってから、ようやく丈人のところに行って、戸を叩き教えを請うたものだ。丈人は寝《やす》まず起きていて、ていねいに教えてくださった。いま儂がお前に教えることは、そうやって、丈人が教えてくださったことなのだ。それなのに、お前が勉強を怠るなら、儂はどの面さげて丈人の前に出られるか、よく考えてみなさい」と。私はまだ幼く、弁《わきま》えもない頃で、父の叱責が

怖くて、学習に向かうこともしばしばでした。少し成長してからは、学問の大切さも判り、深夜、読書をしていて疲れて居睡りをすると、たちまち、はっとして端座《たんざ》し直しました。もともと私の性質は劣り、草深い田舎に生まれて、毎日牧童たちと遊び戯れておりましたから、父の教えがなければ、読書学問の大切なことも、しっかり身につくこともなかったでしょう。その父の教えは、すべて室丈人の教えがもとになっているのです。それゆえ、丈人の恩恵は、遠く、深く私の身にまで及んでいるのであります》

(引用者意訳)

２ 両親の家再興の熱意と、方谷撫育の天命

【家訓】『炎の陽明学――山田方谷伝』の著者矢吹邦彦は、「十二ヶ条の覚え書き(全一〇九八「父五郎吉君家訓」)の二ヶ条だけを覗いただけで、客観的に見て、両親の死因はまず栄養不良の過労死と推定出来るほどである。」といっている。

四時間の睡眠だけで、二十時間の労働である。そのうえ、とうていまともとはいえない食事で、見物遊芸等は一切無用、身の回りも徹底した倹約の、極限的な生活であった。これを続けさせたのは、五郎吉のエキセントリック(常軌を逸した)としか言いようのない執念だが、戸惑いを覚えるのは、その生活には同時に、常識的、理性的な考えも十分にうかがえることである。

「家訓」には長い前書きがあって、「倹約は、金銀米銭を沢山にふやすことを好むのではなく、正

しい道をはずれず、へり下り、なにごとにも注意深く念入りにし、つづまやかにするだけである」と五郎吉は記している。これは常識的だが、そのつづまやかがたちまち度を超している。

ただし、厳しく切り詰めた生活も、五郎吉夫婦だけのものであって、他におよぼそうとはしなかった。母には三度とも米の飯を供し、「召使いの人は世間並み」とある。方谷を早く遊学に出したのも、こうした厳しい環境に置くことを好まなかったのかもしれない。やはり五郎吉の執念を支えたのは、目標に向かって、厳しくみずからを律《りっ》し、集中する、血筋に伝えられた異様な意志力であったと言ってもいいようである。五郎吉の妻梶は、小阪部村西谷家から嫁してきたが、夫の厳しい生活にも素直に従っていたらしい。

【母思慕】　先取りすることになるが、方谷が、尋常ではない生活の中で、早く亡くなった母（梶）を偲ぶ碑を、自家の墓地に建て、「先妣《せんぴ》西谷《にしたに》氏《し》碑陰《ひいん》記」（先妣は亡くなった母。碑陰記は碑の裏面に記す文）を書いたのは、六十三歳になってからである。

《亡父（五郎吉）は、常に、わが家はもともと武家であったが、中ごろ家運衰え農民になったことをなげいていた。それゆえ私を、幼い時から丸川松隠先生に託して学問を習わせ、祖先を継いで家運を再興するようにと、しばしば教え諭した。すると母は、必ずかたわらから口を添えはげましてくれた。ある日、母はわたくしの頭を撫でながら「いい児だから、必ずお父さんの宿志《しゅくし》をなしとげるのですよ。でも、勢いにのって走りすぎると、必ずつまずいてしまうものです。母の願いはつまずいたり倒れたりせずに、立派に生涯を終えてくれることだけです」と言った。わたくしはまだ六、七歳の子どもであったが、今でもこのことは肝に銘じて忘れない。》
（「先妣西谷氏碑陰記」部分　引用者意訳　全一一〇三）

方谷の幼少時の回想には、母への強い思慕が感じられるのだが、右の「碑陰記」の建立いきさつを語った書簡で方谷は「懐旧の痴情《ちじょう》自然と胸に迫り候」と記している（年譜　全九八）。「遥か昔にみまかった不幸な母への忘れがたき慕情と悲しみを覚えます」と訳していいであろう。同じ手紙で方谷は「（先妣西谷氏碑陰記に）自己一身の栄《さかえ》をことごとしく書き綴りましたのも、考えますれば、痛むべく悲しむべきことであります。この悲しみを解くことは、五大州（全世界）を尋ねてもあるまいと存じますれば、致し方なく、貴兄に申し述べるのです」と、自分の生涯が、母の痛ましい犠牲のうえにあることに触れている。宛先は某氏とだけあって不明である。

第二章　了

第三章　述懐　――思いを述べる

[1] 十四歳の懐い

【治国平天下】　漢詩「山田阿璘童《ありんどう》の至れるを喜ぶ」を見れば、丸川松隠の阿璘への遇《ぐう》しかたも、手中の珠玉《しゅぎょく》を慈《いつく》しむようであった。「五歳で松隠先生に入門し、何も知らず、コオロギやバッタが飛び跳ねるように遊び戯れる児を、慈しみ育てて下さった愛情は、親の慈愛にも勝るものでした。花見や月見の行楽にも、必ずわたくしを連れていって下さった」（「其師ヲ祭ル文」年譜）。両親のもとを離れての遊学だが、阿璘はかえって普通の庶民の生活を楽しんむことができたようである。阿璘幼少時の資料は多くはない。以下も年譜から抄出しておく。

六歳（文化七年）「新見侯《にいみこう》に召《め》され、座前《ざぜん》で字《じ》を書いて御覧にいれた。当時他領農民の子が、藩侯の前に出るのは、異例のことであった」新見侯謁見《えっけん》は、師丸川松隠の推薦によると思われるが、阿璘の名は備中はもとより、吉備一帯あたりまで広まっていたのではなかろうか。

九歳「松隠の門人阿璘の名は、すでに神童として評判であった。」新見の丸川松隠塾で、ひとりの客が阿璘に尋ねた。「阿児《あじ》（坊や）学問をして、何をしたいの?」阿璘は即座に「治国平天下《ちこくへいてんか》」

と答えた。客《きゃく》は飛び上がらんばかりに驚嘆《きょうたん》した。「治国平天下」とは、中国古典の『大学』にある「修身斉家治国平天下《しゅうしんせいかちこくへいてんか》（わが身を修め、家庭をととのえ、国家を治め、天下を平らかにする）」のことで、「儒教におけるもっとも基本的な実践倫理で、男子一生の目的とされたもの」である。（『ことわざ大辞典』小学館による）

十歳。「弟平人が生まれた。幼名槌平《つちへい》、諱《いみな》瑚《こ》、字《あざな》璉卿《れんけい》。」瑚も璉も、宗廟《そうびょう》（先祖の御霊《みたま》）に供物《くもつ》を捧げるための祭器だが、転じて人材をいう。平人は後に京都で医学を学び医師となった。

十一歳。阿璘は始めて詩を書いている。母からの手紙を受け取って詠んだ「家書を得たり」（宮一）で、方谷生涯の漢詩遺詠《いえい》一〇五六首の最初である。

家からの便り
うれしきたより、なつかしき母の声
慈しみと思いやり深き母の
十五行の玉《たま》の言《こと》の葉は、お勉強はもちろんですが
しっかり食べて、身体には充分に気をつけなさいよ
（引用者意訳　原漢詩訓読・章末＊補注1）

以後、十四歳までの作には、「画に題す」「初秋」「山水図に題す」「松田孟翼《もうよく》の庭松を詠む」「諸《しょ》

葛武侯《かつぶこう》ノ図ニ題ス」「大社口号《たいしゃこうごう》」の七詩がある。多く画を見ての習作のようで、松隠先生の朱筆《しゅひつ》（添削）が入っているであろう。（宮二〜七）

【二つの「述懐」】

すでに幼名の阿璘ではなく、通称の安五郎と呼ばれるようになっていた方谷は、師の丸川松隠に「将来何を志すのか、『言志』の題で詩を作しなさい」といわれ、「述懐《じゅつかい》」（懐《おも》いを述べる）と題して、漢詩形式の一つ七言古詩《しちごんこし》を賦《ふ》して答とした。

この詩は『山田方谷全集』の「漢詩集」編には入れず、「十四歳」での詩として「思想」編（全一一〇八Ⓑ）に「済世ノ志」の題を付して収録され、「此篇松隠翁（丸川松隠）ガ志ヲ問ヘルニ答ヘタルモノ。其ノ漢詩集載スル所ト少異アルハ、詩集ハ翁ノ添削セルモノニ係ワル」と特に断っている。つまり、安五郎作のもとのままの、先生の朱の入らない詩は、普通は習作として残らないが、十四歳での心の思いがより直接に覗われるものとして、別扱いしているわけで、二つの詩を次のように区別しておくことにする。

【オリジナル述懐】　安五郎が賦したもとのままの詩「述懐」。

【訂補述懐】　師松隠が「述懐」に朱をいれて「十数字ヲ訂補《ていほ》」した詩。

『大漢和辞典』によれば、松隠先生が指示した題名「言志《げんし》（こころざしを言う）」と、安五郎が応えた題名「述懐（懐《おも》いを述べる）」とは、同じ意味としてある。しかし、師松隠の訂補述懐と、安五郎のオリジナル述懐とは、ぴったり応じ合っているとは思えない。志を求められたのに、安五郎はそれには、いわば正面からは答えないで、敢えて題を変えてみずからの「懐い」を述べたとも感じられるのである。

オリジナル述懐（懐いを述べる）

1　私が生まれ育ったのは父母のおかげである
2　私がこの世に存在しているのは天地の恩恵である
3　男児たるものよく考え、志を堅持すべきだ
4　草木のごとく空《むな》しく枯《か》れ朽《く》ちてはならぬ
5　世を済《すく》う大志を慕いながら、私は独り嘆く
6　勇ましい活躍を望みつつ足下《あしもと》はよろめいている
7　憂いに沈み、柱によりて嘆くばかり
8　田野の趣を詩に写せば、心はいよいよ詩情にひかれ
9　流水は一瞬もとどまらず人はたちまち老いてゆく
10　学才劣れども、襟懐《きんかい》もまた捨て難い
11　いったい天地父母の恩徳とは何であろうか
12　人生はこの彷徨《さまよ》う心にもきっと応えてくれるだろう　（引用者意訳、訓読・章末＊補注2）

詩としてはいささか統一性に欠けるとしても、それは未熟さに因るのではあるまい。安五郎少年は、混沌《こんとん》として彷徨《さまよ》う心の懐い、様々な方面に向かう自分の志向を、ありのままに賦した。

師松隠がオリジナル述懐に「十数字ヲ訂補」したその主意は、混沌たる思いを、弓を射る時的《まと》に向かうように、目指す方向を明確に定めることにあった。的は「生育覆載《ふくさい》の恩に報いるべく、済世の業に邁進すべきだが、これは為し難く、人生はあまりにも短いことへの嘆き」に統一されている。

【豈不才ヲ将《も》ツテ懐襟ヲ廃センヤ】　訂補によってオリジナル述懐は、詩としての統一、広い意味でのいわゆる詩格を得ていると言えるであろう。だが筆者が興味を引かれるのは、このように師によって整えられた襟懐《きんかい》ではなく、オリジナル述懐が、統一性に欠け、混沌とした印象を与えるのは、方谷の、多方面に向かう思考や、多才の萌芽を示していると思えることである。

「オリジナル述懐」が、襟懐の混沌をそのままに述べたとすれば、詩の内容を要約することは困難だが、その中心となるべき一行を強いて挙げるとすれば、

「10　豈不才ヲ将《も》ツテ懐襟ヲ廃センヤ」（拙訳　学才劣れども、懐襟《かいきん》もまた捨て難い）

であろう。松隠先生が願ったのは、安五郎の優れた才能をもって、儒学が求める「済世ノ業」に邁進することであった。しかし、安五郎は言う「5　世を済《すく》う大志を慕いながら、私は独り嘆く／6　勇ましい活躍を望みつつ足下《あしもと》はよろめいている」「8　田野の趣を詩に写せば、心はいよいよ詩情にひかれ」――　安五郎は、済世の業に邁進する一本道だけを、進むことはできないと言っている。

松隠先生はこれを見て、「陽気発する処金石も皆徹る　精神一到何事か成らざらん」と書いて与え

た。（注・懐襟＝襟懐）

「訂補述懐」が、儒学を志すものが辿るべき道だとすれば、「オリジナル述懐」の統一のない独自の意識は、方谷のやがて様々な花を開かせる多彩な能力の、未分化の混沌であろう。

ここで特に指摘しておきたいのは、おそらく安五郎は、松隠先生の意図は充分に意識していたはずである。意識もせずに統一のないバラバラな詩を書いて、提出したとは思えないのである。安五郎は、ありのままに自分の心の状態を描いたであろう、オリジナル述懐は、そういう姿をしている。だが結論を急ぐまい。

② 大故によって方谷は孤児となり、学業は頓挫する

【孟母断機《もうぼだんき》】　年譜では、安五郎の「オリジナル述懐」は、文政元年十四歳の最初に置かれている。年譜の次の記事は六月であるから、「述懐」は遅くとも五月までの作と受け取れる。

そして、八月二十七日、突然の不幸が安五郎を襲った。母梶が亡くなったのである。

はじめ安五郎は、母の病が重いと聞いて、五里（二〇キロ）の山道を西方村へ駆けつけた。

しかるに、病床の母は、勉強がおろそかになると安五郎を叱り「促《うなが》シテ師家ニ往《ゆ》カシム。先生枕上《まくらがみ》ニ就《つ》キ別ヲ告ゲ涕泣《ていきゅう》ス。母氏叱《ぼししっ》シテ之《これ》ヲ去ラシム」。母は安五郎を叱って、師松隠のもとへ追い返した。中国戦国時代の孟子《もうし》の母が、学問修業の途中に帰ってきた孟子に、織りかけた機《はた》の織布《しょくふ》

を断ち切って見せ、修行を中途でやめるのはこれと同じだと誡《いまし》めた故事そのままである。
その十日ばかり後、再び母危篤の知らせが届き、安五郎は「深夜馳《は》セ還《かえ》レバ已《すで》ニ及バズ」臨終には間に合わなかった。

【オリジナル述懐が書かれた時期】　ところで、漢詩「述懐」を、母歿後の作としている研究者も多いのである。その根拠は、母歿後に、父五郎吉が、日付は不明だが、丸川松隠に送った書簡に対し、翌文政二年（方谷十五歳）三月五日の日付で、松隠が答えた書簡を根拠としているようである。

《御内所様（母梶）には、孟母断機《もうぼだんき》の教えもみずから実行なさりかねなかった御様子に見えますれば、草葉の下でも、きっと安五（安五郎）の学問修業の様子を心に掛けておられるでしょう。今度安五が塾に帰参致しまして、もはや志学の年に相成、将来の目当もきちんと決まっていないようでは、的なしに弓を射るようなものですので、一生の心構えをどう持っているかを尋ね、また御両親のこれまでの御苦心をも申し聞かせました処、詩篇をもって返答いたしました。とても凡庸な児の真似できることではありません。》

（「丸川松隠先生ノ書簡」五郎吉宛部分　全一一〇五Ⓑ。意訳傍点引用者）

この書簡によれば、「オリジナル述懐」「訂補述懐」は、十五歳（志学）の文政二年元旦から、右書簡の日付の同年三月五日までに書かれたことになる。だが、「述懐オリジナル」を、十四歳と銘記された歳や、年譜の記述順を否定して、母歿後作とする説は、オリジナル詩と訂補詩の、両者に共通する、イメージの暗さと、安五郎の消極的で元気のなさが影響しているように思えるが、その暗さは、母の死によるとするのは短絡《たんらく》に過ぎるのではなかろうか。それは、最愛の母を失った哀惜とか悲哀とは別なものと感じられる。むしろ暗さは、広漠たる天地の間に吾ひとり在って、自己とはどういう存在で、何を為すべきか、さまざまな襟懐を抱いて、一つの目標を見定め得ないとする告白であろう。

オリジナル詩の内容からすれば、これを母没後の作とする積極的な理由も見いだせない。やはり年譜の記述順に従って、母が亡くなる前の作としておくべきかと思う。

右の松隠書簡の前文には「もともと（安五郎は）素直で穏やかな性質ですから、親と師との力添えや指導しだいで、どのようにもご成長なさる大切の時期です。ためらい迷っては、これまでのご丹精も無駄になってしまいます」とあるのを見れば、五郎吉からの手紙の内容は、母梶の死によって、安五郎を自家に引き取らざるを得ない、というようなものだったと想像される。

松隠書簡には「もういちだんと学問の基礎も出来ましたなら、上方あたりへ遊学させることも考えて、さらに私（松隠）のもとで修行を続けさせたい」、それに関し「衣食のことなど御心配は要りません」、遊学費用はこちらで引き受けますともある。安五郎の才能にして、中途で学問を廃するようなことは、松隠としては、何としても避けたかった。そのために、安五郎志学の十五歳に当たるこの年になって、前年十四歳で志を問うたとき、詩を以て応えたものを、細かな順序にはこだわらず、利用したと受け取るのが妥当かと思う。

【大故】　松隠書簡によって、五郎吉も安五郎を自家に引き取ることはやめて、引き続き安五郎を松隠に託することを決めた。しかし十五歳の秋には、松隠の思いやりも、遊学の継続も、すべてを引きさらう、さらなる不幸が襲った。文政二年七月四日には「五郎吉君病ミテ歿ス、先生哀慟《あいどう》措《お》カズ、家居喪《かきょも》ニ服ス」（年譜）。両親の死を大故という。大きな不幸の意である。方谷は孤児となった。

五郎吉の法号は、直指院眼正了聞居士である。仏教的な意味もあるであろうが、その字面だけからすれば、直指（まっすぐに目ざす）、眼正（正しく見る）、了聞（聞いてよく悟る）、こういった言葉が並ぶのを見れば、五郎吉の人となりも、ほぼうかがうことができる。

五郎吉の書き残したものは、「父五郎吉君家訓（前文付十二条）」（全一〇九八）「遺訓十二条（但し条項は十三ある）」（全一一〇二）の二文である。

《　遺訓十二条

一、母への孝養怠らない事。（梶没後五郎吉は二度目の妻を娶っていた。母とはこの継母である）

一、弟平人の教育に十分気を配る事。

一、朝六時起床その日の用向きを定め、それが済んだら自分の修行も怠らない事。

一、十時就寝、学問修行や家の用向きの他は余計な夜更かしはしない事。

一、先祖を崇め、供養《くよう》を怠らない事。

一、勤勉にして倹約を守り、家の維持に油断せぬ事はもちろんだが、米銀の出し入れについて薄情や吝嗇《りんしょく》なことをしない事。
一、姿・態度をきちんとし、言葉遣いは真心こめ正直に、立派な正しい行いを学ぶ事。
一、飲食や衣服、普請、もてあそび物など、無益なことに手をださない事。
一、博奕・大騒ぎ・酒宴・遊興など何事にあれ無駄な費えをせぬ事。
一、曖昧な男女関係などは、よくよく警戒を怠らない事。
一、悪友とのつきあい、利益の誘いに乗ったり、様々な欲望にとらわれない事。
一、村の人の災難や病気など、親しく見舞い気遣って、親睦を忘れない事。
一、内外の掃除、家屋の雨漏りや破損、火の不始末など用心を怠らない事》

生活のすべてにわたって、一つの遺漏《いろう》もなく、一分の狂いもない状態をたもつことに、五郎吉は、ある快さを覚えそうせずにはおれない気質をもっていたのではなかろうか。しかし、それが乏しい意思力によってささえられていたとしても、激しい労働と、貧弱な食事は、肉体を次第に蝕んでいったに違いない。彼は次第に近づいてくる死をさとりながらも、その死後も、自分の意思で裁量しようとしている。右の「遺訓」の他に、五郎吉はさらにもう一つの遺言を遺していたことに年譜が触れている。

「五郎吉君は病気になると、遺書をしたためこれを松隠先生にゆだねた。その遺志は、財産を三つに分け、その一つを後妻の西谷氏に与え（五郎吉の）弟辰蔵を養って家業を継がせ、一つは次男の平人に与え、一つは長男安五郎（方谷）に与えて、このまま学業を継続できるようにとしていた。しかしこの歳、親族たちは協議して、辰蔵は病気がちで家の維持は困難であるから、しばらくは方谷が帰宅して家業を続けることに話をまとめた」（年譜）

【学業頓挫】 こうして安五郎は、新見の丸川松隠塾を去り、郷里西方村《にしがた》の生家に帰った。新見《にいみ》の安養寺に寄宿しての遊学は、寧馨児《ねいけい》と呼ばれた五歳から、ちょうど十年、彼は、成童《せいどう》と呼ばれる十五歳になっていた。この十年間、現代の子供のように、長い休みがあるわけではなかった。母重篤《じゅうとく》と聞いて、夜道を家に駆けつけると、学業が疎《おろそ》かになると叱りつけて、松隠塾に追い返す母である。これまで、両親と共に過ごした年月は、新見遊学の年月より、おそらくずっと短かったであろう。その両親がいなくなった生家へ、成童《せいどう》の後継ぎとして帰ったわけである。

松隠先生にしても、幼時から手塩《てしお》にかけ、前途を嘱望《しょくぼう》していた俊才を、学業半ばで手放さなければならない落胆は、大きかった。「学問の基礎」は、自分の手元で、しっかり教え込んでおきたかった。安五郎が、よもや、このまま備中の山中に埋もれてしまうとは思わなかったであろうが、あの茅花《つばな》のような手も、農商家主人としての、きびしい労働によって、松の根のように指太く荒れてゆくであろうと、惜しみてもあまりある思いであったにちがいない。人々を驚嘆させた寧馨児の学業は、ここに、ひとまず頓挫《とんざ》することになった。

＊補注1　宮一「家書をえたり　一封の書信阿嬢《あじょう》の恩／恩義並び深く倚門《いもん》に勝《まさ》る／十有五行別《じゅうゆうごぎょう》語無し／上に勉学を言い下には加飧《かさん》」(宮原信による訓読)

＊補注2「済世ノ志　述懐」①父ヤ母ヤ我ヲ生育ス／②天ヤ地ヤ吾ヲ覆載ス／③丈夫志アリ自ラ思ハザラン／④碌碌《ろくろく》寧《な》ンゾ草木ト枯レンヤ／⑤慷慨独リ慕フ儕世ノ志／⑥嗟吒タリ空シク愧ヅ雄飛ノ図／⑥幽愁柱ニ倚リ聊カ呻吟ス／⑦野詩情ヲ写シテ情更ニ深シ／⑧流水停ラズ人老イ易シ／⑨豈不才ヲ将《も》ツテ懐襟ヲ廃センヤ／⑩生育覆載亦夕何ノ意ゾ／⑫人生豈此心ニ報ヒザランヤ　(宮原信による訓読　表記形式一部改　全一一〇八)

第三章　了

第四章　京都遊学

1 帰郷して家業と学業に勉め、やがて士籍を与えられる

【十六歳で家督を継ぐ】 後年、方谷は松隠先生への書簡で「十有五歳《じゅうゆうごさい》に至り、誦読《しょうどく》まさに成らんとして、不幸大故《たいこ》に遇《あ》い縫帷《ほうい》を辞して世務《せむ》を把《と》る（十五歳にして、誦読の課程を終えようとして、不幸にも両親の喪により、先生の塾をさがって、世間並の家業を継いだ）」といっている（全一一一〇）。

誦読とは、「そらんじよみ」である。『論語』をはじめとする儒学の「四書五経」が中心であろうが、どのような書籍を、どれほど暗誦したのか。

渋沢栄一の『雨夜譚《あまよがたり》』では、「暗誦のできるようなことはせずに、ただ種々の書物」を読んだとして、『小学』・『蒙求』・四書・五経・『文選』・『左伝』・『史記』・『漢書』・『十八史略』・『元明史略』・『国史略』・『日本史』・『日本外史』・『日本政記』などがあげられている。

儒学の宗家中国では、かつて、科挙《かきょ》という、難関とされる官吏登用試験があって、科挙合格までの勉強を参考にすれば、たとえば、梅原郁編訳『宋名臣言行録』はこう述べている「五、六歳より、『論語』などからはじめて、いわゆる『五経』を中心とした儒教のバイブルである「経書《けいしょ》」を丸暗

記したうえ、詩と文章を作る修行をつみ、科挙の難関を突破して進士の肩書きを手にいれるのが、どんなに天才でも十八から二十歳になる。」（注・四書「論語・孟子・大学・中庸」五経「易経・書経・詩経・礼記・春秋」）

安五郎のいう「誦読」も、右にあげられた書の、ほとんどすべてに及んでいたであろうと思われることは、詩集にみるヴォキャブラリー（語彙《ごい》）の豊富さにもうかがわれる。しかも多忙であった方谷は、江戸大坂への往復の途上駕籠にゆられながら、中国・日本の政治、経済、歴史を、溢れるように詩に詠じているのを見れば、彼の知識は、生き字引などと云うよりは、奇妙な云い方だが、生きて蠢《うごめ》くような言葉の知識とさえ云いたい気がする。

松隠先生としては、誦読に加えて、さらに、詩文の修行を積んだうえで、上方《かみがた》に「押し出そう」としたが、修行は突然途切れることとなった。

【十七歳での結婚】 前章末で触れた、松隠先生が勧め、父五郎吉も一時はその気になったらしいように、もしも安五郎が遊学を続け、また家を離れることになっていたとすれば、弟平人はまだ六歳である。家事と育児、さらに家業を見るのは、五郎吉に嫁《とつ》いできて幾何《いくばく》もなく未亡人となった継母近《ちか》しか居なかった。これでは、最初から行き先が案じられた。結局、親族らの意見により、安五郎が修業を中断し、家業の農商家を相続するほかはなかった。

「十七歳（文政四）、安五郎、新見藩士若原平之進ノ女《むすめ》進《しん》（年十六）を娶《めと》る。

十八歳、日夜《にちや》家業に服し、暇《いとま》さえあれば誦読《しょうどく》に勉める。

十九歳、家業にも習熟し、毎日升《ます》や秤《はかり》を手に農商人と折衝《せっしょう》。
二十一歳、(文政八)、「安五郎の学問精進が評判になり、十二月松山藩主板倉勝職《かつつね》は『農商の身分にして、学問に心がけ、よく成果をあげているとの聞こえあり、殊勝なことにつき、二人扶持《ににんぶち》をくだされ、今後はときおり学問所へも参上し、尚いっそう努力して、お役に立つよう心がけることを申しつける』と沙汰書を下した。」(年譜)
「農商の身分にして」とあって、まだ武士という身分を取り戻したわけではないが、それへの足がかりは整えられたことになる。曾祖父宗左衛門益昌の事件により、零落していた家運回復の悲願は、安五郎に至って、漸く達成の端緒《たんしょ》が開かれた。
「二十二歳、長女瑳奇《さき》が生まれる。
二十三歳(文政十年)、春、初めて京都に遊学し、寺島白鹿《てらじまはくろく》の門に学ぶ。」(年譜)
十七歳での結婚は、満でいえば十六歳であろう。当時としても、いささか早かったかと思われるが、なによりも人手が必要であるとともに、後ろ楯《だて》のない独身の若主人では、商人として、世間的な信用や体面という点でも心もとなく、早く身を固める必要もあったかと思われる。

【二人扶持賜与が京都遊学を可能にした】 備中松山藩から二人扶持を賜与されたのは、当時各藩で行っていた人材育成の一環《いっかん》であった。太平の続く時代、農民の出として武士の身分を取り戻そうとするには、戦さのない時代となっては学者か医者になるほか道がなかったとも云われている。

二人扶持とは、一日につき一人分玄米五合を、二人分与えるということで、一年の俸禄《ほうろく》は、三石六斗となる。家業に学問に、置かれた境遇で安五郎は、なすべきことは十分に果たしていた。帰郷して七年、安五郎二十二歳の年には、長女瑳奇も生まれている。瑳奇とは、むずかしい名前だが、優れた才能長所「奇」を、努力して「瑳」磨きあげるという意味であろうか。

翌二十三歳は、安五郎の生涯での、もう一つの画期《かっき》となった歳である。二人扶持ではあるが、藩からの俸禄が、中断していた遊学を可能にした。家業の、いわゆる世俗の雑事を離れて、本格的な学問修行に、再び専心できることになった。松隠先生の「学問の基礎も出来ましたなら、上方《かみがた》あたりへも推出《おしだ》し」たいという望みは、八年待って漸く実現することになった。

しかし、後の書簡によると、遊学中は家業のことなどは、すべて母（継母）に任せきりで、家計も苦しく、いろいろ気にかかることも、敢えて振り捨てるようにして、出かけている。後に弟平人に与えた書簡によれば、学問に専念したい思いが、もはや抑えきれなくなっていた。だが長く家を離れていることは、やはり不可能だったようで、年譜は「この年末安五郎は帰国した。けだし家務のためなり」とある。

【清廉なる学者寺島白鹿】　新たに師となる京都の寺島白鹿については、年譜に、丹波《たんば》（旧国名で現京都府と一部兵庫県）の人で、名は天祐《てんゆう》、字《あざな》は吉公《よしあきら》、通称俊平《しゅんぺい》、別号俊叟《しゅんそう》（いずれも正確な読み不明、仮読み）。公卿《くぎょう》の九条家家臣の儒者で、公卿の子弟の教育機関学習院の初代講師の一人で、程《てい》朱学《しゅがく》（朱子学）を講じた。従六位下丹後介《じゅうろくいげたんごのすけ》、京都柳馬場二条下ル等持寺《とうじじ》町に居住（文化十年頃）。安永五（一七七六）年生まれ、嘉永三（一八五〇）年七十四歳歿。墓は京都市北区寺町鞍馬口下ル天寧寺にある。

寺島白鹿は、丸川松隠とは旧知で、安五郎の白鹿門への遊学は、松隠の勧めであろう。

安五郎の京都遊学中に、白鹿先生を詠った詩（宮二九）がある（宮原信による訓読・訳）。

看破《かんぱ》す千間脅肩《せんかんきょうけん》の病　（卑屈な世にこびる態度のつまらなさを見抜いておられる）

知る君の心地の独り清涼なるを（先生の心境のすがすがしさがわたくしにはよくわかる）

白鹿は、名利《みょうり》をむさぼることから遠い、清廉《せいれん》な学者だったのであろう。

丸川松隠は、安五郎が自分の手元を離れた十五歳以後も、五郎吉の遺志をくんで、安五郎を注意深く見守り、その学問進歩に応じて、ここに至るまでの道筋は、松隠先生の配慮が、大きく働いていた。

【松隠先生新たな課題を与える】　前《さき》に十四歳の安五郎は、松隠先生に学問を続ける上での志を問われ「オリジナル述懐」を賦《ふ》して、自分は志をたて、それに向かって、学問の一筋《ひとすじ》道を進むべきだが、襟懐《きんかい》――さまざまな胸の懐《おも》いや、詩情もまた捨てがたい、と答えた。

安五郎二十三歳での、京都遊学出発に際しても、松隠先生は書簡で、新たに修行の目標となる課題を与えた。しかし、書簡を受け取れば、必ず誠意のこもった返書を書いていたと思われる安五郎にして、この課題への礼状を書くのは、三年（足かけ）も後になってからのことである。つまり松隠先生の立志の勧めと、十四歳の安五郎の「オリジナル述懐」との間のズレは、二十五歳の第二回京都遊学に至るまで、そのまま残っていたことを思わせる。そしてようやく、この歳になって、安五郎は「このような我をも、師友は見捨てず……懇ろに教え諭してくださった」（後出）という。子細に見て行くと、安五郎にとってこの時期とは、立志から「而立《じりつ》」（三十にして立つ）に至る、彷徨《ほうこう》期——進むべき学問の道について、まだ、明確に目標を絞りきれない時期であったことを覗わせる。この京都遊学に関しても、資料をたどると、安五郎の心境は、かなり複雑で、松隠先生の指示する遊学課題の、当時の修業計画《カリキュラム》的な一本道は、素直にたどってはいない。「オリジナル述懐」が含む問題は、単に精神集中の不足とばかりはいえないようである。安五郎は、儒学の常道的な課程ばかりではなく、儒学を外れた心のあらゆる問題、安五郎がいう襟懐のどれも疎《おろそ》かにしなかった、といった方が適切のようだ。まず年譜に注を補いつつ、遊学の経緯とその資料を、少し整理してみる。

二十三歳（文政十［一八二七］年）春、第一回京都遊学。丸川松隠は、

「斯文《しぶん》自《おの》ずから淵源《えんげん》在《あ》る有《あ》り。刮目《かつもく》して偏《ひとえ》に遅《ま》たむ探《さぐ》り得て帰るを」

と賦《ふ》して、安五郎に与え励ました。これを①「洛遊課題《らくゆう》」と名づけておく。

これは、大変難解な問題で、遊学はこの課題に独自の解答を得ることが目標となった。

しかしこの年は、十ヶ月ばかりの京都滞在で、年末には、家務のために帰国している。

二十四歳　この年は郷里を離れなかった。

二十五歳　再び京都へ遊学する。三月二十三日京に入り、寺島白鹿に学ぶ。

五月、「三年ぶりに」、②「丸川松隠先生に奉呈する書」を書き送った。これは、①「洛遊《らくゆう》課題」への礼状であるとともに、回答でもあった。九月帰郷する。

十二月二十三日、藩侯より名字帯刀《みょうじたいとう》を許される。

同月二十八日、召出され八人扶持《ぶち》を給され、中小姓格《こしょうかく》に上り藩校有終館会頭を命ぜられる。

（説明上の便宜のため頻出する語句に①②……の数字を付した）

①「洛遊課題」の「洛」とは、後漢《ごかん》・晋《しん》・隋《ずい》など古代中国王朝の都であった「洛陽《らくよう》」のことで、日本では借りて京都をいう。「洛遊」とは京都遊学のことである。

方谷は、日記は書かなかったが、生涯に書き遺した漢詩は、一〇五六首に及ぶ。これに宮原信は詩番号を付し、その配列は「制作順に配列されていると考え」、従って詩集は「そのまま方谷の自叙伝」と考えられるとしている。この前提は、筆者の方谷詩読解の、貧しい経験からではあるが、適切であり従うべきと考えられる。

全詩の中の、詩番号一九～五二までは、京都遊学中の作で「三十四首洛遊稿《らくゆうこう》」と題詞されている。これを③「洛遊稿」としておく。この中に、この時期の方谷を知る上で、特に重要と思われる長詩一篇があり「松井君より一絶句《ぜっく》を贈らる。その韻《いん》に因《よ》り古風一篇を賦《ふ》して答謝す」（宮二八）という長い題名が付されている。略してこれを④「古風一篇」とする。

②「斯文《しぶん》」とは何か

【洛遊課題という難問】　前にゴシックで示したが、松隠先生が詩の二句として与えた①「洛遊課《らくゆう》題」は、学問的・思想的な意味においてきわめて難問であった。まず、その最初の一語「斯文《しぶん》」（「斯の《こ》文《ぶん》」とも読む）とは、『論語』の「子罕《しかん》第九」編の第五節に出てくる孔子の言葉で、「人類の文化・文明」を意味するとされている。

吉川幸次郎著『中国の知恵』に、この「斯文《しぶん》」という言葉に関して、次のようなエピソードが語られている。要約すると、あるとき、孔子が弟子たちと旅して、匡《きょう》という邑《まち》に至ったとき、まったくの誤解から、怒り狂った群衆に取り囲まれ、生命の危機にさらされたことがあった。斯文《しぶん》＝人類の文化を、遠い過去から受けついで、それをさらに、後世の人類に伝える役割を、みずからの使命としていた孔子は、もしも**「天」**が、人類文化の永続を望んでいるならば、それを伝える役割を担った自分（孔子）を、天は決して見捨てることはない、と確信を語った。つまり、群衆の暴力により生命の危機に陥った孔子を、天は見捨てないという確信は、人類文化の永続は天命であり、暴力に対する、人類文化の優位こそ、天の意思であるという確信であった。

【人類文化永続の根源的な意義】　①「洛遊課題」は、「斯文《しぶん》」には「淵源《えんげん》がある」と続く。人類文化永続の天理には、拠《よ》ってきたる淵源、すなわち、それを絶対的に支える根源的な意義がある、というのである。松隠先生は、安五郎に、「刮目《かつもく》して偏《ひとえ》に遅《ま》たむ、探《さぐ》り得て帰るを」（ひたすらに期待して待っている、その意義をしっかりと掴んで帰ってくるのを）といった。

ここに、もう一つの困難な問題がある。前に、これも、ゴシックで示しておいたが、「天」という一語である。

孔子が、匡《きょう》で、危機にさらされたとき、人類文化の永続を確信したその拠りどころは、「天」であった。「天」は私を見捨てないであろう、と。

しかし、この「天」という言葉に、孔子がこめた意味も、現代のわたくしたちには理解しにくい。孔子の生きていた時代、儒学は、中国古来の政治・道徳の学とされ、純粋な意味での宗教ではなかったとされているからである。

吉川幸次郎は、孔子と神の問題について、こう言っている。孔子は、厳格な無神論には立っていなかったようであり「人間の背後にあって、人間の善意を守り支えるものの存在を、意識しないではなかったようである」。神の存在を信じ、それに向かって祈るということはなかったが、天地間に存在する人間を超え、人間を支える力には、敬虔な意識を持っていた。「天」とは「天の神、造物主、万物を創造し、主宰する力」（新釈漢文大系『論語』）ということになる。

なぜ、そんなに「天」にこだわるかといえば、安五郎の①「洛遊課題」のとらえ方に、やはり、この「天」が、関わってくるからであり、後に触れるが、彼の精神的探求の一番奥底にあったのも、神という問題であったと思われるからである。

【斯文の淵源が、難問である理由】　安五郎は、いや――ここからは、方谷の思想的問題に触れてゆくことになるので、方谷と呼ぶことにする。松隠先生が与えた①「洛遊課題」に対し、方谷が「ご教訓を賜って以来、早くも足かけ三年の歳月が過ぎました。その間一言《ひとこと》の御礼も言上致しませずにおりました」（後出）と書くのは、方谷二十五歳、第二回の京都遊学に際しての、②「丸川松隠先生に奉呈する書」においてである。くどいようだが、方谷にして、先生の教訓に、三年もの間、礼状を書かなかったのである。二人の間が、しばらく疎遠《そえん》とも見えたのは、①「洛遊課題」が難問であったことに原因があった。方谷自身が、②「丸川松隠先生に奉呈する書」と題する礼状の中で、「斯文の淵源」の難問である所以《ゆえん》を、具体的に敷衍《ふえん》して、次のように言っている。

《斯文の淵源とは、この上なく大きな、この上なく高い課題です。天と人とは一繋《ひとつな》がりであるとする「天人の理」を極め、人の本性と運命は天にもとづくとする「性命の淵源」に達しなければなりません。そのためには、私自身が、古今の聖人君子の域に上《のぼ》るのでなければ、それを探り得たなどと言うことはできません。学問初歩の青書生《あおしょせい》たる私ごときが、ほんのわずかの修行をしたばかりで、到達できるような問題ではありません。》

（②「丸川松隠先生に奉呈する書」全一一一〇）

【人間哲学における課題の極限】　安五郎が、家業に従事して八年を経て、学問修業に復帰し、それに専念しようとようとするとき、松陰先生は、ほとんど途轍《とてつ》もない課題を与えたことになる。人類文化の永続性を支えるものは、書籍を学び、知識を蓄えただけで、得られるものではない。そういう段階を、もう一つ突き抜けた、いわば悟りを開く境地に達しなければならない。

山田琢は『山田方谷・三島中洲』の中で、「斯文の淵源」の意味をさらにくわしく解説して、それは「人間はいかに生きるべきかという、最高の人間になるための、人間哲学における課題の極限で」、それを説明するには、その極限の境地に悟入した人でなければ不可能である、としている。これが、方谷に突きつけられた「斯文の淵源を探り求める」こと、つまり儒学の目的であった。言い換えれば、古来、人類に伝えられてきた「学ぶ」ということの真の、究極の目的は何か、悟りを開け、ということであった。

3 悠々と心を白雲蒼樹《そうじゅ》の間に遊ばせて

【書剣《しょけん》 瓢零《ひょうれい》 常《つね》に志を尚《たっと》ぶ】 京都遊学中の詩群③「洛遊稿」は、最初の詩からして、明るく、積極的で、自信に満ちた印象を与える。あたかも、十四歳での「オリジナル述懐」の、学問を儒学の道だけに限定仕切れない、いわば覇気《はき》がないと見える方谷に、陽気（万物が動き、又は生じようとする気）が、躍動し始めたかのような気配《けはい》を覚えるのである。おそらく松隠は、方谷のそうした変化を認め、遊学を勧めたのであろう。方谷自身にも、もはや、家業の合間に学問をするなどという、間怠《まだる》っこしいことは我慢ならなくなっていた。家業は放り出しても、学問に専心しようとする気持ちが、沸き上がるのを覚えていた。

二十三歳の春、郷里を出発する時の、最初の詩、「田那《たな》君に留別《りゅうべつ》を奉る（宮一九）」の一節では、こう言っている。

「書剣《しょけん》　飄零《ひょうれい》　常《つね》に志を尚《たっと》ぶ／山河跋渉《さんがばっしょう》豈安《あにやす》きを懐《おも》わんや」

（訳）「書を読み剣を学ぶ者はどんなに零落《れいらく》しても常に高い理想を把持《はじ》していなくてはならない。山河を跋渉《ばっしょう》する旅にあってなんで安逸《あんいつ》な生活を願ったりしよう」

（宮原信による訓読・訳。ルビ一部引用者）

この覇気に満ちた気概が、遊学門出《かどで》の方谷の心構えであった。さらに③「洛遊稿」から引用したいが、あまりにも詳細にわたり、長く複雑になるので、以下は、断片的だが、適宜詩句を引用するに留めておきたい。（引用者訳　＊補注章末）

「仙人を学ぼうとして、なぜ白雲に乗って飛翔する術を得ようとするのか。ただ俗世を離れて暮らせばいい、そうすれば、授業料を払う必要もない」（宮二一二）

「だれも知らないだろう、遠い都に学問修行の身でありながら、心のどかに白雲蒼樹《そうじゅ》の間に日を送っていようとは」（宮二一三）

「只管打坐《しかんたざ》（ひたすら坐禅をすること）は、必ずしも人里離れた深山に入る必要はない。一隻眼《いっせきがん》（物を見抜く眼識）もて大千世界（広大無辺の宇宙界）を空無と看破《かんぱ》するなら、身は俗世間にあろうとも、差し支えない」（宮二五）

【大千世界の実相看破】　方谷は「斯文の淵源」という①「洛遊課題」の難問に立ち向かおうと洛遊に出たと思われたのだが、私たちは戸惑いを覚える。詩に覗われる方谷の意識は、儒学を中心とした、当時の学問という一語では、括《くく》れないところまで広がってしまっている。松隠先生は、学問の淵源を求めよと言ったが、方谷が心を遊ばせるのは、仙人の世界であり、禅であり、白雲蒼樹の間であり、大千世界（仏教的世界観のいう三千大千世界）の実相看破である。斯文の淵源を求めながら、たとえば、宇宙の神秘的な広がりに、我が身を同一化させようとしているかのごとくである。そのためには、俗世間の中に居るか、そこを離れるかは、どちらでもかまわないというのである。

方谷の心は高揚しているのだが、学問修業という一事からは遊離して広がり、一点に集中することができない印象をうける。「だれも知らないだろう……心のどかに白雲蒼樹《そうじゅ》の間に日を送っていようとは」

十四歳の「オリジナル述懐」を思い出してほしい。「学問の才乏しいとはいえ、襟懐（胸の懐《おも》い）も捨て去ることはできない」とあった。その、捨て去ることのなかった、いろいろな胸の懐いが、ここでは、禅となり、大千世界となり、仙術となり、詩となっている。襟懐と名付けた胸中の思いの一つ一つが、瞭然たる形をとって現れている。

おそらく、「オリジナル述懐」の安五郎は、ここでも変わっていないのだ。彼は何一つ捨てようとはしなかった。すべて、捨てることができない、自分自身の心の問題であった。それを、儒学という一本の軌道だけに限定することは、敢えてしなかった。

しかし、今……その自信に満ちた言葉に、高揚感は認められても、真理に近づこうとする、厳しく重々しい真剣さとは、どこか異なってしまった印象を受ける。禅といい、一隻眼といい、大千世界の実相看破といいながら、何かに悟入して行こうとする、真剣さは、伝わってこない。

【霊的な世界への思慕】　方谷の学問は、というよりも、心の問題は、書籍の論理的世界にだけにとどまっていない。始めからその外にまで広がっていた。私たちの精神の働きすべての広がりを、我が心として捉えようとしている。

方谷は、五歳の時から、ひたすらに学問に励んできた。しかし、その学問を支えるために、すべてを犠牲にして働いてきた母を失い、次いで父をも失った。学問とは何か。

方谷が儒学一筋の道には納得できず、儒学の外に、禅を求め、仙術を求め、詩境を求め、老子や釈尊の思想までも求めたのは、筆者には、両親思慕の情が根底にあるかと思えるのだ。それら胸の内のさまざまな思いを、方谷は「襟懐《きんかい》」と呼んでいた。

これもすでに書いたが、方谷の父五郎吉は、家業や学問に励むとともに、天満宮を熱心に信仰し、自家の背後に、先祖が勧請《かんじょう》して祀《まつ》った祠《ほこら》があって、常に礼拝をおこたらなかった。五郎吉は子どもがなかったことを嘆き、祠に七日七夜こもって祈り、夢に玉光《ぎょくこう》（光り輝く宝玉）をみて、生まれたのが方谷であった、と伝えられていることはすでに述べた。

五郎吉も、妻の梶も、生まれた子が、天神様からの授かり子であることを信じて疑わなかった。この子を育てることは、夫婦にとって天命であり、使命となった。五郎吉梶夫妻の生活は、その使命に殉じたともいえる。自分を育てるために、すべてを犠牲にして悔いなかった両親、そのためにあまりにも早く亡くなった両親。その父母の懐《おも》いが、方谷に伝わらなかったはずはない。その両親への思慕が、霊的な世界への思慕に繋がっている。ただし、それだけが霊的な世界への傾向を育んでいるなどというつもりはない。「生まれつき穏やかな性質で才知すぐれ、さとりの早いことでは抜きんでていた（天資温順穎悟　年譜）」といわれる資質があって、それに、両親の信仰や、そのあまりにも早い死が、強い影響を与え、方谷の霊的な世界への心の傾斜を強めていったと思えるのである。

【悟りの心境】　そういうわけで、少年から青年にかけての方谷にとって、儒学の学問と、襟懐とは、一見、分裂し、対立状態とも見えるのだが、それらが、安五郎の胸中に存する、すべて心の働きであるならば、それらのどれかを、捨てなければならない理由はないはずだ。悪心また邪心ならともかく、学問をするために、何かを捨てなければならないとは、おかしなことではないか。

しかし、十五歳で生家に帰って、家産の立て直しと維持に苦労し、子供が生まれ、俗世間での苦労を重ねるという普通の生活経験と、学問の世界への沈潜とを、重ねてゆくうちに、胸の思いと、学問との、不自然な分裂と見えたものは、おのずと自然に統合していったらしい。

「大千世界の実相を看破し尽くすなら、身は俗世間に住していようとも、一向さしさわりはないのである」③「洛遊稿」の初めの数首に横溢《おういつ》する自信、伸び伸びとした明るい高揚感は、遊びとまでは云えないとしても、やはり一種の彷徨にすぎなかった。

4　君知るや、山陽の男児意気《いき》に燃《も》ゆるを

【宿酲大夢一朝にして醒めたり】　ところが「好事魔多し《こうじま》」（よいことはとかく邪魔《じゃま》が入りやすい）、初めての京都遊学は、文政十年（二十三歳）の春であったが、この年の末には、遊学を切り上げて帰郷しなければならなかった。年譜には「蓋シ家務ノ為メナリ」とあった。郷里の自家の経営が、方谷がいなければ、やはりうまくいかなかったようである。

翌文政十一年（二十四歳）も、方谷は家業に努めて郷里に過ごした。

この、第一回の京都遊学から帰郷し、第二回の遊学に出発するまでの一年数ヶ月、郷里に居るあいだに、方谷の心境は、さらに大きく変化していた。それまで高らかに詠っていた、禅も、仙人も、白雲蒼樹も、詩や文章も、老子も釈迦も、いきなり、これらすべては、迷いであったと断言する。

ここに、一挙に真理を悟る、豹変があった――そう言うしかないのだが――方谷は、何も説明せず、いきなりこう言っている。

《宿酲大夢《しゅくていたいむ》一朝にして醒めたり》　（④「古風一篇」　宮二八）

宿酔《しゅくすい》のごとき迷夢から、スカッと醒めきった――悟りに近い高揚感はあっても、それをしっかり両手に握りしめることができなかったが、その高揚感が、まるで余計な物を一切捨て去って、裸の自分を捉え得たような、そんな感動が伝わってくる。そういう瞬間が不意に訪れた。まさしく方谷は、自己を明らかな一個の珠玉としてとらえ得ている。

これは方谷の豹変だと、右の詩を読みながらわたくしは思った。「日夜思考を重ね」たと、後に方谷は云うのだが、その思考のうちに、謎はむこうからフトその答えをあかしてくれた。「学業は、、、、、、、、多方面にわたるを要せず……根源は遠きにあらず……我が身に在りき」と、直覚的に悟った。空漠たる広がりは、胸中の「仁」という中心を得た。

それを、方谷自身が語っている資料が二つある。一つは、すでに右に詩句の一部を引用したが、④「古風一篇」の四十二行の長篇古詩で、もう一つは、方谷が、第二回の京都遊学中に、旧師丸川松隠に書き送った、②「丸川松隠先生に奉呈する書」である。どちらも、拙訳で引用するが、詩のほうは宮原信著『山田方谷の詩――その全訳』を、書簡は、山田琢著『山田方谷』の中の訳を、全面的に参照したことを付記しておく。④「古風一篇」は長いので、前半十二行（その一）と、それに続く十二行（その二）の、二十四行だけを訳出した。

②「古風一篇」（その一）

君知るや、山陽の男児意気《いき》に燃《も》ゆるを
幼少よりしっかりと志を持し、俗世間の逸楽楽事《いつらくらくじ》には目も呉れず
世の風潮をも、我関《われかん》せずと顧《かえり》みず、悠久の歴史をさかのぼり
十年、学問修業を我が楽しみとしてきた
しかし、学問の世界は、無限の太古、無辺の大海なり、取り付く島もなし
真実を求め、根源を探り、広く深く求むれども、むなし
真の淵源は、遙かに奥深く、我が手には届かない
探れども、手がかりもなく数年が過ぎた
その間にも、詩や文章の妖《あや》しい魔力は、我が魂を魅了し
釈尊《しゃくそん》また老子《ろうし》の、妖怪《ようかい》なる説法は、我が精神を惑わした
身も心も強風に砕け散るごとく、底止《ていし》する所を知らず
茫洋《ぼうよう》たる大河を前に、真理の彼岸《ひがん》に渡る術《すべ》も知らず、さ迷っていた　（1行～12行）

詩文に魅了され、釈尊《しゃくそん》老子《ろうし》に惑わされ、とある。方谷がこだわっていた「襟懐」は、ここにいう魅惑され、惑わされていた思いということになる。この詩に語られた時期は、五歳から十年の遊学を経て、仙術や座禅、白雲蒼樹を詠いあげていた、第一回の京都遊学、さらに家業の都合で、

十ヶ月ほどで帰郷し、家郷にとどまっていたころまでのことであろう。

【純の純なるもの】　その間、方谷は、意気に燃えていたことは、その詩、たとえば前に引用した、「田那《たな》君に留別《りゅうべつ》を奉る」（宮一九）からも感じられるし、同時に、「真の源は、遙かに奥深く、我が手には届かない」と、丸川松隠先生から与えられた課題に苦心していたことも覗える。しかも、次の④「古風一篇」（その二）の最初の行で、方谷ははっきりと示唆している、「師友は見捨てず……懇ろに教え諭《さと》してくださった」と。師友とあるから、これは松隠一人を指しているわけではないが、方谷が苦しんでいたのは「斯文の淵源」であった。それを求めよと命じたのは、丸川松隠先生であった。そして、事態は、いきなり反転する。

④「古風一篇」（その二）

幸いにも、このような我をも、師友は見捨てず
厳しい戒めと適切な忠告とで、懇《ねん》ろに教え諭《さとし》してくださった
すると、たちまち、宿酔《しゅくすい》のごとき迷夢から、スカッと醒めきって
悟り得たり――吾が儒学の道こそ純の純なるものなり
かねて聞けり、真の根源は遠きにあらず、と
顧みればすべてこれ、我が身に在りき
悠遠なる蒼天は万物の根源である

されば、我が根源たる胸中一個の「仁」と同一物なり
学業は多方面にわたるを要せず
胸中の仁を拡充し、日々これを誕育《たんいく》新たならしむるのみ
学問のこの深遠な味わいを、我は誰にも語らず
秘《ひそ》かに自得し独り学問を楽しむ、これぞ、我が善美の道と悟った　（13行より24行まで）

【天人の理に達する秘訣】

「悠遠なる蒼天は……我が根源たる胸中一個の『仁』と同一物なり」とは、決して「天人の理」「性命の源に達した」とか、古来の聖人君子の境地に達し得たと言っているのではない。自分はそれを、あまりにも多方面にわたって求めたが、それは誤りであった。天から授かった性命である、胸中一個の「仁」を、みずから養い育てていくことが、「天人の理」に達する秘訣だと悟ったというのである。

方谷はさらに付け加えている。最後の二行「学問のこの深遠な味わいを……秘かに自得……我が善美の道と悟った」とは、理論ではない、他から教えられたのではない。直感的に秘かに自得し、悟入しえたといっている。それは、深い迷夢から、スカッと醒めるようにやって来た、いや、みずからの内に、花開いたと言っているように思える。第一回の京都遊学から帰郷し、しばらく家業に苦労していた、文政十二（一八二九）年三月までのことであろう。

誰かから、何かから、学んだのではない。自己の内に発見した、明らかな珠玉であった。方谷の、

これ以後の学問とは、この内なる珠玉――純の純なる胸中一個の「仁」を、さらに磨き上げることであった。

読者はすでにお気づきと思うが、ここに、方谷がみずから自己のうちに捉えた、陽明学への端緒があったと思う。しかし、それにはここではふれまい。

もう一つ付け加えなければならないことが残っている。

【俗世間の俗事】 右④「古風一篇」の、後半十八行は、①「洛遊課題」とは、直接は関係がないので省略したが、その最後に、見逃せない六行がある。宮原信の訳文によって示す。

《前車の覆えるのを見て後車の戒めとせよという古い諺がある。
君はわたくしがこれまでしばしば犯した真実（ほんとうのもの）を見失うという失敗をくり返してはならない。
あわれにもわたくしは資質の乏しい身に鞭うって
一段の飛躍を望みながら、それも思うにまかせずぐずついている始末である。
しかし、まだ若い気魄が全くは消え尽きてはいない。
どうかすると腰間の剣気が青空に向かって奔騰するのを覚えるのである》

（段落書き引用者）

②「古風一篇」（その二）で、方谷は、詩文に魅了され、釈老に惑わされたが、「宿酔《しゅくすい》のごとき迷夢から、スカッと醒めきって／悟り得たり――我が儒学の道こそ純の純なるもの」といいながら、詩の末尾に至っては、「まだ若い気魄が全くは消え尽きてはいない。どうかすると腰間の剣気が青空に向かって奔騰するのを覚えるのである」ともいう。

これでは、かつての迷夢、つまり「襟懐」と、迷夢から醒めた「悟得」とが、まだ、同居しているということになりはしないか。

いきなり結論から言ってしまうが、おそらくその通り同居だと、わたくしは思う。彼は、何も捨てなかった。捨てる必要はなかった。胸中一個の「仁」という明らかな珠玉を、しっかりと捉えつつ、身は、俗世間の俗事の中にある。「斯文の淵源」を探りえた澄明な眼で、俗世間の俗事を洞察している。方谷の伝記とは、そういう複合的な全体像を、丹念に確かめてゆくことになるだろう。しかし、この問題もここでは保留し、後に再度触れることにする。

【丸川松隠先生に奉呈する書】　文政十二（一八二九）年三月二十三日、二十五歳の方谷は、ふたたび上京し、寺島白鹿の門に入った。京都に入ってから、方谷は、長い書簡を丸川松隠先生に書き送っている。これは松隠先生の①「洛遊課題」への一つの答えであり、ここに至るまでの、方谷による自伝である。

その中に、迷夢から醒めたとか、深い自覚とか、悟りを直接暗示するような表現は、まったく見当たらないが、これを書いているとき、方谷には、すでに「悠遠なる蒼天は万物の根源……我が根源たる胸中一個の『仁』と同一物」という悟入の思いは、しっかり捉えた上でのことであった。それが、①「洛遊課題」を与えられてから三年たって、謝辞を松隠先生に書き送った理由であろう。しかし、その悟入は、松隠先生に奉呈する書簡においては、謙虚に言葉を控えたのである。注意深く読めば、我が根源たる「仁」に達し得たとする自信は、はっきりと感じられるであろう。

《丸川松隠先生に奉呈する書

門下生、山田球《きゅう》、つつしんで丸川老先生に一書奉呈《ほうてい》いたします。時まさに初夏、夏の神さま祝融《しゅくゆう》が、我が世の到来を高らかに宣《せん》しております時候、先生には、ご一家おそろいでつつがなく、尊体ご健勝におすごしのことと、心からお喜び申しあげます。私も旅中なにごともなく、前月二十三日、京都に安着いたしました。途中、書簡を運ぶ上り下りの飛脚《ひきゃく》とも、しきりに行き違いましたが、私からは、怠慢このうえもなく、無音《ぶいん》に打ち過ぎました事、伏して幾重にもお詫び申しあげます。

さて、私が初めて上京いたしました二年前には、先生にはかたじけなくも、激励の詩（①「洛遊課題」）をお与えくださいました。詩にはこうありました。

「斯文《しぶん》、淵源《えんげん》在《あ》る有《あ》り。刮目《かつもく》して偏《ひとえ》に遅《ま》たむ探《さぐ》り得て帰るを」と。

しかるに私は、才乏《とぼ》しきに加えて、短い時日の間に、様々な問題を問い学ぼうとしておりました。学問の淵源という大問題を解き明かそうとするのは、ちょうど、大河の河口すら、どこにあるかも知らないのに、その河の、遙かな深遠にさかのぼり、山奥の源流を求めるようなもので、呆然として、為《な》すところなきまま、帰郷しなければなりませんでした。何の面目あって、尊顔を拝せましょうや。しかれども、先生の寛大温雅《おんが》、以前と変わらず暖かに、私を迎えてくださり、ますます恐縮せずにはおれません。

その間、日夜思考を重ね、ようやく僅かながら心に深く感ずるものがありました。ここぞ、と思い、もう一度遊学の挙をなさんと奮起した次第であります。願うところは、刻苦勉励して、先生お諭《さと》しの万分の一でも達成したいと、そればかりを心に掛けております。最初の京都遊学では、まったく得るところもなく、こんどまた失敗に終わるならば、二度とお目にかかる勇気も無くなるでしょう。

しかれども、このたび心に得た感奮《かんぷん》は、われながら決してかりそめのものとは思えません。かつて秘かに考えたことは、学問の淵源とは、この上なく大きな、この上なく高い課題です。天と人とは一繋《ひとつな》がりであるとする「天人の理」を極め、人の本性と運命は天にもとづくとする「性命の淵源」に達するためには、私自身が、古今の聖人君子の域に上《のぼ》るのでなければ、どうしてそれを探り得たと言うことができましょうか。学問初歩の青書生《あおしょせい》たる私ごときが、ほんのわずかの修行で、到達できるような問題ではありません。先生は、もとより私の至らなさを熟知しておられます。にもかかわらず、どうして、このような難問を、私に、お与えになったのでしょうか。君子が人を教えるには、まずきちんとした標準、目印となる基準を立てると言われます。もとよりその教えは、高くかつ大なる高山に登るごとく、仰ぎ見る目標とならねばなりません。

また、弟子が教えを受けるには、基礎的な段階を飛び越えて進むことはできません。もしも順序段階を正しく踏まず、飛び越して進めば、しっかりとした揺るぎない基盤ができません。だが私球《きゅう》は、先生がお示しになった段階を、きちんと踏み、お与え下さった高大な標準を目指して、邁進《まいしん》することができます。

かつてこのように聞いたことがあります、学問の道が明らかにならず、徳性が進歩しないのは、その人の気質が妨げとなっており、さらには欲心が障《さわ》りとなっているのだ。それゆえ学ぶ者は、気質を改変させることから始めるのだと。これによって考えまするに、球の気質は、暗愚柔弱にして劣れるものです。私の両親はこれを憂慮《ゆうりょ》して、幼いころから、先生の下《もと》に入門させて学ばせました。十五歳になって、ようやく誦読も出来るようになりましたころ、不幸にして大故《たいこ》（両親の死）に遇いました。それ以来先生の塾を退き、世間並みの、何もかも雑然とごたついた仕事に就かねばならず、見識も取り得もなく、利得と名聞《みょうもん》のみを追い求める人々とばかり交わって来ました。球の凡庸《ぼんよう》なる資質をもって、凡庸なる仕事に従事して、これまで学び得た知識も、活用する場もございませんでした。暗愚なる者はいよいよ暗愚に、柔弱なる者はいよいよ柔弱に、気力枯渇衰弱《こかつすいじゃく》して、ただただ、劣悪なる者と異なるところはありません。平《へい》生《ぜい》にしてこのありさまですから、一旦《いったん》緩急《かんきゅう》の大事に臨《のぞ》んでは、どうしてこれに立ち向かう事ができましょうや。まして、高大困難なる問題を極め、学問の根源にさかのぼるなど、ただただ不可能なばかりでなく、それとはまったく相反した方向へと次第に離れて行くばかりです。まことに、このありさまでは、幼児のころより学んだことなど、すべて無駄事となってしまい、父母の心願にもそむき、先生の教えをないがしろにすること、これより甚《はなは》だしきはありません。

ここにして深く反省し精神を奮い立たせ、我が庸劣《ようれつ》なる資質を改造せんと欲すれば、その方法は、世間並みの仕事とは断然縁を切り、静かに思慮を定め、学問読書の生活に立ち戻り、もって知力を尽くすほかはありません。されば、ここに意を決して再び遊学に赴《おもむ》かんと心を定めております。

これからは、煩雑なることはできる限り簡約にし、捨てられなかった襟懐も、いま緊急でないものは除き、力を儒教の教義に集中し、ひたすら実用を重んじて日夜努め励み、鈍才なれどこれに鞭打ち励み、賢者の書に浸り、聖人の教えにたっぷり漬かれば、庸劣《ようれつ》は高明に、気の弱い意気地なしは剛毅《ごうき》に、改革できるかと存じます。煩わしい世間にあって、処置よろしきを得て、高く抜きん出、道に向かい弛《たゆ》むことなければ、「天人の理」を極め、「性命の淵源」に達し、大賢君子《たいけんくんし》の域にのぼることも、夢のような高望みとは、必ずしも言えないでしょう。そのように標準を目指し、段階を追って進めば、学問の淵源を探り得よとの先生のご教示にも、惑いためらうこともなくなります。

世の儒者は、博学多識を誇り、美辞麗句《びじれいく》によって文飾し、名声世に輝くことを、栄誉とします。それは、球にはでき兼ねることですし、また望むところでもありません。

ああ、ご教訓を賜って以来、早くも三年の歳月が過ぎました。その間一言の御礼も言上致しませずにおりました。ここに胸中の懐《おも》いすべてを披瀝《ひれき》して、先生の机下に献じます。時に梅雨の時節に向かい、長雨の降り続くころとなりました。先生にはくれぐれも御自愛切に祈念申しあげます》

帰国した方谷は、すぐに藩《はん》の文学《ぶんがく》（藩の儒学者）として採用されている。

「文政十二年二十五歳

十二月二十三日、藩侯より始めて苗字帯刀を許される。

十二月二十八日には、召出されて八人扶持を給され、中小姓格に上り、有終館会頭を命ぜられる。」

（年譜）

ここに方谷は、正式に武士として身を立てることができたといえる。

【師とともに伊勢参宮】　これが、一般的な言い方をすれば、方谷の学成る、学問修業の成就《じょうじゅ》ということである。方谷自身にしても、曾祖父宗左衛門の事件以来の一家の悲願が、九十年後にして達成されたことには、少なからぬ感慨があったと思う。

そうした思いからであろう、翌天保元年（二十六歳）の三月には、方谷は、丸川松隠先生に従って、伊勢参宮に出かけている。松隠には、この寧馨児を、ついに、ここまで育て上げたことを、方谷には父祖の悲願成就を、それぞれが社前に謝したであろう。

「六月、邸を城下本丁《ほんちょう》に賜わる。

十二月、有終館会頭を罷《や》める、目録及び銀三両を賜わる」（年譜）

ここで方谷の学問修業は、到達点に至り、完成を見たかのようである。

だが、飽き足らなかった。翌天保二年七月より四年十二月まで方谷は京都で学び、そのまま帰郷せず江戸にでて、天保七年九月まで、足かけ六年に渡る遊学に出発する。

＊補注（宮二二～二五）　宮原信による訓読

「仙を学ぶに何ぞ白雲に乗ることを慕わん／世を避くれば自ら束帛を徴むるなし」（宮二二）

「誰か知らん身は京城の客と作り／心は白雲蒼樹の間に住するを」（宮二三）

「結跏必ずしも深山を事とせず／隻瞳もて大千界を空了せば／何ぞ妨げん形骸の世間に住するを」（宮二五）

第四章　了

第五章　空水名月無間に相映ず《くうすうめいげつむかんにあいえいず》

1　備中松山城

【日本一高い標高にある山城】　山田方谷が二十五歳で出仕した、備中松山藩《びっちゅうまつやま》の城は、備中国《びっちゅうのくに》のほぼ中央に位置する標高四八七メートルの、臥牛山《がぎゅうざん》頂上にある。今では日本一高い標高にある山城とされている。山頂だけが僅かに平地となり、南北に細長い尾根筋の、弓なりに反った内側を東に向けて、周囲は垂直に近い急斜面が傾《なだ》れ下り、その孤峰に近い形を臥《ふ》した牛に擬《なぞら》えて臥牛山と呼んでいる。

城の創建は古く、鎌倉時代の地頭《じとう》、秋庭三郎重信（三浦一族とされる）にはじまる。当時、城とは、急峻な山頂の要害堅固であることが絶対の条件であった。臥牛山周辺の峰という峰にも、ことごとく何々城趾と呼ばれる城の遺跡がある。

秋庭氏以後、鎌倉、室町、戦国と続く時代、臥牛山城の主は、高橋、高《こう》、秋庭（後期）、上野、庄《しょう》、と、めまぐるしい興亡を繰り返してゆき、この天空に浮かぶ要害を舞台にした、最後の大戦《おおいくさ》は、織豊《しょくほう》時代の天正《てんしょう》三年（一五七五）のことであった。中国地方の備後以西を制覇して、さらに中央への進出を目指した中国地方西部の覇者、毛利輝元《てるもと》の、伝承によれば八万の軍勢と、この大軍を迎え撃って阻止し、備中中央からさらに領土の拡大を図った三村元親との戦いである。元親は、近畿を中心に着々と地歩を固めつつあった織田信長と通じ、信長から、毛利勢の東上を阻止したら、備中、備前を与えるとの約束を得て、八千の兵を擁して松山城の天険に拠《よ》った。

しかし、この兵力の差では、要害も空しかった。臥牛山の独立した山塊は、毛利勢の大軍に包囲されて兵糧攻めに遭い、追い詰められて内通する者もあいつぎ、三村氏はあえなく滅亡した。

【国奉行小堀遠州と御根小屋】　江戸時代になって、徳川幕府の最初期には、小堀正次《まさつぐ》、政一《まさかず》（遠州《えんしゅう》）父子が、備中国内に一万四千石余を領有する藩主にして、かつ備中の国務をつかさどる「国奉行《くにぶぎょう》」を兼任して、松山に赴任した。遠州は造園家としても著名であり、城下の頼久寺には、遠州の手になる庭園が遺されている。遠州はさらに、茶道遠州流を創め、和歌、生花、茶具の鑑定にも秀でた文化人であった。

この小堀父子は、藩政の効率のため、山頂の本城《ほんじょう》からは、距離にして二キロメートルの急坂を下った臥牛山南西麓に、藩主の館を兼ねた藩庁として、御根小屋《おねごや》を修築した。形からすれば、こちらは出城のようなものだが、「小屋」とは、江戸時代には藩主の邸宅をも言った。以後、御根小屋は、代々の藩主によって、藩主以下の生活の場であり、藩政の庁として、修築を加えつつ、山上の藩城に代わる役割を果たしていた。

【水谷氏支配と断絶改易】　元和《げんな》元年（一六一五）、徳川氏が、豊臣氏の拠点大坂城を壊滅させた夏の陣を最後に、長い時代に及んだ戦乱は終息し、国内は太平となった。これを、武器を偃《ふ》（伏）せ納めるという意味で、元和偃武《げんなえんぶ》という。徳川幕府の全国支配が、名実ともに揺るぎないものとなって、一国一城令、武家諸法度《ぶけしょはっと》などが定められた。備中松山の近づきがたい山城は、平和時となっては、かえって不便この上なかった。一国一城令からおよそ六十年後、松山城主となった水谷《みずのや》氏は、二代目藩主勝宗が、天和《てんな》元年（一六八一）から三年にかけて、この天険の要害に、あらたに近世城郭《くるわ》としての大改修を加えた。水谷氏にしてみれば、いつ何時《なんどき》、この要害に立て籠もるべき事態が出来《しゅったい》しないともかぎらない。武門の拠りどころである城郭を、放置して朽ちるに任せるわけにはいかなかった。細い尾根筋を巧みに利用して、大手門、三の丸、二の丸、二層の天守閣のある本丸、後郭《うしろぐるわ》、搦手《からめて》と、直列に並べて、矢狭間鉄砲狭間《やざまてっぽうざま》の石垣土塀を繞《めぐ》らした。見取り図によれば、さながら中国の万里の長城のように細長い峰筋に建てられた、日本式近世城郭である。

山城は整備はしたが、そんな高い処にあっては、なにごとにも多大な労力を要し、日々行き来するのはほとんど不可能であった。たとえば、『高梁市史』には、「歴代の城主がどの程度本丸に登ったかは明らかではない。何分《なにぶん》二キロメートルの急坂を上り下りすることではあり、城そのものが城主を象徴しているから登城の必要もなかった。それでも生涯に一度ぐらいは登ったであろう」とある。城としての役割は、もはや不要となっていたのである。ふだん城の警備に常駐しているのは藩士四人程度であったらしい。水谷氏は、さらに、城下の町並みを整備し、松山川舟運を大規模に開発するなど、都市としての松山発展の基礎を築いた。

御根小屋の南と西は、武家屋敷が囲み、その西側は馬場を挟《はさ》んで、もう松山川の波が洗っている。武家屋敷の南は、松山川に沿って南北に縦長の町家の街並みが続く。

不幸なことに、水谷氏の治政は、五十二年と短かった。三代目が急逝し、後嗣がなく断絶した。断絶改易《かいえき》となった城は幕府に没収される。城受け取りの役目は、播磨《はりま》（兵庫県南部）の赤穂藩主で、後の忠臣蔵で知られる浅野内匠頭長矩《たくみのかみながのり》に命じられた。

【山城の明け渡しと受け取り】　水谷氏としては、やりきれなかったであろう。天空の城を見事に改修して藩政を整え、善政を敷いたうえで、松山から追い出されるのである。

城受け取りが浅野内匠頭《たくみのかみ》で、従う家老が大石内蔵助《くらのすけ》とあれば、後世の想像力は抑えがたかった。しかも、水谷藩の家老も鶴見内蔵助と、内蔵助同士の対決となれば、役どころのそろい踏みは整っていた。水谷藩の武士たちは山巓《さんてん》の本城にたてこもり、不穏な空気が漲《みなぎ》ったとされる。城受け取りの赤穂勢は、長矩以下甲冑《かっちゅう》に身を固めて、松山に乗り込んだ。あわや、合戦になりかねない危機は、二人内蔵助の腹芸によって回避された――とするドラマは、やはり、空想の産物に過ぎなかったようである。

浅野勢が、甲冑姿で山城に寄せたのは、戦闘に備えてであるよりも、城の受け渡しという極めて重要な儀式に、威儀を添えるためであった。資料によれば、あらかじめ決められたスケジュールに従って、城の明け渡しと収受は、滞りなく粛々と行われたとされている。

ただ、大石内蔵助は、城受け取りの後、松山の新藩主、安藤氏が入城するまでの一年半の間、内匠頭の名代《みょうだい》として、松山城を預かっていた。それほど長い間松山に居たのであれば、天空の城に登る急な坂道の途中に、一息つくための場所があっても不思議ではない。今に、大石の休石《やすみいし》と称する腰掛石が残っている。

藩政時代の政庁となった御根小屋は、臥牛山南西麓の、市街地よりは一段と高くなった台地上にある。三角形の地所の頂点を山裾において、末広がりの雛壇《ひなだん》のように、西の松山川に向かって、次第に広く低くなっている。その最上段が藩主の屋敷で、藩庁や家老屋敷が囲んでいる。

山田方谷が、藩に出仕して、最初に与えられた賜第《しだい》が、どのあたりにあったのか、どのくらいの大きさだったのか、詳しいことはわかっていない。第二回の京都遊学より帰国して召し出され、八人扶持で藩校有終館会頭（教授）になったのは、文政十二年（一八二九）十二月、方谷二十五歳のことである。

【備中松山と高梁】　ところでこの山巓《さんてん》の城郭《じょうかく》は、今でも、備中松山城と呼ばれるが、松山という名は、町の名としても、城の麓に沿って流れる川の名としても、備中のこの地からは消えてしまっている。明治維新後、西南雄藩連合の新政府により、藩名は新たに高梁《たかはし》と改名させられた。備中松山藩五万石の、最後の——江戸幕府時代としては最後の藩主で、最後の幕府老中主座であった板《いた》倉勝静《くらかつきよ》は、徳川幕府が倒れ、維新が成っても、幕府と運命を共にするとして、幕府の残存勢力と共に蝦夷地《えぞち》（北海道）箱館まで逃れて、新政府には出頭せず、朝廷への恭順《きょうじゅん》を身をもって示さなかった。そのため、藩の存続が危ぶまれる事態となった。山田方谷ら藩士たちのたいへんな努力によって、最後には、あらかじめ雇っておいた外国の汽船に、勝静を騙《だま》して乗せ、蝦夷地《えぞち》から江戸へ連れ帰り、ようやく勝静は新政府に出頭した。それで、藩の存続は認められたものの、当初は、朝敵とされたため、石高も五万石から二万石に減らされた上、松山という藩名をそのまま使うことは許されず、高梁《たかはし》と改名させられた。藩名や町名はともかく、新政府が、川の名前にまでクレームをつけたとも思われないのだが、城地に寄り添う松山川も、高梁川と改められた。この川は、それほどまでに、城地と密接に結びついていたということであろうか。

【松山川】　江戸時代の松山川は、後の山田方谷の藩政改革にも、大きな役割を果たすことになる。備中松山の町と、松山川との関係は、身体にたとえれば、松山は心臓であり、松山川はその動脈であり静脈であった。源流は、山陰と山陽をへだてる中国山地に発して、たえず蛇行《だこう》をくり返しながらも、流れの向きは北から南へほぼ一定して、吉備高原の石灰岩台地を深く抉《えぐ》り、まず、備中の中央にほぼ独立する臥牛山《がぎゅうざん》にぶつかる。これを右に小さく迂回した後、山裾をめぐり、南西に細長く延びる城下町松山に沿って走り、支流成羽川《なりわがわ》と合流して大河となって瀬戸内海に流れ入る。

備中の中・北部の産物、特に鉄は、輸送の大動脈たる松山川によって、松山に集積される。ここから、瀬戸内沿岸にある松山藩の飛び地、玉島港に運ばれ、玉島からはさらに海運仕立てで、上方《かみかた》や江戸の大消費地に送られた。松山の商人達は、その物資の集積と送り出しによって、莫大《ばくだい》な富を築いていた。

方谷の賜第《しだい》は、御根小屋の西、上士の屋敷が並ぶ本丁にあったという。

方谷は、物資を山積みした高瀬舟の往来を、日々眼前に眺めていたはずである。繁栄を謳歌する町人たちと、逆に、幕末に向かって日々窮乏して行く武士と農民の暮らしに触れて、「辛労の結晶は……縁無き商人にみな吸い取られてしまう」と書いた方谷の随筆も遺されている。（全一〇八五）

2 災いを転じて福となす

【思いがけない事件】 第二回の京都遊学から帰国した方谷は、有終館会頭となって賜第《しだい》を給され、武士としての地位は定まったといえるのだが、わずか半年後の年末には、会頭を罷めている。年譜には「目録及び銀三両を賜わる」とある。

おそらく方谷は、まだ修行の未熟を自覚し、「宿酲大夢《しゅくていたいむ》一朝にして醒めたり」と云いながら、いわば「究極の真」には達し得ないもどかしさを感じていたようである。すでに第三回の京都遊学を予定していて、藩でもほどなくこれを許可している。

ところがここで彼は、思いがけない事件に巻き込まれた。

有終館会頭となった翌天保二年「二月十日、方谷は郷里西方に出かけていて留守であった。賜第が火災に罹り、家財文籍《ぶんせき》がことごとく灰になってしまった」（年譜）

方谷はすぐに城外の松連寺に入り、失火の不始末に対する処罰を待って謹慎した。しかし処分は軽かったようで、翌月十日には、謹慎も許されている。

注・年譜は続けて「この時藩校有終館火災に罹る。学頭奥田楽山請うて、新たに館を城下中之丁に移築した」とある。はっきりしないが方谷賜第の失火で、有終館も類焼したと受け取れる。この失火と火災については明確な資料が無いようで『山田方谷全集』年譜と、『高梁市史』とでは、記述に相違がある。ここでは前者の記述に依ったが、賜第の火災は天保二年で、有終館の火災は天保三年であるのを、年譜は両者を二年とし、市史は両者を三年としているようにも思われる。ご教示を乞う。

方谷の第三回京都遊学は、四月に松山出立の予定であった。「出発まではまだ日数があった。その間の火災であった。この災禍のため遊学は果たせなかった」。しかし、謹慎が解かれて三ヶ月後、七月には新たに「二箇年遊学の許可を得て、三たび京都に遊」学とある（年譜）。松山藩では、失火の罪はあまり厳しく問わない方針であったと『高梁市史』はいう。

遊学が、失火のため延期となったころであろう、方谷は、京都での師、寺島白鹿宛《てらじまはくろく》に次のように書き送っている。（年譜　全一五）

《幼い時から学問に専念し、積み重ね身につけ得たものも、少なくはないと考えておりますが、それも一挙に、灰燼《かいじん》に帰してしまった思いです。天意のしからしむるところでしょうが、その惨状たるや、失意もまた、あまりにも大きなものでした。存亡得失《そんぼうとくしつ》は世の常と申します。詩や文章の巧拙に技巧をこらしたものなど、たまたま失ったとしても惜しむに足らぬことでありま す。ひょっとすると、天の神様は、私の創作が、あまりにも陳腐《ちんぷ》（ありふれて平凡）なのを嫌って、これを、がらりと改新させようとしているのかもしれません。覚悟は出来ております。今後は、古臭くカビの生じたものなど、すべて洗い流し、新機軸を打ち出して、天意に応えるつもりでおります。今こそ禍いを転じて福となす時にほかなりません。このたびの出来事など、大丈夫の心を苦しめるに足らず、遠征の志を、かえって強く固めております。この心意気をお汲み取り下さり、入門の節は宜しくお力添え下さりますようお願い申し上げます。》

（年譜　天保二年五月付、一部略）

【家庭の事情】　天保二年七月、方谷は三度目の京都遊学に出発した。

火災による失意は大きかったようだが、これを、新機軸を打ち出すために天が与えた好機ととらえ、災いを福に転じようとしている。「新機軸を打ち出」すという言葉には、独自の抱負、しかも秘めた思いがあったと推測されるが、それは後で触れることにして、その前に、触れておきたいのは、方谷にとっての、もう一つの大きな問題、家庭の事情である。

実は、この遊学にもからんで、方谷は家庭内に困厄《こんやく》をかかえていた。妻進《しん》が、ヒステリー的症状を呈するようになっていたのである。それが方谷の藩での立場をも危うくしかねなかった。右の賜第の失火が、その困厄によるという噂が流れていた。

矢吹邦彦は、その著『炎の陽明学――山田方谷伝――』において、方谷の遊学につぐ遊学で、絶えず孤閨《こけい》を守らねばならなかった妻進は、方谷が三度目の遊学に出発するにあたり、「夫を京都にやるまいとして、思いつめたあげく……進が家に火をはなった」という噂が、「ひそかに語りつがれている」といっている。同書には「真実は闇の中」ともあって、これを風説としているが、風説がくすぶる火だねも、たしかにあったらしい。

矢吹邦彦の祖は、方谷とは身内の関係にあった大庄屋で、そのため、方谷に関しては独自の資料を活用しており、こうした風説も、方谷修業時代の家庭の一面を伝えていると考えていいであろう。方谷自身も、書簡の中で、進のことを、繰り返し「妬悍《とかん》」、つまり「嫉妬深く気があらい」と表現し、妻のこの性格には、ひどく悩まされたようで、一度ならず進の里方へ、話を持ち込んでいる。山田方谷にして、「女子と小人とは養《やしな》い難し」（『論語』陽貨第十七）の思いは免《まぬが》れがたく、遂には進を離縁することになる。

だいぶ先取りしてしまうことになるが、方谷の家庭でのようすにここで触れておきたい。若いころの妻進の資料がないので、火災の時からは十六年後になるが、方谷四十三歳（弘化四）の書簡から、進（四十二歳）に触れた箇所を抄出しておく。

書簡の宛名は実弟の山田瑚太郎《こたろう》（平人）である。瑚太郎は、方谷より九歳年下で、医学修得のため、この時は、京都へ遊学中であった。つまり、方谷は松山に居て、京都の弟瑚太郎へ書き送った書簡である。

《お進のこと、新見（進の里方）へ行きました折、お進の父若原平之進に直談判《じかだんぱん》したところ、平之進は「進の、これまでの道理にはずれたやり方を、きつく叱ってやりました処、改心いたしておるようにみえますから、（松山へ）連れ帰ってほしい」という。改心しておるとならば、それ以上強いこともいえず、承知はしましたが、五、六ヶ条ばかりのきちんとした取り決めを、書付にしておきました。二月晦日《みそか》に（進を連れて）帰宅して以来、これということもなくておりますが、時折は妬悍《とかん》の兆《きざ》しも見え、困ったことと思っている。このところは、たいしたこともなく過ごしておるゆえまずは安心。弘化四年三月晦《みそか》　山田瑚太郎殿　山田安五郎》

（全二〇三二Ⓐ）

《お進のこと、お考えを書いてくれて、深切かたじけない、うれしく思います。お進は家に戻ってからも、妬悍は止まず、困りきっている。君が帰宅の上、万事相談するつもりでいる。若原へは、今は事情もあって、厳しく掛け合うのもはばかられ、見合わせている。弘化四年六月晦　山田瑚太郎殿　山田安五郎》

（全二〇三二Ⓑ）（両書簡とも一部省略）

弘化四年（一八四七）は、進との結婚後二十七年目である。

年譜弘化四年四月の項に、「夫人若原氏（進のこと）病て新見藩の生家に帰養す」とあるが、右の二通の書簡のちょうど中間のことである。二月晦に、進を新見から連れ帰ったものの、やはりうまくゆかず、年譜に言う四月に、再び進を新見へ帰したようである。方谷の六月晦日《みそか》付で「君が帰宅の上、万事相談するつもり」とあるのは、このとき進はすでに四月に新見に帰してあり、方谷は離縁の交渉を、何らかの事情でしばらく控えていたとうけとれる。矢吹邦彦の前掲書の年譜によれば、この年の夏か秋には、方谷は、進を離縁したとある。

【家族】　京都遊学時代の方谷の家族は、継母近《ちか》に、妻進と娘瑳奇《さき》、弟瑚太郎とその妻歌と娘以萬《いま》である（叔父辰蔵については資料がない）。この家族を残して方谷は家を留守にする。家事や家業をこなしていたのは、主として継母であったらしい。この継母についても見るべき資料がなく、年譜は嘉永三年（一八五〇）に、七十歳で亡くなったことを記し、三行ばかりの記事がある。これも、家庭における方谷を覗わせるので、先取りして、ここに引いておきたい。

《（嘉永三年）十月二十六日、継母の西谷氏近が亡くなった。享年七十、定林寺（松山郊外の寺）に葬る。近は結婚した翌年、夫の五郎吉が逝去し、寡婦となった。そのとき方谷は十五歳になったばかりで、近は家事万端を担当してよく働き、方谷が遊学して留守中の家を守った。晩年は中風を病み、挙動が不自由となった。方谷は、近をよく世話して、何時もそばにいて、いろいろの書を読み聞かせ、近の沈む気持ちを慰めていた》（年譜）

【家弟に与える書】　さて話を、天保二年（二十七歳）の賜第失火のあと、七月に許可を得て、第三回の京都遊学に出ていた時に戻す。右に見たように、問題の多い家庭の事情を知ってみれば、方谷の遊学も、さまざまな障害を乗り越えねばならなかったのであって、才能を期待されての、いわば順風満帆の遊学ばかりではなかった。

次の書簡は、瑚太郎が新年に京都留学中の方谷に送った書簡への、方谷からの返書である。日付は無い。だが、遊学中の方谷が、新年を京都で迎えたのは、天保三年（二十八歳）と四年である。また、文中「家政をあずかって、十一年になる」とあるから、十六歳（文政三年）で家督を継いだとして、それから十一年は天保二年のことになる。第一、二回の遊学では、そのどちらの年末にも郷里に帰り、新春を家族とともに郷里で迎えていた。第三回遊学中の天保三年正月（二十八歳）には帰郷せず、家族とは離れて迎えた。そこへ郷里の弟からの書簡が届いた。その安堵と喜びが、率直に溢れている。これらを勘案すれば、書簡は天保三年正月のものと推測される。

《新年にお寄せの賀書二十四日に落掌しました。一家そろって恙《つつが》なく、例年どおり新春をお迎えとのこと、心おどる思いで読みました。兄弟が母親の膝下《しっか》に袂《たもと》をつらねてお祝いを述べ、老人も子どもも揃って、屠蘇《とそ》を酌《く》んだようす、お手紙を読んでいて、おのずから眼に浮かび、遠くはなれての一人暮らしのさびしさもしばし忘れました。ついで副書を読み、昨年は家計が良かったり悪かったりした年であったこと、つぶさに知らせてくれ、かつ、暮らしをたててゆくには何よりも節約が大切であるとありました。堅実な考えでうれしく思います。私球《きゅう》が、大故（両親の死）以来、家政をあずかって十一年になる。世間とのつきあい、交渉のあれやこれやを、手落ちなく処理してゆくにつけ、常に心がけていたのも、節倹《せっけん》ということにつきます。今や、弟の君がそのことを代わってやってくれている。しかも処理は敏速で、倹約もゆるがせにはしていない。

　されども、こうしていろいろと心配《こころくば》りをし、配慮しなければならない我が家の事情は、特別なのだ。原因は他でもない、私が家を留守にして遊学していることにある。家事一切は、母親（近《ちか》）にまかせ、この初老のお方に、否応なく精を出し働くことを求めてきた。しかも近年は庶民の暮らしも楽でないことは知っての通りだ。思い通りにならないことばかりで、その苦心や心配は、絶えないであろう。また、ただひたすらに節倹を守っても、急に困窮が迫ったならば、その苦しみはますます深く、心痛はいよいよ甚だしい。私は家を遠く離れていても、そのことに思い至れば、頭痛を覚え、心を悩ませてばかりいる。頼みとするところは、わが弟の君がその際にはよろしく整えおさめて、少しでも母の苦労をいたわり慰めてさしあげれば、これにまさる孝行はありません。その事をしっかりやってくれるならば、私のことなど心配する必要はありません。たとえ家の資産が減ってゆくとしても、それは仕方のないことだ、心配することはない。私が帰ってからちゃんと手あてします。お願いするのは、慎重に考え何がどうなっているかきちんと判るようにしておいて欲しいということです。

君は私に、煩《わずら》わしい家事の事は心配せずに、一心に学業に励むようにといってくれている。この思いやりを読み感泣にたえず、繰り返し読みました。もともと私が学問に励むのは、止むに止まれないのです。まことに微力にして任《にん》重く、日暮れて道遠しで、無益なことをしていると、世間の笑い者となっているのも知っている。しかし亡き父の志は継がねばならない。藩主の恩には報いねばなりません。そこで家を棄て身を忘れ、家業をかえり見ず、慈母の恩にそむき、妻子の愛をなげうって、学問のために遠く家を出て、人が誹《そし》り笑うのもかえりみず、たとえ力尽きて道半《みちなか》ばに倒れてもかまいません。一日力を尽くせば、一日臣下の責を果たすことになります。成功か失敗かは、あらかじめ問う所ではない。いやしくも男児たるもの、ひとたび志を立てれば、天下のどんな制約にも左右されるものではありません。（後略）》

（「家弟に与える書」　全一四三）

【石川丈山の詩仙堂】　扶持《ふち》を得て、遊学が可能になったとはいえ、方谷には遊学に専念できない「特別な事情のある家庭」があった。これと「止むに止まれぬ」学問への情熱の間で、何とか折り合いをつけねばならなかった。その遊学も、これまでの第一回は一年弱、第二回は六ヶ月で、その両年とも、年末には「家務の為め」つまり家庭の事情のため帰国している。この行ったり来たりを、世間は「無益なことをしている」とあざ笑っていたらしい。当時、流通経済のますます発展してゆくなかで、庶民感覚としては、金銭という眼にはっきり見える成果が期待できる仕事にくらべ、方谷が農商業の家業を放棄して、どこが到達点か判らぬ学問修業に励むなど、まさしく無益なことと周囲には見えていたかもしれない。

この間、方谷は何を考え、何を学んでいたのであろうか。当時の方谷の心境・思想を知るには、書簡の他に、詩と文章とがある。

③「洛遊稿三十四首」（宮一九～五二）の中のいくつかは、すでに引用した。特に「洛遊稿」の十番目、「宮二八　古風一篇」（仮題）の長詩は、「宿酲大夢《しゅくていたいむ》一朝にして醒《さ》めたり」の詩句が示すように、方谷心境の一つの画期をうかがうものとして重要であった。すでに筆者はこれを、方谷の自己確立を示すものとしておいた。方谷は、心境・思想を表現するのに、長編詩に拠る傾向があったようである。

「洛遊稿」の三十一番目「宮四九　詩仙堂に上る」は、もう一つの、方谷の心境をうかがうことができる三十行からなる長篇古詩で、第二回の京都遊学中の作である。

この詩は、石川丈山《じょうざん》という、徳川家康に仕えた名だたる武勇の士を詠んだものである。大坂夏の陣での抜け駆け（戦陣で、武功をたてようと、こっそり陣営を抜け出し先駆けすること）を咎《とが》められ、一転して武士を捨てて隠棲し、儒学の道に入り、詩人としても高名であった人物の、京都一乗寺にある閑居が「詩仙堂」である。それを方谷が訪れた時の詩である。

丈山は、うら若くして、明君家康公に仕え

身命をなげうって、戦場をかけめぐった。
大坂夏の陣では、単身、一騎を駆《か》って、自陣を抜け出し、
片鎌槍を振るって、堅城大坂城に一番乗り。
全軍をあっと言わせる奇功も、君恩に報いるため。しかれども、
抜け駆けの功を非難されると、さらりと身を引いて浪人し、
後、広島浅野藩に仕え二千石取りとなったのも、両親孝養のため。
やがて蝉《せみ》が殻《から》を脱《ぬ》ぐように、大身《たいしん》の身分も惜しげ無く棄て、
勇武の士、豹変して儒学の士となり、
天下に名声を馳せた。詩人としても、
「白扇逆《はくせんさか》しまに懸《か》かる東海の天」と、人口に膾炙《かいしゃ》する絶唱もある。
豹変の後、その生き方はますます融通無碍《ゆうずうむげ》。
抜け駆けも、武勇を誇るためではなかった。
名声も、名を求めた結果ではない。
私は、石川丈山の伝記を読み、
幾たびも巻を置き、その高明な人柄を讃歎した。
私には、丈山の清廉な気持ちが、よく見えた。
丈山の下男《げなん》にでもなってお仕えしたいと思った。

今、旧居詩仙堂を訪れ、
深い草をかき分けて、そのお墓を拝し、
残された遺品に君のお人柄を忍び、
つたない心の誠を汲んで欲しいと願った。（後略）

武功抜群でありながら、不都合があればあっさりと武士の身分を捨て、大儒藤原惺窩《せいか》に朱子学を学び、詩人としても高名で、忠孝を全《まっと》うし、さらには隠逸《いんいつ》（世俗の煩わしさを逃れ隠れ住む）の人でもあった石川丈山、それへの強い憧憬は、方谷の詩の中に絶えず現れて来る。こうした多角的な才能に恵まれ、知情意のいずれにおいても完全に調和し、清廉潔白にして隠逸を好む……これは、明らかに、方谷の理想的な生き方であった。人生の多方面へのこの志向は、すでに十四歳での「オリジナル述懐」に見られた。それが長ずるに従って、いよいよ明確になっている。生涯の各場面において、それを完璧に発揮すること、そうした憧れが、「丈山の下男」になりたいという、思いがけない言葉を言わせているのである。

③　二千余言の長論考「対策に擬《なぞら》う」

【社会への積極的働きかけ】　新たに三度目の遊学に出かける方谷の意欲は、「新機軸」を打ち出そうとするにあった。その意欲は、学問的探求ばかりでなく、文章や詩、また、交遊や生活においても、それ以前とは、はっきりと一線を画するほどに、明確な姿で現れてくる。これまで、自己の内面的な問題に終始していたが、世間の問題、つまり現今の言葉で言えば、社会へも積極的に働きかけて行く姿勢が、急に明確に現れてくる。

おそらくこれが、前の賜第失火の後に「新機軸を打ち出」すと述べていた思いであろう。

年譜は、まず、京都にあって、彼が講学往来した儒学者たちをあげている。曰く、鈴木遺音、馬来南城、富松万山、春日潜庵、相馬九方、等である。これらの人物の経歴は、春日潜庵を除いては、ほとんど判っていないが、方谷の思想遍歴の途上で出会った人々であろう。広い精神的視野で現実に足を踏まえ、世の有様を見つめ、それに積極的に関わって行こうとしているのが視える。これまでになかったことである。この時期、第三回京都遊学から、天保四年末に京都を去り、江戸に出るまでの方谷を知る上で、重要なのは文章である。「年譜」は文章三篇を挙げている。

「対策に擬《なぞら》う」（天保三年、二十八歳）

「帆足鵬卿《ほあしほうけい》に与うる書」（天保三年、二十八歳）

「伝習録抜萃序《でんしゅうろくばっすいじょ》」（天保四年、二十九歳）

まず「帆足鵬卿に与うる書」をとりあげるのは、方谷のこれまでの学問遍歴が、自らの手で記されており、ここにいたるまでの方谷を知る貴重な資料ともなっているからである。

【進路に迷う】　帆足鵬卿は、豊後日出藩《ぶんごひじ》の藩儒で、一般には万里《ばんり》の名で知られている。方谷は、たまたま京都で帆足万里の門弟、小川某に会い、帆足の著書を知った。それによって、帆足の学説に強く引かれ、教えを請う書簡を書き送った。方谷が、帆足の何に引かれたのか詳しくは判らないが、幸いなことに、山田琢の訳と解説がすでにあるので、まずその訳文を引用させてもらう。

《　帆足万里への手紙

そもそも私が読書に志して洛閩《らくびん》（宋代の儒学者程顥《ていこう》・程頤《ていい》と朱熹《しゅき》）の教えを学んだ時は、一心にその学説を尊信しました。それから漢や唐の諸儒の学説を学び、古代の三代（夏《か》・殷《いん》・周《しゅう》の三王朝）の典籍を反復して読んで、それらの学説に時代による古今のちがいのあることを知り、心に落ち着かないものを感じました。そしてまた近世諸儒の復古の学説を読みました。その中で近代を改めるということはありますが、古代に復するということはありません。その説はおおむね破綻滅裂《はたんめつれつ》、よりどころがありません。やがていやになり、その学説を学び終えることができませんでした。そこで私は次のように考えました。現代は古の聖人の世を去ること遠く、六経《りくけい》は欠損している。やむを得ないから紫陽《しよう》の学問（宋代の朱子の学問）によるのがよいであろう。その学問はまた議すべき点があるが、士君子がわが身を立てるのに、ここに標準を取るならば間違いはないであろう、とそのように考えました。かくて再びその学説を学びましたが、まだこれを信奉できません。

いま京都に師を求めて遊学し、諸名家の学説を聞く機会を得ました。そこで自分自身に信じることができない点を、信じることができるようになりたいと思うのであります。しかしながら諸名家の説くところは、それぞれその善いところを善いとなし、その非とするところを非とするだけです。要するに堅白同異《けんぱくどうい》（詭弁《きべん》）の論議で、帰着するところなく、私はまだ信じることができません。

いま先生の文をよんで、非常に感服しました。そこであえて質問致します。今日の学問の、その欠点を改めるべきは何でありましょうか。その害を除く方法は何によったらよいでしょうか。先生の言われる窮理は、宋儒（宋代の儒学者。朱子学者）の説くところとその異同はどうでしょうか。これらはみな学問の肝要な点でありますから一言で尽くすことはできないでありましょう。しかしながら幸いにその一つの要所を示して下さいますならば、それによって他を理解するよう努力いたします。

私は二十八歳の青年で、読書して学問に志してから六、七年に過ぎない一学生です。先生には及びもつかない者ですが、しかしながらわが志は立てております。世俗の学問の迹を踏みたくはありません。ただ学問はまだ進まず、識見はまだ開けず、進路に迷っております。先覚者

の指導を得て進路が開けるならば、凡庸に鞭打って努力したいと思います。》
（山田琢『山田方谷』より。注記ルビ一部引用者）

「学問に志してから六、七年」とあるから、二十二、三歳のころからの学問遍歴を言っていることになる。方谷は、二十二歳の十二月に、篤学を嘉《よみ》されて、松山藩から二人扶持を給された。翌二十三歳の春には、初めて京都に遊学し、程朱学《ていしゅがく》を講じる寺島白鹿に学んでいる。程朱学《ていしゅがく》、洛閩《らくびん》、紫陽《しよう》、いずれも広義の朱子学である。この朱子学を、帆足万里宛書簡の始めで、「一心に尊信した」というのは、学に志した頃の方谷は「胸中の仁を拡充し、日々これを誕育新たならしむるのみ」と、ある悟得に達したことを指しているかと思う。

しかしながら、学問の範囲が広がるにつれ、同じ儒学でも、古代と現代、また学派によって、学説が異なり、納得しうる学説に出会わず、再び迷うようになっていた。

方谷の修行は、「胸中の仁」を、日々新たならしむること、つまり、他から何かを学び取ることよりも、自らを育てる自得の思いが強かった。おそらくそれが、儒学聖典の、いよいよ精緻になり、むしろなり過ぎて、（後に言うように）「川が氾濫して拠り所が無いようになっている」解釈論理の錯綜《さくそう》に満足できなかったことをいうのであろう。

山田琢は、この間の事情を「もともと方谷の学問は、わが心に自得することを目指す。悟りを得るにある。やがて王陽明の学説に、それを解決する端緒を見出すが、方谷の学問上の迷いはなおまだ続いている」という。（山田琢『山田方谷』）

【世間への働きかけ】　帆足万里からの返書は得られなかったようである。得られなかったが、帆足の教示を求めたことは、迷っていた方谷が、みずからの進むべき方向を、ほぼ探り得ていたことを語っている。それは、朱子学の精緻《せいち》を競う解釈学ではなかった。この世界をどのように説明するかという、形而上学的、哲学的言辞の正確さや矛盾のない理論を求めることではなかった。その言辞のどれかが、自己を完全に納得させたとしても、それは究極の目的ではない。まず自己胸中の仁を、純の純なるものたらしめ、その先に「済世《さいせい》」つまり世の為に尽くすという、大きな目標が控えている。胸中の仁の命ずるがままに、誠心を以て世に働きかけることだ。方谷には、世の中の歪《ゆが》み衰退した姿と、それを治すにはどうすべきか、どのような方策を採るべきかが、よく見えていた。

注目すべきは、方谷はすでに天保三年、二十八歳にして、街道筋で「貧乏松山」とあだ名された藩の、衰退を救う方策と、それを献言するための論旨を考えていたことである。それが『擬対策』二千余言（全二一二）であった。年譜は「先生後年藩政に参加するようになると、著著《ちゃくちゃく》とこれを実行に移していったのであろう」とある。

【擬対策】　「対策」とは、古代中国での官吏登庸試験の論文答案である。対策という形式を借りて、「時事に感ずる所」を、藩主の求めに応じて進言するという形に擬《なぞら》えているのである。

方谷の広い視野は、ここでは、日々目にする武士社会の状況を洞察し、問題点がどこにあるかを指摘している。言わんとする処は、武士の気風の衰頽、というよりも堕落であった。それへの対策とは、彼にしてみれば、ごく常識的なものであったと言えるだろう。いわば方谷は、自分の考えを文章に表現しただけではない。条理を尽くすことは当然だが、この対策を実際に世に問うことになれば、当時の身分制度に縛られた封建社会では、そこから外《そ》れないよう、慎重さが不可欠であった。さらに感情的にも誰もが素直に頷《うなず》ける、根拠と穏やかさがなければならなかった。そのため細部にも十分に配慮し、文章は長くならざるを得なかった。

そのことを理解してもらうために、また、方谷の文体を知る便に、長くなるが、全文の意訳を、読んで貰いたいと思う。(段落と○付き数字は、引用者)

《対策に擬《なぞら》う》　(全二一二)

①昔は、人々の上に立ちこれを治める君主の、明快なる主旨のお言葉がしばしば下されたものでした。「みずからの信ずるところを遠慮せずに進言してくれる士(つわもの)を求める」と。こうして広く意見を募《つの》り、それを治政に生かそうとすることは、理想的な明君の姿で、世の繁栄のためには欠くことのできない、大切な務めでありました。このような君主を敬愛し、世の救済を心掛ける士ならば、感激してすぐに、進言を求めるお言葉に応じたでありましょう。

②私球《きゅう》は、かつては、在野《ざいや》の庶民にすぎませんでしたから、国の重要な法令や、政治のおよその仕組みさえ、ほとんど存じておりませんでした。しかし、たえず読書して、世の治乱興亡《ちらんこうぼう》を述べた箇所にいたれば、精究を心がけ必ず熟読反復して、常に深く心に留めてきました。後

になって「周易《しゅうえき》」（易経《えききょう》のこと）を手にし、「泰《たい》」卦《か》の章に至って、その中の「往《ゆ》くものは必ず帰る。泰平《たいへい》の世もいつかは傾《かたむ》く。治《ち》にいて乱を忘れぬ心を一貫すれば、咎《とが》めはない」とあり、また、「城壁がくずれて濠《ほり》を埋めつくす。泰平《たいへい》が窮《きわ》まって動乱の兆《きざ》しが現われたのだ」とあるのを読み、身震いするような恐ろしさにおそわれました。そして、書籍を手で撫《な》でさすりながら、何度も感嘆して申しました、「天下国家が生まれてからすでに久しいが、世はひとたび治まっては、乱れ、乱れては、治まる。それは、易学にいう陰《いん》と陽《よう》との二元が、交互に衰えたり盛になったりと、絶えずその釣り合いが変化して行くということに外ならない。これが古今を通じての、世の移り変わりの定理であり、永遠に変わらぬ世の在り方なのだ。それゆえ聖人は、易によって、この原理を明らかにし、戒《いまし》め畏《おそ》れることを教え諭《さと》されたのだ」と。

③そもそも「泰《たい》」卦《か》は、天と地と万物の交流が安定した状態で、この卦の表すところは上々吉《きち》なるものであります。しかし、陰と陽とが、最も釣り合いがとれ安定した卦とされていても、易経のこの卦には、すでに訓戒の言葉が現れております。「泰＝安らかにして無事、大いに通る」は、「否＝閉じふさがって通じない」と変化して、衰乱の兆《きざ》しは、必ず盛治《せいち》の日に準備されていることを示しています。これらの卦の意味する所は明白であります。小人《しょうじん》は、これらの卦の意味するものを、いまだ兆《きざ》しが顕れる前の、目には見えないうちに、察することができませんから、古いしきたりにこだわり、その場凌《しの》ぎの対応しかできず、手の施しようが無くなって、諦めてしまいます。ただ君子だけが、状況の微妙な変化の兆しをよく察知して、きびしく

反省し、勇気をもって決断、新しい状況にも対応してゆくことができます。つまり聖人は、易学によって天地の変化推移を洞察し、深く探って将来を悟り、吉か凶かを定めて、危ぶむものは安らかにせしめ、易るもの《あなど》は勢いを衰えさせる所以《ゆえん》であります。こうして世の治乱盛衰の原理を明らかにし、遠く後世にまで思いをめぐらせること、「泰」卦ほど深い真理を明らかにしているものはありません。今の世は平和に治まり、まさにこの時こそ、「泰」卦の戒めによくよく思いを致す時でありますが、いまだに、君主や重臣方に、これを進言した人があったとは、聞いたことがありません。まことに嘆くべく惜しむべきことであります。

④ 先日、ご主君様の、主旨明快なるお言葉を拝読しまして、はるか将来を見通す識見と、規模大なる度量に、心うたれました。あたかも乱世の危機に身を置くがごとく、畏れ謹んでおられます。これぞ「泰」卦の「陂復《ひふく》の戒《いまし》め」（常に平らかで変わらないものはなく、陽が陰に変わらないということもない）を深く胸に留め、「治にいて乱を忘れぬ心を一貫すれば、咎《とが》めはない」を守っておられるお姿です。今日においても、聖人の教えを実行せられているのを初めて拝察することができました。心うたれて私も、つたない思いを披瀝して、献言をお命じのご主旨にお答えしたいと思いました。

⑤ 謹んで考えまするに、始祖家康公、天与の大智をもって幕府を創設し、その基礎を固め、子孫に受け継がせるべく、百世の治世を見越した聖典をお定めなさいました。以来、代々ひたすらに、祖法を遵守《じゅんしゅ》して誤ることなく、国家の法度《はっと》（法令）は、秩序整然と維持され、政令は

格調高く明快であります。それゆえに諸国は信服して、四海波おだやかに、二百年を経過したのであります。

教化が世の隅々までゆき渡ったとは申しませんが、必ず守られるべき道徳が、乱れおろそかになったり、廃《すた》れたりしたわけではありません。恩徳があまねく行き届いたとは言えないとしても、人民の苦悩の声が挙がるなどということはありません。刑罰の施行が、完全無欠とまでは言えないとしても、盗賊が民を苦しめるなどという悪行は見られません。諸外国の夷人が、外交貿易を求めてやって来ますが、いまだに争乱や事変が海港の要地に突発したこともありません。実に、これ以上の太平無事の世はありませんでした。

しかれども、逆に、今の時代以上に、寸暇を惜しみ、なすべき責務に励む者が居ない時代も、嘗《かつ》てなかったのです。この太平無事の状況を見て、見識の無い人が、案ずべきことは何もないと楽観し、「衰乱の兆しは盛治の日に準備される」という戒めに、思い及ぶ者もありません。名君は、これを心配して、しばしばご所存を明かして、諫言《かんげん》の道を開かれたのです。
⑥しかれば何に因って、衰乱の兆しを、今日の太平の世に見出されたのでしょうか。さまざまに私なりに思慮をめぐらしてみまするに、兆しをなすものは、まさに、天下武士の風紀衰頽《ふうきすいたい》にあると考えます。昔、中国の司馬温公《しばおんこう》は、東漢（後漢）を語って「風俗は天下の大事なり、しかるに庸君《ようくん》（取り得のない主君）は、これにまるで気づかない」と述べています。また蘇東坡《そとうば》は「天下の治政で最も心すべきは、世の太平と見える時にこそ、不測の事変が胚胎《はいたい》すること

います。そのことを詳しく申し述べることにいたします。

そもそも士農工商の制度は、古い由来があり、おのおのそのなすべきことに務め、その働きによって、生活をして来ました。ただ武士だけは、生産によって利益を生むことなくして、人民から食を徴収し、人民の上に立ち、人民を支配してきました。世がそのような体制になったのは、武士が本来なすべきことの重要さにありました。それは「義」（利害を捨てて条理にしたがい、人道・公共のために尽くす）ということであります。武士は義をその職務とするものであります。つまり、義と利とによって、武士と庶民の職分が分かれるのであります。

⑦わが国は、大海に向かって厳然として存立し、世界に冠たる国家であります。国民は東方の至純の精気を受けて生まれ、資性は厳にして剛毅であり、武士は剛直にして義を尊ぶ、これらはみな天与の性《さが》のしからしむるところであります。曽子《そうし》は「(君子は) 大事を前にしても動揺させることが出来ない人格」（『論語』泰伯第八）であると言っています。また子張は「士人は国家の危機に際会しては、命を投げ出す」（『論語』子張第十九）と言っています。これら、孔子門弟の君子たちの行為は、わが国の士は、教えられずして知り、習わずして心得ております。いやしくも君主が、徳によって教化を進めようとなされば、衆人は鑽仰《さんぎょう》し、その育成に一臂《いっぴ》の力なりとも捧げようとせずにはおれません。だからこそ、幕府創建の初、烈祖家康公が武威の徳をもって、諸国民の上に立ち、節義の士（義を守り通す人）を重んじ、民衆を励まし使っ

たので、以後士風は大いに奮ったのであります。彼らは厚く士風を尊び、金銭のことを口にするのを恥じました。事にのぞんで、避けたり畏れ遁れたりするのを、卑怯《ひきょう》と嘲笑《ちょうしょう》し、貪《むさぼ》り取って出し惜しみ、媚《こび》へつらう者を、恥ずべきこととさげすみました。政務に携わる人に、おもねったりへつらったりする者なく、裏でこそこそと依頼や追従によって、利益を得ることもなく、廉正《れんせい》にして剛直な士風は、高く抜きんでておりました。ここに天が、太平の世を開きましたことは、もとより偶然ではありません。

⑧以来、太平の世は久しく続いておりましたが、気風《きふう》日に日に弱まり、今日に至っております。その弊害はすでに行き着くところまで行っております。軟弱で華美の風が世にあふれ、人に頼りもたれかかることが、当たり前の士風となっております。遣り繰り相談、縁者への付託が仕官の常となり、少しでも利あれば飛びつき、害あれば遁れ、抜け目なく立ち回っております。そうしたやり方こそ、目先のきくことだと勘違いし、たまたま剛毅にして廉直の士がおれば、後ろ指さして、おかしな奴、古くさい奴と、蔑《さげす》みます。

⑨ほんとうに、古《いにしえ》と今とはそれ程までにへだたってしまったのでしょうか。風習の変化が、これほどひどくなったのは、他でもありません。今の士は利を好み、士としての義を失ってしまったからであります。義と利とは両立しません。利を求めようとする気に囚《とら》われると、義はまったく見失われることになります。いやしくも義を見失っては、身を愛する気持ちばかりが強くなり、国を愛する心は日々衰頽してゆきます。太平が続く日にあっては、おもねることで

地位を得ようとし、新しく政治を立て直そうとする力は生じません。たとえ一、二の新事業を興そうとしても、皆、名誉心ばかりが強く、衷心《ちゅうしん》からの誠意で国に尽くすのではありませんから、その弊害はまことに堪えがたいものがあります。そこで万が一、急に大事が生じたならば、どう対処すべきかもわかりません。そもそも君主が士を養うは、ただ使い走りさせるためではありません。股肱腹心《ここうふくしん》（最も信頼し何事も相談できる臣）とともに国の為に働こうとするに外なりません。ところが、現今の有様では、人民の膏血《こうけつ》（あぶらと血＝人民の辛労の成果）を搾《しぼ》り取る無用の人を養っていることになります。いったいこの有様を何と呼べばよいのか。

⑩　悪というものは、のさばり易いものであります。幕府が始まって以来、わずかに二百年。その風俗の移り変わること、すでにこの有様。今にしてこれを改めなければ、百年の後にはどう変わってしまうか予想すらできません。土砂崩壊のような災害がひとたび生じ、堅く氷河に閉ざされるような災いが、ずっと続くことになれば、いかなる知恵者ももはやどうすることもできません。詩経に「潜《ひそ》んで伏すといえども、また、孔《はなはだ》これ昭《あきらか》なり」（人民を虐げ苦しめる政治から、逃れることができない）とあります。これを熟慮せねばなりません。

⑪　そこで、臣球《きゅう》が思いますに、衰乱の兆しが今日ここにあれば、その原因もまた今日にこそ潜んでいます。そもそも、風俗の推移に流され、利を貪る気風に染まるのは、政治や教育に原因があるといわれますが、その由来する処をくわしく探ってみれば、その最大の源は、財政が窮乏して、大名小名《だいみょうしょうみょう》をはじめ、旗本陪臣《はたもとばいしん》ことごとくが、貧窮に陥っていることにあります。

なにゆえそんなことになったのか、しばらくご高聴を煩《わずら》わしたく存じます。

天下諸藩三百侯のうち、財政状況が、歳入と歳出の釣り合いがとれていて、その上に、三年の支出をまかなう備蓄がある豊かな藩は、夜明けの星の数ほどに過ぎません。逆に、その歳出が歳入の倍にのぼって、その差額を借金に借金を重ねて凌《しの》いでいる藩は、十のうち七、八に上っています。しかも、その赤字の遣り繰りには、その場凌ぎをやめず、返すあてのない借金に頼り、重税を取り立てるなど、財政の基本原則に相反する手段ばかりに頼っています。しかも、節度を守り、義を尊ぶ風はすでにすたれ、その場凌ぎの風潮に、うまく立ち回る者ばかりが、才能有りとされ、それに批判的な者は、世渡りの下手な者として排斥されてしまいます。昇進や業績の評価なども、こうした基準で行われるので、金儲け根性が、武士の風気を覆い、誰も彼もその風潮に靡《なび》き、利害を争うことばかりに血眼《ちまなこ》になって、この激しい流れにさからうことも出来なくなっております。
⑫ ここであります、私球が申しあげたいことは。士風の衰えの根源は、財政の窮乏にあります。されば、衰えを回復する方法は、明らかであります、窮乏を救う策を講じなければなりません。その策とは、根本原因たる大本《おおもと》の源泉を、しっかりと止めることです。
私球は以前このように論じたことがございました。烈祖家康公が、それぞれの藩地に諸侯を封じてから、諸侯は燃え滾《たぎ》る情熱を以て、万世に続く国（藩）を建設しようとしました。藩地は大小あり、その土地も、肥沃《ひよく》な地あり、痩《や》せ地ありと、一様ではありませんが、皆、その封

地に適応した制度によって藩国の治政を行ったので、財政が欠乏したり、国庫が空になることはありませんでした。その上、藩国創建の時、兵役や築城の経費は、現在に数倍しておりましたが、財用は足りており、今のように、借金で赤字を埋め合わせるなどということは、聞いたことがありません。古今へだたること、わずかに二百年、藩国の広さが古より減じたわけではありません。幕府の手伝い普請や、参勤交代が古より増したわけではありません。家臣の扶持米が昔より増加したわけではありません。いまだかつて、戦費や国境警備の出費が、新たに必要となったことはありませんでした。しかるに、古は財用は常に足りておりましたのに、今や財用に窮していない藩はない有様です。ここに、根本的原因がない筈がありません。そこで秘かにそれを探りました結果、二つの原因に行き当たりました。賄賂《わいろ》の横行、奢靡《しゃび》（贅沢とおごり）のはびこり、この二つであります。実にこれこそ四海無事平穏の日に醸成され、必ず衰乱の禍（わざわい）をまねく因《もと》であります。今こそ、この二弊害を除かねば、財用の窮乏は決して救えず、救えなければ、士風の衰えは振起《しんき》されません。士風が振起されなければ、衰乱の兆しは決して留めることができません。結果、不測の変が生ずることになりましょう。不測の変は、これまで、数え切れないほどその実例があります。

⑬ かかる事態を改める方法は、ただただ賢明なる君主と、執政の大臣とが、心を合わせ、深く状況を明察し、時に応じて改め、事に応じて正し、はじめて従来の弊害と悪習を一掃できるのであります。臣、ここに至りて、敢《あ》えてさらに卑見《ひけん》を簡潔に開陳《かいちん》いたします。賢明なる君主

が、穏和に物静かで、自分の好みにこだわるようなことがなければ、初めて天下の奢靡の風を止めることができます。大臣方も品行方正にして廉潔をまもり、個人的な贔屓《ひいき》や、裏での斡旋によって、藩政を左右することがなければ、世の賄賂を禁ずることができます。君主と大臣とは、まことに世の善行の根源であり、また同じく、悪行の根源でもあります。四海の民は、その好むところに従って、響き応ずるのです。ましてやこの二者においては、すぐさま民の上に影響を及ぼします。悪しき風習が古くから始まり、その根が深く浸透していても、一朝にしてこれを改革することは不可能ではありません。これをよくよく心に留め、天下の根源はみなここにあり、身を修め、心を正し、万民の上に立ち、弛《たゆ》むことなく努め励む、唐《とう》・虞《ぐ》三代（中国古代の理想的泰平の世であった帝堯《ぎょう》・舜《しゅん》の時代と、夏《か》・殷《いん》・周《しゅう》の三王朝）の栄華もまた、これ以外の方法によって繁栄したのではないこと明らかであります。さすれば、衰乱を恐れる必要などないどころか、天下万世の大幸は、ここにありと納得されるはずであります。

⑭ その地位にあらずして、政治を論じ、在野の庶民にして、はばかりも無く、愚意すべてをあまさず申し述べました。なんとも出過ぎた無礼をお詫び申しあげます。

賢明なるご主君が、たゆみなく努め励むお姿に欽仰《きんぎょう》に堪えず、私ごとき取るに足らぬ者も黙していることができず、お怒りに触れるのも怖れず、覚えずお耳を汚しましたこと、まことに万死に値するかと、戦慄の至りに存じます。在野の一庶民が、天下を論ずるなど、ただ葦《よし》の髄《ずい》から天井《てんじょう》をのぞいた（狭い知見で勝手な判断をした）までで、お取りあげになる価値もございませんが、しかし、「一治一乱泰否相変《たいひそうへん》」（治と乱、安泰と衰乱が相次いで生じる）の理は、天地自然の常道であり、聖人の深く戒める処であります。愚見もそれに沿って申しあげたまでで、私個人の勝手な意見を申しあげたつもりはございません。明智聡明のご主君は、早くからこのことに心を配り、慎んでおられます。小臣なれど私ごときも、それに倣《なら》おうと努めております。天下古今の治乱盛衰の原理は、その気概から出てくるのでございましょう。伏して願わくば、深く愚意をお汲み取り下さり、取るにたらぬものでも、忽《ゆるが》せにせず直諫《ちょっかん》（遠慮なくいさめる）の道をお開きになり、直言の士をご採用なさり、天下の智者をお用いになれば、忠言や優れた意見は御前に集まり、政治の足らざる処、風習のよろしからざる処は、日々革《あらた》まり、月々に改正されてゆきましょう。小臣の言のごとき、もとより論ずるに足りませんが、ここにおいて、平らかなるものは常に平らかに、往くものは常に往き、平らかなるものが傾いたり、往くものが戻ったり、城が崩れて隍《ほり》に埋もれたりの患いは無くなるでありましょう。これが、愚拙がここに申し上げようとした主旨でございます》

4　明君と名臣

【藩政改革の基本】　洞察が、言葉の理路整然たる奔湍《ほんたん》となって溢れ出し、滔滔《とうとう》と流れゆくさまは、たしかに、方谷の文体である。現代の若い人にも、抵抗なく理解して貰えるような意訳が、どうしても必要であった。それを望んで、右の拙訳もはばからず、敢えて「対策に擬《なぞら》う」を意訳し、全文を省略せずに紹介した。

すでに二十年ほど後の藩政改革の基本的土台は、ここに出来上がっていたのである。いうまでもなく、これは筆者の力を超えた問題で、訳文中でも易経については、『新釈漢文大系』によって、何とかお茶を濁すことしか出来なかったが、方谷という人格の大きさは、この易経にこそあるのではないかと思った。「易経を手で撫《な》でさすりながら、何度も感嘆して……」といっている。

方谷における易経ということが、問題にされることが少ないのは、これが占いの本であるということに因るのではなかろうか。ここに現代の合理主義の、超えがたい、限界があるとわたくしは勝手に思っている。方谷の、自由で鋭い精神にとっては、はじめからこの限界が存在しなかったと思う。それを私たちの合理的な言葉で語ろうとすることは、私たち自身の限界内に、方谷を引き込むことに他ならないだろう。

ところで、右「対策に擬《なぞら》う」の長文を、仮に、一言に要約せよといわれた、何と答えるべきかと思った。おそらく「明君と名臣」であろう。本文中には「賢明なる君主と、執政の大臣」となっているが、年譜も、擬対策二千言を、数十言に要約して、最後に、世の衰乱の兆しを改めるのは、「唯《ただ》明主と執政大臣にあり」とあって、これも明君名臣をいっている。

【酒乱で放縦怠惰な浮かれ殿様】

右の意訳では「賢明なる君主が、穏和に物静かで、自分の好みにこだわるようなことがなければ」とある。方谷はこれを書きながら、当時の備中松山藩主板倉勝《かつ》職《つね》を思い描かなかった筈はない。勝職は、とうてい明君とは言いがたく、温和でも物静かでもなく、自分の好みにこだわる性格で、藩主にはふさわしくない人物であった。

矢吹邦彦の『炎の陽明学』は、この板倉勝職《かつつね》のことを「酒乱で放縦怠惰な浮かれ殿様」であったと、率直に言っている。

《藩主勝職は気紛れな癇癖《かんぺき》の性格で、そのくせ奇妙に気のいいところもある、どうしようもない酒乱の馬鹿殿様だった。藩政には、いたって関心が薄く、郷土の盆踊りがはじまると我慢ならずまっさきに自ら踊りだす浮かれ殿様だった。藩の決済をやたらぐずぐず引き延ばす優柔不断ぶりには城中が困りきっていた。おまけにとんでもない酒乱癖があって周囲がてこずった。たとえば茶坊主の頭に巨大な百目ろうそくを立てて燭台代わりにし、何やら人柱の燭台にいちゃもんをつけながらぐびりぐびりと酒を飲む。想像するだけでたまったものではない。ところが、酔いがさめると、たちまち後悔が始まるのである。懺悔のあまり酒乱の被害者に詫びの物を与えたり、ひどい時には被害者が肝をつぶすような昇進をさせたりするものだから、どこか憎めない。いわゆる凡庸放埒《ぼんようほうらつ》な、典型的に暗愚な殿様だったのである。優柔不断《ゆうじゅうふだん》と酒乱をいさめる方谷の子供に言って聞かせるような意見書が残っている》

（矢吹邦彦『炎の陽明学』　ルビ引用者）

『高梁市史』も、勝職の暗君ぶりをさらにはっきりと指摘して、「藩主（勝職）には主義もなければ方針もなく、たって諫言すれば即座に謹慎・閉門・逼塞《ひっそく》・永《なが》の暇《いとま》、甚だしきは切腹仰せ付けということになるから、直諫する者がない。」とある。この主君勝職に恩顧をこうむり、その下で松山藩衰退回復の対策をたてるとすれば、前の「対策に擬う」の長文とならざるを得なかったと思う。しかしこの条理を尽くした諫言も、勝職には通じがたかったであろう。

【慟哭《どうこく》を知るは無心の風のみ】　方谷には、「明君と名臣」の名臣にも触れている。

方谷の詩に、「擬古」（古になぞらう＝古詩の体に擬えて作った詩）と題する一詩があって、これは名臣を言っている。「擬対策」とよく似た題で、後者が天保四年で、前者は京都や琵琶湖に遊ぶ詩の間に挟まれ、時期も同じ頃と思われる。擬対策と擬古、両者は明らかに一対《いっつい》を成していて、この対が方谷の済世の策に他ならない。

古に擬《なぞら》えて　（宮六五）

徳行、学識、実行力ある立派な男児は、胸中に宝を秘めている。
十六の城とも交換できる宝玉の璧《へき》だ。
この宝玉を、いったい誰に捧げようとしているのか。
秘蔵するのは、聖明なる天子の出現を待ち望んでいるがためである。
世人は出世欲と金銭欲に目を眩《くら》まされ、

路傍の石ころを、宝玉と思い違いしている。
ああ、胸中の、熱あり潤《うるお》いある光り発するこの宝玉を、
世間は土芥《どかい》と見なし、まるで中国の卞《べん》氏が、連城の璧を
身に残酷な罰を受けながら諦めず、二度も献じたのと同じだ。
憂いと憤《いきどお》りに、吾が胸は掻きむしられる。
頼みとするは、聡明にして徳ある天子の出現のみ。されど、
吾が忍び泣きを知るは、ただ、無心の風のみ。

【一明主さえあれば】　前の「対策に擬う」二千余言の結論は「明君と名臣論」であったが、子細を云えば明らかに名君論であった。「古に擬う」はそれを補う名臣論である。書かれた時期も、京都近辺の詠詩の間に挟まれていて、両者は洛遊中の同時期の作とみていいであろう。両者を並べれば、このとき方谷が何を考えていたか、疑いようがない。彼がみずからを、執政大臣に擬《なぞら》えていたとは言い過ぎであろうか？　方谷にはすでにそれくらいの自信はあったと思う。一明主さえあれば、世の、備中松山藩の、衰微は間違いなく救えるのに、と密かに思っていたのは確かであろう。反論の余地のない整然たる諫言を、いつでも即座に提出できるように準備していたのである。松山藩には「名臣」はすでに存在していたわけであるが、彼は胸掻きむしられ、忍び泣いている。これを見抜く名君さえあればよかったことになる。

運命はこの後、養嗣子板倉勝静《かつきよ》の登場によって、そのプログラムをちゃんと仕組んでいた。

【陽明学と朱子学】 さて、方谷の第三回京都遊学時の論考三篇のうち、もう一篇を残している。天保四年（二十九歳）夏、方谷は病を得て洛西で静養したと年譜にあるが、秋になって、王陽明の「伝習録」を読み、その抜萃を作った。その序文を書き、「伝習録抜萃序」とした。その文中に、洛西での静養中のことであろう、しばらくのんびり過ごしていたときに、「伝習録」から、ある悟りを開かれるような示唆をうけたことが出てくる。これも全文（拙訳）を読んで欲しい。

《伝習録抜萃序

朱子《しゅし》学と陽明《ようめい》学はどちらも、孔子の教えを、同じように伝承し同じように学習してきた。にもかかわらず、世間の朱子学を学ぶ者が、王陽明の学説を誤りであるとして、ひどく退《しりぞ》けるのは何故《なぜ》であるか。思うに、朱子学は、「内」つまり、悟りなど内心の修養によって得られるものと、「外」つまり、他から教えられ修得するものと、その内外を合わせて、自己を確立しようとする。それゆえ朱子学の教えは、中庸《ちゅうよう》をえていて、それを学ぶ者は、能力に応じ、また、理解の遅速《ちそく》に応じ、それぞれがそれぞれの段階を踏んで進歩してゆくことができる。

これに対して、王陽明の学説は、専ら内心の問題に集中する。従ってその説は、一方に重心が偏《かたよ》ることになる。しかれども、陽明学を学ぶ者すべてが、一方に偏るわけではなく、それによって大成する者もあれば、道を誤る者もある。その理由は、理解力劣れる者が、陽明学を取れば、内心にのみ偏ることによって、みずからの心の進むままに、過ちをどこまでも推し進めて、外からの学習の功課を失い、その結果、深く考えることもなく、身勝手に憚りの無い行為に走ってしまう。これが陽明学の欠点である。しかし、知性優れたものが陽明学に拠れば、物事の本質の把握が速やかで、条理の判断に思い切りが良い。事業を実行するものが、往々にして効果を挙げ得ているのは、この利点による。陽明学を良く学ぶものは、その欠点を捨て、その利点を取る。朱子学と陽明学は、同じように伝承され、同じように学習されてきた。私は陽明学だけに欠点を見たことは無い。

癸巳《きし》（天保四年、二十九歳）の秋、私は洛西で、しばらく世間との付合いもなく、のんびりと過ごしていた頃、しばしば王陽明の「伝習録」を読んだ。次第にその言葉になじみ、やがてそれが心に染み入ること、あたかも、空水名月無間に相映ず《くうすいめいげつむかんにあいえいず》――空にかかる名月と、水に映っている名月とが、遮《さえぎ》るものが何も無い空間に、たがいに照らし照らされている、そんな心境になったことがあった。このとき、私はますます、陽明学の、本質把握の速やかさと、条理理解の果断さを信じた。そこで、「伝習録」の中から、利点となすべき文章の若干条を選び、手写して手元に置いている。これは先に述べた、良く学ぶものの方法に習おうとするのである。

ある人が私に言った。貴殿は朱子学を学ぶものではないか。儒学を伝え学ぶ方法は、朱子学の書物にすでに備わっている。どうしてそれをわざわざ陽明学に求めようとするのか、と。私は答えていった。現今の朱子学を学ぶものは、争って陽明学の欠点を攻め、結果として、その長所をも排斥してしまっている。内心の問題を捨て、内と外を集約することを忘れ、川が氾濫して拠り所が無いようになっている。これでは朱子の本意にも背くことになる。それゆえ私の「伝習録抜萃」は、その弊害を救い、中庸に適うようにしたいと思ってのことである。もともとこれが朱子の伝習の本意なのである、と》（全七八）

方谷は、朱子学を棄てて、陽明学に傾いたわけではなく、両者の長所をとり、むしろ朱子学の本意である中庸を得ようとしている。朱子学を学ぶものが、陽明学の欠点を非難するあまり、かえって自らの本意を見失い「川が氾濫して拠り所が無いよう」な状態になっている。いわば方谷は、朱子学と陽明学のどちらにも偏らない、儒学伝習の本質を捉えるべきだと言っている。ここに、彼のごく若いころからの、自得を強く求めながら、それだけに捕らわれることのない、柔軟にして自由な精神がうかがえる。

十四歳での「豈不才をもって襟懐を廃せんや」の思いが、前四章で触れた「悠遠なる蒼天は……我が根源たる胸中一個の『仁』と同一物なり」と、一つの統一感を得ていた。その思いがここで王陽明の言葉と、それこそ「空水名月無間に相映ず」るように、互いに照射し合って、生き生きと息づいていると思う。方谷の自得は、一つの頂点に達したと云えるであろう。

【陽朱陰王】　二十九歳（天保四年）十二月に、方谷は京都を去り、江戸に出た。江戸には、佐藤一斎という著名な儒学者がいた。

家郷を去ってから三年である。今また、備中松山には帰らず、さらに遠く遊学を続けることになった。「伝習録」によって、ある悟得とも言うべき立場を得たことが、一つの動機となっていたと思える。「本質把握の速やかさと、条理理解の果断さ」に、さらに磨きかけ、江戸の大儒に当たって、試してみようとしたのではなかろうか。

《(佐藤一斎の)儒学は、陽朱陰王《ようしゅいんおう》(表だっては朱子学を奉ずるが内心では陽明学をも信奉)と評された。朱子学を奉ずる林家の塾に籍をおいたが、彼の陽明学への関心は林家へ入門する以前からのもので、入門以後もしばしば陽明学者と見なされている。彼自身は、朱子学と陽明学とを対立するものとは考えず、その折衷のなかに孔孟の精神をうかがうことを求めた。》

(『国史大辞典』)

この立場は、方谷が「伝習録抜萃序」で述べていることに通ずるであろう。翌年正月(天保五年三十歳)、「佐藤一斎に贄《し》を執り、その門下に入った(入門の礼をとり、弟子となった)」(年譜)。一斎門には、方谷のライバルともいうべき佐久間象山が、わずか二ヶ月ほど前の、前年十一月に入門していた。

第五章　了

第六章　江戸遊学

1　爛漫《らんまん》たる方谷の春花　燦爛《さんらん》たる川面の秋月

【さまざまな志向】　「天保《てんぽう》四年（一八三三・二十九歳）十二月、先生（方谷）は固《も》と東遊の志あり、三箇年の江戸修業の許しを得。此《ここ》に至り師友に訣《わか》れ、東行《とうこう》江戸に入り、藩邸《はんてい》に留る」（年譜）

これまでの三度にわたる京都遊学を通して、方谷の学問修業は、さまざまな経緯を経てきた。初期には、「釈尊老子《しゃくそんろうし》の、妖怪《ようかい》なる説法」（宮二八）に惑《まど》わされ、「詩や文章の妖《あや》しい魔力」（同前）に魅了され、茫洋《ぼうよう》としてさまよっていた。あるとき「宿酔《しゅくすい》のごとき迷夢からは、スカッと醒《さ》めきって」、「学業は多方面にわたるを要せず、胸中の仁を拡充し、日々これを誕育《たんいく》新たならしむるのみ」と、悟得《ごとく》ともいうべき心境に達したことも表白していた。

三度目の洛遊においては、多くの師友と交際し、積極的に教えを請う姿勢もうかがえた。さらには、儒学習得に求められる目的のひとつ、済世《さいせい》の業《わざ》（治世への貢献）にも、すでに「対策に擬《なぞら》う」の長論考によって、実務家としての姿勢も明確に打ち出している。

第二回の洛遊を終え帰国した際には、備中松山藩から八人扶持を与えられ、藩校有終館会頭

（教授）に任じられているのをみても、彼の学業は大成の域に達したと見られていたであろう。だが、三度の洛遊を終え、方谷は而立《じりつ》（三十歳）に達しようとしていたが、さまざまな方面へ向かう志向は、変ってはいない。禅や老荘思想、詩文などへの誘因を振り払って、儒学専一《せんいつ》に集中しようとする姿は感じられないのである。

江戸下向にあたって、方谷は三つの詩を書き遺しているが、彼の心引かれるさまざまな対象は、かえって輪郭は明確となり、それぞれが、心の中にしっかりとその位置を占めている。

「書懐《しょかい》（宮七三）」と題する、三十四行の古詩がある。詩中に、失火による賜第《しだい》焼失に触れているから、第三回京都遊学中の作であろう。詩題の「書懐」とは、懐《おも》うところを書くの意である。このように〈懐《おも》い〉を述べた詩において、方谷の詩は、いずれも長い古詩になる傾向がある。すでに触れた最初の長詩、「松井君より一絶句《ぜっく》を贈らる。その韻《いん》に因り古風一篇を賦《ふ》して答謝す」（宮二八）と題する四十二行は、「悟り得たり――吾が儒学の道こそ純の純なるものなり……学業は多方面にわたるを要せず」と、儒学の道専一《せんいつ》に進もうとする決意を述べていた。第一回京都遊学のころ（推定二十三歳）であった。

次に、懐いを述べた長詩は、「詩仙堂に上る」（宮四九）三十行で、ここで方谷は、武功抜群でありながら、一転して隠棲《いんせい》し、儒者また詩人として一家をなした、石川丈山《じょうざん》の生涯への憧憬を、「丈山の下男にでもなってお仕えしたい」と語っていた。

京都遊学三回目においては、「空水名月無間に相映ず」と、彼の五歳より始められた修学の道は、陽明学という一つの頂点に達したことを物語っていた。

【明月照らす故山の夢】　そして、ここに取り上げる、「書懐《しょかい》。藤井君（名は仲右衛門）に寄《よ》す」（宮七三）三十四行によって、溢《あふ》れんばかりの懐いを、水の流れのように滾滾《こんこん》と歌い上げているのは、学問修業の道からも、仕官としての道からも離れた、備中山中の庶民の暮らしへの誘惑である。

詩を寄せた藤井仲右衛門は、松山城下から、松山川を北へ二里半ほどさかのぼった川面《かわも》村の素封《そほう》家《か》で、醸造を業としていた。また、詩中にいう「方谷」は、山田方谷自身のことではなく、故郷西《にし》方《がた》村あたりの、地形としての方谷、つまり四角な谷をいう。とりわけ佐伏川の、両岸が垂直に切り立った渓谷にそれを見ることができると、本稿冒頭でも述べておいた。まず全行を意訳しておく。

書懐。藤井君（名は仲右衛門）に寄《よ》す　　（宮七三　行頭の数字引用者）

1　吉備山中、君の家醸《かじょう》の酒は熟成し、酒杯まさに豊潤《ほうじゅん》であろう
2　私はひとり都《みやこ》で、先の見えない宮仕《みやづか》えに行き悩んでいる
3　羨ましい、君は世俗の煩《わずら》わしさを逃れ
4　自由に、思いのままに、田園生活を楽しんでいる
5　酒は大樽《おおだる》に満ちあふれ
6　躬《みずか》ら耕《たがや》す田畠は、豊かな実りをもたらし
7　渓泉《けいせん》に育てた肴《さかな》は、これまた逸品《いっぴん》

鯉のなますに、スッポンの炙《あぶ》り肉
農夫ら集い、酒壺《さかつぼ》たたいて和《なご》やかに興じ
歌声、谷に木霊《こだま》している
人生の清遊を、君ほど楽しんでいる者はいない
私ときたら、お恥ずかしいことに、いまだ漂《ただよ》う浮草暮《うきくさぐ》らし
年少にして功名《こうみょう》の志を抱き
みずから俗世間の塵埃《じんあい》に飛び込んだ
鋤鍬《すきくわ》を捨てて、書籍に持ち替え
生徒に教えて俸給を得、幾年かが過ぎた
労ばかり多く、成し遂げたと言えるものもない
故郷《くに》の田畠も荒れはててしまったが
才乏《さいとぼ》しく、学問によってはお役に立ちそうもない
学問修業も扶持《ふち》のお陰であれば、見限って帰郷もできず
それどころか、不相応な地位に就き、大変な不始末《ふしまつ》をしでかした
失火によって、賜第《しだい》を焼失してしまったのだ
松山城下には、吾が身を託する家もなく
家族ともども遠く異郷をさまようほかはない

25　この浮草生活がいつまでつづくのか
26　これを懐《おも》えば心痛み、顔色は憔悴《しょうすい》している
27　かかるとき、思い浮かぶは吉備山中の君の姿
28　白雲流れ、明月照らす故山《こざん》の夢
29　我が身は日々風塵の衢《ちまた》を彷徨《さまよ》うている
30　こんな生活は、決して男児一生の仕事ではない
31　主恩には早く報いて身を引き
32　君の近間《ちかま》で、世俗を逃れた暮らしがしたい
33　爛漫《らんまん》たる方谷の春花、燦爛《さんらん》たる川面《かわも》の秋月
34　雪月花につけ往来して、永く水魚《すいぎょ》の交わりを結ぼうではないか

心引かれる対象は、かえってその輪郭は明確となると前《さき》に書いた意味も、お解りいただけるかと思う。方谷は、かりそめの郷愁を述べているのではない。これほど明確に、庶民生活の魅力を語り、後年実際に、長瀬の無人境に移住したり、みずから荒れ地を開墾して農業に従事しているのをみれば、田園生活は、彼が生涯求め憧れた生活のひとつであった。陶淵明の「帰去来辞」の、「帰らなんいざ田園まさに荒れなんとす」が脳裏にあったであろう。もしも先祖の定光寺における、あの事件がなかったならば、西方村では醸造業も営んでいたと伝えられている山田家も、藤井仲右衛門の

ような暮らしをしていたかもしれない。その故山清遊の夢は、鮮やかに私たちの胸にも映じてくるのだが、そのリアリティーを支えているのは、方谷自身の心の荒野をさまよう嘆きでもある。「24　家族ともども遠く異郷をさまようほかはない」とある。いうまでもなく、方谷自身のことではない。賜第焼失という不始末も、ほとんど不問に付せられ、ほどなく第三回京都遊学も許され、京都で学びつつ、この詩を書いているのである。だが彼は言う「25　この浮草生活がいつまでつづくのか　26　これを懐《おも》えば心痛み、顔色は憔悴《しょうすい》している」と。遠く異郷を、浮草のようにさまよったのは、四代前の先祖である。故郷を追われ、遠い異郷での放浪生活の後、ようやく故旧の地に帰ることができたのは、十九年後のことであった。以後、代々は失われた家名挽回《ばんかい》に、苦闘をくり返してきた。この代々の遺恨の中に方谷は生まれて来た。

【千里の天を彷徨う霊】　先祖たちの家名回復の宿願を果たすべく、すべてを方谷の養育に捧げた父五郎吉も母梶も、ともに若死にしてしまった。方谷が、俗世での立身出世を果たし、家名を回復しない限り、先祖たちの霊は浮かばれず「千里の天」をさまよい、遺恨は今もなお方谷の胸底にある。

方谷は学問を好んだ。どんな情況にあろうと、方谷は一流の学者になったであろう。しかし彼は一藩の儒学者・経世家となって、見事な成果をあげながらも、その地位に、少しも安んじようとはしなかった。彼は、学者となり、政治家となっても、詩文家としても、農夫や商人、また隠逸人となっても、何れの境遇においても、世間から尊崇される人物となっていたであろう。いわば、その存在がそのまま重きをなす、そうした全人的（知・情・意の完全に調和した円満な人格者　広辞苑）ともいうべき資質の人であった。

その方谷が、三十歳になろうとしても、さらなる修行のために、江戸へ向かうというのである。いかなる意図があったのであろうか。

【満たされない心】　出発時にはさらに、二つの詩がある。そのひとつひとつが、方谷の真情である。田園生活のこと、家族のこと、学問・文章のこと、何一つ欠けてはいない。

江戸遊学に際し家郷の弟に書き送る　（宮七四）

1 志しは高けれど才乏しく成就《じょうじゅ》したものもない
2 帰郷もかなわず、また遠く修業の旅に出ようとしている
3 恥ずかしいことだ、兄の私はいつまでも家名もあげられずにいるのに
4 けなげにも、弟の君はきちんと家を守っている
5 母上のこと寒さのみぎりさらに懇ろなお世話を頼む
6 畑地も冬の荒蕪《こうぶ》にまかせず、手入れを怠らないで欲しい
7 いつになったら、我が家の屋根の下、衾《しとね》を並べて
8 この日の懐いを、なつかしく語り合う日が来るであろうか

将《まさ》に東都に赴《おもむ》かんとして、下村生の寄せられし韻《いん》に和答《わとう》す　（宮七五）

1　また、書と剣を携えて修業の旅に出ようとしている
2　これは立身出世のためではない
3　学問の道は広く求めることによって得られ
4　文章は豊かな経験を踏まえて神妙な趣を得る。
5　眼《まなこ》を名山の頂に開き、もの見ることを学び
6　胸を大海の浜に浸して、こころ清純となさん
7　この懐いは君にだけ伝えておくのだ、秘めて
8　誰彼なしに告げないで欲しい

方谷ははっきり述べている、新たな修業に江戸に向かうのは、立身出世のためではない、と。学問のさらに広い道、詩文の神妙な趣、眼を開き、胸を洗い清める。彼の心は満たされていない。心の空洞をかかえて、また旅に出る。君にだけ伝えておく、秘めて欲しい。

2 佐藤一斎塾

【刮目之至《かつもくのいたり》】 方谷の江戸到着は、天保四年の年末で、翌五年の正月には、佐藤一斎に束脩《そくしゅう》の礼を修《おさ》め入門した。佐藤一斎は、美濃国《みののくに》岩村藩三万石の、家老の末子として江戸藩邸に生まれた。幼より学を好み、藩主家の三男松平衡《たいら》とともに儒学を学んだが、衡が幕府の指命によって、幕府儒家の林家第八代大学頭《だいがくのかみ》を嗣ぎ、林述斎《じゅっさい》となると、一斎はその門人となり、当時は林家家塾の塾長となっていた。後の天保十一年、述斎が亡くなると、一斎は、七十歳にしてはじめて幕臣となり昌平黌《しょうへいこう》教授となっている。

一斎の学は、世に陽朱陰王《ようしゅいんおう》と評されるが、「彼自身は、朱子学と陽明学を対立するものとは考えず、その折衷《せっちゅう》の中に孔子の精神をうかがうことを求めた」（『国史大辞典』）

当時江戸には、佐藤一斎とともに双璧《そうへき》と見られた、もう一人の大儒《たいじゅ》（すぐれた儒者）、松崎慊堂《こうどう》がいた。その慊堂《こうどう》について、方谷年譜は次のエピソードを紹介している。

《七月、先生（方谷）松崎慊堂を訪う。慊堂、書を（佐藤）一斎に寄せて「山田安五郎生、兼《かね》而聞知之人《てぶんちのひと》、消暑中相対《あいたい》すること半日、刮目之至云々《かつもくのいたりうんぬん》」の語あり。（山田方谷のこと、かねて噂に聞いていた。暑さをしのぎつつ相対し半日話したが、その学才は驚いて眼を見張るほどであった）》

この大儒を刮目させたとすれば、方谷は「才乏しく成就したものもない」どころか、その学識は、すでに完成の域に達していたと言えるであろう。それでもなお、書剣を携え家を離れるのは、くり返すが、彼がいうように、心の空洞の故であった。なにか究極のものが足りなかった。

【憂いと憤り】　それに、松山に帰郷したところで、方谷にはすることが無かったであろう。前に引用した、「古に擬《なぞら》う（宮六五）」の、「胸に連城の璧《へき》にも等しい宝を、秘めている——私はこの松山藩の窮状を一挙に救う方策を持っているのだ」とも受け取れる途轍《とてつ》もない自信をみれば、おそらく方谷は、遊学でもしているほかはなかったのである。それを今実行に移そうとすれば、卞和《べんか》氏が、無類の宝玉、連城の璧を献上しようとしたのに、偽りを言う者として、かえって残酷な罰を受けたように、私も身を滅ぼすことになるかもしれない。「対策に擬《なぞら》う」を献じ、主君に諫言《かんげん》しようとしても、不可能なことだ。「古に擬《なぞら》う（宮六五）」には「我が胸は掻きむしられる／頼みとするは、聡明にして徳ある天子の出現のみ」とあった。

【佐門の二傑】　年譜は、天保六年、佐藤一斎塾における、佐久間象山《さくましょうざん》との激論に触れている。佐久間象山は信濃国松代《まつしろ》藩十万石の藩士で、藩主真田幸貫《ゆきつら》（松平定信の次男）に、その抜群の俊才を認められ、藩の支援によって江戸に遊学、山田方谷とほぼ同じころ、一斎塾に入門していた。この年、三十一歳の山田方谷より六年若い二十五歳だが、二人はすぐに、佐門（佐藤一斎の門人）の二傑と称されるようになった。しかし性格は、たがいに大きく異なっていた。

《佐久間啓之助《けいのすけ》（象山、当時二十一歳）を世子《せいし》の近習《きんじゅう》に抜擢した松代藩主真田幸貫《ゆきつら》は、「予《よ》の家臣中ずばぬけた俊足は啓之助で、将来どんな者になるか楽しみだ。しかしちと馯《かん》が強過ぎて頗《すこぶ》る難物である。恐らく予の外には、よくこれを馭《ぎょ》し得る者はあるまい」と評した。（象山は）至って明敏な頭脳の持主であったばかりでなく、学問を身につけてからは博学であったから、その言うところに根底があった。従って如何《いか》なる場合にも、飽く迄も自説を主張し、決して譲ることを知らなかった。つまりその性質が狷介《けんかい》・不羈《ふき》であって、毫《ごう》も調和性がなく、驕泰《きょうたい》の気象が強かった。このために人に愛されなかったというよりも、むしろ毛嫌いされ、徒《いたず》らに敵を作ることが多かった。》

（大平喜間多『佐久間象山』）

語注を加えておけば、「馯《かん》が強過ぎ」とは、気性が荒けずりに過ぎる。「狷介《けんかい》・不羈《ふき》」は、自分の意志を守って妥協せず、「驕泰《きょうたい》」は、おごりたかぶることである。これでは毛嫌いされたのも無理はないかもしれない。彼はまた剣術においても、抜群の腕を誇っていた。

象山が江戸遊学中、郷里の先輩に書き送った書簡に、次のような一節がある。

「出府以来、所々有名の家を叩《たた》き見候所《みそろところ》、私より義理に致し、二、三目を置いて（相手に敬意を表し一歩譲って）談じ候者は（佐藤）一斎・（松崎）慊堂《こうどう》両人耳《のみ》。其他は大門戸を成し居候者《おりそろもの》にても経義《けいぎ》（経書の意義）などは殊《こと》に未熟の者勝《がち》にて御座候《ござそろ》。私只今の存念にては遠からず一家をなし得候《えそろ》て、衰頽《すいたい》の家名を興《おこ》し、御国家の御文飾《ごぶんしょく》（ほまれ）に成候心得《なりそろこころえ》に候」（同前）

【剛愎自用】　さらに同書から、師佐藤一斎の、佐久間象山評として伝えられている言葉を引いておけば、郷里の先輩は「先達て一斎先生から、修理（象山）の学問は早くも老成の域に達したという御手紙を頂きました」といい、一斎のもとへ「剛愎自用《ごうふくじよう》（強情で他人に従わず、自分の意見をどこまでも通そうとする）を矯《た》めて欲しい」と書き送ったところ、一斎からは「決して御心配めさるな……剛慢不屈は修理の長所であるから、満更《まんざら》棄てたものではない」と返書があったとある。

この佐藤一斎と、象山との、もう一つのエピソードが、それぞれの人となりをよく語っている。象山は、早くから朱子学を信奉し、陽明学は「蛇蝎《だかつ》の如《ごと》く嫌った」と、大平喜間多《おおひらきまた》『佐久間象山』にある。しかるに、一斎は「陽朱陰王」として知られていた。その一斎塾に自用《じよう》の、つまり自分の意見を主張して譲らない象山が、入門した。入門に際し象山は「竹刀《しない》の上では君臣の別がない。従って藩主であろうとも勝を譲るべきではない。また道理の上には師弟の別はない。学説が違っている以上、たとえ師であろうとも服従することは出来ない」として、一斎に向かって「陽明学は国家に害を及ぼすから、極力これを排斥せねばならぬ。従ってこれから以後、経学《けいがく》（四書五経の講義）は先生からご教授は受けたくありませんから、何卒《なにとぞ》文章・詩賦《しふ》だけ教えて下さい」と断って、儒学経《けい》書《しょ》の講義には一切出席しなかったという。

象山の朱子学信奉、陽明学排斥は、天保八年の大塩平八郎の乱に際しての発言にもよく覗うことができる（注・大塩平八郎の乱については、後の第4節において触れる）。象山は学識才能ある平八郎が、乱をおこすにいたったのは、「畢竟《ひっきょう》するに、自己の心のみを重しとして、天地万物の窮理を軽んずる陽明学の弊害のしからしむるところである。国家を治めるにはどうしても朱子学を盛んにせねばならぬ」と、いよいよ痛感したという。だが、一斎の文章については、日本一と推服していた。ここまで自用に徹した象山も象山なら、それを受け入れた一斎もまた、大儒の名に背《そむ》かなかったというべきであろうか。

【夜通しの激論】　さて、方谷年譜にもどれば、一斎塾において方谷は、佐久間象山と議論を上下《しょうか》して（戦わせて）たがいに譲らなかったというエピソードである。記事を意訳要約すると、あるとき象山が「現今の政治政策においては、西洋の学術に勝《まさ》るものはない」といった。これに対して方谷は「政治の道ならば、西洋に求めるまでもない、我が東洋の儒学で十分である」とした。二人は夜通し激論を交わして止まなかった。一斎先生は、それを、隣室においてこっそり聞いていた。このようなことが毎晩続き、塾生たちはやかましさに耐えられず、止めさせてほしいと、一斎先生に訴えた。すると先生は笑って、「まあしばらく、好きなようにさせておきなさい」と言ったというのである。

これはよく知られた話で、方谷関係の書では必ず引用されるが、二人の議論のテーマは、資料によって少しずつ異なっていて一定せず、何を論じ合っていたかについては、信頼すべきものがない。

右の、政治における「西洋の学術」と、「東洋の儒学」という対立も、方谷の洋学受用、象山の朱子学信奉をみれば、文字通りには受け取れない。

【温良恭謙譲】　佐門《さもん》での激論からは、二十四年後のことになるが、方谷に弟子入りしようとやってきた河井継之助が、方谷に、佐久間象山の人物を尋ねたところ、方谷は「佐久間に、温良恭謙《おんりょうきょうけん》譲《じょう》の一字、何《いず》れ阿《あ》ると論ず」（河井『塵壺』）とある。『論語』の「学而《がくじ》第一」からの引用で、孔子の人柄を言ったものだが、「猖介《けんかい》・不羈《ふき》・驕泰《きょうたい》・自用」といわれた象山には、「温《おん》＝おだやかさ、良《りょう》＝すなおさ、恭《きょう》＝うやうやしさ、謙《けん》（倹）＝つつましやかさ、譲《じょう》＝へりくだり」（岩波文庫版『論語』）この中のただの一字もないというのである。幼時から猖介不羈を批判されてきた象山に対しては、特に目新しい指摘ではないが、陽明学を「自己の心のみを重し」とする弊害と批判する象山に対しては、その剛愎《ごうふく》（片意地）との矛盾を突いていることにもなる。あるいは二人の激論ということも、朱子学のみを信奉する象山と、陽明学者と見なされながら、それのみに片寄ることのなかった方谷との論争であったかもしれない。また方谷は、象山の頭脳明晰は十分に認めていたようである。

「五花双鳳鑑《ごかそうほうかん》の歌　佐久間子迪《してき》の為に（宮八八）」（子迪《してき》は象山の字《あざな》）も、右のことに通ずるであろう。要約すると、象山が、裏に五花と二羽の鳳凰《ほうおう》の浮き彫りのある鑑《かがみ》を手に入れた。「こんな貴重な古物が、君の手に落ちるとは、なんとめでたいことではないか。されど子迪よ、人の心の中には、万古《ばんこ》の明鏡（永遠不滅の鏡）があることをご存じか。こちらの明鏡は俗世の汚塵《おじん》にけがされることなく、森羅万象《しんらばんしょう》、古今の事象、天地の神秘を、明明に照らし出す。天はこの心の明鏡を君に与えたのだ。君はこれをつねに磨き大切にしてほしい。この鑑《かがみ》に比べれば、有名な唐王室の盤龍鏡《ばんりゅうきょう》も、五花双鳳鑑も無用の長物である」これはまさしく、陽明学に固執《こしゅう》することのなかった山田方谷の、朱子学堅持者佐久間象山への訓諭《くんゆ》であろう。

[3] 私の魂は、煙のように浮遊し

【命は須臾にせまり】 天保六年、この年は、方谷は生命が危殆《きたい》に瀕《ひん》するほどの大病を煩い、生涯に決定的な節目をなした年でもあった。

年譜は「五月、先生（方谷）大疾《たいしつ》ニ罹《かか》ル、自記シテ曰《い》フ。大疾殆《ほと》ンド死ス。」とある。これは誇張ではなかった。この大病は方谷に、ある新たな、決定的体験を得させたのである。彼はその体験を、六篇の詩に書き遺している。

唐突だが、これは鎌倉時代の高僧明恵上人《みょうえしょうにん》の超常的な意識現象、また近代の詩人童話作家宮沢賢治の「心象スケッチ」にも比すべき超常体験であった。

ここではその最初の三篇を、詳しく見ておくことにする（拙訳）。

病甚し　（宮九七）

1　夜も更《ふ》けた、煎《せん》薬からたち上る湯気《ゆげ》もようやく静かになった

病み臥《ふ》している吾が胸中の懊悩《おうのう》を知る者はいない
消え残る灯が痩《や》せこけた体を照らす
体力衰え、薄い夏布団でさえ重く耐えがたい
命《めい》は須臾《しゅゆ》にせまり、ようやく毛髪一筋に繋《つな》ぎとめられている
わだかまる胸の思いは糸のようにもつれる
この身、どうしてこのまま瞑目《めいもく》できようか
十年の主恩に報いる期がないではないか

（宮九八）

病少しく瘳《い》ゆ枕上口号《ちんじょうこうごう》

蝉《せみ》の抜《ぬ》け殻《がら》のように、肉体という殻を脱ぎ捨てて
私の魂は、煙のように浮遊し、虚空《こくう》を上っていった
やがて、月明の、雲ひとつないところに至った
と、天風に吹き落とされて、私はこの世に戻った

（宮九九）

（無題）

三十日の昏睡は、夢のように過ぎ去った
ひとたび目ざめて、はっきり知った、神は実在すると

15　親しい方々に申し上げておく、再びお目にかかることが出来るのは
16　あの世に踏み入ろうとして、天《あま》つ風《かぜ》に吹き戻されたおかげである、と　（傍点引用者）

つまり私たちの日常的世界を超えた、異空間体験を語っているのではない、ある超常的体験、

【神秘の体験】　方谷は、病が重篤であったことだけをいっているのである。

古くからの日本語では「千里眼」と呼び、フランス語では「ヴォワイヤン」といわれ、現代の精神病理学では「臨死体験」とも呼ばれている、その超常的体験、または、異世界体験を、曖昧に受け取られるのを恐れて、ここでは「神秘の体験」と呼んでおくことにする。そういう体験を持たない私たちには、この時の方谷のような体験者の、心情を理解することはもとより困難である。超常的異空間の実在を主張しようとするのではない、方谷自身がこの体験を、超常体験と受け止めているならば、私たちそれぞれの考えはさておき、できるだけ方谷の心情に沿ってみようとすることが必要であろう。

【特徴的な二つの要素】　この時の方谷の体験は、神秘体験として報告される無数の事例の、二つの特徴的な要素を明確に含んでいる。一つは、自分という存在の肉体離脱、あるいは体外離脱といわれているものである。方谷は、「蝉《せみ》の抜《ぬ》け殻《がら》のように、肉体という殻を脱ぎ捨てて／私の魂は煙のように浮遊し、虚空を上っていった」という。これは臨死体験として、精神医学的にも多く報告されているものだが、宮沢賢治も、この肉体離脱体験を、私たちの現実体験と変わりなく、明晰に

繰り返し語っている。

もう一つの特徴的要素は、「橋を渡ろうとする体験」として世界中に共通していて、これも無数の体験例が報告されている。重篤《じゅうとく》となった病人が、橋のたもとに立つと、向こう岸には美しい花園が広がっていたり、きれいな女性が手招きしていたりする。それで病人は橋を渡って行こうとする。だが、何らかの障害があって、橋を渡りきらずに、途中から戻って来てしまう。――それが、現実ではその重病人の蘇生、つまり生き返りに繋がるという体験である。そうした体験は、臨死体験として、近年、精神病理学的に研究が進んでいるようであるが、ここでは、そうした研究にまで触れるつもりはない。

方谷の大病中の三つの詩から読み取れるのは、危篤となって、右の二つの神秘体験を、合わせたような体験をしたことが判る。方谷の場合は、橋を渡るのではなく、蝉が殻を脱ぎ捨てる脱皮のように、肉体を脱して煙のように立ち上り、雲ひとつない月明の虚空《こくう》に達するのだが、そこから、天風によって、再び現実に吹き戻され、それが、現実での危篤状態からの蘇生《そせい》につながっていた。

方谷のこの体験が、夢や幻想ではなく、方谷にとっては、神秘的な異空間体験であったことは、詩「ひとたび目ざめて、はっきり知った、神は実在すると（宮九九・14行）」という言葉によって知ることができる。

【神秘の体験】　私たちの大多数は、こうした超常体験とは無縁である。そのため、右の方谷の体験も、夢や幻覚のたぐいとして、つまり合理的に、科学的に理解できる現象として、処理しようと

する。（立花隆著『臨死体験』参照）

しかし、体験者にとっては、神実在を確信する根源的な体験であった。

方谷の神秘主義への傾向は、たとえば梅の木への、異様な熱愛ともいえる愛着にも覗うことができるのだが、おそらく彼のそうした傾向は、幼児期の、両親の熱心な天神信仰（菅原道真信仰）の影響が大きかったと思われる。五郎吉・梶の二人は、球と名付けたその初子が、天神様の申し子であることを疑わなかった。その思いが方谷に伝わらなかったはずもなく、三十一歳での瀕死の重病中に得た超常体験を、きわめて冷静に受けとめさせている。「蝉《せみ》の抜《ぬ》け殻《がら》のように、肉体という殻を脱ぎ捨てて／私の魂は、煙のように浮遊し、虚空を上っていった」と。

【究極の到達点】　この体験は、方谷に決定的な影響——「神は実在する」という揺るぎない確信を与えた。これは方谷にとっての、精神的な彷徨に、究極のある到達点に達した自覚を与えたであろう。この体験以後、さまざまな志向の、ばらばらに彷徨《さまよ》うような印象は消え、ある揺るぎない統一感を覚えるようになり、霊的な世界が、彼の精神の中で確然とした具象性を帯びる。

「三旬《さんじゅん》の昏臥《こんが》夢茫然《ゆめぼうぜん》たり（宮九九）」（三十日の間、意識朦朧《もうろう》たる昏睡状態であった）、「一臥《いちが》昏昏《こんこん》夏の深きに到る（宮一〇〇）」（意識もなく病臥している間に、夏が深まっていた）、とあるから、方谷は盛夏の一ヶ月間、死線をさまよっていたことが覗える。残暑のまだきびしい秋になって、病はようやく快方に向かったらしい。

注・方谷のこの時の大病を、宮原信はその著『哲人山田方谷とその詩』（一二二頁）において、天然痘であった可能性があると示唆している。

【ある境地に抜け出た自在さ】　詩にあるように、病み上がりの体に、ごみごみした都会の秋暑はよほど堪《こた》えたようで、その耐えがたさとともに、ふたたび、備中山中のあの水流の畔《ほとり》への、郷愁がよみがえっている。健康を取り戻すとともに、心境も次第に明るく昂揚《こうよう》してゆくのが、詩からもはっきりと覗える。

漫成《まんせい》　　　　　　　　　　　　　　（宮一〇七）

1　人生は、吉凶禍福が予測できないばかりではない
2　禍《か》と福《ふく》それぞれが、因《いん》となり果《か》となってつながっている
3　焼失した吾が住宅は、かえって立派に再建されているし
4　重篤の病癒《い》えて後、吾が体は以前にも増して強健になった
5　離農したが俸禄により、衣食に事欠くこともなく
6　家産を投げ出したが、貧窮に陥ることもなかった
7　人生すべてかくの如《ごと》し
8　ああ、何をくよくよ悩むことがあろうか

これまでの方谷の詩からすれば、これは、珍しく軽やかな感じ、あるいは、束縛から開放され、ある境地に抜け出た自在さ、という印象を受ける。そしてそれは、死線をさまよったあの重病での神秘体験、「神は実在する」という確信によってもたらされたと思えるのである。

次の「双鶴雛《そうかくひな》を将《ひき》いるの図（宮一〇八）」になれば、これは、これまでには見られなかった心境で、「仙術を学ぼうと、海中の仙山を訪ねようなどとしないが良い……人間が住むのにいちばんいい場所は、この人間界なのである。」ある目標に向かって進まねばならぬという、いわば義務感のようなものは、脱ぎ捨ててしまった、軽やかで自由な心境である。

【昇進と家庭】　大疾の翌年、天保七年（三十二歳）の年譜には、「正月、文学格段《かくだん》出精《しゅっせい》致候《いたしそろ》に付《つき》、大小姓格《おおごしょうかく》に陞《のぼ》し、講釈之節肩衣《かたぎぬ》を免《めん》ず」とある。一段の昇進で、大小姓とは「身分が重く、奥勤めや使者役」（広辞苑）などを勤める地位である。ここに、長い年月にわたった方谷遊学の目的は、十二分に達成されたといっていいであろう。その人格においても、詩風から感じられる印象では、大きく豊かな風格を感じさせる感があったかと思われる。

しかし年譜は、郷里では「五月十四日、長女瑳奇痘《さきとう》を病み家に没す、年十一。女（瑳奇）善《よ》く箏《そう》を弾ず」とある。五年も会うことのなかった長女は、方谷の帰国を待たずして亡くなった。

帰国は十月である。「遊学期満つ、請うて藩主勝職《かつつね》公帰城に扈従《こしょう》し、九月帰藩す。一斎の門下に在ること三年、塾頭を嘱《しょく》せらる。別《わかれ》に臨《のぞ》み、一斎『盡己《じんこ》』の二大字を書して贈る。此の月（十月）

有終館学頭（学長）を命ぜられ、邸を御前丁《おんざきちょう》に賜う。」
詩の引用が多くなったが、もう一つ引いておきたい。

失題

雲流れる高山の彼方へ、帰省する身であるが、
祖先の過悪をつぐのわねばならぬ吾が家庭は、また悩みも多い
だが、男児たるものよく耐え、心砕かねばならぬ
忍苦《にんく》は、天の与えた試練である

（宮一一三）

「祖先の過悪」とは、曾祖父宗左衛門の定光寺事件であろう。方谷の脳裏からは、常に、その過悪をつぐのわねばならぬとする意識が、宿命のように離れなかった。

しかも、六年も留守にして、いま帰って行こうとする我が家庭も「また悩み多き家庭」であった。おそらく妻進《しん》の心の病のことが、その悩みの中心にあった。方谷はこの忍苦を、天の与えた試練と受けとめようとしている。

右の詩は、内容や前後に置かれた詩などの関係からすれば、帰郷直前か、その途次の、年譜にいう「天保七年九月帰藩」ごろの作と思われる。

4 大塩平八郎の乱

この天保期は、享保の饑饉（享保一七・一七三二）、天明の饑饉（天明二〜七・一七八七）と並んで、江戸三大饑饉の一つ、天保の饑饉が発生した時期である。天保三年（一八三二）から同九年にかけて連年凶作が続き、各地で餓死者が続出していた。しかるに大坂町奉行跡部山城守良弼《あとべやましろのかみよしすけ》は、対策を講じるどころか、自らは米価の暴騰を見越してひそかに米の買い占めを行いながら、庶民がわずかのヤミ米を手にしても、これを容赦なく投獄するなど、過酷な取り締まりをおこなっていた。これを見て、著名な陽明学者で、大坂奉行所の与力であったが、すでに引退していた、中斎《ちゅうさい》大塩平八郎は、何度も奉行所に救済策を上申したが、一向に聞き届けられなかった。富商は値上がりを待って、米を秘匿《ひとく》して市場には出さず、巷《ちまた》には餓死者が続出していた。この窮状を座視《ざし》できず、中斎は、所有する蔵書すべてを売り払って得た六百両余を、餓えに苦しむ庶民一万人に一朱ずつ施行《せぎょう》し、窮民を糾合して、八年二月十九日に武装蹶起《けっき》した（『日本歴史大事典』）。門弟や庶民三百人ほどの一隊は、富商宅を襲って大筒《おおづつ》を打ち込み、金穀を奪って路上に散じ、天満一帯を火の海にして進撃した。しかし、結束の脆弱《ぜいじゃく》な烏合《うごう》の衆《しゅう》では、蹶起もそれまでで、奉行所が鎮圧に乗り出すと、一、二度の砲撃を受けて大塩勢は忽ち壊滅逃竄《かいめつとうざん》してしまった。中斎もその子とともに姿をくらまし、しばらく行方知れずであったが、四十日あまり後の三月二十七日、隠れ家を探知され、奉行所捕り手に包囲されると、大塩父子は隠れ家に火を放って自刃した。

この事件を、方谷年譜が取り上げているのは、大塩中斎が高名な陽明学者であり、方谷は第三回目の京都遊学中に、中斎が新たに刻した『洗心洞劄記《せんしんどうさっき》』を、備中松山の有終館学頭奥田楽山に贈り「大夫《たいふ》がた（家老がた）並びに、有終館諸子にお見せ下さるよう」と言っているからである。中斎の乱が起こると、方谷は、前年に辞去してきたばかりの江戸の師、佐藤一斎に書簡を送り、意見を求めた。年譜は天保三年三月の記事として、一斎の復書を引いている。

《……さて又このたびの難波の変（大塩中斎の乱）、愕然《がくぜん》の至りです。この人かねて陽明学を信奉していたということですが、噂の通りとすれば、この決起は、中斎の致良知（良知の実践）であったというのでしょうか。どうしてどうして、一時の狂気だの正気を失っただのといって済まされるものではありません。精神に異常をきたした逆賊ともいうべく、まことに嘆かわしいことです。すべからく凶荒で五穀稔らぬ年は、気運の流れが順調であったり滞ったりするものだが、これは田畠のあらゆる作物ばかりではなく、森羅万象《しんらばんしょう》に及び、人事も例外ではない。凶作の年は若い者の暴力沙汰が多いといわれるが、人間の気運にも異常をきたすものと思われます。恐るべきことであります。このような年は、特に戒《いまし》め恐れ、みずから慎むこと肝要かと存じます。いかがお考えですか。》

止むに止まれず決起した大塩中斎自身の思いという問題は、もはや、朱子学か、陽明学か、などという問題を超えていたと思われるが、佐藤一斎としては、立場上右のように、朱子学的な立場から、発言せざるをえなかったであろう。方谷の意見を問う一斎の心境も微妙だったようである。

方谷に関しては、年譜は、「先生（方谷）のこの事変に関する意見は、何ら徴すべき（取り上げるべき）ものは伝わっていない」と記している。

5 帰郷

【故郷の水郷】 方谷が江戸で大病を患《わずら》ったのは、天保六年の夏であった。方谷の病余の漢詩によれば、この年は残暑がきびしかった。「新秋夜雨」（宮一〇三）も、その回復期の作で、「朝の雨が残暑を和らげ／夕暮れの雨が新秋の涼風をもたらし／雨はさらに胸中の苦しみを、さっぱりと洗い流す／病臥しながらひたすらその音に聞き入って、いくら聞いても聞き足りない気がする」とある。しかし、すぐに残暑がぶり返したようで、次作「秋暑」（宮一〇四）は、「世間では誰も彼も秋の日照りに苦しんでいる……夜更けには雨も降ったが、残暑の厳しさは少しもかわらない」とあって、よほど耐えかねたのであろう、この律詩の尾聯《びれん》（八句から成る律詩の最期の二句）は次のようにいう。
「ごみごみした都会の暮らしには、もう我慢がならなくなった／はやく鯉のなますや、スッポンの炙り肉が食べられる故郷の水郷に帰りたい」

原文の漢詩は、中国故事の「蓴羹鱸膾《じゅんこうろかい》」つまり、晋《しん》の張翰《ちょうかん》という人物が、故郷の名産の蓴菜《じゅんさい》の吸物と、鱸《すずき》の膾《なます》の味が忘れられず、官を辞《や》めて帰郷してしまったという故事に拠《よ》っている。右の訳では、すでに引用した「書懐（宮七三）」で方谷が、みずからの故郷に引かれる思いを「膾鯉燔鼈《かいりはんべつ》」（鯉の膾に鼈《すっぽん》の炙り肉）と独自の表現をしていたのを借りた。

方谷はこれら「書懐」でも、また「新秋夜雨」でも、郷愁を詠っているのだが、それは単に、生まれ育った地が恋しいという思いだけではなかった。大病の後の、帰郷前の詩と推測されるが、「双鶴雛《そうかくひな》を将《ひき》いるの図（つがいの鶴が雛をつれている図（宮一〇八）」では、次のように詠っている。

仙術を学ぼうとして、大海の中にあるとされる霊山に行こうなどと考えぬがよい
秦の始皇帝の命で、不老不死の霊薬を求めて海に出て行った徐福《じょふく》も帰って来なかった
千年も生きると言われる鶴が、妻と供に雛を育てるのは、この人間界である
人間が住むのにいちばんよい場所も、この人間界にほかならない

【人間界への回帰】　かつて方谷は、丸川松隠先生の「洛遊課題」によって、学問修業の極致《きょくち》とされる「天人合一《てんにんごういつ》」の境地を求めた。また、仙境への憧れを詠《うた》ったことがあった。禅に引かれる思いを語った。さらに、隠逸《いんいつ》への強い誘引《ゆういん》をくり返していた。その方谷が、三十歳を超えて、明言して

いるのである。「私が、しっかりと脚を踏みしめ、立たなければならないのは、人間界である、この世の大地である」と。まさに「而立《じりつ》」、三十にして立つであった。

長い遊学修業の時期――二十三歳にして始めて京都に遊学し、二十七歳の三度目の京都遊学は二年に及んだが、家には帰らず、そのまま江戸に出て三年がたった。三十二にして修業期を終えようとして、方谷がくり返し詠う郷愁は、いわば人間界への回帰に他ならなかった。

【人生の僇さがそぞろ身にしむ】　方谷は帰郷三年後の天保十年七月十六夜に「七月既望《きぼう》。横屋君余《よ》を迎え、舟を西渓《さいけい》に泛《うか》ぶ。酔中筆を走らせ、七言古風一篇を賦《ふ》し以て呈す」(宮一二九)と題する長詩を書いている。全五十行で、方谷の詩の中で特に長い詩篇の一つである。長すぎて、ここに全行の引用はできないが、

楽しみ極まりて心漸《ようや》く傷《いた》むを免《まぬが》れず
愀然《しゅうぜん》として首《こうべ》を回《めぐ》らして山川を望めば
山は高城を擁《よう》して欝《うつ》として蒼蒼《そうそう》たり

(訓読　宮原信による)

朗誦すべきこうした名句もちりばめられて、方谷の絶唱と呼んでもいいであろう。

全編の要旨のみを云えば、

「盂蘭盆《うらぼん》の霊《たま》送《おく》りも終わり、静けさを取り戻した七月既望の宵(十六日の宵)、横屋君に招かれ、

酒肴をととのえ、高梁川に舟を浮かべた。碧空には名月浮かび、川は月光に輝いて、夜景がずっと広がっている。虫の声は天然の楽《がく》を奏《かな》で、舟中の詩人たちは、おのおの名吟を披露す。まことに自然の美にひたり、酒を酌み交わして詩を吟ずる楽しみは、今昔を問わず尽きない楽しみである。この既望の夜は、奇《く》しくも千年ほども昔、中国宋代の詩人蘇東坡《そとうば》が、揚子江の有名な古戦場赤壁《せきへき》に舟を浮かべ、傑作『赤壁賦《せきへきのふ》』を吟じた日でもある。われらの松山川も、赤壁にもなぞらえるべき断崖が岸辺にせまり、そのうえここは、わが朝《ちょう》の戦国時代、秋庭《あきば》、高梁《たかはし》など戦国の兵（つわもの）どもが、覇《は》を競《きそ》った夢の跡でもある。あれを偲《しの》び、これを憶《おも》えば、人生の儚《はかな》さが、そぞろ身にしむ。君はどう思うか？　今宵一夜のわずかな楽しみでも、百年も俗事のために齷齪《あくせく》働くのに勝るとすれば、いっそのこと、清らかな幸福に恵まれた家庭と、健康な身体が、百年ものどかに続いてほしいものではないか。血眼《ちまなこ》になって功名や富貴を追い求めるのと、涼風の小舟で風月を友とするのと、君はどちらを選ぶか。――いやいや、そんなあきれ顔で、私を見ないでくれ、みんな戯言《ざれごと》さ、忘れてくれ。さあ、もう一杯どうだ、君ニ勧ム更ニ尽クセ一杯ノ酒、おや、もう駄目か？　なんと、東の方はもう明るくなりかけているではないか……」

【陸沈としての壮年期十年余】　もう一詩引用しておきたい。

戊戌《ぼじゅつ》元旦（天保九年）　　（宮一四〇）

お城で年賀の祝辞を申し上げ、我が家に帰った
これぞ、わが新春の書斎開きである
今朝できあがった詩も清書して
去年読みかけの書籍を開いている
農耕は止めたが、仕官しての俸禄で食うに困らない
官も世間離れの閑職で、暮らしは長閑《のどか》なものである
この境涯に老いてゆくならば、なにも俗世を遁れるために
樵《きこり》や漁師のまねして山奥や島傍《しまべ》に引きこもる必要はない

詩境はまさしく一変しているのである。

右の詩については、宮原信は「これが一般の師弟教育の元締めである有終館の学頭という地位についた三十四歳の方谷の正直な心境であったろう。祖先からの農耕という仕事をすてて俸禄をもらい、官吏の生活を営んでいることを、この詩はすこしも悔いてはいない。いや、後悔しないどころかむしろ満足し切っている。それも、この学頭という仕事が『俗に遠き官』であって、読書三昧の毎日を心閑かに楽しむことができるからである」という。(『哲人山田方谷とその詩』)

さらに宮原氏は、世の治乱は自分の関心事ではなく、時局の騒々しい動きも耳に入ってくるが、自分のような閑人には関わりのないことだとする「西郊散歩(宮一七二　下に引用)」を引いて、

「一藩の政治とか時代の苦悩とかいうものには無頓着な傍観者的態度が強く出ているのが感じとれる。学頭時代の十三年間の生活は大体こういう態度で貫かれたとみるべきであろう」としている。この期間、方谷の心境を、詳しく覗うことができる詩篇も文章も、他に見あたらないのだが、あの山田方谷が、「春秋鼎《まさ》に盛んなり」といわれる壮年期の十年余を、悠悠閑閑《ゆうゆうかんかん》とのみ、過ごしていたのであろうか。年譜のこの頃の記述にも、「天保九年（一八三八　三十四歳）藩学教授の傍ら、家塾を御前丁の邸に開き牛麓舎と称」したことのほか、顕著な動向は見られない。

西郊散歩　　　　　　　　　　　　（宮一七二）

官吏にはなったが俗世に直接関わる仕事でないから
町中に暮らしお城勤めをしていても、田園暮らしと変わりない
俸禄をいただいているから農耕をする必要もないが
世の中の治と乱にも関わりない
かつて幕府は法令を整えるため儒者を用いたと聞いている
さらに、親藩ではこのごろ戦備を整えているそうである
面倒な法令のことや、世上の暴乱の噂も聞こえてくるが
閑人の私の身の上に関わることではない
暇に乗じて時たま郊外を西へ秋を尋ねれば、

今年も豊かな農村の実りは、この上なく私を楽しませてくれる

「陸沈」という言葉がある。辞書によれば「陸にしずむの意で、俗人と一緒に住み、表面は俗人と変わらぬ生活をしている隠者をいう」とある。

有終館学頭時代の方谷は、まさしくこの陸沈に他ならなかった。

しかし、年譜は、学頭就任六年後には、陸に沈む隠者、方谷の生涯を大きく変えることになる一項を書き記している。

【世子勝静と山田方谷の出会い】「天保十三年（一八四二 方谷三八歳）。六月、藩主勝職公、子なし、桑名藩主松平定永第八子を養うて世子とし、其女に配す。世子名は寧八郎《やすはちろう》、時に年二十。襲封後勝静と称し、阿波守《あわのかみ》となり、又伊賀守と称す。楽翁《らくおう》（越中守定信）の孫なり。（一部略）

天保十四年（一八四三 方谷三九歳）。四月、世子江戸より先生（方谷）に命じて邸園の千歳松を記せしむ。先生宋詩の「遅遅《ちち》たり澗畔《かんはん》の松。鬱鬱《うつうつ》として晩翠《ばんすい》を含む」の二句を引き、賢主始めに屈して終に伸ぶるの意を致す」

右が、世子勝静と方谷の最初の交渉だったのであろうか。勝静は、江戸からわざわざ藩邸の千歳の松を題とした詩文を求めた。方谷は右の宋詩の一節を引いて応えた。詩の意味は、「谷川の畔の松は、鷹揚《おうよう》にゆったりとしているが、茂った枝葉は、すでに、生涯変わらぬ緑翠を含んでいる」で、言わんとするところは、年譜によれば、賢主は始めは謙虚に控えているが、やがて生来備わってい

るすぐれた本領を発揮するであろう、というのである。

将来祖父楽翁のように、幕政へ乗り出そうと野心を秘めた若駒と、名伯楽との最初の交渉とあれば、好奇心は動く。勝静この年二十一歳、襲封はまだ数年先のことである。

【藪医者の薬もまぐれ当たり】　五月、方谷は、藩主勝職への諌言《かんげん》を書している。それが一藩士の家に伝えられて遺ってる。

《寛隆公え方谷先生の諌言》　（魚前九三　全一一四九）

一、ご健康の増進をお考えになり、ご摂生にお心懸け下さるよう願い上げまするこ と。

国主（藩主）のおん身は、全藩民が尊敬申し上げているところでございますから、ほんのわずかのご不例ご不快も、一同の不安や心配をまねくこととなります。それゆえ、お身体のご養生におつとめ下さいますることは、藩民に心の安らぎをお与えて下さることとなり、藩主にふさわしいご仁心の発露にほかなりません。そのご養生はいかにすべきかと申しますと、飲食を慎み、あれこれに思い煩うことをさけ、生活を規則正しくする、この三つにあると承っております。そこでこの三ヶ条につき、承知いたしておりますところを、申し上げようと存じます。

ご飲食につきましては、ご酒量を、時によりだいぶお過ごしなさることもおありとも承っておりまするが、かようなことにまで嘴を容れまするこ と、恐れ入り奉ります。さて、ご酒と申しますものは、各人の適量というものがございまして、それを守りますれば、まさしく百薬の長ともなりまする。しかれども適量を過ごしますと、たいへんな毒薬ともなりますことは、だれもが承知致しおるところでございます。好物と申しますものは、程合いよきところで止めることはなかなか難しいことでございます。わが君にはその辺のところも良くご承知なさっておいでになりながら、その時その場にいたっては、お心づもりも、ふとお忘れになることもおありかとお察し申し上げます。このことに付き、私に一つの思いつきがございます。まずはご酒分量をいくらいくらとお定めおきになり、おそば勤めの方々に、その分量に達しましたならば、いかように仰せられようとも、お定めの分量のほかは、一杯たりともお差し上げ無きよう致し、万一、ご機嫌を恐れて、お定めの分量を超えて、ご酒をお差し上げいたす者ございますれば、後日きつくお叱りなさるとお決めになっておけば、難しいことではございませぬから、ご酒お命じになっても差し上げる者は少なく、ましてご命じがなければ、差し上げる者はなくなります。このところをご納得いただきたくぞんじます。むかし、東照宮様へ、お諫め申し上げることは、戦での一番槍よりもむずかしいと評判されておりましたとおり、お勧めは申し分ない者からも、諫言は進んでお求め下されたく存じます。なおまた、諫言を進言する者が、どのような不届きなことがありましょうとも、申し上げることがしっかりした良いことであれば、お用いいただきたく願います。聖人ではないのですから、過失のないものはございません。諫言を申し上げるたびに、その人柄の善し悪しを調べられては、だれも諫言する者はなくなってしまいます。なにとぞ向後は、お側にお仕えする者を始め、気づいた者は遠慮無く諫言致すよう仰せになれば、随分多くの者が諫言申し上げることになりましょう。その中にはお為になることもなきにしもあらずです。たとえお取り上げになるべきものが無かったとしても、進言によりその人物の志も判ることになります。

一、ご決断はやくなさいますようお願い申しあげますこと。

〈英断の君〉と申しますように、決断にすぐれた方こそ、人君の第一とされております。よろずの政治処理をいたしますに、決断が遅くては、時機を失うばかりか、良き計画も効果がなくなってしまいます。しかし、あまりに早く決断したために、し損じるということもないわけではありませんが、それは十のうちの一つか二つで、八割から九割は早いほうが結局は勝つことになります。そのし損じにしましても、決断の早い遅いということから見れば、早いということを褒めるべきで、早い決断ができることは豪傑であることには変わりありません。こう申しましても、これまでわが君にご決断が無かったと申し上げているわけではありません。大切なことでございますので、ことのついでに申し上げたまででございます。

右取るに足らぬことばかり申し上げ、恐れ入り奉ります。始めに申し上げました通り、私の力では、がんばってもこれぐらいのことしか申し上げられません。お試しのつもりでご採用下さいまして、お役にたつこともございますれば、藪医者の薬もまぐれ当たりということで、面目もたちありがたき幸せに存じます。

天保十四年夏五月　　　　山田安五郎誠惶拝上》

この諫言書につき、国分胤之《こくぶたねゆき》が後年注記を付して、原書は御用人を勤めていたと記憶する前田右源太の家に伝えられていたもので、君公ご一覧の上前田氏に下げ渡したものか、または前田氏へ差し出されたものを、氏が君公に見せずに、握りつぶしたか判らないとしている。

しかし、右文書を訳しながら、筆者にはもう一つの可能性もあるやに思えた。文中意味の取りにくい箇所もあって、情理を尽くした平易な名文を書く方谷にして、この文書があり、しかもそれが一藩士の手に残されているのは、正式に藩公に提出されたものではなかったことを示しているとも考えられる。あるいは、勝職公への諫言書をどう書いたらいいか、相談を受けた方谷が、例文か下書きとして示したのではなかろうか。

【文は誠の心を尊ぶ】　年号が変わって弘化元年（一八四四）は、方谷不惑《ふわく》の四十歳である。

六月、世子勝静が、藩主勝職に代わって封地松山に帰国し、藩政のことを見た。

年譜には、勝静は文武をもって一藩を督励し、暇あれば方谷を呼んで「周易」を講義させている。場所は藩邸内の観水堂であった。そこで方谷は「観水説」を作り、勝静に贈ったとある。また『続資治通鑑綱目《しじつがんこうもく》』を講義することを命じられたので、進講すると、勝静は「唐徳宗論」一篇を書いた。方谷は請うてそれをもらい受けた。勝静がその理由を問うたので、方谷はその答えを「徳宗論の後に書す」と題して呈上した。

《　徳宗論の後に書す

「徳宗論」（勝静の「唐徳宗論」を指す）の一篇は、わが世子庫山公《こざんこう》（勝静）みずからが著し手書なさったものです。これより先に、公は、私球《きゅう》に『資治通鑑綱目』の侍読をお命じなさいました。唐の建中年間に到ったところで、くり返し討論しつつ、ついにこの一篇をお書き上げなさり、球《きゅう》（方谷）に校正をお命じになりました。そこで球は、ご手書なさったものを、下さるようお願いしました。すると公はそのわけをお尋ねになったので、言葉によって文を構成修辞しようとするには、なによりも誠の心を表すことを尊びます。もしもこの先、公がなさいますことが、一つでもこのご論考に背く処がございましたならば、公のお言葉は誠ではないことになります。そういうことがございましたならば、臣球は、この論考によって、公のお間違いを正すことがあるやもしれません、と。すると公はおっしゃった、宜しい、そういうことがあったならば、この論を根拠として、余の過ちを指摘せよ、と。球は謹んで論考を拝受し、固く封をして蔵しております。

　そもそも進んで諫言を申しあげる臣下がおりながら、君主がその諫を受け入れないとすれば、君主の罪であります。諫言を受け入れる君主がありながら、諫を進言しない臣下が在るとすれば、それは臣下の罪である。今や、諫を受け入れること、かくのごとき君主が此所にいらっしゃる。にもかかわらず諫言を進言することがなければ、臣下としての責務を果たしていないことになります。されば、この論考は、ただ君主の責をただす証左となるだけではなく、かえって臣みずからの責務を忘れないための戒めでもあります。

そうは申しても、人の出処進退、とりわけ人臣のそれは、前もって定めることはできません。あるいは後になって、山林に隠棲することになるかもしれません。そうなれば志を同じくする、藩庁の政務に携わる者に、この証拠の文書を託し、球の責務を代わって果たしてもらうことにします。公の諫言をお聞き入れ下さること、今日のお約束に違うことはあるまいと思われますし、それはまた球の至願でもあります。これを、公のご文書の後に明記し、誰であろうか、藩政に携わり諫言に関わることになるであろう人に、密かに告げておくことにします。》

勝静と方谷との、やりとりを見ていると、勝静は襲封以前から、はっきりと方谷を目指していた――自分の相手にすべきは、山田方谷ただ一人と決めていたと思えてくる。方谷にしても、現藩主で養父の勝職との対比もあってであろうか、驚きの目をもって勝静を見ていたのは確かである。これはひょっとすると、松山藩の救世主となるかもしれない、と考えていたかもしれない。おそらく、右の「徳宋論の後に書す」の、言質《げんち》をとるようなやりとりも、方谷の期待の深さであろう。二人はまだ出会ったばかりであった。

第六章　了

第七章　蝸牛山を出る

1　山を出でて去る

【寒山詩の発見】　宮原信は、みずからがナンバーを付し注釈を施した方谷全詩の中の、「失題」（宮二八五）と題する詩を読んでいて、どうも中国唐代の風狂僧にして高僧である寒山《かんざん》の詩と、詩風が似ていると思い、「寒山子詩集《かんざんし》」をしらべたところ、その中にそっくりの詩を発見したという。詩は、方谷のオリジナルではなく、ほとんど寒山の詩そのままの借用であった。

寒山詩は、ひとつひとつの詩には題名が付けられていない。その中の一篇に、方谷が「失題」と題を付け、詩中のたった一字を変えたものが、方谷の詩として『山田方谷全集』漢詩篇の中に入っていた。このような場合、普通は、題詞《だいし》とか詞書《ことばがき》で、何らかの説明がなされるべき処だが、それもなく、寒山詩であることは見逃され、方谷の意図も判らないまま、全集に方谷の詩として組み入れられてしまったらしい。わたくしの以下述べる処は、すべて宮原氏の発見を土台としたものである。まず、寒山の原詩、訓読（宮原信）、訳（引用者）を見てほしい。寒山詩と「失題」との違いをゴシックで示した。

	失題	訓読	訳
1	可笑寒山路	笑うべし寒山の路	人気《ひとけ》のない寒山の路を行くのは楽しい、
2	而無車馬蹤	而《しか》も車馬の蹤《あと》無し	しかも、車や馬の通った跡もない。
3	聯溪難記曲	聯溪《れんけい》　曲《きょく》を記し難《がた》く	渓流は曲りくねって遙かに流れ、
4	畳峯不知重	畳峯《じょうほう》　重《かさ》なりを知らず	峯は峯に重なりどこまでも連なっている。
5	泣露千般草	露に泣く千般《せんぱん》の草	露にぬれて泣く路傍のさまざまな草、
6	吟風一**株**松	風に吟《ぎん》ず一株《ひとかぶ》の松	風に鳴る一株の松。ふと気がつけば
7	此時迷逕処	此《こ》の時　逕《みち》に迷う処	道に迷っていた。どう行けばよいのか、
8	形問影何従	形《かたち》　影《かげ》に問う何《いず》こよりせんと	わたくしは、わたくしの影にたずねた。

この詩が、方谷の詩とされていたことについて、宮原氏は自著『哲人山田方谷とその詩』で、六頁にわたって詳細に考察している。その主旨のみを記すと、寒山詩のまぎれこみは、偶然ではなく、方谷が「きわめて意図的に」そうした、と氏は受け取っている。理由は、働き盛りの四十歳での「方谷の心境を象徴的に表現していると思われる内容をもっている」からだとしている。「寒山詩をしゃあしゃあと自分の詩稿の中に書き加えて、にやりと笑っている方谷の諧謔のようなものを」感じると氏はいう。象徴的か諧謔か、意見はさまざまであろうが、そうした疑問も踏まえて、この詩

は詳細に見ておく必要がある。なお八句から成る律詩は、二句ずつを聯《れん》と呼び、四つの聯を最初から、首聯《しゅれん》・頷聯《がんれん》・頸聯《けいれん》・尾聯《びれん》と呼ぶ。

首聯　1　笑うべし寒山の路　　人気《ひとけ》のない寒山の路を行くのは楽しい、
　　　2　而《しか》も車馬の蹤《あと》無し　　しかも、車や馬の通った跡もない。

寒山の路は、人気《ひとけ》のない山路である。しかも寒山路《かんざんのみち》というのであるから、僧である作者寒山の生きる路でもある。この路を寒山子は「笑うべし」という。笑うは、あざ笑うのではなく、ここでは愉快とか、楽しいという意味である、と寒山詩注釈にいう。寒山は、画題としてとりあげられるときは、必ずもう一人の風狂僧拾得《じっとく》と、それぞれ経巻と箒を持ち、大笑している二人一組の姿で、水墨画などに描かれる。寒山は文殊菩薩の、拾得は普賢菩薩の化身とされている。この詩の中の寒山は独りで笑っている。こちらは静かな笑いであろう。

2句は、中国の陸沈《りくちん》の詩人、陶淵明《とうえんめい》（BC三六五〜四二七）の連作「飲酒」に、「廬《いおり》を結んで人境《ひとざと》に在り、しかも車馬の喧《かしま》しき無し」という句をふまえているとされる。「車馬の蹤《あと》無し」は、高貴な身分や名利からは隔絶した境地を意味する。方谷は、前章に引用した詩「西郊散歩」（宮一七二）で、官吏でありながら俗世に関わる役目でないから、町中に暮らし、お城勤めをしていても、田園生活と変わりない暮らしであると、陸沈であることを楽しんでいた。そういう自分と同じ心境を、寒山詩の中に見いだしていたことになる。次の頷聯は、律詩では必ず対句となる。

頷聯　3　聯渓《れんけい》　曲《きょく》を記し難《がた》く　　渓流は曲りくねって遙かに流れ、

4　畳峯《じょうほう》　重《かさ》なりを知らず　　峯は峯に重なりどこまでも連なっている。

寒山子が、どこの風景を詠んだかは判らないが、これはまた方谷自身の環境、備中松山の自然風土を、そっくりなぞったような描写である。備中の地に渓谷を穿《うが》って流れる松山川も、めまぐるしく曲折をくり返し、たたなずく峯峯は、どこまでも累累《るいるい》と連なっている。方谷は心境ばかりでなく、故郷の松山川あたりの風土までも、代弁されていると感じたであろう。だが、次の頸聯に至って、寒山原詩の一字に、つまずく思いがして、この一字を改めたと思う。

頸聯　5　露に泣く千般《せんぱん》の草　　露にぬれて泣く路傍のさまざまな草。

6　風に吟《ぎん》ず一株《ひとかぶ》の松　　風に鳴る一株の松。ふと気がつけば

5句「露に泣く千般の草」を、方谷は単なる自然描写ではなく、「泣く多くの民草《たみくさ》」つまり圧政、あるいは放漫な悪政に苦しみ泣く庶民の比喩と受け取った。そうなれば、6句「風に吟ず一様の松」訳して、風にうそぶく一様に連なった松林は、林ではなく、一本の松としなければならない。なぜなら、圧政に泣く民草の上にそびえ立つのは、一本の喬木《きょうぼく》のような君主だからである。「一様」を「一株」に改めるだけで、寒山詩は、方谷の心境も風土も、さらには当時の松山藩の状況をも、そっくり代弁することになった。一字変えても「千般草」と「一株松」で、対句も崩れてはいない。

尾聯　7　此《こ》の時　逕《みち》に迷う処　　道に迷っていた。どう行けばよいのか、

8　形《かたち》　影《かげ》に問う何《いずこ》よりせんと　　わたくしは、わたくしの影にたずねた。

寒山も方谷も、自問自答している。寒山子の迷いは措くが、方谷は有終館学頭となって以後の十

三年間、藩政には傍観的であった。しかし、長文の諫言書《かんげんしょ》である「対策に擬《なぞら》う」を書き、さらに勝《かつ》職《つね》公の酒癖をたしなめる「諫言」が残されているのを見れば、藩政にまったく無関心だったわけではない。だがこれらの諫言がちゃんと勝職の手には届いたかどうかは不明である。やはり、諸書が伝える勝職の庸君《ようくん》ぶりからして、方谷は三十代のこの頃は陸沈《りくちん》に徹する他はなく、諫言は提出されなかったとする方が妥当《だとう》かと思う。

　ところが、ここで情況は変わり始めた。幕府の名宰相《めいさいしょう》松平定信《さだのぶ》の孫、板倉勝静が、備中松山藩の世子《せいし》として、方谷の前に現れた。

〈このお方ならば、自分が望んでいた済世《さいせい》の業《わざ》も、可能となるかもしれない〉

【世子の可能性に賭けるべきか】　方谷が言う「逕《みち》に迷う処」とは、ここであろう。〈陸沈としてこのまま生涯を終えるのか、それとも、垣間《かいま》見られる新藩主の可能性に賭けて、再び俗世間の塵埃《じんあい》に飛び込むべきではないか〉

　はたして、以上述べたような流れで事が運んだかどうか、この推測が当たっているかどうかは判らない。宮原氏も同様の趣旨を述べながら「ずいぶんひどいこじつけだなあと思われるかも知れない」と書いている。わたくしとしては、そうまで考えなくてもいいのではないかと思う。おそらく寒山詩は、あまりにも見事に――たった一字変えさえすれば、自分の詩といっても少しもおかしくないほど、方谷の立場をそっくりなぞっていているのを見て、方谷はこの寒山詩との邂逅《かいこう》をおもしろがって、そのまま書き記した。それだけのことだったのではなかろうか。

【三詩は一組を成している】　寒山詩借用の二つ後には、「四十」と題する律詩が置かれている。右に述べたことと関連して、これも拙訳だが引用が欠かせない。（原詩と訳は章末補注）

四十

四十は血気盛んな歳
我が強壮はどこから生まれてくるのか
家計は安定しており
田畑百畝からの収穫も十分にある
お城勤めも昇進した
養生にも心懸け病気ひとつしない
さあこの盃をうけてくれ　我が四十歳よ
この詩はお前さんを祝福して詠んだのさ

（宮二八七　＊補注1章末）

江戸遊学から帰郷してすぐに、有終館学頭を命ぜられたのは、方谷三十二歳（天保七年）であった。以来、四十の強歳に達するまで、方谷の生活は、詩に見るかぎり、無頓着な傍観者的態度、陸沈に終始していた。

そうしてここに、同じ時期に作られたと思われる二つの詩、「失題」と「四十」さらに次に引く

「螺《ら》山を出づる図に題す」（宮二八八）を並べれば、浮かび上がるのは、「逕《みち》に迷う処」という詩句である。心身ともに充実安定し、強壮あふれんばかりのときに、どうすべきか、迷いが顔をのぞかせている。そしてついに山を出ようと……つまり、右の三つの詩は、一組を成している。

【一族中の大仙人、山を出でて去る】　年譜が、この四十歳で「世子（勝静）、藩主に代りて封《ほう》に就き政（まつりごと）を聴く……、暇あれば先生（方谷）を召して周易《しゅうえき》を観水堂に講ぜしむ」と、勝静と方谷との、かなり急とも思える接近を語っている。さらに、「露に泣く千般《せんぱん》の草／風に吟《ぎん》ず一株《ひとかぶ》の松」を考え合わせれば、長く陸沈に徹していた方谷が、ここで、何を考えていたか明らかであろう。

螺《ら》が山を出づる図に題す　（宮二八八　＊補注2章末）

深林に姿を隠し長い眠りをむさぼっていた
これは蝸牛《かたつむり》一族中の大仙人である
今朝眠りから覚めて山を去り、俗世間に出てみれば
人間界では、已《すで》に千年の月日がながれていた

方谷はみずからを蝸牛にたとえているのである。方谷の陸沈は、まさしく一族中の期待の星が、山林に住む隠士として、およそ十年もの長眠をむさぼってきた。その蝸牛が、いま、野心溢れる若

い世子《せいし》に注視して驚き、距離を置いてきた藩政に向かって、のろのろと歩み出してみれば、隠棲している間に、すでに千年の歳月が流れ去ったような感慨を覚えている。

２　板倉勝静と方谷

【楽翁公の遺訓】　養嗣子勝静は、養父の板倉藩六代目藩主勝職《かつつね》とは、著しく異なっていた。

《世子の君は、追い追い文武の修練にお励みなされておいでだが、驚くべきお方だ。文学は、奥田楽山《らくざん》と私（方谷）が担当して、一日ずつ交代にご進講申し上げ、奥田は『宋名臣言行録《そうめいしんげんこうろく》』を、私は『資治通鑑綱目《しじつがんこうもく》』を担当。武事も剣術・槍術の寒稽古を六十日間休みなしに実行なさった。それも毎朝七ッ時（午前四時）からのお励みである。弓術・馬術はすでに抜群のご上達と伺っている。何よりも驚くべきことは、寒中でもけっして火鉢にお当りになることはないということである。聞くところによると、夏も昼寝などはなさらぬし、冬に炬燵《こたつ》で暖《だん》をおとりになることもないそうである。桑名侯（勝静の父松平定永）のなんとも厳正なる御家風、これにて思い知らされます。御祖父楽翁侯《らくおう》（松平定信）のお遺《のこ》しになったご訓育《くんいく》のお力と、ただただ敬服の至りです》

（「世子と文武。楽翁公遺烈」弘化元年　一八四四）（全一一五二）

若く溌剌《はつらつ》として、厳しく自己を律《りつ》する世子への、方谷の期待の大きさが覗える。この君ならば、衰退した板倉藩の改革実行も可能かもしれない。前の「唐徳宗論」をめぐるやり取りを見ても、方谷の期待は膨らんでいった。

その学識によって松崎慊堂《こうどう》をも刮目《かつもく》させたこの儒臣が、勝静公の方でも、自分の野心実現には欠かせないとする思いも、強くなっていったであろう。養父勝職に代わっての備中へ帰国中にも勝静は、すでに領中の巡察を行っていたが、そのお供に、方谷も加えられていた。勝静はすでに、方谷をいつも側近くに置いておきたかったのだ。弘化二年三月（一八四五・方谷四十一歳）の、方谷の生まれ故郷西方村を含む巡察にも、方谷を加えている。

弘化三年（一八四六）には、方谷は御近習《ごきんじゅ》兼務となった。藩主の側近くに仕えるのである。年譜の記すところはそれだけだが、方谷が侍講《じこう》として儒学を講ずるだけでなく、それ以外の役目に関わるようになった最初であろう。

【アメリカからの開国要求】　この年閏五月、アメリカ東インド艦隊司令官ビッドルが、軍艦二隻を率いて浦賀に来航し交易を求めた。異国の軍艦が江戸湾入り口まで進入してきた最初である。通商の要求が、例の如く幕府に拒絶されると、ビッドルは穏やかに退去したが、異国の軍艦が、江戸城目の前の至近に、いとも容易《たやす》く進入してきたことは、二百五十年間鎖国を維持してきた我が国にとっては衝撃的事件であった。備中山中に、長い眠りをむさぼっていた方谷も、これによって目を醒まされ、津山藩士某の、ビッドル事件の聞き書きを入手してこれを手写している。年譜はその題書を「弘化三年閏五月イギリス船浦賀に到るの記」としている。(イギリスはアメリカの誤伝。)

【みずから砲術を習得】　翌四年（方谷四十一歳）になって、方谷は漸く行動に出ている。

《四月、先生（方谷）は銃砲の重要性と、軍政改革の必要性を痛感し、みずからこれを習得したいと考え、藩に出願して美作国《みまさかのくに》津山藩に遊学した。当時はどの藩でも、軍政は古くからの伝習をかたくなに守り、砲術などもいわゆる古流《こりゅう》と称する流儀で、西洋流の先端技術を学ぼうとする者は稀であった。たまたま津山藩の天野直人は、長崎の人高島秋帆《しゅうはん》の伝授を受けて帰藩していた。秋帆はオランダ人から砲術を学び、天保十二年に幕府から江戸に招かれ、オランダ流銃砲および用兵を実演して見せた。これが我が朝《ちょう》（日本）における西洋式練兵の嚆矢《こうし》（はじまり）である。方谷先生は、この天野直人から教授を受けたのである。弟子の三島毅《つよし》（中洲）を同伴していた。津山の本源寺に仮寓し、昼は天野直人について臼砲《きゅうほう》・忽微砲《こつびほう》および銃陣の概要を学び、夜は方谷が、津山藩の希望者のために『古本大学』の講義をした。津山にはおよそ一ヶ月余り滞在して帰国した。すぐに大砲二門を製造し、松山藩に伝えた。これが松山藩における軍制改革の濫觴《らんしょう》（はじまり）である。後には松山藩士の中から選ばれた者を、砲術家江川太郎左衛門や、下曽根金蔵の許に送り、洋式砲術を学ばせた。また方谷先生は、庭瀬藩の老臣渡辺信義に問い合わせて火砲の術を学び、洋式砲術の造詣《ぞうけい》はますます深まった。〔原註・方谷先生は〈文事ある者は必ず武備あり〉の金言に倣い、小臼砲を製造しこれを枕代わりにしてお寝になったこともあった（三島毅）」》（年譜・弘化四年）

自分が製造した小臼砲を、枕にして寝るなど、方谷の純真ともいえる一面が覗える。前《さき》の山を出る蝸牛（螺《ら》）のように、長く山林の隠者の暮らしに浸《ひた》っていた大仙人が、四十の強歳に、まさしく山を出でて去り、人間《じんかん》に出てきたのだ。彼の洋学修得は、最初から特徴的であった。新しい技術なり学識なりの必要性を確信すれば、彼はみずから率先して学び、身をもって範を示している。しかも若い弟子の三島毅《つよし》にも学ばせるなど、後継者育成も同時に行っている。

【夫人若原氏病テ新見藩ノ生家ニ帰養ス】　方谷の日記であり自伝でもあるその詩篇を読んでいて感ずることは、彼が実に多くの方面にわたる志向を、ただただ抱えていたのではなく、まるで、そのひとつひとつを整然と並べたように、常に明確に保持していたことである。彼の肖像画は、同じような座像が数枚あるとされているが、目を半眼に開いて、静かに座っているあの姿も、詩と同じことを語っている。彼の思想や性格を、単一的に捉えようとしては、多くのものを見逃すことになる。多岐《たき》にわたる志向を抱え込んで寂としている、こうした在りようを、前には全人的と呼んでおいた。

だが、人間《じんかん》にあっての彼の私的な家庭生活は、長いこと、彼をくつろがせること稀であった。

「弘化四年、四十三歳。夫人若原氏病《やみ》テ新見藩ノ生家ニ帰養ス。」（年譜）

夫人若原氏は、方谷十七歳で娶った新見藩士の娘進《しん》（当時十六歳）である。病みてとあるのは、進のヒステリー的症状であったことも、すでに触れておいた。二人の間には瑳奇《さき》という娘もあったのだが、方谷の江戸遊学からの帰国寸前に、十一歳で疱瘡を病み亡くなっていた。その妻進を二十六年にして離縁したのである。そのいきさつを述べた、弟平人宛て方谷書簡もすでに引用しておいた。長いこと扱いに苦労してきた妻君とも、ついに不幸な結末を迎えざるを得なかった。

【弟、平人】　家庭のことに関しては、もうひとつ、ここに取り上げておきたいのは、弟平人のことである。遊学につぐ遊学で、長く家を留守にすることが多かった一家を、方谷に代わって面倒を見、まとめてきたのは実弟の平人であった。彼もまた農商家として田舎に朽ちるのに飽き足らなかったのであろう、方谷が帰郷して六年後の春、二十九歳にして医師になることを志し、京都に遊学した。修業を終えてしばらく京都に開業していたが、弘化四年の冬には帰郷して、松山の紺屋街に医宅を開いた。しかし不幸にも、嘉永二年十一月二十七日、三十六歳で亡くなっている。労咳《ろうがい》（肺結核）であった。年譜には、平人の医宅は、常に、治療を求めるものが、門に満ちていたとある。病に倒れたときには、松山藩でも四人扶持《よにんぶち》を給し、藩医として採用しようとしていた矢先であった。方谷は、この年の秋、新たに藩主となったばかりの勝静に呼び出され、病床の弟を残して、江戸に出る途上、十二月二日付け藤沢宿《しゅく》から手紙を寄せている。

《身体の不調はその後どうですか、寒さがいよいよきびしくなるにつけ、どうしているであろうかと、東下《とうか》（江戸に出る）途上もそのことばかりが重く心に掛かって、遙か遠く思いを馳せています。出発前も申したが、何事も思い煩うことなく心安らかにして、鷹揚《おうよう》にかまえ、くれぐれも安心して養生に専念してくれるよう、衷心より祈っています。》（年譜）

しかし書簡は生前には間に合わなかった。年譜編纂者は「友愛の情緒《じょうしょ》表《おもて》に溢《あふ》る。然《しか》れども此書《このしょ》及び九日の栄任の報、皆其《みなそ》の没後に係る、憾《うら》むべし」と記している。

3 元締役任命

【驚くべき抜擢】　嘉永二年四月、板倉勝職《かつつね》は備中松山藩主の座を退いた。これより前、幕府での役職であった奏者番も、病のため辞任していたのである。

養子勝静が封《ほう》（領土）を継ぎ、周防守《すおうのかみ》を名乗った。

八月、勝職が四十七歳で卒《しゅっ》した。方谷は五十日の喪に服している。

十一月になって方谷は、勝静によって江戸に呼び出された。前節に引いた弟平人宛書簡は、この出府途上に書かれたものである。江戸に出た方谷を待ち構えていたのは、「十二月九日、元締《もとじめ》ヲ命ぜられ吟味《ぎんみ》役を兼《か》ぬ」という驚くべきものであった。

当時、この大胆な抜擢《ばってき》がどのように行われたのか、詳細を伝える資料はない。勝静のまったくの独断とも思えないのだが、あらかじめ誰かに相談したり打ち明けたりしたとしても、方谷の財政再建手腕など、知る者も無かったのではなかろうか。勝静の、襲封後の迅速ともいえる一連の行動をみれば、方谷の元締役という腹案は、かなり早くからあったと思われる。この後の勝静の、方谷に全権を与えたまま、口出しらしきことはほとんど見あたらず、任せきりにしていたことからしても、突然の思いつきではなかったであろう。むしろ、勝静は、この抜擢の機会を、じりじりしながら待ち構えていたとしか思えない。しかし、備中松山藩の逼迫した財政難を考えれば、勝静が襲封後、即座になさねばならぬ選任だった。それが方谷に命じられるとは、おそらく誰も想像できなかったことで、知らせは衝撃的に藩邸内を駆けめぐった。

《方谷人となり朴淳遜譲《ぼくじゅんそんじょう》、一見田舎爺《いなかじじい》の如し、板倉公（勝静）問ふに時事を以てす議論風発、一一《いちいち》その肯綮《こうけい》に中《あた》り（急所を的確にとらえ）、就中《なかんずく》尤《もっと》も感ずべきは、布帛米穀《ふはくべいこく》は勿論、茄《な》子胡瓜《すきゅうり》の特価まで挙げて論及せし一事なり、因て方谷の実務に通達し、当世の偉器なるを知れり（秋月韋軒の西村豊氏に語る所）》

（三島復編著『哲人　山田方谷』巻頭言　ルビ引用者）

この短文が語るのは、方谷の藩政リストラが成功した後のことであるが、方谷の財政的才能について重要なことを含んでいる。「実務に通達し、当世の偉器」つまり、経済の理論家であるばかりでなく、現実の実務を知り尽くした大才の人だというのである。この才能が、早くから侍講として一対一で相対していた勝静に伝わらなかったはずはない。勝静には、藩政改革を託する人物として、方谷以外の人選は考えられなかったであろう。

元締は、「藩財政の全権を掌握する会計の長官」であり、藩の大蔵大臣にあたる。

「山田方谷は、元締役に任ぜられて以来、御用部屋詰ともなっていた」（『高梁市史』）。御用部屋は老職の詰所で、家老並の扱いである。吟味役は「元締役の副職として会計監査の役」で、この二役を兼務することは、藩財政の全権を方谷一人に任せることに他ならなかった――むしろ、藩の命運を方谷に託することで、藩士たちにとっては、思いがけなさに、茫然たる思いだったであろう。

【栄任の報】　方谷自身も意外であったという。まずは、あまりにも大任であるとして下命をすぐに辞退したのは、当時の慣例だとしても、結局は引き受けて、同日付けで、郷里の弟平人に知らせている。重病の弟に早くこの「栄任の報」を伝えたかった。だが、同時に、松山藩士で方谷と同じ御前町《おんざきちょう》に住む塩田仁兵衛にも報じて、今度の出府で方谷は勝静に隠居を願おうと思っていたのだと、意外なことを言っている。塩田宛の書簡を引いておく。

《……さてまた思いもよらざる事が出来《しゅったい》いたしました。昨日御用触《ごようぶ》れ（御用を命ずるから参上せよという通知）が到来し、今朝まかり出《い》で候ところ、

〈役料高《やくりょうだか》十石《こく》下され、元締役吟味役兼帯《けんたい》、御次ぎ出入り〉

右の通り仰せつけられました。誠に以て思し召しは有り難い事ではございますが、松山出立

の際も、このたびの出府御命じはいったい何の御用があるのか解りかね、内心では心配しておりましたが、このような事になろうとは夢にも思わず、まったく意外の事でありました。この御時節がら、私などの手に負えるような御役目ではなく、急ぎ御断り申し上げるつもりでおります。こうして御役目のことで思い悩んでおります上に、お殿様には、驚きあきれるようなご熱心さで、書籍講義をお命じになり、一日おきに出てくるようにとおっしゃっておられます。そんなに何もかも私一人の身でできることではありません。この分では無事無難に帰国できるかどうか、不安な思いもつのってきます。さてさて難しい時節となったものとぞんじます。そもそもこのたび罷《まか》り出ましたのは、第一に、かねてからお願い申し上げていた私の隠居の件、再度お許しを願おうとそれのみを考えておりましたところ、まったく逆の仰せ付けをこうむり、隠居どころの段ではなくなってしまった。よろしくご推察ください。なお極晩お便りの節、その後どうなったかお知らせするつもりでおります。

さて、毎々申しあげております弟平人のことですが、病状はどんなかと日夜案じております。この度世間で評判の浅右衛門薬（労咳《ろうがい》の治療薬）を手に入れ送ってやろうとしておりますが、しかし、同人へ直接送っても、医者である弟はこの薬を信用しないのではないかと案じています。貴所様宛（塩田仁兵衛宛）にお送りしますので、どうぞ平人にはよろしいように申し聞かせ下さり、ぜひ服用するようおとり計り下さい。それで少しでも薬効があるようでしたら、またお送りするつもりですので、よろしくよろしくお願い申しあげます。》

（嘉永二年十二月九日付書簡「元締拝命当時の心事（塩田仁兵衛宛書状）」（全一一七四）

この報も浅右衛門薬も、前《さき》の藤沢宿からの病を案ずる見舞いの書も、平人の生前には間に合わなかった。

【隠居志望】　この翌年の嘉永三年（一八五〇）、江戸に出ていた方谷は、帰国前の七月五日付で、同じ塩田仁兵衛に書簡を送り、ここでも隠居のことをくり返している。

《西方村（方谷生家がある）の洪水のことお知らせ下さり、どんな情況であったかよく判りました。世間の巡り合わせというものは妙なものです。昨年くらいまでは一日も早く隠居のお許しをいただいて、本在《ほんざい》（西方村）に引き籠もろうと、その時のために家宅も地所も手入れしておりましたが、弟平人の逝去によって何事も計画とは齟齬《そご》し、本在に引き籠もるなどということも出来なくなりました。それに昨年命じられた御役目（元締役）に就いては、本在の家も土地も不必要となった。そこへ今度の水害です。まったくなにもかも天の配剤というほかなく、もはや隠居はあきらめ、なんとか近いうちに、お役御免のお許しを得たならば、これも以前から考えていた通り、長円寺（参河国《みかわのくに》にある藩主の菩提寺で、勝職もここに埋葬された）か、どこか遠く離れた処へ引き籠もりたいものと考えております》

（年譜）

年譜は、この引用に「頗《すこぶ》る先生の心境を窺うに足る」と付記しているが、その心境とは、私たちとしては少なからず戸惑うようなものである。おそらくこの頃方谷は、元締役として板倉家の収入・支出を精確に算定し、藩財政立て直しの基本方針を建てていたのである。ところがその腹の底では、石川丈山のように草庵を結び、世捨て人となって、藩主家の菩提を弔う生活に入ることを望んでいたことになる。こうしたいわば矛盾としか思えない二つのことを、同時に考えることも、方谷の習癖の一つである。

方谷の生涯をたどりながら感ずることは、彼にはいわゆる発露の風、つまり自己顕示のポーズとしての言動はおよそ見られない。だから世捨て人となろうとしていたら、破綻《はたん》に瀕《ひん》した藩財政立直しの大蔵大臣に任命されたというような、異事共存とでもいうべき飛躍も絶えず見うけられるのである。それも、方谷という人物の複雑な心境の現れとして、文字通りに受け取っておくのが正しいであろうと、しばしば痛感させられる。

【やっかみ沸き起る】　方谷の心境とは別に、元締役大抜擢に衝撃を受けたのは、旧弊依然《きゅうへいいぜん》たる藩士たちであった。彼らは、方谷が世襲の家臣ではなく、農民の出で、ただ学識によって藩士の身分を得た成り上がりもので、それを財政責任者の大任にあてることに、たちまちやっかみが沸き起こった。年譜は「先生（方谷）世臣《せいしん》に非ず。且つ学職より出でて、財務の要に当り、頗《すこぶ》る衆士の譏笑《きしょう》（そしり笑う）を招く」として、当時藩中に流された狂歌を二首あげている。

「山だし（山出し＝山田氏）が何のお役にたつものかへの日《(ママ)》はく（屁曰《へのたま》はく）の様な元締

御勝手（財務局）に孔子孟子を引入れて尚此上《なおこのうえ》に空（唐《から》）にするのか」

学者先生など、御勝手のことには何の役にも立つはずはないと言っているのである。

【一切謗言を許さず】　だが、当時のことである、やっかみは狂歌だけに終わらず、ひそかに方谷暗殺の計画がたくまれていたとされている。それを伝えているのは、仙台藩の玉虫左太夫誼茂《やすしげ》の『官武通紀《かんぶつうき》』で、さらに、前に引用した会津藩の南摩綱紀《なんまつなのり》『負笈管見《ふきゅうかんけん》』も、藩士たちのねたみ、やっかみを伝えている。

《松山の家老山田安五郎と申すは有名の人に御座候。もとは備中の農民にて、書生遊学中より召し抱えに相成り、直ちに国権委任、一時門閥等みな不平にて、すでに刺殺手段まで相たくらみ候由。》

（玉虫左太夫『官武通紀』）

《山田安五郎は村住みの者なりしが、善く書を読み、故に儒者に用いられ、遂に国政を挙げて一人に命ぜらる。藩士嫉忌讒訴《しっきざんそ》（ねたみ忌《い》み嫌い訴える）せしに、侯（勝静）大いに怒り、山田が事は一切謗言《ぼうげん》（わるくち）を許さずとの厳命あり。》

（南摩綱紀『負笈管見』）

記録はこれだけで、暗殺計画がどの程度まで具体的なものであったかは、確かめようもないが、右の二つの資料によっても、まったく根も葉も無い噂とは思えない。藩士たちは皆、方谷の大才を、見誤っていたのである。この成り上がりの儒学者先生が、財政経営の、そして金儲けの天才であったことは知る由もなかった。

当時、財政的苦境に陥って、藩財政の立て直しを図った諸藩の内、完全な成功を収めたといえる藩が、一つとしてなかったのを見れば、それがどれほど困難な仕事であったかが判る。方谷はそれを鮮やかに、完璧に、奇跡的に成功させた。それが忽ち全国に伝わるほどの大事件であったことは、右引用の他藩士たちの報告が物語っている。

ここに改めて浮かび上がってくるのは、方谷の大才を見抜き、これを大抜擢した勝静の見識と決断力である。方谷の講義を聴きながら、方谷が歴代中国王朝の財政問題にも深く通じているばかりでなく、茄子胡瓜の値段に至るまで熟知している実際家であることを知った勝静には、松山藩政立て直しの方法として、方谷の知識と才能に賭けてみるほか、選択の余地は無かった。いわば目の前に置かれた唯一の方策が、奇跡を生んだともいえる。

4 板倉家はなぜ困窮に陥ったのか

【備中松山藩の困窮】

「由来《ゆらい》本藩は五万石と称するも、其実収は約二万石に過ぎず」（年譜）

松山藩政改革に触れたものは、ほとんどが、まずこの記述をかかげている。

しかし、表高五万石が、なぜ実際の収入は二万石に過ぎなかったのか。もっと実収は多いはずであるのに、何らかの理由でそれだけしかなかったという意味であろうが、初心者にも解り易く説明している資料は見当たらない。

五公五民《ごこうごみん》とか四公六民《しこうろくみん》という言葉がある。江戸時代の領地支配において、土地の全収穫の五割は年貢として領主に納め、五割が農民の収入となること、税率五割が五公五民である。「江戸時代には五公五民を通則としたが、実際は四公六民・八公二民など高低さまざまであった」（広辞苑）。この「通則」とか「高低さまざま」とされる割合が、どうやって決められるのか、知ることができない。会津藩士の「秋月胤永松山藩視察録」に次のような一節がある。

《封内《ほうない》山多く田畑少《すくな》し年貢諸税取り合せ漸く四《よ》つ成《な》り二万石の収納に至ると云《いう》》（全二二三八七）

松山藩の実収は、年貢には一般には含まれない諸税などを合わせて、漸く四つ成り（＝四割掛け＝40％）の二万石となったのであって、年貢を取り立てる藩の方では、もっと高い五公五民ぐらいの税率を掛けたくても、山多く田畑少なく、そこまでの高税率を掛けては、農民の生活が成り立たず、それが限界であったということである。

【本田検地】　その原因は、年譜の注に「松山領ハ、水谷家《みずのや》領没収の後再検の土地ゆえ、高五万石と称すれ共其実収僅に二万石有余なり」（三浦佛巌）とあって、問題は「再検の土地」にあった。

再検とは、検地のやり直しで、板倉家より三代前の領主であった水谷家が、後嗣なく断絶させられた後に、姫路藩主の本多中務大輔《なかつかさたいふ》忠国が、幕府の命によって元禄七年に行っていた。この検地を以下「本多検地」と呼んでおく。『高梁市史』によれば、この検地は類を見ない苛酷なもので、水谷家時代には五万石と査定されていた石高が、二倍余の、一一万六〇〇石余の収穫があると見積もられたのだという。事実とすれば驚くべき差額であるが、詳しい資料は見当たらない。

賦課する年貢の割合（税率）を免《めん》と呼び、免一つとは、田畑の収穫量一石につき一斗で、一割の税率であり、免四つとは、収穫量一石に四斗で、四割の税率である。

税率を定めることを定免《じょうめん》（免を定める）とよび、これには先ず検地によって、田畑の等級を定めるのだが、本多検地によって、松山藩の藩地は、その等級づけが、従来の二倍の実収があるように査定されてしまったことになる。土地の生産力がほとんど変わらないのに、等級だけがはね上がってしまった。結果、同じ土地から表高五万石なみの実収を得ようとすれば、税率（免《めん》）を上げねばならない。しかし、農民の負担にも限度があるから、藩と農民のせめぎ合いの中で「松山藩でも本年貢は四割二、三分が普通」であったとしている（『高梁市史』）。たとえば、一人の農民の幾つかの田畑は、面積や等級によって、免（税率）は異なっているが、平均して、五つ成りはとうてい無理で、ぎりぎり四つ成り二、三分（四割二、三分）の税率しか掛けられなかったということである。

松山藩の農民は、本多検地に苦しめられ、姫路にまで出かけて嘆願したり、ついには江戸までも出かけて直訴《じきそ》に及んだりもしたが、埒《らち》はあかなかったらしい。

元禄七年の本多検地以後、領主は安藤、石川と二代かわったのだが、やはりこの検地の結果には苦しめられたと想像されるが、これも資料は見当たらない。やがて国替えとなり、延享《えんきょう》元年には（一七四四）板倉家が入封し、以後明治までかわらなかった。

《藩財政の危機的状況にあったにもかかわれず、松山藩ではこれまで抜本的対策はなされず、藩士からの借り上米、農民の持高に応じて一石に付き一斗あるいは七升と増しを掛けて取り立てる高掛け米、富裕な庄屋や松山城下の有力商人や大坂・江戸の豪商などからの借金によって、目前を弥縫《びほう》しているにすぎなかった。（中略）松山領では困窮をいう時は『本多中務大輔の検地厳敷《きびしく》』と文書に書き示すことになった》

（朝森要『山田方谷』）

【時代遅れの制度に基因する窮乏】　本多検地以後の松山を領有した、安藤、石川の二代の領主については、貧乏を冠するような特にひどい財政的困窮は伝えられていないのであれば、板倉家が、抜本的対策を取らず、借金によって目前を弥縫《びほう》していたのは、板倉家の怠慢であったとも受け取られる。板倉家がただただ借金を重ねていたらしいのを見れば、それも否定できないであろう。しかし、幕末にはほとんど全国の大名家が、経済的困窮に陥っていたのであれば、板倉家の逼迫も、検地とともに、流通経済発達のなかで、あくまで米を本位とする徳川幕府経済の、云ってみれば時代遅れの制度としての窮乏が重なったのである。論外なほどひどい検地も、そのまま受け入れるしかなかった。つまり幕藩体制下では、抜本的対策は取らなかったのではなく、取り得なかったともいえるであろう。藩財政がこうした情況である上に、前藩主勝職《かつつね》は、藩の外にまで聞こえた奢侈放漫な暗君であれば、窮すればただ借財を重ねて、その額は遂に、藩財政年規模二倍の十万両にまでふくれあがり、破綻寸前であった。この窮乏は被いようもなく、参勤交代の街道筋では、貧乏板倉として知れ渡っていた。

備中松山藩の、この苦境を脱する唯一の切り札として、若き新藩主板倉勝静は、山田方谷に、藩財政の全権を与え、再建を命じた。

*補注1「四十　四十は是《これ》　強歳なり／其の強は果たして若何《いかん》ぞ／一家の財自《おのず》から足り／百畝《ひゃくせ》の穫《かく》常に多し／供役《きょうえき》　労績《ろうせき》有り／養生　病痾《びょうあ》無し／好《よ》し三杯《さんばい》の酒《さけ》を侑《すす》めん／斯《こ》の詩は汝のために歌うなり」（宮二八七　宮原信による訓読）

*補注2「螺山を出づる図に題す　深林に迹《あと》を埋めて長眠を作《な》す／介族《かいぞく》　群中の一大仙／夢覚めて今朝山を出でて去れば／人間《じんかん》の日月は已に千年」（宮二八八　同前）

第七章　了

第八章　山田方谷の改革

1　常器に非ず

【ごく普通のめずらしくもないやり方】　嘉永三年（一八五〇）は、方谷の藩政改革実施の第一年度である。年譜は「すでに元締を拝するや、革新の目途を左の数項に置き、鋭意これを実行せるもののごとし」として、次の六項目を挙げている。

一、上下節約　二、負債整理　三、産業振興　四、紙幣刷新　五、士民撫育　六、文武奨励。

会津藩士の「秋月胤永松山藩視察録」には、改革を次のように記している。

《今の藩侯（板倉勝静）が襲封された当初は、藩の財政はすこぶる窮乏していた。これを改革する方法を安五郎（方谷）に問うたところ、大坂の金主に交渉して、改革中は借金元利ともに断り、お手元より着実に厳しい倹約を行い、出費を節約なされば、だんだんに下にも伝わります。これはごく普通の、めずらしくもないやり方ですが、君臣一致して、厭《いと》うことなく実行し続け七、八年したら、改革は必ずなしとげられますと答えた》

これによると、勝静と方谷の間には、元締役就任以前に、財政改革をめぐってすでに会話があったことがうかがわれる。しかも方谷の改革の方針は、決して特別なものではなく、ごく平凡で常識的なものであった。その方針の成果には、七、八年で必ずなしとげられると、さりげなく、だが途轍もない確信を付け加えている。世に聞こえた貧乏藩板倉家の財政改革に、当初から、どうしてこのような確信が持てたのであろうか？

『山田方谷全集』に、「藩財、家計引合《ひきあい》収支大計」（全一一七八）と題する覚え書きがある。これは欠字があって意味が取りにくいのだが、大意は次の通りと推測される。

《視野の狭い書生出身の私などが、一藩の大きな財政収支に関わっては、項目立てや、収納の大小、支出の大小など、それぞれの重要度を見損ない、『収斂貪欲《しゅうれんどんよく》、吝嗇苛酷《りんしょくかこく》』（苛酷に税を取り立てる酷吏）の評判を得て、国政を誤らせかねないと思った。そこで考えついたのは、我が俸禄家計の収支にもとづき、一藩の国計と引合わせて見積もりを立てることであった。家庭において家計のやり繰りをするのに、まず収支を明確にするが、それに倣《なら》って、藩財政の財政状態表（バランスシート）を作ってみた。するとその結果は、奇哉《きなるなか》、まことにうまい具合に、項目立てや収入支出の大（国の財政）と小（家計）とは見事に符合し、過ちをまぬがれ、問題点がどこにあるかが明瞭になってきた》

（「藩財、家計引合《ひきあい》収支大計」　全一一七八）

家庭収支のやりくりを、拡大して藩財政に当てはめてみる。このなんの奇異もない当たり前のやり方が、方谷の財政改革の根本であり出発点であった。

元締役を命ぜられると、方谷はそのバランスシートによって、「壱ヶ年御収納丈《ごしゅうのうだけ》にて御暮方割合《おくらしかたわりあい》大意《たいい》」（全一一八二）を作成している。これまでしてきたように、足りなければ借金に頼ることを止めて、新たに借金をせずに御収納（歳入）だけで生活したらどうなるかを示し、さらにそれによって、翌三年三月には「申上候覚《もうしあげそろおぼえ》、元締奉職当初《もとじめほうしょくとうしょ》財政収支大計（上申書）」（全一一八四）を作成し、その冒頭で方谷は次のように云う。

《一、三年来の、江戸と松山での歳出と、歳入とを引き合わせてみますと、米の値段を正金でおよそ一両二歩内外として、歳出と歳入は釣り合って過不足は生じていません。しかしながら、借入金の利息が年々八、九千両の出費となり、これがすべて赤字となっています。近年大きな問題となってきた藩財政逼迫《ひっぱく》は、ここに起因しています。今般の御改革で、この春お取り決めになりました必要経費削減によって浮いた金額は、江戸と松山を合わせて二千両足らずですから、なお六、七千両の赤字となります。来春迄の経費削減を、計画通りに実現できれば、歳入と歳出とはほぼ過不足無く釣り合うことになります。しかしながらそれは、借財の利子支払いはできるというだけのことであって、借財の元金《がんきん》はそのまま残ることになりますから、藩財政改革の大きな問題はこの借財元金の処理にあります。これを債権者との談合によって解決して行かねばなりません。元金をそのままにしておいては、やはり四、五千両の赤字となりますから、この処理が最も大事な事となります。米の値段が、並外れて高値になるとか、思いがけない幸運が転がり込んでくれば別ですが、まずは債権者との誠意ある交渉が必要です。》

方谷はこう述べて、概略計算を書き出している。方谷の和式漢数字の帳簿では分りにくいので、アラビア数字に置きかえたのが「表Ⅰ」(後出の表Ⅱも同じ)である。日付は嘉永三年三月とある。

【驚くべき洞察】　だいぶ時間がたってからであるが、この一葉の表に、わたくしは次第に驚きを禁じえなくなった。表の単純さは、方谷の洞察の正確明瞭さにある。まず冒頭に、方谷は「収納米一万九千三百石」と記している。財政改革の出発点は、ここにしかないと言っている。いまさら本多侯の苛酷きわまる再検地を愚痴っても無駄なことだ。自分たちが当てにできるのは、この収納米だけである。しかし二万石足らずの収入だけでも、贅沢をせず冗費を削減すれば、一藩の暮らしを立て、借財利子を払ってゆくことができる。残る問題は借財元金の返済だけである。このとき松山藩の借財は十万両であった。これはすぐには皆済はできないから、債主《さいしゅ》との交渉によって、返済計画を立ててゆくことにする。改革はこの当たり前のことから始まったのだ。藩の収入がどれだけあり、藩運営に費用がどれだけかかるかというバランスシートが、ここで始めて明らかにされたのではなかろうか。方谷の改革の方針が、きわめて簡潔に示されている。

算当小訳　（全 1184）

収納米	*19,300* 石	三年豊凶平均
	5,000 石	松山御家中俸禄合計
	1,000 石	御陵分其他渡米合計
残米	*13,000* 石余 →	金に換算合計約 19,000 両
内	3,000 両	松山入用（殿様在府年）
	1,000 両	大坂京都諸入用
	14,000 両	江戸御下金合計 (但し江戸借財利金払い出しのため 江戸借財増しとなる)
支出合計	19,000 両	

収納と支出は同額にして出入り無し。

その外	3,000 両	大坂借金利息
	3,000 両	松山借金利息
	1,000 両	江戸借金利息

この分取り調べた処 3,000 両余に及ぶ。

合計　8,000 両〜9,000 両毎年の赤字となる。

嘉永 3 年 3 月

(注・借財元金の十万両はここには入っていない。そのまま残っているわけである。
イタリック数字は米の石数。他は金額両)

表　I

【新任の元締は、ただ者にあらず】　嘉永三年七月には、江戸から帰った方谷は、早速、残る最大の問題、借財元金返済の処理に取りかかった。これは問題の多い記事だが、そのまま訳出しておく。

《十月、方谷は質素な綿服に身を包み、みずから大坂に出向き、債主《さいしゅ》を集め、藩財政収支の実情をつぶさに披瀝して言った。「我が藩は石高五万石と称しておるが、その実収は二万石にもならず、これで藩の諸費用を支払えば、余すところは幾ばくも無い。この有様では板倉家は立ちゆかないのはもちろんのこと、これまでに積もった巨額の借財も、返済は不可能である」と。これを聞いて債権者たちは、愕然となった。これまで、大坂松山藩邸に詰めていた藩士たちは、借金が容易にできるよう、債主たちには藩財政の苦境はごまかして隠していた。それゆえ、方谷の実情暴露によって、債主たちは色を失った。方谷は、おもむろに藩の財政革新の詳細を説明し、まず返済の延期を要請して言った、「今後は新たな借財は求めない。それでこれまでの借財は新旧によって、十年期あるいは五十年期で返済してゆくつもりである。どうかこれを了承して欲しい」と。

これより前に、藩の同僚たちは、方谷が実情をすべて打ち明けた上で、長期にわたる返済を了承してもらおうとするのを危ぶみ、実情公開に反対していたという。方谷は言った「いつわりのない真の信頼が大事なのであって、上っ面の信頼など考えるべきではない」と。債主たちはこれを聞いて「新任の元締は、ただ者ではない、きっと大きな仕事をやってのけるであろう」

と言った。債主のひとり長田作次郎が最初に方谷の提案を快諾すると、他の者も皆意義なく同意した。ここに難問は、いとも容易《たやす》く解決した。方谷はそこで、大坂における松山藩の蔵屋敷を廃毀し、年末ごとに元締かあるいは吟味役が大坂まで出向いて、一年間の会計を処理することにした。これ以後は、これまでのように収納米を、利債支払いの抵当として債主に送るのではなく、藩自身が時期を見て有利な時に米を売却するようになった。また、国の特産品の生産を奨励し、これを江戸に回漕して販売し、その利益によって大坂の負債を漸次償却し、揺るぎない信頼を確立した》（年譜）

年譜の語るところはこれだけである。「難問は、いとも容易《たやす》く解決した」とあるが、右の説明だけでは、私たちには納得しがたいものが残る。

この記事に、方谷門下の三傑と称された弟子のうち、二人までが、注記を付している。三浦佛巌《ぶつがん》と、三島中洲《ちゅうしゅう》である。二人が触れているのも、その納得しがたい点であって、二人はそれを補おうとしている。

《松山領は、水谷家領没収の後再検の土地ゆえ、高五万石と称すれどもその実収僅に二万石有余なり、元締役故《ことさ》らに収納大き様に文飾し、借入れの便に供せり。先生帳簿ヲ難波《なにわ》の金主に示す、所謂《いわゆる》誠を人腹中に推すものなり、是を以て金主悦服して先生の求に応ぜり》（佛巌）

《先生此の大信小信の処置全く王学（王陽明の思想）活用の処、腐儒区区《ふじゅくく》小信に渋滞するものの能くする所に非ず（些末事にこだわる役立たずの儒者にできることではない）》（三島中洲）

いるのだが、かえって具象性からは遠ざかる気がする。

年譜の記事が、明確な根拠と具象性に欠ける処を補おうと、佛巌、中洲の二人は力こぶを入れて

【大坂商人たちは唸ったのか】　貧乏板倉とは、街道筋での評判であった。大坂の金主たちも、改めて帳簿を見せられなくとも、困窮は承知していたであろう。財政状態も分らぬまま無闇に金を貸したとも考え難い。だが、方谷は粉飾を廃止し、帳簿を見せて藩財政の窮乏を知らせた。大坂の債主たちは、その誠意誠心に感じて、十万両の借金の、十年賦五十年賦の償還を承諾したのだという。これでは到底説明にもならないのではないか。佛巌、中洲の注釈も、「誠ヲ人腹中ニ推ス」「王学活用ノ処」などと、観念論をいうに過ぎず、大坂の金儲けの達人という実務家たちを「新任の元締は、ただ者ではない」と唸らせるには不足だったであろう。彼らに腹の底からそう思わせるには、あくまで具体的材料が必要であった。ここには何かが欠けており、何かが隠されている。

確実な資料といえるものは何もない、右の年譜後半の記事が、僅かにヒントを与えてくれる。「藩の出先機関と金主たちの、名ばかりの交渉の場に過ぎなかった――（そしておそらく両者のなれ合いの場に過ぎなかったと想像される）――大坂の蔵屋敷は廃毀する。これまで利債支払いの抵当として、収納米を大坂の商人に送ってきたが、それを相場の有利な時に藩自身が売ることにする。

国の特産品である鉄器の生産を藩の事業とする。この需要の多い換金商品を、みずからの持ち船によって江戸に回漕して販売し、その利益によって負債は漸次償却して行く」

これならば、大坂の金儲けの達人たちにも、ふと、「これは従来のお侍さんの元締とは違うぞ」と、ちょっと膝を正す思いにさせたかもしれない。

しかし、これでも不足であろう、インパクトがない。彼らをして「ただ者ではない」と唸らせ、五十年賦の償還を容易く承諾させるためには。資料がないので、以下は仮説として述べるほかはないのだが。方谷は、こう言ったのではないか。記述は重複するが——

「松山藩の財政を、根底から建てなおすのです。まず、板倉藩の、信用を失って額面価格では通用しなくなった五匁藩札《ごもんめはんさつ》は、額面の金額で藩が硬貨と両替して回収する。——そうです、手に入るかぎり全部の旧藩札を回収します。これを、松山川の広い河川敷にあつめまして、一枚残らず火に投じて焼き捨てる。そうしておいて、金貨銀貨とも交換できる新札を発行する。

はい？——できますとも。すでに、旧藩札回収の告示は広く藩中に出し兌換《だかん》は始まっているのです。その資金準備も手あてができている。もう実行しておる。沈滞しきった藩経済の、これは間違いなく大きな起爆剤となりますよ。中国歴代の王朝や、我が朝の貨幣経済の歴史が、これを証明している。それから大坂の蔵屋敷は廃止します。これほど無駄な施設はなかった。米はわが手で相場が有利な時期に売る。また鉄器を生産する。中国地方は良質な砂鉄の産地だ。これで釘や農具を生産し、江戸へ回漕して販売する。これもわが藩の手で行う。職人もすでに募集した。江戸での販売所も工事中で、遠からず開店の運びです」

債主たちにとって衝撃的だったのは、このもの静かなおサムライは、庶民の自分たち商工業者の領域にまで、ずかずかと入り込んで来たことであった。鍬だの釘などを作るのだと云う、それを運んで売るのだと云う。それも、どうやらこのおサムライは、武士の商法などと甘く見ることは出来そうもないような、豊富でしっかりした財政知識を備えているらしい。古い五匁紙幣はみんな集めて燃します、大坂の蔵屋敷は廃止します、などと平気な顔で云うのを見ているうちに、債主たちは次第に、これは、これまでの元締とはまるで違う、只者《ただもの》ではない——常器にあらずと、その底知れ無さに引き込まれていったのではなかろうか。そうでなければ、利金の支払いを割り引いたり、五十年賦を容易《たやす》く承諾するはずもなかったであろう。わたくしにはそう思える。

② より良き社会の実現

【勝静公の晩酌は、一升の酒を三つに分けた一つであった】　藩政改革の第一歩は、なんといっても莫大にふくれあがった負債の整理である。そのためには、急な増収などは望めないのであれば、可能な限りの節約が不可欠であった。上下節約として新たに出された藩の節約令は、藩士の衣服や足袋、婦人の櫛やかんざしにいたるまで、こと細かく規定している（記事省略）。

新藩主勝静の倹約についても「料理は、これまで一日の費用およそ二百目《もんめ》ばかりであったが、以後六式の賄いに申し付け、厳しく倹約を御命じになった」二百目の賄いがどの程度の膳部で、六式がどうであるか、具体的には知りがたいが「勝静公は酒客であったが、一升の酒を三つに分けて、その一つ分を夜にお飲みになった。台所の者たちを煩わさないようにとお気を遣われ、肴は塩辛ものばかりであった」（南摩綱紀）。南摩綱紀は会津藩士である。他国藩士の管見が、松山藩主の膳部や晩酌の量にまで及んでいる。その上下節約が広く知れわたっていたことの表れであろう。元締役の方谷も「率先請うて家禄の幾分を辞」していた（年譜）。

前藩主勝職《かつつね》に要した費用は、方谷の「御入用高凡積（およそのみつもり）表Ⅱ」（二一八頁）には、「寛隆院様（勝職公）上金」として、千二百五十両が計上されていた。しかし勝職の逝去によって、この分の費用が浮くことになり、方谷はその金額に「丸減」と朱書している。その全額が、借財返済に当てることが可能となった。（全一一七六）

嘉永四年四月、藩政改革の計画よりおよそ一年、方谷は改革の見通しを「存寄申上候覚《ぞんじよりもうしあげそろおぼえ》」として藩主勝静に報告している（「借財整理着手及結果又其後ノ方略上申」全一二九六）。計画通りに推移すれば、「七ヶ年で借財へは、およそ四万両の払込みとなり、借財は半分の減となる。そのころになれば、また別の手段を以て、借財も皆済となるよう愚案も用意している」とある。改革実行二年目にして、借財半分の償還見込みを告げている。右に言う別の手段による愚案とは、察するに、産業の振興により、増収を図ることではなかろうか。これについては別に触れることになるが、方谷は、この報告の中でさらに、年来の持論である「理財論」をくり返している。

《財政立て直しということは、決して金銭の操作ばかりによるものではありません。国の政治の根本が確立し、民庶への施政がきちんと整った上でなければ、財政再建も成就しません。政治と財政とは、車の両輪のごときもので、双方が互いに釣り合いを保っていなければなりません。》（全一二九六）

【より良き社会の実現こそ藩国の天職】　改革は、本章冒頭にかかげた六項目から察しられるように、初めから単なる財政のやり繰り操作の改変ではなく、藩政全般の改革であり、藩の士庶（武士と庶民）すべての意識改革であった。いわば改革は、当時の言葉でいえば、世の弊害を除き人民を救うこと、つまり済世《さいせい》の業《わざ》であるが、現代風にいえば社会改革とも呼ぶべき性格が濃厚である。方谷が実現しようとしていたのは、世《よ》とか世間《せけん》という当時の言葉が表すものとは、ニュアンスが異なって、方谷は、藩の財政立て直しを、世間のあらゆる階層を包括した、より良き社会の実現と捉えていた。

《藩国（松山藩）の天職は、家中藩士ならびに百姓町人を、撫育《ぶいく》する（慈《いつく》しみ育てる）ことにあると存じます。撫育と申しましても、数限りない事ではございますが、先ずさしあたり急務と申すべきは、①御家中藩士へは、前に借り上げた禄米をお戻し下さり、②百姓には、課役を減らし難渋に陥っている村々をお取り立てなさり、③町人には、金銭融通をつけ、交易を盛んになさることにあります。この三ヶ条いずれも大急務でございますが、改革開始以来、巨額の借財処理のみに取りかかり、引き続きアメリカ、ロシア艦の来航で海防の騒擾《そうじょう》があり、これまで藩内の急務にはなかなか手が及び兼ねておりましたが、今年に至って漸く世上もやや平穏になり、古い借財も年数に従い段々に片付いてまいりました。大坂表の海防用借り入れ三年賦も、明年には皆済の見通しとなりましたので、この上は一日も早く、撫育の急務三ヶ条の儀に力をお尽くしいただきたく存じております》

（「山田方谷先生の上書」安政二年　①②③は引用者補記）（魚前二三）

方谷はこの天職の対象を、はじめから藩士・百姓・町人の三つとしている。藩政が士農工商の藩民すべてを対象とするのは当然だが、いま直接の問題となっているのは、松山藩の財務改革である。その改革を始めて六年（嘉永三年〜安政二年）、漸く莫大な借財返済のメドもつき、その間に生じた災害や、臨時出費にも手当ができ、世上も落ち着いてきた当年、何よりも急務であるのは、御勝手（財務局）という藩政一部局の借財処理ではなく、方谷の財政改革の目的は、藩国民すべての撫育にあった。

【財の外に識見を立てる】　「理財論」は、方谷元締役就任の十二年前の三十二歳（天保七年）の時に書かれたものだが、その主旨を要約すると、「藩国の財政方策は綿密になったが、窮乏はますます救い難く、府庫は空洞となり債務は山積している。その理由は、政策の拙《まず》さにあるのではなく、世の久しい平穏になれた人々は、ただ一つの憂いである財務窮乏の救済のみに集中して、国の大事である人心の邪悪、風俗の軽薄、役人の汚職、生活の頽廃、文教の荒廃、武事の弛緩《しかん》、などはまるで顧みられずなおざりにされているからである。つまり、財務という事の内に屈して、事の外に立つことを忘れているからである。」内に屈するとは、単に財務の外に立ち、これを客観的に見るというだけではない。

《そこで当代の名君と賢臣が思いをここにめぐらして、超然として財の外に立ち、財の内に屈せず、金銭の出納収支はこれを係の役人に委任し、ただその大綱を掌握管理することにとどめる。そして財の外に識見を立て、道義を明らかにして人心を正し、習俗の浮華《ふか》を除き風紀を敦厚《とんこう》（親切で手厚い）にし、賄賂《わいろ》を禁じて官吏を清廉《せいれん》にし、民生に努めて民物を豊かにし、正道を尊重して文教を振興し、士気を振い武備を張るならば、政道はここに整備し、政令はここに明確になる。かくて経国の大道は治まり、理財の方途もそれに従って通じる。しかしながら、このことは英明達識《たっしき》の人物でなければ、よく為し得るところではない。》

（山田方谷「理財論上」山田琢訳。山田方谷に学ぶ会著『入門 山田方谷』による。）

【利は義の和なり】 人として行うべき道義、これが義であるが、この義をなおざりにして、金銭の利害得失こそ最大の問題だとして、それのみに眼を奪われること、これが財の内に屈することである。これを逆転させ、義こそ人としての第一義として確立させねばならない。方谷は「理財論」の中では、「義を明らかにして利を計らない」といっている。

利を計らないどころか、経国の大道が通じたなら、理財も従って通じるとあり、易経を引いて「利は義の和なり」とあるのをみれば、利は、義の結果として、おのずから集まるとさえ言っているように察しられる。これが、方谷のいう財の外に立つことである。

ところで前に、方谷のこの藩政改革を、社会改革的性格と言ったのは、方谷が考えていた改革は藩財政の立て直しではなく、藩の士庶すべてにおける義の確立であったからである。そこに士農工商という封建的差別の枠は、明らかに踏み越えられている。

【改革は英明達識《たっしき》の人物でなければ為し得ない】　もう一つ付け加えておきたいのは、右引用の末尾で、方谷は、改革は「英明達識《たっしき》の人物でなければ、よく為し得るところではない」と言っている。方谷はみずからを、そのような人物と自負していたわけではないとしても、図らずも歴史は、その大才を必要とする役柄に、方谷を付けることになった。方谷はそれを、みずからの天職と受け止めている。十三年間の陸沈はどこに行ったかと思うほどに消え去り、彼はまさしく英明達識の人物に生まれ変わったように、次々と奇跡的な改革を実行して行った。

「先生（方谷）は全く天与の御家保護神なり非凡の大才を抱き清廉潔白勤勉忠実にして綿密深

切細大周到なり」

（国分胤之『魚水実録』序文）

こう言った時、国分《こくぶ》は少しも大げさなどとは思わなかったであろう。彼はそう言ってはじめて、方谷という人物を納得したのである。司馬遼太郎が「人間の芸術品」と呼んだ長岡藩の河井継之助もまた、別れに臨んで、その人に向かっては、まさにそうすべき人として、方谷に三度ひれ伏した。

3 衰退した世を活気づける

【貨幣という生きてうごめく怪獣】 この章の冒頭に掲げた改革方針六項目については、すでに上下節約、負債整理、士民撫育など順序にはこだわらずに触れてきた。その六項は、方谷が改革に一歩を踏み出す時から、彼の頭脳の中には同時的に位置を占めており、時に応じてそれが表に現れてくると思える。たとえば「紙幣刷新」つまり旧紙幣焼却の大イベントは、嘉永五年であったが、紙幣の回収は、改革初年度の嘉永三年に始まっていた。

当時松山藩では、五匁札を「莫大多数摺立《ばくだいたすうすり》てて」発行し、また偽札《にせさつ》が出回り、兌換《だかん》が渋滞（両替が大きく差しつかえて）して、信用が下落していた。そこで方谷は、嘉永三年から五年にかけて、信用をなくして商品の速やかな流通を阻害していた五匁札《ごもんめさつ》を買い集め、嘉永五年には、松山川の近似河原《ちかのり》で大々的に焼却してみせた。そのあとで、永銭と称する新札を発行して兌換を励行したので、松山藩の藩札は信用を回復し、他藩にまで流通した（年譜、『岡山県史』参照）。これが流通経済の基盤を支えた。

《藩札を世間からかき集め、衆人の見守る中で火にくべるという奇想天外なデモンストレーションによって、藩の威信を一挙に取りもどす。こういう発想は、逆立ちしたって凡夫の頭に浮かんでくるものではない。／方谷は何と藩政改革に着手したその初年度からお触れを出した。取引に支障を来《きた》すまでに信用の下落した五匁札の藩による買い取りを世間に広報したのである》

（矢吹邦彦『炎の陽明学――山田方谷伝』）

逆立ちしても凡夫の頭には浮かばない奇想天外な発想は、方谷が「中国財政史の研究を通じて、紙幣の利害を熟知していた」（『岡山県史』）ことから生まれたが、それは単なる知識ではなかった。貨幣が、現実に世に用いられて運用された時、どのように働き、どのような害があるか、いわば貨幣とは、生きてうごめく怪獣であって、それを制御し手なずける方法まで方谷は熟知していた。

安政四年（一八五七）方谷は財政問題処理のため、また大坂に出張するのだが、その帰途、駕籠に揺られながら、中国歴代の紙幣政策を漢詩に詠んで十数首ができた。それに付した詞書で次のように言っている。

《(大坂を出発して) 唐時代の末期から紙幣政策を詩に詠み始めて、北宋《ほくそう》、南宋《なんそう》、元《げん》の末に至った時、駕籠に従う従者が、松山の自宅に到着したことを告げた。家に入ると、とたんに処理すべき藩財政の仕事が襲いかかって、とても詩など書いている余裕はなかった。実は、元末から明《みん》、清《しん》、さらには我が国の近世に至るまでを、詠み続けようと思っていたのだが、そうなるとまた十数首詠《よ》まなければならなかったであろう。役所仕事の合間にできることではない。できあがっていたものだけを館中諸子に見せて、足りないところは諸子に補ってもらい、千有余年にわたる歴史の中で、紙幣政策の利病得失《りへいとくしつ》(長所と短所)を詠めば、現在財務改革にたずさわっているものの参考ともなると考え、ここに記録しておく。》

【紙幣政策の利病得失】 ここでまた泉のように溢れ出た詩群は、今度は、詩の題材になるとはとても思えない、千数百年にわたる人類社会の紙幣政策の利病得失である。歴代の紙幣政策は、いつでも即座に働かせ得る知識として、詩の形に整えられた歴史の知恵として、駕籠に揺られる方谷の頭脳の中に渦巻いていた。そのうえ、それを教材として、財政後継者に示す思いもあった。

いまその漢詩十七首を全部紹介する余裕はないので、まことに勝手ながら、宮原信の散文訳から、要点となる言葉を適宜抜き出そうと思う。要約して言い換えた箇所もある。ご宥恕を乞う。

○紙幣は、翼がないのに鳥のようによく飛ぶ。手軽で流通しやすいという点が、世人がこれにつ

く所以《ゆえん》である。衰退と混乱のきざしが生じて来た時代を救済するのにはこのものが最も効果がある。（宮四九一）

○宋代には交引（証券）を発行して硬貨と紙幣との均衡をうまく保持することができたが、これは交引を発行した蜀の地が地域的にかたよったところにあったからである。（同じ紙幣政策がいかなる地でも同じ効果を発揮するわけではない）（宮四九二）

○（宋の宰相）王安石の施策は食塩業者の弊害を禁圧する点まではいっているものの、まだ貨幣政策の是正には手がとどいていなかった。（宮四九四）

○（漢民族の）南宋と、（異民族）の金とは、紙幣制度は兄弟のようによく似ていた。紙幣政策の悪政は竹の地下茎のように目に見えないところでひろがってゆく。この悪は同じ社会的基盤から生じてきている。（宮四九五）

○南宋では哲学的論議がさかんであったが、その教説は高尚に過ぎて民の生活とはかかわりがなかった。学界や政界の傾向とは別に民衆はしきりに紙幣政策の利便をまち望んでいたのであるが、不思議なことにだれもこの方面に努力をいたす者はいなかった。（宮四九六）

○紙幣発行には限度と回収の機微がある。宋の衰生《えんしょう》はこの機微を忘れていた。（宮四九七）

○紙幣と銅銭とが発行貨幣の半分ずつで両者の価値の均等が保たれる。均等が一たびくずれると経済上のひどい破綻と欠陥が生じてくる。（宮四九八）

○国家の衰退は、兵力に先んじて、財力の衰えに現れる。（宮四九九）

○貨幣は最もよく国家の盛衰を占う。金の国政の推移も経済政策を見て前知できる。金の都の商店が店を閉めた時、すでに敗色が兆していた。（宮五〇〇）

○金の武力は強大で中原《ちゅうげん》を圧していた。だが一たび貨幣状態が壊滅すると、内容空虚となり金の命脈は中絶した。（宮五〇一）

○紙幣の流通を自然な状態におく特殊な方法手段があるわけではない。これをいかに操縦し、いかに発行し、いかに制限するか、その手加減のなかにある。（宮五〇二）

○幾万の紙幣を発行して軍事費用に当てたのが南宋である。反古《ほご》同前の紙幣が日に日に増え、兵力は日々孤立化していった。（宮五〇三）

○文化の高い漢民族にかわって蒙古人（元）が天下を支配し、世の中の様相が一変した。世人はこれまで猛毒にように考えていた紙幣が逆に霊薬の役割を果たすことになんの疑いもさしはさまなかった。（宮五〇四）

○機に臨み変に応じて自在にことを処理してゆくのは、もともと英雄の治政の術である。紙幣の信用を回復するために、元《げん》は紙幣と銅銭との関係を天地万物を造り出す二気すなわち陰陽に仮託する説をもって世人を欺いたのである。（宮五〇五）

○紙幣発行の原則をよくのみ込んで銅銭と紙幣との均衡を保って行く事が肝要である。（宮五〇六）

○金の興定年間に新紙幣を発行して旧紙幣ととりかえたが、新紙幣の一枚が旧紙幣の百枚に相当する割合の表示になっていた。紙幣製造の原料に不足を生じた結果である。コウゾがなくなり桑皮をはぎつくし、とうとう桑皮銭という税金まで課している。（宮五〇七）

【生きて蠢く知識】　勝手な要約引用はご寛容を願い、誤りのご指摘を期待しておくが、右十七詩を駕籠に揺られながら詠むとは、どういう能力か、筆者には想像できない。松崎慊堂《こうどう》が「刮目《かつもく》之《の》至《いた》り」と評したのも、単なる紙上の知識ではない、知識が生きていると言いたいほど、即座に実用に供することができると感じられることである。方谷の学識は、すべからく生きて蠢《うごめ》く、と云いたい知識であった。

【洞察】　そして、藩政改革実行の初年度から、信用を失った旧藩札の買い取りを告知していたことは、紙幣政策の最初の詩編に「紙幣政策は衰退した世を活気づけるのに最も効果的だ」とあるように、停滞消沈した藩全体の意気をもり立て昂揚させる秘策として、当初から藩政改革の不可欠の施策として準備されていた。しかも集めた旧紙幣を大々的に、一挙に焼き捨てて見せるという、もっとも効果的な方法を採った。これは、経済が、心理という不確定要素に影響されることを洞察した、まさしく事の内に屈せず、事の外に立った、お手本でもある。

「非凡の大才を抱き……綿密深切細大周到」は、ここにもあるというべきだが、国分胤之の方谷形容語群に、さらに一語「洞察」を加えておくべきだと思う。また、後年方谷が、「余は我藩財用につき、過半の力を藩札の運用に用いたり」（全一三二四）と述懐していること、藩札の運用は、まことに、大才が智力を尽くして取り組むべき大事であった。方谷の改革が、偶然の幸運によってたまたま成功したわけではなかった。

4 維新後を洞観した革命的な改革

【社会改革としての藩政改革】 嘉永五年、松山藩政改革を開始して実質三年目のこの年、方谷の改革は、第二段階に入った。

ここまでの第一段階においては、上下節約によって負債返却の方針を建て、大坂の大口の債主たちとの交渉により十年賦、五十年賦での償還も同意に達していた。衰退した世を活気づける秘策である紙幣改革にも、初年度の嘉永三年にはすでに手を付け、信頼を失った五匁札の、藩による買い取りの布告も出されていた。これらは、いわば、基礎固めの段階であった。

年譜の嘉永五年三月の項に「方谷は召されて江戸に赴く。四月六日着府」とある。

おそらくここで、勝静と方谷の間には、これまで成し遂げたことを整理しつつ、改革第二段階に進むべく緻密な討議がなされたであろう。方谷は新たな役職を兼ねて、六月に帰国している。

《① 郡奉行《こおりぶぎょう》を兼ねる。ここにおいて賄賂《わいろ》を戒《いまし》め賭博《とばく》を禁じ、匪賊《ひぞく》を厳糾《げんきゅう》し、貧村を救助し、貯倉を設け、道路を修め、水利を通じ、教諭所を設ける等、民政上着々改善を進む。

②撫育所《ぶいくしょ》を設置し、殖産興業を増進す。北備の鉄山を開掘す。又吹屋《ふきや》（川上郡）の銅山を買収し、城下の対岸近似村《ちかのり》に、数十の鍛戸《たんこ》（工場）を置き相生町と称し、鉄器及び農具稲扱《いねこき》釘等を製し、かねて購入せる海船に積載し、これを江戸に送る。山野に杉竹漆茶の類いを新植し、煙草を増殖し、盛に柚餅子《ゆべし》、檀紙《だんし》等を製造せしむ。

③江戸物産方を設置す。（江戸）木挽町《こびきちょう》邸（中屋敷）の河岸に役所及び倉庫を設け、藩地回漕の貨物を処理せしむ。その収入を江戸藩邸の諸費にあて、以後藩地より穀貨を送らず。

④当時藩札（旧紙幣）乱発、且つ贋札《にせさつ》流行、兌換《だかん》渋滞等のため、信用下落す。先生その半数以上を買収し、対岸近似河原に於いて之を焼却し、永銭と称する新藩札を発行し、兌換を励行す。ここにおいて藩札の信用回復し、他藩領まで流通す。

⑤新設の撫育所の外、藩札掛《がかり》を設け、会計局を刷新し、三所鼎立《さんしょていりつ》して、各その所能を発揮せしむ。要は財貨増殖と、領土に遊民なきことを期す。

⑥当時紙幣を詠じて左の詩あり、先生財用変通の片鱗を窺うに足る。楮銭《ちょせん》は翼《つばさ》なけれどもまた能く飛ぶ／飛走　軽便は人の帰する所なり／季世時（おとろえた末の世）を済うは唯この物のみ／唐家の貨政　未だ全くは非ならず。（宮原信による訓読。表記一部改）（宮四九一）

⑦農兵及び銃陣を編成す。由来藩封山間に僻在《へきざい》し、東西数里に過ぎざれども、南北は二十里近く、有事の日には封境の守備に苦しむ。因りて先ず里正《りせい》（庄屋）の壮者を選び、銃剣の二技を学ばしめ、帯刀を許し、里正隊を編し、農兵編成の基を建つ。次いで又封内の猟夫及び壮丁

を集めて銃隊を編成し、里正をして教導の任にあたらしめ、銃器弾薬を支給し、農隙《のうげき》（農事のひま）を以て西洋銃陣習練し毎歳一回必ず城下に会集操練せしめ、以て封境不虞の警に備えり。初め先生西洋銃陣の利を悟り、これを一藩に行わんと欲せしも、藩士喜ばず、因りて先ずこれを農兵に試み、漸次一藩を風化せり。又盛んに大砲を鋳、時々その術を習練す。》

（年譜より。一部表記等を改めた。ルビ・注引用者。なお撫育所は、撫育局、撫育方と、資料によっていろいろに呼ばれているが、本稿では年譜の呼び方に従い撫育所に統一した。）

【改革の目的は民衆の福利】　ここに、社会的改革としての方谷の藩政改革は、ほぼ尽くされることになる。しかし右の年譜引用を踏まえて、第二段階が明確になったところで、もう一歩踏み込んで、より明確に言うことができる。改革は、藩の財政的窮乏を救うために始まったはずだが、改革三年目にして、その救済という緊急対策的な印象は急に薄れ、浮かび上がってくるのは、財政と共に、藩政全体が、しっかりした基盤の上に打ち立てられようとする、発展的な姿勢である。しかもその姿勢には、明確な方向性がある。方谷の新しい役職、郡奉行就任もその方向性に深く関係していたのである。

「彼（方谷）は金を儲けることにかけて実に非凡な才能を発揮する。金儲けの名手である。しかし彼がほんとうにねらったものは金ではない。民衆のしあわせであった。」（宮原信『哲人山田方谷とその詩』）。「方谷の藩政を一貫して貫いた方針は士民の撫育ということで、非常の節倹も負債の整理も、産業の振興、藩札の刷新も、……正に国利民福を根底に置いて市民撫育という点にあった」（『高梁市史』）。

改革の真の目的が、民衆の福利であり撫育であったことは確かであろう。否定するつもりはない。だが、もう一歩踏み込んでと言ったのは、撫育ということが、単にヒューマニズム的な施策に留まっていなかったからである。その底にあるのは、従来厳格に守られてきたと思える身分制度そのものの――解消とは言えないが、希薄化である。なによりも奇異に思えることは、この改革第二段階には、藩士つまり武士の姿が、少なくとも表面には、見えてこないことである。

【革命的改革】　改めて前の改革第二段階①～⑦を注視すれば、ここに支配階級としての武士の姿は希薄である。財政改革の中心となっているのは、財貨を生み出す撫育所であり、生み出した商品を扱い販売する物産所である。撫育所は、士農工商の、工の仕事であり、物産方は、商の仕事である。松山藩はその改革を見る限り、非生産者である武士たちの姿は薄れ、工業生産者であり、運送業者であり、商業経営者によって推進されていると見える。

そして武士の専業であった武備もまた、西洋銃陣の採用により、農兵が取って代わることになった。松山の財政改革は――方谷の改革は、身分制度というそれまでの社会体制の枠を取り払っていると見える。藩とは、何の富も生み出さず、数百年、相も変わらず貢租としての米穀を経済の中心に据え、それのみに頼ってきた支配階級、武士の集団、という旧来のイメージは、方谷の改革からは薄れ、新たに生まれたのは、商品の生産者集団であり、商品を運送販売する商人集団であり、加えて、新たに藩国を防衛する庶民の武備集団であった。この変化は、単に民衆の福利救済というよりは、従来の身分制社会の矛盾を簡単に乗り越えていることで、革命的とも呼べるであろう。

【従来の体制の矛盾解消を見透した改革】方谷の改革を、前に引用した南摩綱紀の「負笈管見」は、「然レドモ改革過劇ニ失スル様ニ見ユ」と評していたが、過激とは何をさして云われたのであろうか。あるいは、旧紙幣を大々的に焼却したこともその一つであろうが、過激な改革はもう一つある。方谷自身は、穏やかな性格で、ほとんど圭角《けいかく》を作らず、急激で過激な変革は望まなかった。彼はすでに見通していたのである。身分制度という矛盾を抱え込んだ幕藩体制が、遠からずおのずと解体するであろうことを。その洞察については、以下歴史の推移に沿って見て行くことになるが、たとえば、年譜は、前に引用した嘉永五年三月の記事に続けて、次の記事をかかげている。

「十一月、先生（方谷）江戸に赴く。この時諸友人と会議し、海防の事に及ぶ。先生左の三大策を提案す。

（一）王室を尊《たっと》んで国体を建つ。

（一）龍駕《りゅうが》（天皇）を迎えて幕府を鎮《ちん》ず。

（一）詔勅《しょうちょく》（天皇のお言葉）を奉じて人心を統一す。

先生の記する所に因れば、聞く者皆之を迂闊《うかつ》とし、甚しきは皇室を支那周代の東周に比して殆ど眼中に置かざる如き論者もあり。先生憤慨措《お》く能わざるものありとす」

「先生の記する所」とあるが、筆者はこれを見つけることができなかったが、方谷はすでに明治維新を先取りしているとも言えるであろう。「迂闊」とは、遠い昔の忘れられた存在のごとく思い、また「東周」とは、二千年前の中国古代の戦国時代（前四〇三～前二二一）のことで、当時方谷の友人ですら、皇室についてはその程度の認識しかなかった。

嘉永五年は、ペリー提督率いるアメリカ黒船艦隊が浦賀に来航し、日本国中が大騒動となる前年、つまり歴史用語としての幕末が始まる前年のことである。年譜はこの記事の後に、「蘭人また外国形勢を忠告す」とあって、すでにペリーが来航することは、オランダから幕府に伝えられていた。

それにしても、尊皇主義が沸々《ふつふつ》と湧きおこる以前のことである。諸友人が皇室をほとんど眼中に置かなかったとあるのを見ても、方谷の洞察が時流に先んじていたことが判る。

幕府はこの頃、皇室を、京都の一隅に、ほとんど暮らしも立ちゆかない貧窮の中に放置していた。この王室を尊《たっと》んで国体を建つとは、徳川氏による幕藩体制を改革して、国家の体制を皇室を中心に新たに立て直すということである。龍駕を迎えて幕府を鎮じ、詔勅を奉じて人心を統一すとは、慶応三年に実現する大政奉還を、――革命とも呼ぶこともできる大変革を、すでに見据えていたことになる。

さらに、この三年後の安政二年には、方谷は、徳川幕府の命脈が尽きようとしていることを、他藩士たちの前も憚《はばか》らず公言していた。その詳細も後述にゆずるが、ペリーの来航以前、つまり幕末以前に、方谷は、徳川幕府の行く末を洞観していた。

それが彼の藩政改革に反映しないはずはなく、士民撫育ということも、単に抑圧されてきた階層への撫育というだけではなく、身分制度という従来の体制の矛盾解消を見透した、来たるべき社会の姿であった。

5 城外の砦としての撫育所

【幕藩体制とは別のシステム】 これまで、幕末に窮乏に陥った諸藩は、財政再建の一環として、必ず殖産興業を掲げるのだが、松山藩のような成功を収めたものはなかった。方谷が取った方法と、それが鮮やかな成功を収めた理由は、実は簡単明瞭である。投資して商品を生産し、これを消費地に運び、販売して利益を得ることであった。すなわち松山藩自身が、資本家となり、農工業生産者となり、運送業者となり、商人となることであった。

いわば方谷は、藩士たちの本城とは別に、撫育所という比喩的にいえば砦《とりで》を築いた。その砦では、武士たちが携わることのなかった、武士階級圏外の仕事を行っていた。

武士は、その階級の誇り故に、職人になることを嫌った。この階級は、金銭を卑しむべきものとしてきたがゆえに、商人になることを嫌った。

方谷が、そのような武士特有の意識を持たなかった理由を、多くの人は、彼がもともと農商家出身であったことに求めている。おそらくそれも否定できないであろう。だが、ここまで方谷の生涯を追いながら、はっきりと感じられるのは、その精神は、ある環境とか教義というような、限定的な原因に起因するとするには、あまりにも透徹した洞察力をもっていたことである。たとえば、前に挙げた嘉永五年の時点ですでに、幕末維新を見通していたことを示す、皇室を中心とした新たな国体の姿を、すでにはっきり提示していることは、何処にその原因や影響が求められるのであろうか。そのような分析的方法は、おそらく、方谷の精神を、ジグソーパズルの一つ一つのピースに求めているように思えるのである。そうしたピースを再びつなぎ合わせれば、方谷という生きた人間像が得られるのであろうか。彼の精神は、もっと自由で広大な生きた全体像としての精神である。洞察もまたその故にこそ生まれたと思える。そういう全体像としての方谷の姿を捉えたいと思う。

《安政年中、刃物農具等を江戸及ビ四方に輸売す（注・輸送し販売するの意か）。常に曰く備中は鉱鉄特に多し、諸般の鉄器を作り四方に輸売せば鴻益《こうえき》を興すべしと。是に至て藩主に勧め、大に冶工《やこう》を雲伯《うんぱく》（出雲・伯耆）及び諸国に集す。召に応じて来るもの甚《はなはだおお》衆く為に一市街を為す。乃ち盛に諸般の刃物鍋釜鋤鍬千歯《せんば》釘等を作り四方に輸売す。利を得ること頗《すこぶ》す夥《おびただ》し。》

（安威信編著「山田方谷殖産事蹟抄」表記一部改　注・句読・ルビ引用者）

冶工（鍛冶屋、鋳物師）を諸国から新たに招いたのである。先に引用した年譜（嘉永五年）には「北備の鉄山を開掘す。又吹屋《ふきや》の銅山を買収し、城下の対岸近似村《ちかのり》に、数十の鍛戸《たんこ》（工場）を置き、相生町と称し、鉄器及び農具稲扱《いねこき》釘等を製し、かねて購入せる海船に積載し、これを江戸に送る」

「江戸物産方を設置す。（江戸）木挽町《こびきちょう》邸の河岸に役所及び倉庫を設け、藩地回漕の貨物を処理せしむ。その収入を江戸藩邸の諸費にあて、以後藩地より穀貨を送らず」とある。江戸藩邸の諸費は、年貢には拠らなかった。やはり方谷が築いたのは城外の砦であった――幕藩体制とは別のシステムを導入したのだ。

【殖産事業の収益がどれだけあったのか】　ところが、この殖産の実際の収益がどれだけあったか、明確な資料は残っていないようで、どこにも示されていない。ただ矢吹邦彦著『炎の陽明学』には、抄出すると、次のような記述がある。

《方谷が財政改革で目指した戦略は、当時の富をほしいままにしてきた藩内の一部の豪商達を心底ふるえあがらせる内容を持っていた。松山藩内にも抬頭して隠然たる存在となってきた初期資本主義勢力の事業を、より組織的に、より大規模に、そっくり藩自身の事業として肩代わりしようとする政策であった。》

《三年目にして一万両を超えた利益は、翌年には投資額をこなして三万両の壁をつきぬけ、一気に五万両にせまる勢いとなった。商売の上では、師の方谷の先輩である事をひそかに誇りにしてきた矢吹久次郎の自負心など木端微塵である。あらためて底知れぬ方谷の実力を目のあたりにして、久次郎は脱帽するよりほかはなかった。》

《江戸での産物販売の巨利は、年々増加の一途をたどる江戸藩邸の維持費をはるかに満たし、大坂の銀主の負債を前倒しで償却していった。道路や河川も整備され、旅人は松山領内に足をふみ入れると、そのたたずまいから備中松山領内にたどりついた事を肌で感じたという。名だたる大坂商人も言葉を失う空前絶後の財政改革が展開されたのである。》

文中の矢吹久次郎とは、備中北部の天領今市村（現新見市今市）に居を構えた豪族で、屈指の富豪であり大庄屋であり、方谷の学問上の弟子でもあった。著者の矢吹邦彦はその末裔である。そういう関係から著者独自の資料に基づいていて、右の記述も、出典や根拠は明記されていないが、記述は信憑性があると思われる。

【御用金の置き場所】　前章でふれた「十万両の蓄財」について少し補記しておくと、何時であったか、たまたまテレビを点けると、時代劇のドラマで、盗賊が土蔵に押し入り、千両箱を幾つも運び出す場面であった。「十万の貯金」の根拠を調べていた時だったので、ふと「方谷が、藩主勝静の前に千両箱を百個積み上げて見せるというような証拠まで、求めるわけではないんだが」とつぶやいて、思い出した。

方谷は、たしかに積み上げたのである、しかも千両箱をである。

迂闊なことであった。全集の「和歌及び俳句」に、次のような句があった。

《　あまたの御軍用金御広間に出し置かれて大事にせよとおほせ事ありければ

金よりは何処《いずこ》命の置きどころ》　（全四四九）

いつの吟かは確定できない。折に触れて読み捨てられた感のある十九句の中の一句である。軍用金の置き場所は御広間と決まったが、さて、我が命の置き場所はどこであろう、という無季の、戯れの句である。軍用金が多過ぎて、他に適当な置き場所がなく、御広間に出し置くことになったということであろう。

方谷の明治以後の詩に「十万の貯金一朝にして尽きる」という一節がある。これは、最初の元締役辞任の七年後、元治元年第一次長州征討（一八六四・七）と慶応二年の第二次長州征討（一八六六・六）で、出陣の費用に使い尽くされたことを云うのである。仮に、その十万両を、俳句にいう広間に積まれていた軍用金がそれに当ると仮定してみれば、広間以外に置く場所がないほどの金額ならば、千両箱が五、六ということはない。おそらく数十箇はあったであろう。すると、方谷が言う十万両の貯金とは、広間に出し置かれた軍用金に当て嵌めてもいいのではないか。これは憶測もしくは当て推量だが、そう推測しても、矛盾する事例も見当たらず、逆に、それだけの蓄財がなければ、成し遂げられなかったであろう事例は、つまりそれを支える傍証ならば、次々と出てくるのである。

「この時先生（方谷）度支《たくし》の本職を去られたれども（安政四年の元締役辞任）、尚《なお》参政にて御勝手掛《おかってがかり》たり」（年譜・三島中洲の注）。参政は家老次席、御勝手掛は財政総括役で、藩政改革成就をうけて、方谷は元締役から昇進しているのである。借財を返還しただけではなく、蓄財が出来た上での、昇進であろう。

方谷の元締辞任時に、文武の興隆のためには財を投じて惜しまず、甲冑《かっちゅう》武器を、藩が購入して貸与した。その費用はすこぶる巨額に上ったという。又大砲を数十門も鋳造して、城門内に陳列していて、諸藩より視察に来る者は、小藩には不似合いなほど、武器が精備されているのに驚かない者はなかったとある。加えて、元治・慶応と、二度の征討出陣費用をまかなっている。改革を成就して安政五、六年か、文久期に、十万両程度の軍用金が用意されていたことは、肯定されてもいいであろう。

これを仮説としてまとめておけば、御広間に出し置かれたあまたの軍用金とは、文久期ごろまでに蓄積された十万両で、その後の二度の長州征討で使い果たされた、ということになる。

注・『魚水実録』三六八頁、「大小銃砲鋳造上申書」にも、「御広間御積立金の内大判丈は引替有之度候事（八月廿六日　元治以前なるべし）」とある。

【松山藩は方谷の改革によって維新後まで存続できた】　ここから私たちは、幕末の動乱から明治にかけての方谷を追うことになるが、方谷の改革にひとまずの締めくくりを付けるために、もう一つ引用しておきたい。

《撫育方の藩政史上に果たした役割はまことに大きく、廃藩まで松山藩の活動資金は、ほとんどこの撫育方に仰いでいたことはいうまでもない。三島中洲はこのことに言及して、明治期の当初、朝敵となって、岡山藩の占領下にあった松山藩は、収納（年貢米の収納である）を岡山藩に押さえられていたゆえに、この期間中の莫大なる内々の入費はみな撫育方より支出し、残りは、後に国立八六銀行の設立にあたって銀行株金とした。五万石の松山藩が二万石で再興された時、他の二万石の藩より豊かで、勝全《かつなる》公の分家もできたのは、この撫育方のお陰であり、また、勝静公と方谷先生のお陰である、と述べている（『昔夢一班』）》（『岡山県史』）

方谷の改革は、財政難で存亡の危機に陥った松山藩を救っただけではない。そこに新しいシステムを導入し、それを繁栄させ、存続させ、維新の動乱をくぐり抜けさせ、無事に新時代につなげた。

第八章　了

第九章　松山藩財政改革成就

1　松山藩財政改革補記、冗費節約・新借と旧借・破債

【雲の中の龍が自在に出没する】　安政三年四月、方谷は、藩主勝静に「御《ご》改革《かいかく》以来《いらい》御《お》勝手《かって》御《お》仕法《しほう》略立掛候《ほぼたちかけそうろう》」と書き送った。「財政建て直しは漸く成就《じょうじゅ》の見通しが立ちました」の意である。（全一一五五）

「安政四年正月　五十三歳

一、元締を罷む、大石隼雄《はやお》之《これ》に代る。（後略）

一、先生始て元締となりしより、茲《ここ》に八年。嘉永癸丑《かえいきちゅう》の干害、安政乙卯《いつぼう》の地震、及び乙卯丙辰《へいしん》の米価暴落等、災厄《さいやく》頻《しきり》に至る。殊《こと》に我公寺社奉行に上り、費途益々多きを致せるも、略（ほ）ぼ十万金の負債を償却せるのみならず、後遂（つい）に十万の余財を見るに至れり」（年譜）

注・嘉永癸丑＝嘉永六年。安政乙卯＝安政二年、乙卯丙辰＝安政二、三年。

長い眠りから覚めて、山を降りた蝸牛が、不意に江戸に呼び出され、異数の抜擢で、一藩財政を思うままに操る全権を与えられると、またたく間に、十万両の借金を返済し、十万両の貯蓄をこさえてしまった。前章まで、改革の経緯を、出来るだけ根拠をもとめつつ辿って来たつもりだが、負債は返却し、貯蓄ができ、改革は成就して、方谷は元締役を辞任した、といわれても、その財政操作手順の詳細は、はっきりとは見えてこない。膨大な文献資料を覗いてみても、まるで、地図も磁石もなしに、深い密林に迷い込んでいたが、気がつけば、森の外へ放り出されたような気分である。

方谷の愛弟子、三島中洲はこんなことを云っている。

《方谷先生は、時に応じ機に臨み、変通自在で滞（とどこお）るところがなく、常軌《じょうき》では測ることのできないところがあった。例えば雲の中の龍が自在に出没するようなもので、捉えがたかった。しかしながら、至誠惻怛《しせいそくだつ》の四字を以てその睛《ひとみ》を点ずるならば、先生の精神を失わないであろう。》

（『入門　山田方谷』より）

中洲にしてみれば、常軌では測られない異能に、日々接する驚きを口にしたまでであろうが、愛弟子中洲もまた、方谷という龍は捉え難かったようである。

前章で、改革の経緯をたどりながら、触れることが出来なかったことがいくつかあるので、重複する処もあるかと思うが、補記として触れておきたい。

【冗費は必要経費の三分の一】　藩政改革開始の初年、嘉永三年には、方谷に、藩財政収支の大概を示した「凡積」（およそのみつもり）とか、「大計」と題した文書がいくつもあって、全集は、その七編を収録している。本稿でもすでに五番目の「元締奉職当初財政収支大計」（全一一八四）を、「表Ⅰ」として前章に引用しておいた。七番目の「Ⓐ御入用高《ごにゅうようたか》凡積《およそのみつもり》」（一一九〇）は、主要項目のみを簡潔に記して、判りやすいと思うので、この文書を横書きの表に改め「表Ⅱ」（次頁）とした。

「表Ⅱ」は墨と朱を使い分けている。朱字は「御改革に付減少高」、つまり改革によって節約できる費用である。それによると、これまで年度の必要経費とされてきた二万四千両余の、三分の一にあたる「七千四百両余」が、朱字＝冗費《じょうひ》として、節約することができたとされている。これは驚くべき高額である。この朱字の中の、Ⓧ御借財利金の減少については、後で再度触れることにしてⓍと名付けて除外しておく。（説明が複雑になるので文書ⒶⒷⒸ、語句ⓍⓎⓏなどと適宜符号を付すが、ご了承願いたい）

「寛隆院様上金」は、前藩主勝職《かつつね》公にかかわる必要経費であったが、公の逝去によって不要となったので「丸減」としてある。これと他の減少、すなわち緊縮に努めた結果、合計七千両余を節約できた。これを藩の年間入用高二万四千両余から差し引くと、一万七千両となる。この額ならば年貢の収納、つまり歳入によって支払うことができるばかりか、千両の余剰（黒字、同文書の最後にある御臨時引当）が出ることになった。ということは、松山藩の会計収支は、年々の収納（年貢）だけで、すべての必要経費をまかない、三千両の減少となった御借財利金《おしゃくざいりきん》を支払い、なお、千両の黒

御入用高凡積　（全 1190）

1、1,300 両		江戸御公務御番所用共
1、1,300 両		御参勤入用金
1、1,250 両	丸減	寛隆院様上金
1、1,500 両		上々様一切上金
1、3,800 両	280 両減	江戸御家中渡米代金
1、4,000 両	500 両減見込	江戸諸向入用金
小計12,700 両		
1、3,000 両	500 両減見込	御在所諸向入用金
1、1,000 両	300 両減見込	大坂京都入用金
計 16,700 両	減金計 2,800 両	

○御借財利金凡積

1、2,000 両余	1,000 両減見込	大坂
1、3,000 両余	1,500 両減見込	御在所
1、2,000 両余	500 両減見込	江戸
計 7,000 両	減金計 3,000 両	

○御改革に付減少高凡積

1、2,800 両	御入用金の内前朱書通
1、3,000 両	御借財利金の内前朱書通
1、400 両	江戸御家中渡米の内一割
1、700 両	御在所御家中渡米の内一割
1、500 両	町在中取締に付
計 7,400 両	

○出入凡積

1、16,700 両	御入用高	
1、7,000 両	御借財利金	
計 24,000 両余	内 7,000 両余	減少高
残 17,000 両	内 18,000 両	御収納米払高
差引残 1,000 両過金	御臨時引当	

表 Ⅱ

字が出るというのである。

かなり厳しい節約であったかもしれないが、足りなければ借りる放漫財政を改め、緊縮財政をとれば、貧乏板倉はひとまずは返上できるのである。方谷の改革は、何よりも、年貢などすべての収納（歳入）の範囲内での、借財に頼らない健全財政維持が可能なことを示している。
すると、紙上の計算ではあるが、本田検地による困窮とは、Ⓨ放漫財政の言い訳に過ぎなかったのではないか。これについても、後に方谷ははっきりと指摘しているので、これも後述とする。

【旧借と新借】　放漫財政とは別に、年貢の米の価格は、年々の豊凶によって相場変動が激しく安定しない。さらに安政二年の大地震などの自然災害、また幕命による夷船防備の課役《かえき》など、臨時出費も手あてしなければならない。これらは、千両の黒字だけではとうてい足りず、負債は旧借ばかりでなく、次々と新たに借金を重ねる情況が続いていた。これらはどのように処理されたのか。

《　Ⓑ安政元年改革後十年財政積《みつも》り（上申書）（全一一九七）
卯年（安政二年）引き続き大御臨時入用《だいごりんじにゅうよう》出来《しゅったい》、異国船・地震・風破・松山勝手・御役成《おやくなり》、都《つ》合《ごう》五ヶ条の御入用に付、そのつまり大阪表九年割、七年割、五年割、の御借入と相成《あいなり》、年に元金二千三、四百両、利金千三、四百両、元利合計三千六、七百両宛払出《あてはらいだし》と相成候上、御役成年々差引、是迄《これまで》より千両位出増に相成可申《もうすべく》、都合四千六百両の内、千両右前年積の過金引取候て（歳入の黒字を充当して）三千六、七百両の不足に可相成《あいなるべく》候事。》　（部分引用）

年譜の、嘉永三年十月に、方谷が、旧借十万両の返済交渉に大坂へ出向いた記事は、前章に引用したが、記事によれば、方谷は債主たちとの交渉において、藩財政の窮状を正直に暴露して、「返済の延期を要請して、今後また借債をたのまない、よって従来の負債は新旧に応じ、十年期あるいは五十年期を以て返済しようと言った」とあった。

また、年譜には、債主たちは方谷の誠意人格に感じ入り、「新任の元締は常器に非ず必ず為す所あらん」として、返済の延期を承諾したともあった。

しかし、この記事は、かなり大まかな説明で、前章では、誠意、人格だけでは、金儲けの達人たる大坂の債主を、唸《うな》らせ、返済延期を容易く承諾させるには、不足ではないかとする、愚考も述べておいた。これらの問題にかんして、Ⓐ Ⓑ文書からは、次のことが判る。

年譜の「今後復《ま》た借債《しゃくさい》を乞わず」は、今後は誰からも一切借債をしないという意味ではなかった。この後も、次々と新たな借債は重ねているのである。この新たな借債が**新借**で、大坂の債主との交渉以前からの借債を**旧借**（十万両）、とすべきであろう。

さらにⒶ文書の、御借財利金凡積は、「大坂千両減、松山千五百両減、江戸五百両減」と、利息の年額が三千両も減額を見込んでいるが、これは他の減額のように、藩内での節約とか引き締めによって生ずるものではない、どういう理由で減額になったのか。説明が前後しわかりにくくなるのを恐れて、ここに先取りして述べるのだが、このⓍ御借財利金の減額こそ、ずっと後年になって方谷が触れている、Ⓩ**破債**（借金踏み倒し）ではないかと想定される。留意しておいて欲しい。

② 改革初期と八年後の情況対比

これらの問題の理解に、さらなるヒントを与える文書を、資料中に渉猟《しょうりょう》して、ようやく、方谷文書嘉永四年に、「ⓒ借財整理着手《しゃくざいせいりちゃくしゅ》及《および》結果又其後《けっかまたそのご》ノ方略上申《ほうりゃくじょうしん》　存寄申上候覚《ぞんじよりもうしあげそろおぼえ》」（全一二九六）と題するものが目に付いた。日付は「四月八日」である。この文書の箇条ごとに、朱筆で、後年の注記が付けられており「当年改革より凡《およそ》八ヶ年に相成候」また「昨年来の御役（寺社奉行就任による経費）」という言葉があるので、安政五年に、方谷が朱筆で注をいれた文書である。改革一年後と、八年後の情況からする注記が、対比されているわけで、借財整理の経緯について、その一端を知ることができる好都合な文献と思われる。抄出引用する。

《ⓒ借財整理着手及結果又其後ノ方略上申　存寄申上候覚《ぞんじよりもうしあげそろおぼえ》（全一二九六）

一、江戸表《おもて》のことは、別紙（注・収録なし）に申し上げました通り、わが藩年貢収納から、藩中俸給合計を引いた一万九千両余の、七、八割は、江戸諸経費として、江戸へ送っております。この膨大な経費を詳しく取り調べ、切り詰めなければなりません。なんとか千五百両の減少がございませんでは、改革の目途《めど》が立ちません。（嘉永三年の記）

この段当時は減少になったが、近来の震災（安政二年の大地震）やその他の臨時出費、

さらにはまた昨年来の御役（安政四年の勝静の寺社奉行就任）などで、またまた多分の支出増となった。（安政五年の記）

一、大坂での借財の件は、昨冬（嘉永三年冬）出張し、交渉も決着いたしましたが、私内存では上首尾とは言えませんでした（引用者注・その理由不明、これも破債に関わるか？）。しかし、今年から江戸へ送るべき月毎の入用金、どうしても借用いたさねばならず、そのように致すつもりですが、これについては、考え抜いた私案がございます。すなわち、藩内の御用達から借り入れの分は、昨冬、約半分はなんとか返済致しましたところで、今後二、三年中には、必ず皆済に漕ぎつけ、その上で、江戸の月割り入用金を借り入れることにします。大坂は鹿島屋一軒だけは取り引きを残しておき、他の商人からの借り入れは一切停止します。「その廉《かど》を以て」（引用者注・原文にはこうあるが、その意味は、他の店からは借用しないことを条件に、ということであろうか？）古借の返金は、それぞれ千両と千五百両減額するよう交渉します。万一この交渉がうまくいかなければ、別に臨時非常の場合に備えての貯えができるよう（引注・その方法も不明）、依頼するとして、この二つの内どちらかになるよう、交渉するつもりでおります。しかしこのことは、前以ては、決して漏らさず、秘密にしておくつもりですが、内々ここにお知らせしておきます。

この段、一昨年（安政三年）頃より古借の負債は、だいたい皆済同様に整理がついたが、震災・寺社奉行就任のため、新たな借り入れができ、また七、八年もしなければ、残らず返済とはならないことになった。

一、……借財の方は、年々おおよそ五、六千両の減少と見積もっておりますが、予定通りには決して行かないものでして、臨時の支出、農作物の不作、米価格の暴落と、この三ヶ条のどれかに出会えば、たちまち予算は齟齬《そご》して（食い違って）しまいます。しかしながら、予算違いが五、六千両以下のことであれば、借財返金が遅れるばかりで、赤字になることはありません。一ヶ年の予算違いがあっても、改革成就が一ヶ年遅れることになるばかりです。そのつもりになれば、七ヶ年で済まなければ、八ヶ年でも十ヶ年でも、年限が延びるばかりで、肝心要《かんじんかなめ》の処は、借財を半減にまで持って行くことです。

この三ヶ条、改革後毎年どれかが発生し、その臨時増は年々二、三千両のことが続き、不作は嘉永六年丑の干害があり、米価は安政二年卯と三年辰の両年、見込みの価格より一歩二朱の違いで、一年の支払い合計は、両年は、四千五百両の増加で、一万両にもなりました。が、今年改革から八ヶ年にして、借財の方は、古借の分は半減どころではなくおよそ三分の一も残っていない。

（中略）

一、右は、昨年来元締役の大役を仰せをつかり、日夜御改革のことのみ苦心致して参りましたが、なんとしても御借財が、古借はさておき、新借だけでも八、九万両もありまして、利金の支払いも、ほとんど九千両から一万両にもなっております。これらの処理、とても私微力の及ぶものではなく、御役辞退申し上げる外はないかとも考えましたが、思し召しの忝さ（かたじけなさ）に、お応え申し上げようと、さまざま工夫を凝らしまして、右申し上げて参りました処まで、処置をつけました。この上の処どうなりますか予想もできず、心痛のあまり、これまでの情況ひとまず申し上げた通りでございます。（後略）》

（三島中洲の右文書への注記・後年余〔中洲〕が度支《たくし》〔元締役〕たるとき、一ヶ年大凡《おおよそ》五万両の収納なりし故に、先生の改革されたるときは、新借にても二ヶ年の収納丈《だ》け借りたるものと知るべし）（ルビ引用者　二ヶ年の収納とは、金額にして十万両と想定される）

引用者の意訳で、右のように解釈した。断片的な引用で、解りにくいかもしれないし、誤訳もあるであろう。大方のご教示を願っておきます。

借金返済については、やはり単純ではなく、苦心惨憺している様が窺える。入用費減少に努め、借財返済に奔走し、右の朱字書き入れに、「古借の分は半減どころではなく、おおよそ三分の一も残っていない」とあるのをみれば、借財返済は、順調だったのであろう。

右文書に、一昨年（安政三年）頃より古借の負債は、だいたい皆済同様に整理がついたとあるが、方谷が「財政の建て直しは、ようやく成就《じょうじゅ》の見通しが立ちかけました」と、勝静に上申したのも、同じ安政三年である。財政改革の成就は、古借の皆済が、目処《めど》となっているようである。安政五年の朱字書き込みでは古借の分は、三分の一も残っていないとある。安政三年の時点で、すでに「成就」

の見通しが立ったとしたのは、確信をもってそう言い切れる、充分な見通しがあったのであろう。もう一つはっきりしたのは、借財は、新借と古借を合わせて十万両ではない。古借が十万両、別に新借がおよそ十万両（三島中洲のいう二ヶ年の収納）である。

借財返済の、私たちにも判るような、詳細な記録が残されていないのであれば、ここからはまた仮説として述べるほかはないのだが、負債を返済し、年々の臨時出費に対しても準備ができ、さらに十万両の貯蓄、ということになれば、それらを可能にするのは、撫育所による生産の増加、産物所による商業収益の増加による収入のほかは、考えられない。だが、この収益は、方谷文書（遺稿）のどこにも記録が残されていないようである。

注・撫育所は「年譜」の呼び方である。本稿では、それを踏襲してきたが、方谷自身は撫育方と呼び、資料によっては撫育局ともあり、統一されていない。

3　撫育所

【撫育所仕込について】　正規の年貢収納以外に、利益収入を計ったのが、撫育所であった。方谷文書の「撫育局設置の主意及名義」（全一三四七）には、「年貢《ねんぐ》租税《そぜい》歳入《さいにゅう》以外の一切の国庫収入を扱う部署で、正規の租税以外は、どんなに小さな収益でも、まずこの部局に収納された後、御勝手（財務局）から入用金として支給される」とある。

この「撫育局設置」文書は、年月日が書かれておらず、内容からも何時のものか推定できないが、方谷文書の「御勝手御法凡積覚」（全一一八六）は、文中に「当戌年《いぬどし》」つまり嘉永三年とあって、ここに次のような言葉が見えている。

「金二千両　撫育方仕込入用」

「金一万両　撫育方、産物方、生育方、仕込元」

仕込入用、仕込元とは、その額からして投資金のことと理解されるが、そうだとすれば撫育所は、方谷が改革に着手した初年度の、嘉永三年にはすでに投資がなされていたことになる。

外部資料の中では、唯一投資に具体的に触れたものがあって、前章で引用しておいた。重複するが、矢吹邦彦著『炎の陽明学』に、撫育所の鉄製品の生産と産物所による販売が、「三年目にして一万両を超えた利益は、翌年には投資額をこなして三万両の壁をつきぬけ、一気に五万両にせまる勢いとなった」とあった。

嘉永三年に「仕込み」（撫育方などに投資して）改革四年目にして、年貢とは別途の、多額の現金収入があったのである。このことなどが、改革「成就」と言わせているのではないか。ところが、これについて方谷は、何も記録は遺していないようである。

方谷は、改革初年度の嘉永三年に、大坂の債主たちとの面談で、「常軌にあらず」と言わせた根拠を、筆者は、その紙幣改革論と、撫育所による商品の生産、運送、販売としておいた。これは必ずしも、筆者の空想ばかりではなかった。この金儲けをぶつけられて債主たちも、唸《うな》らざるをえなかったであろう。

もしも矢吹氏の記述通りならば、十万両の負債償却は、いとも容易だったであろう。当然そのくらいの収益はあったと考えられるのであって、それが無かったならば、松山藩政リストラは、成就とも成功とも言えず、会津藩、仙台藩などの優秀な情報探索家が視察に訪れ、驚嘆すべき改革成功を書き遺すこともなかったであろう。この後、七千百五十両を投じて西洋帆船快風丸を購入することなどできなかったであろう。河井継之助が方谷の許を訪れ、方谷先生の財政手腕は、越後屋の番頭もつとまると言い、十ヶ月後に去るとき、方谷に向かって三度の土下座をくり返すことも無かったであろう。また、明治維新後の新政府が、方谷の出仕を熱心に慫慂《しょうよう》することも無かったであろう。それらをことごとく、撫育所の収益が支えたのであって、それが無かったならば、備中松山藩の幕末史は、まったく別の様相を呈していたはずである。

こう考えてくれば、嘉永三年に藩政改革がはじまって、わずか七年目（六年後）の安政三年に、方谷が「成就《じょうじゅ》の見通しが立」ったと述べたことも、充分にうなづけるのである。

【身分制度というヒエラルヒー】 方谷改革の中心となったのは、殖産であった。金儲けである。方谷はこれを「撫育」と呼んでいる。今や、農民の中にも豪農と呼ばれる者が続出し、藩が収納した米の売買を引き受けている商人たちも、莫大な利益をあげている。これにひきかえ、武士の収入は、年貢の収納一つしかない。借金が膨大にふくれあがり、窮乏にあえぎ、その結果、義を見失ってしまった武士たちの藩の、財政を立て直す方法は、ただ一つ、庶民と同じように、金を儲けることだ。藩自身が、新たに収入を得る産物を創り出し、それをみずから売ることだ。

こうして、藩財政改革は、二百五十年続いた徳川幕府体制の根幹である、身分制度というヒエラルヒー（身分による階層的構成）の堅固なピラミッドを、突き崩すことになった。

そもそも松山藩にかぎらず、財政逼迫に苦しんでいない藩はほとんどなかった。そのこと自体が、原因がどこにあるかを明白に語っている。幕府の成り立ちそのものが、古びて使い物にならなくなったのである。幕藩体制そのものの矛盾が露呈しているのだ。古い体制は崩れ去り、新しい体制が築かれようとしている。方谷にはそれが見えていたと思う。

【義利一体化】　徳川幕府という古い政治体制は終焉をむかえ、新たな国家体制が生まれようとしている――儒学の言葉を借りれば、天の命が革《あらた》まって、備中松山藩はその魁（さきがけ）として、改革を行なおうとしている。方谷はこれを「天職」と言った。改革は単に財政のリストラではない。やがて、義と利を合して富国強兵策を採ることになる明治維新を先取りした、幕府崩壊の予言、また、来るべき国家体制としての、皇室を中心とした新たに生まれるべき国体への言及も、まさにその洞察を物語っている。

方谷の詩作品の中では、一篇だけであるが、改革事業が、義と利一体化であることを詠んだ次の

ような詩もある。(引用者意訳)

感あり賦して撫育方諸吏に示せる作。

書して江戸邸産物方の谷君の需《もと》めに応ず。

大勢の工人の働きが藩を救う財貨を生みだすのだ

撫育所事業の功績もそこにこそある

武士の義と、工人の利との差は、髪一筋

武士と庶民の違いなどありはしない

(宮四一八　＊補注1章末)

【身分的軋轢《あつれき》】　諸吏は役人たちである、庶民ではない。武士が撫育所で働くといっても、生産や販売に直接たずさわるようになったとは考えにくい、多くは差配や管理にあたっていたかと想像されるが、それでも、いきなり武士と庶民の違いなど無いと言われても、気位や誇りから、工人や商人に立ち交じって働くことには、武士たちもすぐにはなじめなかったであろう。そういう武士たちに、財貨を生み出す仕事も、藩にとっては欠くことが出来ない大切な仕事だと、諭旨《ゆし》(教えさとす)する言葉が必要だったであろう。江戸産物方は生産業ではなく、商品販売の商業的な仕事であるが、ここの「谷君が需め」たのも、同様の言葉だったのであろう。右の詩は、「士民撫育」を天職として推し進めてきた方谷の足下《あしもと》でも、身分的軋轢《あつれき》が、くすぶっていたことを物語っている。

4 破債とは何か

【暴残債を破る】　さて、前に保留しておいたⓍ御借財利金の減少と、Ⓩ破債（借金踏み倒し）について、ここで触れてみる。明治五年のことを先取りするが、この時方谷は六十八歳、小阪部（現新見市大佐）に移住して、塾を開いていた。宮原信著『山田方谷の詩――その全訳』に、「三島中洲来りて余を小阪部《おさかべ》の寓居に訪う。詩あり。贈らる。読みてその後聯《こうれん》に到り、感慨に勝《た》えず。席上、次韻《じいん》三篇。後の一篇に竊《ひそ》かにその感を述ぶ。唯中洲のみ知るあり」とあって、同じ韻字を用いた詩（次韻）が三篇（宮九四〇、九四一、九四二）続き、さらに「三島中洲の韻に次す　二首」と題する詩が二篇（宮九四三、九四四）ある。

中洲は、十四歳で方谷に入門し、松山藩士となって元締役も勤めたことのある、いわゆる子飼いの愛弟子であった。この時の、方谷訪問は、中洲が朝廷の徴命《ちょうめい》をうけて、明治新政府に出仕すべきかどうか、隠遁同様に引きこもっている方谷に、相談に来たのである。方谷は出仕に強く賛同した。それにはまた触れる折があるだろう。ここでは、Ⓩ破債のことのみに触れる。「宮九四三、九四四」の二詩篇を、宮原信の訓読・訳をそのまま引用しておく。

暴残　債を破る官に就きし初め

天道は還るを好み籌《ちゅう》（はかりごと）疎ならず
十万の貯金一朝にして尽く
確然と数は合す旧券書《きゅうけんしょ》

（訳）わたくしは元締役についた手はじめに、藩の負債をふみたおすという乱暴でむごい手段をやってのけた。天道というものは、もとに還ることを好むもので、その計画はぬけ目なくめぐらされている。征長の役でわが藩は十万両の貯金を一ぺんに使いつくしてしまった。この金額は、ふみたおした旧証券の額とぴったり符合している。

（宮九四三）

債を破り財を治めて俗流を逐う
靦然《てんぜん》として自ら称す聖門の 儔《ともがら》 と
邦の為に剰得《じょうとく》す人情の悪
勇かつ知は方《まさ》に仲由に恥ず

（訳）負債をふみたおして、藩の財政をたてなおすという俗輩のやり方を自分はとった。その上あつかましくも自分で自分を孔孟の徒だとうぬぼれていた。藩のためだとはいえ、人情の上からいうて残酷なよくないやり方であったことに気がつく。いまになって勇気と知略とともに子路に遠く及ばない自分であったことをはずかしいと思っ

ている。　　　　　　　　　　（宮九四四）

【負債をふみたおしたという方谷の告白】　二つの詩は、ともに「債を破る（破債）」つまり「負債をふみたおした」という方谷の告白である。この破債ということが、先に引用したⒶⒷ二文書の、意味不明な箇所へのヒントを与えてくれると思われる。詩は、破債は官（元締役）に就きし初めであったという。方谷は元締となり、改革を開始した嘉永三年十月に、大坂に出向き債主たちに、負債の返済に関して交渉している。その結果であろう、Ⓐ文書では、御借財利金合計三千両減少している。Ⓑ文書では「古借の返金は、それぞれ千両と千五百両減額するよう交渉します」である。

この二つが、直接「破債」と繋がると想定するのは、

一、前の「破債」を告白した数詩篇の詞書に「唯中洲のみ知るあり」とあって、破債のことは誰にも語っていなかったと思われること。

一、「債を破る官（元締役）に就きし初め」に該当すること。

一、減額は、ただ交渉するとだけあって、担保とか、他で償うとかの理由が全く無いこと。

一、方谷は、債主たちと「血みどろの交渉に明け暮れた」（魚前一一九）とあったが、それが「利金減額」の交渉と思われること。

一、これは、他からの教示だが、方谷は、古借を、新借に振り替えたのではないかという。つまり、古借を返済するに、藩の財政状況では、元金利息とも皆済するには、五十年はかかる。そこで、

古借を、新借として借り換え（全額ではなく一部であったかも知れないが）、短期に返済できるようにするが、その際、古借の返金は、千五百両の減額を承知して欲しい、と求めたのであろうというのである。

このように考えれば、至誠の人方谷が、その交渉を「破債＝踏み倒し」と呼んだ理由も、その破債を大坂の商人たちが承諾したらしいことも、また、この新元締は、油断のならぬお人だ、と認めたことも、理解できるのではなかろうか。

敢えて、仮説ともいえない素人の想像を書き並べたのも、方谷改革の真相を具体的に知りたく、大方の御教示を期待してのことである。

5 徳川幕府三度の洗濯論

【ペリーの黒船艦隊江戸湾進入】　嘉永六年六月三日、午後五時、「太平の眠りを覚ま」して、四杯《しはい》もの巨艦の黒船が、江戸湾入り口、三浦半島先端の浦賀沖まで進入してきた。アメリカ東インド艦隊司令長官ペリーが率いる、蒸気船二隻と帆船二隻の黒船艦隊である。

七年前の弘化三年（一八四六）、すでに、同じアメリカ東インド艦隊司令官であったビッドルが、二隻の帆船で浦賀沖に来航していた。当時、太平洋で盛んに捕鯨を行っていたアメリカは、嵐などにおける捕鯨船の避難港、また、アメリカから中国へ向かう航路の、石炭・水・食料の補給港を、緊急に日本に求めていた。しかし、鎖国は日本の歴史的国禁であると、交渉に当たった浦賀奉行に開国を拒絶されると、ビッドルは穏やかに浦賀を去っていた。

新たに来航したペリーは、ビッドルの穏便なやり方では、日本を開国させることは出来ないと考え、日本の鎖国を「天の理に背く罪」として、開国をなんとしても——戦争となる危険を冒してでも、実現させようと、四隻の戦艦を、浦賀の海岸線に平行して縦列に並べ、陸地に向いた側の船腹の砲口を、開いたまま停泊した。

【幕府の対応策】 ペリー来航の直前、当時幕府の奏者番を勤めていた板倉勝静は、参勤交代で出府していたが、幕府の対応策を、方谷に伝えている。

《ペリー艦隊来航の一件は、誠に天下の一大事なりと、心配いたしておる。来年早々には再び渡来するという。その節の幕府の返答次第によっては戦闘となるかもしれぬ。その覚悟をしっかりしておかねばならぬ。幕府御役職方の意見は、二つに分かれている。一説は、アメリカの願いは一切認めず、わが祖法の鎖国をどこまでも貫くこと。一説は、ここは臨機応変の処置として、アメリカの願いの内一、二件だけは、四、五年を限って聞き届け、その間に武備を整え、準備成った処で退去させる。もしも相手が承知しなければ打ち払って追い返す、というものである。余の考えは前説に決している。もしも前説が採用されて、開国願いはどこまでも拒否するということになれば、場合によっては、戦闘となるであろう。そうなったら、防備資金の準備は又々大変なことだろうと思う。（中略）そなたの考えもあるだろうから、遠からず出府して聞かせて欲しい。詳しくはその折りに》

（嘉永六年九月一日付魚前一四）

翌安政元年正月には、ペリーは「再び兵艦七隻を率い浦賀に来り、進みて本牧《ほんもく》に泊し、空砲を発し海底を量る。副将遂に進みて品川湾に迫る。老中阿部正弘仮条約を締結し、下田・箱館・長崎三港の開設を約す」（年譜）

【吉田松陰密航を企てる】　この時、長州藩の吉田松陰は、師の佐久間象山《しょうざん》の示唆《しさ》で、異国の事情を自らの眼で確かめようと、下田港に碇泊中のペリー艦隊に、深夜艪舟《ろぶね》で漕ぎより、秘かにアメリカに連れて行ってくれるよう懇願した。ペリーは松陰の壮志に心動かされながらも、日本を開国させるという最大の目的が、松陰の密航に手を貸すことで、失敗に終わることを怖れ、松陰の願いを拒絶した。アメリカ艦便乗の計画が破れると、松陰は自首して捕らえられた。翌月には師の象山も連座して罪せられた。吉田松陰はこの六年後には、大老井伊直弼の安政の大獄で刑死するのだが、方谷はその頃、幕府老中となっていた主君勝静の顧問として、大獄で捕らえられた人々の救済に努力することになる。

【方谷一隊の兵士を率いる】　安政元年三月三日、日米和親条約が結ばれると、七月にはイギリスと、十二月にはロシアと、和親条約が結ばれた。

わけてもロシアは、プチャーチン提督がいきなり大坂湾に乗り込み、吉田松陰の西国防備急務の警鐘を、裏書きすることになった。この時、京都の尊皇家梅田雲浜や十津川郷士などが、ロシア艦の襲撃を計画していたが、プチャーチンが幕府の要求に応じ、大坂湾を出て下田に向かったので、動乱には到らなかった。しかし今度は下田で、ロシア艦のディアナ号は、安政地震の津波に巻き込まれ、航行不能となり、ついには沈没してしまった。こうした不運の間にも、ロシアと幕府との外交交渉は続き、十二月二十一日、下田・箱館・長崎の開港、千島列島の択捉《えとろふ》・ウルップ間を、日本・ロシアの国境とし、カラフトは両国雑居地とする、日露和親条約が締結されることになる。

一方、プチャーチンの大坂湾侵入にあわてた幕府は、急遽、西国諸藩に夷船防備強化を命じた。松山藩では、この防備計画も方谷に命じ、方谷は藩政改革の最中、山陽沿岸の海防巡視をおこなっている。

安政元年晩秋、ロシアの軍艦が大坂港にまで侵入してきた。山陽海岸の警戒を厳重にせよと幕命が下った。私も藩命を受けて瀬戸内の何処に砲塁を築くべきか巡視した。

播磨灘は東に開けて、水天一体となる
風波荒き波濤の何処《いずこ》に、夷艦は泊しているのか
秋の渚に大鳥《おおとり》舞えば、急使の飛来かと疑い
暮山に雲かかれば、戦の狼煙《のろし》かと危ぶむ

私は詩書に親しみ藩文学として仕えてきた
今や騎馬して一隊の士を率い
轡《くつわ》を抑《おさ》えて十里の湾頭に観望している
防備薄きに侵入する夷艦《いかん》を防ぐ砦《とりで》は、何処が有効かと
（宮四二〇）

海防の詩は、右の詩を冒頭にして十首もの連作である。詩興をそそられると方谷は、泉のように詩が湧いてくるらしい。この海防の連詩などは、そうした気分の高揚とともに、無邪気な誇らしい気分さえ感じられる。

山陽沿岸海防巡視に関連しては、津山藩より植原六郎左衛門を招き、「玉島海上船軍稽古搏《けいこうち》」という演習も催している。六郎左衛門は水軍の法を究め、また水泳術（神伝流）の師でもあった。松山藩でもこの機会に松山川に水泳場を開き、藩士にその術を講習させた。

【驚倒すべき発言】　そうした講習中の一日《いちじつ》、藩老が六郎左衛門を饗した席でのことである。山田方谷が、席上の誰もが驚倒したであろうと思われることを、公言した。年譜原文を意訳して引いておく。

《席上話題がたまたま世の成り行きに移ると、方谷先生が、徳川氏の命運もおそらく永くはない、その前兆《ぜんちょう》は歴々《れきれき》としている、と言いきると、これを指折り数えて指摘した。さらに語を続

けて、これを衣に譬えれば、初代家康公が材料を揃え、二代秀忠公が布に織り、三代家光公が衣服に仕立て着用した。以後歴代の将軍が皆襲用して、八代吉宗公が一たび洗濯をし、寛政改革の楽翁公（松平定信）が再びこれを洗濯した。以来汚れとほころびがひどくなって、新調しなければ使用に堪えられなくなったと言った。〔原注・この項当時国分胤之杯盤《はいばん》に侍してこれを熟聴《じゅくちょう》し、それを編者（山田準）に詳しく語った。それをここに記録しておく〕》（年譜）

自藩内のみならず、他藩士を迎えての席上、誰もが思いもよらぬ、徳川幕府の遠からぬ壊滅を、あからさまに断言した。その無謀さに驚かされるが、方谷自身は、警戒心どころか、不思議に思っていたようにも感じられる――幕府崩壊の予兆は、これほど明らかに見えているのに、どうして誰も気づかないのであろうか、と。方谷は自らの危険な洞察を、むしろ積極的に他藩にまで拡げようとしていたのではないか、とも思われてくる。

方谷が数え上げている徳川幕府倒壊の前兆とは、具体的にはどのようなことであったのか、資料はない。ただ、窮乏に陥った諸藩でも藩財政の建て直しを図り、国産の増殖つまり利を計りながら、拠《よ》ん所《どころ》なく借金を踏み倒したり、詐欺《さぎ》がましい行為に及ぶことを指摘した方谷の文書が幾つか残されている。すべては、義を本分とする者の、財政難から生じた堕落、利を求めての義の崩壊である。方谷はこんな処にも、幕府終焉の遠くないことを見ていたかもしれない。

＊補注1　百工　業を勉めば貨財通ず／撫育の事功　此の中に存す／義利　一差　毫釐《ごうり》の際《きわ》／士人何ぞ　市人と同じきを免れん　（宮原信による訓読）

第九章　了

第十章　板倉勝静の寺社奉行就任から罷免まで

1　板倉勝静の寺社奉行就任

【資料記載日付の信憑性】　『山田方谷全集』にしても、『魚水実録』にしても、大変な労作であって、明治維新の動乱期を越えて、これほどの資料を保存し、さらに出版にまで持って行った、松山藩の旧藩士たちの熱意は、その根底に、右『実録』の編著者国分胤之《こくぶたねゆき》が言う「天与の御家保護神《おいえほごしん》」方谷への、文字通り崇拝と言ってもいい感情があってのことである。単なる敬意や、資料保存のためばかりではなかった。このことは、あの膨大緻密な『全集』を編纂し、ほとんど唯一の方谷伝とも言える「年譜」を書き遺してくれた、方谷末裔の山田準にも、当然同じ指摘がされるべきところである。しかし、惜しむらくは、折角の労作が、それぞれの文書の日付および干支《えと》の当て方に、精確さに欠ける処があることである。

これら、リストラ成功の史料的根拠や、資料記載日付の信憑性などについては、折に触れてその都度取り上げてゆくほかはないのであるが、ここで取り上げようとする文書で、『全集』『実録』の両者に収録されている同じ文書の日付が、両者で異なっていながら、両者ともに精確かどうか疑問に思える文書があって、まずそれを考察する必要があったからである。

『山田方谷全集』に、「Ⓓ藩公寺社奉行ヲ命セラレ進退下問ニツキ答申」（全一一五五）と題する文書があって、日付は「四月」としか書かれていない。『全集』はこの「四月」に注記して、「安政四年、此歳八月勝静公は、寺社奉行加役《かやく》を拝命するのだが、本文書に四月とあるのは、前以て内旨《ないし》（内々の問合わせ）があって勝静公はこのことを、方谷に諮問したのであろう」（引用者意訳）として、文書の「四月」を、勝静が実際に寺社奉行に就任する四ヶ月前の、①**「安政四年四月」**としている。勝静が方谷に相談を持ちかけたのは、寺社奉行役への推挙を受け入れ、就任することになれば、かなりの額の役成《やくなり》とよぶ、就任時入用費が必要だったからである。

『魚水実録』「Ⓔ山田方谷先生上書」（魚前一七）も同じ文書を収録し（引用者注・細部に違い有り）、こちらは②**「安政初年の頃ならん」**と推測していて、両者には三年の開きがある。

①の「安政四年四月」とすれば、この時、藩公勝静の参勤は国詰《くにづめ》の時期で、松山に居た。そこへ江戸幕府から寺社奉行就任の内旨が届いたことになり、これを受けるかどうかを、同じ松山に居た山田方谷に下問した。その諮問に方谷は文書で答えた。両者とも同じ松山城にいて、寺社奉行役を受けるかどうか、という重要な問題に関する下問と答申が、対面ではなく文書で行われたことになる。あり得ないことではないが、不自然であろう。というのは、文書末尾で、方谷は自分自身の出処進退は――おそらくこれは方谷の、安政四年初頭の松山藩元締役辞職のことと思われるが――このことは、勝静公の奉行職就任問題とは別に、「口頭で申し上げる」としている。年譜は方谷の

実際の辞職を、安政四年の元旦から三月までの間に記している。これだと直接に進退伺いを述べる前に、辞職していることになってしまう。

『魚水実録』の、②安政初年についても、内旨から、実際に寺社奉行に就任したのは三年後というのは、少し間が空きすぎると感じられる。また方谷が自分の元締役辞任を口にするのは、藩財政立て直しがまだ成就していない安政元年では早すぎるであろう。

では、不自然さの残らないのは、何時かといえば、③**安政三年四月**である。

勝静は安政二年六月から、安政三年五月末まで参勤で江戸に居た。幕府は奏者番の勝静に、内々に、寺社奉行推挙を受けるかどうか打診した。勝静は国許の方谷に、遅くとも三月末までに、書簡で意見を求めた。方谷は安政三年四月付で返事を江戸に送った。だが、方谷自身の辞職については、この年五月には江戸に出るから、その時口頭でお話しするとした。

勝静は安政三年六月には帰国し、翌四年六月に参勤でまた江戸に出た。

すると、はからずも、その八月に、なんらのお手入れもせず、勝静は寺社奉行を命ぜられた。

勝静の参勤交代の江戸詰、国詰の時期、また、方谷の江戸行きの時期、辞職を始めて口にした時期等を勘案し、右のように考えると不自然さは無く収まると思う。

【幕府役職就任の諸問題】　前置きが長くなったが、以上を踏まえ、方谷答申の全文を意訳しておきたい。

Ⓓ藩公寺社奉行ヲ命セラレ進退下問ニツキ答申　（全一一五五）

《今日、幕府御役職にお就きになさるには、お手入れ〔原注・上長その他へ贈賄《ぞうわい》〕がなければ、就任はできないと伺っております。しかしながら、ご当家ご改革が始まって以来、ご家中諸役人には、とりわけ潔白正直に勤めるようご命じなさりながら、お殿様は、お手入れによって御役職にお就きになったと聞き及びますれば、お殿様の深いお考えもわからぬまま、ご家中にはご禁じなさりながら、ご自分では、ただただ御役にお就きになりたいばかりにお手入れなさったと承知し、御法令厳守も、段々と崩れて行くことになりかねません。これが第一の問題です。

現在お勤めなさっていらっしゃる御奏者番にしても、押合役（奏者番相互の連絡事務等を行う役）は格別なお役であって、藩中の御家法とは別で、一緒にしてはならぬとおっしゃっても、世間の風習になじむのは自然なことで、まして寺社奉行以上の高い御役にお就きになれば、お召し使いの者の数も多勢となり、御役に具わる権威に押されて、周囲の風習にも染まって行き、それに引きずられて、藩中に御命じの厳法も緩んで行くことになりましょう。これが第二の問題です。

御改革以来、財政の建て直しは、ようやく成就《じょうじゅ》の見通しが立ちかけましたところ、奉行職に伴う出費は膨大であって、ついては、借り入れをして凌《しの》ぐことになりますが、新たな借財はせぬとした財政改革の基本方針は、これにて崩れることになります。これが第三の問題です。

右三ヶ条の困難な問題があってもなおかつ、御役御就任なさるには、それぞれの問題をきちんと処理解決する方針を、たてた上でなければなりません。

一、右三ヶ条を処理するのは困難とお考えになり、仮に、お手入れ（贈賄）もなさらないで、御役御就任の幸運なチャンスが巡ってくるのをお待ちになり、ご自身は松山藩政にますますお励みになるとします。それは私どもにとりましては誠に有難きことではございますが、ここにも又問題が生じてまいります。それと申しますのは、お殿様の御役職御就任は、藩民一同熱望しておるところでございますが、お殿様ご自身は、御就任お望みは無いということになりますれば、それはまったくもって藩財政お立て直しのためと、藩民は受け取ることでございましょう。さりながら、財政問題は、その時々の運次第で、改革も失敗して財政難から立ち直られない場合もございましょう。俗に言う一も取らず二も取らずで、その結果、藩政にお励みのお心も挫《くじ》けかねません。そうなれば誠に以て申し訳もなきことでございますので、このところ、慎重にご熟慮下さいますよう、願い上げます。

右二つながら、どちらとも決め兼ねる処でございましょうが、私どもの意見を御求め下さいましたのでお答え申し上げますが、これまでの通り、松山藩政に何年かお励みなされましたならば、幕府もおのずと、お殿様のご功績をお認めになり、御役職への抜擢のチャンスも開けてくるかと存じます。あるいはそれでも一向にチャンスは巡った来ないこともあり得ますが、その場合は、まだチャンス到来の時節には恵まれていないのだと、お悟りになり、世上の運不運は一向にお気にお掛けにならず、お手入れに頼ろうとすることなどもお忘れになり、それによって浮いた資金何百両かは、別に積み立てて御置きになり、後にその積み立てた資金を以て、誰もが感服いたすようなお使い方をなされば、非難や嘲りもあり得ません。

それとも、右に取り上げました問題も、一つ一つ処理なさってお進みのおつもりでございますれば、それについてはまた私の考えも申し上げたいと存じております。

ここまでは御役職御就任につきお尋ねでしたので、憚《はばか》りもなく存念を申し上げました。

さて、それとは別に、わたくし自身の出処進退の件について、これは別に、直接口上を以て申し上げるつもりで居りますが、拠《よ》ん所《どころ》ない理由があって、お願い申し上げたのでございまして、決して感情の高ぶりのままに申し上げたわけではございません。宜しく御賢察の上、お執りなし下さいますよう願い奉ります。

四月（安政三年と訳者推定）　　山田安五郎　　（引注・前文省略）》

【洞察か天運か】　右の拙訳では、読み易さを考えて敬語表現はかなり省き、その敬意の程度は低くなっている処もあるかもしれない。原文は、いうまでもなく、主君と臣下の別は厳格にまもられて、礼はいささかも忽《ゆるが》せにされていない。こうまで行き届いた文書を提出されては、殿様としても「わかった」と、素直にうなずく外はなかったであろう。

ところでこれは、方谷の洞察だったのであろうか、あるいは天運というべきか、はた偶然か。お手入れもしなかった勝静に、驚いたことに、すぐにチャンスが巡ってきた。安政四年八月十一日、勝静は寺社奉行を命ぜられたのである。
そのことはすぐ後に触れることにして、ここで先に取りあげておかなければならないのは、方谷が元締役を退職したことである。

[2] 山田方谷の元締役辞職

【一藩理財の大権は常に先生の手に在り】　松山藩財政改革は、安政三年四月ごろには、成就の見通しが付き、早くも、翌四年初めに方谷は元締役を辞任した。松山藩の財政建て直しは、嘉永三年の開始から、八年にして成功を収めたことになる。

年譜はここに三島中洲の注記を加えて、「此《こ》の時先生度支《たくし》（元締）の本職を去られたれども、尚参政にて御勝手掛《かかり》たり。大石隼雄《はやお》・辻七郎左衛門度支の職にありしも、皆嗣子《しし》が父の監督の下に家政を執るが如く、大事は必決を先生に取り、一藩理財の大権は常に先生の手に在り」としている。

【余ひとりの力ではどうにもならぬ】　板倉勝静は、前に訳出した方谷の答申の通り（進退下問ニツキ答申　全一一五五）、寺社奉行就任を求めての贈賄（お手入れ）は一切せずに、チャンスを待とうとした。だが、思いがけなくも、安政四年八月十一日には、幕府から寺社奉行を命じられた。そこですぐに、十四日付で、国元の方谷に意見を求める書簡を送った。全文はあまりに長く、要約しようと思ったが、それでは、二人の間柄、それぞれの性格や立場、奉行役就任の経緯など、すべて伺い知ることが困難になる。拙訳だがやはり要約せずに引用しておきたい。

《Ⓕ藩公寺社奉行進退ニツキ特ニ先生ニ対スル下問収　（全一一五六）

常々の精勤うれしく感謝しておる。さて、このたび幕府より寺社奉行を命じられ、まことに有難いことではあるが、このことは、これまでたびたび話し合ってきたことで、この夏其方《そなた》が出府した折（引注・年譜「安政四年五月、先生江戸出府。六月公参府、先生従フ」）にも相談して、決めた通りにしようとしていたところ、思いも掛けず奉行役を命ぜられ、どうすべきかと心配致している。急なことでまだ様子もよく判っていないのだが、ご先祖義正院《ぎせいいん》（勝政）様が、天明・寛政の頃（一七八〇〜九〇頃）、寺社奉行をお勤めの時とは訳が違い、何事も儀礼荘重華麗となって、とてもとても長く勤めることは出来ないだろうと、心を痛めている。折角のご下命ゆえ、いったんは勤めても、様子を見て、早く辞職した方が良いかと考えている。とは云っても、一時でも就任することになれば、評席なども用意しなければならず、それにもよほどの費用が掛かるとのこと。その外いろいろ聞き合わせているが、就任当初どれくらいの費用が掛かるものか、年々の費用はどうか、内々に聞き合わせ探っているが、まだ確かな処はわからない。大概のところ、就任当初は四、五千両で、平年で二、三千両ぐらい掛かるらしい。これには苦慮している。

第一、余ごとき不才不徳にして、この大役がつとまるのか？

幕政に関わってばかりいて、国許《くにもと》の藩政がおろそかになりはしないか？

藩財政のことはどうするのか？

この三ヶ条のこと、きちんと処理できなければ、すぐにも奉行職は辞退申し上げる外はない。さきごろ、そなたが江戸を発って帰国した後、〔阿部伊勢正弘殿御逝去のこと、表向き正式に発表になった〕。その後の世のうわさによると、伊予宇和島の伊達家、出羽山形の水野家などは、権勢家へお手入れ致したとのことだったゆえ、今度の寺社奉行は伊達、水野の両家に決まるのだろうと思っていた。意外にも余（勝静）が命ぜられ、戸惑っている。まず一旦はお受けして、この冬十一月には、最初の月番に当たるということだから、この月番を勤めて、来年の春には退職願いを提出しようかと、内々に考えている。どうかそちらの考えを書簡で知らせて欲しい。役用費用のことは財政方からも、そちらへ知らせが行くと思うが、どうも又いろいろ苦労を掛けることになるが、一旦の処は何とか処理してくれるよう、相談の上、宜しく頼みいる。そちら国許でも苦労があることと思う。重役どもへも別に心得ておくよう伝え、家中はじめ領内各地へも、直書を遣わすつもりでいる。

とても今度の御役は、余ひとりの力ではどうにもならず、家中一同と領内で協力して勤めてくれるよう、どんなことでも気づいた事があれば、年寄共とも相談の上、何事も腹蔵なく申し出てくれるよう頼み入る。八月十四日（尚々書省略）》　（安政四・八・十四付　方谷宛勝静書）

（訳者注・文中〔　〕内は原文「伊勢殿表向発しに相成」である。これだけではその意味がはっきりしないが、老中阿部正弘は、この年六月十七日に三十九歳で亡くなっており、「表向発しに」はそのことが公式に発表されたという意味に解して訳した）

祖父楽翁（松平定信）のように幕閣に入り活躍することは、勝静の宿願でもあったが、それが一《いち》文《もん》のお手入れ（贈賄）をすることもなく、あまりにもあっさりと実現してしまい、勝静としてはかえって気後れしているようにも感じられる。

奏者番も、寺社奉行も、その役に就いた者が役所の費用を、みずから負担しなければならず、交際費も嵩み、藩の財政に余裕のある者でなければ務めることができない。藩政改革がようやく成就したばかりで、そうした費用の負担に耐えられるのかどうか、勝静には気がかりだった。

【方谷の右書簡への答申】　方谷は右書簡にも丁寧に応えている。これも長さを厭《いと》わず訳出しておく。

《Ⓖ藩主寺社奉行就職ニツキ三ヶ条答申　（全一一五八）

御抜擢の幕命をお受けなされ、御加役《ごかやく》（寺社奉行）の重大なる御任務に御就任まことにお目出度く、臣下一同喜びに溢れ、お祝辞申し上げます。御加役につき、お直筆のお文下され拝読致しました処、いちいちご深慮なさり、憚《はばか》りながら感嘆致しました。その核心を三ヶ条にお纏めなさいましたことにつき、愚案不行き届きながら申し上げます。
一、ご大任へのご就任に、まずご謙虚のお気持ち、感じ入りました。行く行くはさらに上の御大役（老中）に進まれる手始めでございますれば、このようなご謙虚のお気持ちでいらっしゃいますこと、もっとも至極と存じますが、身分の上下にかかわらず、男児と生まれましては、天下の諸事は何事にあれ、おのれがつかみ取るべき職分なり、と野心を抱くものです。それを、求めずしてご手中になさったとは、まさしく天が命じたお任務と言うべく、まして名門板倉家をお継ぎなさいましては、当然お就きなさるべきお役目でございます。この上、ご自分の才徳が、職務に堪えられるか否かは、ご精励の結果でありまして、今から自棄《じき》なお気持ちなどお持ちになるべきではありません。
しかし、それにつけても、この度、まず第一にお祝辞申し上げたきは、これまでほんの僅かのお手入れもなされずして、自然の流れのごとく、御役にお就きなされたことであります。これこそ出処進退の大切な節目でございまして、一生涯の心構えの善悪、功績手柄の大小、皆ここが分かれ目でございます。尚このうえ堅くご信念をお護りあそばされましたならば、天下の堕落した風習を矯正なさる基《もとい》ともなろうかと、憚りながら心よりお喜び申し上げます。

さてまた、御役向きあれこれの御仕事に就きましては、何もかも一朝にご修得出来ることではございません。新任先輩のご順序もありましょうし、思い巡らしても当分の間は、どうしたらいいか見当もおつきにならないかと存じますが、泰然と構えて御時節をお待ちになり、チャンス到来の時こそ逃さなければ宜しいかと存じます。このたびお手入れもなく御役御就任のことは、藩内は勿論のこと、お隣の藩中までも承知しており、お手紙にありました伊達、水野両家のお手入れも、隣藩でも承知しておるとのこと。出処進退の節目、怖れ慎むべきことでございます。》

3　藩財政逼迫は本多検地ではなく、役人の横道にある

【大馬鹿者の役人】　勝静の気後れを察知しての、簡潔な励ましの言葉である。しっかりと信念を堅め、泰然と構えていればよい、と。右とは別に、もう一通の方谷の答申が残されている。

《　Ⓗ藩公進退下問ニ就キ御勤抜《おつとめぬき》云々《うんぬん》及財政上ノ答申　（全一一五九）

御役を命ぜられ、お受けしてお勤めなさるべきか、御辞退なさるべきか、二者選一を国許《くにもと》役付にお尋ねにつき、ⓐ一同よりお答え申し上げました処と、私が申し上げた処とは、大きに異なっておりました。私としてはお勤めを貫き通されることこそ、この上なく宜しきことと考えております。その訳は、

一、現今の天下の形勢、

二、国許《くにもと》お留守中、藩政に緩《ゆる》みを生じないか、

三、御役入用の資金により、藩財政が逼迫《ひっぱく》するのではないか。
この三ヶ条を御心配なさってのお尋ねでしたが、一ヶ条の天下の形勢につきましては、私ども下々の者には、推量するばかりでよく判りませず、畢竟《ひっきょう》、お上のご処置なさる処です。そのほかの二ヶ条につきましては、何の御心配もなきことは、一言でお判りいただけます。

まず、二の松山藩政につきましては、このたび幕命のお役目は、日本全国六十余州の地の、千万人への政（まつりごと）をご担当なさるわけで、その隅々までも行き届かねばならぬお役目です。それに比べ藩政は、わずか二百里ばかり離れた地の、身内とも言うべき四、五万人の藩民への治政です。天下御治政のご苦労に比べれば、ご苦労というほどのことは何もございません。三の藩財政のことも同様で、天下の御政務とは日本国中が富み栄え、武威を世界にかがやくよう致すことであれば、その千分の一にもおよばない松山藩政などは、何の苦労もなく益々《ますます》ご改革行き渡り、武備も益々盛になってまいると存じます。

それゆえ、私が思いますには、幕閣としての御役目は益々ご熱心にお勤めなされば、それに応じて藩政も盛になり、有難きことと存じております。それにもかかわらず、御役就任には三ヶ条の御心配があるなどとおっしゃるのは、まったく合点《がてん》がまいりません。

もっとも、寺社奉行などの幕閣をお勤めの諸藩家の中には、そのような憂慮すべき御家もあって、藩政も崩れている例などをお聞き及び、松山藩もそのようになるのではと、御心配なさったとすれば、憚《はばか》りながら、ⓑそのようなご藩家のお役人は大馬鹿者であります。そういう愚者の例を御覧になって、ご心配なさるとしたら、さて、如何《いかが》なものでしょうか。そんな役人のことはお気になさらず、お心構えご見識高くお持ちになり、幕府奉行職をお勤め下さるよう願い上げます。もっとも、そのような愚かな役人のために、藩政もだらしなく、財政も崩れてゆくようであれば、幕閣として日本国の政治を担当するのも如何かと思われます。早々に御役職はお断りになるのが宜しいかと存じます。

なおまた、天下の形勢いかんによっては、明日にも御役職ご辞退ということも有り得ますが、これは私どもの力及ぶ事ではございません。さらに藩政二ヶ条のうち、行政に関しましては御家老御重職方の御役目でございますが、財政一条につきましては、私の役目でもございますので、別紙として書き取りさらに申し上げます。以上。

右別紙

藩財政に関し、財政逼迫いたしました根元の理由は、元締や吟味役の取り締まり不行き届きにもよりますが、なんといっても©財政実務を担当いたすものの、横道（おうどう）によるのであって、御勝手の役人が有りもしないことを言って、上司を欺いてきたことにあります。と申しますのは、藩国の行事や事業につき、費用損益をきちんと算出せず、大まかな数字で幾ら幾ら掛かるとばかり申し立て、財政経営の、ⓓみずからのだらしなさは棚に上げ、何事も必要経費とばかりわめき立て、後先の考えもなく借金に借金を重ね、それで行事や事業がすめば、自分の働きで出来たことだと成功を誇る。結果行き着くところ、財政の大逼迫に追い込まれたというわけです。（我が松山藩の）京都大坂での借金増大のいきさつについて詳しいことは存じませんが、寺社奉行職に関し、その諸費用について聞き及んだところでは、御役就任当初は格別ですが、平年になれば諸費用も大した額ではなく、左に書き出した通りでございます。

一、金四千両　一ヶ年御役費用平均

内

千五百両　御道中用引（寺社奉行は、参勤交替がないから、道中費用は不用となる）

千五百両　御番所用引（寺社奉行就任中、江戸城御門番等の費用は浮くことになる）

〆残る千両の出費増。

この千両の出費増も、このたびは特に費用削減につとめれば、五百両ほどは削減出来ると見積もられますので、結局五百両だけの出費増となります。

右の千両や五百両ほどの増加は、上下一致して取り締れば、外の処で埋め合わせすることもできます。そこでまず上役のものの取り締まりをしっかりさせ、財務諸吏の横道を正し、毎年御役用の出費と、御役用にくっついて見逃されている不必要な公費をきちんと見極め、その上で、費用増となるものは認めなければなりませんが、それ以外に、費用が増えたから借金するというのは、御勝手（財務所）吏員の職務怠慢と定めておけば、その差別は明白に解り、御勝手から欺くようなことは出来なくなります。

一、このたびの寺社奉行就任については、新たに規則をお作りになり、一ヶ年の御役費用を切り詰め、その額を定め、寺社役専任の元締一人、〔小検使書役として渡し方二人御命じになり〕、お定めの金額を毎日御勝手から受け取り、支払い等をすませ、残金があれば寺社役の功として積み立てておき、もし不足して借り入れたならば、寺社役の借金とする。ただし、借入先は御勝手が世話をし、後年の返済も御勝手が世話をすることにする。まず右の規則を定めて行えば、御勝手と寺社役との区別もはっきりすることと存じます。

一、このたびの寺社奉行御就任につき、藩政の緩みと、財政の崩れとなるのを御心配なさっておられるにつき、別紙申し上げました通り、御藩政に関しては御年寄り御重役の処置次第でございます。しかれども、財政に直接関係してくる事柄だけは、私からはっきり申し上げておかねば、御勝手の責任の在処がはっきり判りません。あるいは御勝手の罪ともなりかねません。左に御勝手としての業務方針をあらまし申しておきます。

一、節約ますます厳重に守るべきこと。

一、賄賂等はますます厳しく禁ずること。

一、諸諸《もろもろ》の出納はますます明確にすべきこと。

一、町在の者、藩御用席重役の許へみだりに出入りを禁ずること。

一、元締役は、町在御用達し共へ直に対面いたさざること。

一、奉行役は、町在役人どもとはこれまで通り直に対面せぬこと。

一、文武名目で、実用にならぬ出費はお差し止めのこと。

一、御勝手から申し出た賞罰は、即座に御採用下されたきこと。ただし、申し立てに不審の点があれば、お取り調べの上、不採用と決まれば、早速その旨仰せ下されたきこと。

一、産物・交易・開発・生育等のことは、特別扱いとして、数年の後の成功を待……眼前の損益を言い立ててもお動きなきこと。（点線部分文字不明）

一、右の通りに規則を定め、特に赤字にもならず、米価の下落や凶作もなく、大坂借財返還も皆済となれば、両三年の内には兼ねて仰せ出されのお戻し米、少しずつでもなされたきこと。》

【藩財政逼迫の原因は本田検地ではない】　長い引用となったが、これらの書簡は、管見であるが他に引用されたり参照された形跡がないようなので、敢えて全文を引いた。両書簡の内容は、一読明瞭だと思う。傍線をほどこしたⓐⓑⓒに関して、付言しておきたい。

ⓐについては、幕府の命を受けて、勝静が、寺社奉行に就任すべきか、辞退すべきか、藩中に諮問したのに対し、方谷は、就任をこの上ない慶事として祝辞を申しのべたが、藩の家老・重職は、反対に、辞退すべきだと答申したことが判る。就任反対の理由は、文面から察するに、藩政が疎《おろそ》かになり、藩財政逼迫の折から、多額の負担となる奉行職は辞退すべきだということのようである。この意見を知って、方谷はかなり激しく反論している。

「ⓑ大馬鹿者」（注・原文は「大愚の御役人」）という罵言《ばげん》からもわかるように、これほど激しい反論はこれまでには、見られなかったことであろう。激しさの拠って来るところは、藩財政逼迫が生じた大本の原因にあった。それが傍線ⓒⓓである。これまで、藩財政逼迫の原因として、多くの人は、本多中務大輔忠国《なかつかさだいふただくに》の、検地の苛酷さを挙げてきた。だが方谷は、本多検地の苛酷さには、ほとんど触れてこなかった。それがここに至って、逼迫の原因は、御勝手の役人が上司を欺いてきた横道《おうどう》によると、あからさまに糾弾している。武士の義の崩壊である。

第九章二一八頁表Ⅱの、歳出二万四千両余のうち、朱書で示した「減少高七千両」は、そうした横道による冗費がどのくらいかを示している。方谷は、どうして七千両もの金額が減少できるのか、詳細は語っていないが、例えば、前藩主勝職に要した費用は、年に千二百五十両であった。勝職の逝去によって、ここには「丸減」と朱書されている。全額が余った費用となるというのである。他の減額された費用も、入用とされた費用の、詳細にして厳格な点検見直しによるのであろう。そのようにして、千両が浮いたのである。

しかし方谷が、後進を育成しそれに道をゆずり、元締役を辞任するや、たちまち、締め付けられていた旧臣重臣たちが、旧弊復活に小躍りして、財政問題に（御勝手に）喙《くちばし》を入れ始めたのを察知したようである。これは筆者の想像であるが、そう考えれば、あの温厚な方谷の、激しい怒りや罵言も理解できるであろう。

旧臣たちは、奉行職就任による四、五千両の入用増は、まったく堪えられないと見ているようだが、方谷はすぐに、入用増は五百両にすぎないことを示してみせる。

彼らに御勝手は任せられない。方谷は藩士の行動規範を、改めて、くどすぎるほど事細かに書きならべている。誰と会ってはならない、どこに出入りしてはならない……

4　大老井伊直弼による板倉勝静の罷免

【幕府政局の大きな変動】　安政四年初めごろ、山田方谷は、藩政改革の成就が見えたところで、元締役を辞任した。

後継の元締役は、大石隼雄である。大石家は、板倉家の藩祖勝重によって、家老職に登庸されて以来、世襲で家老職を歴任してきた四百石取りの旧臣である。隼雄は幼少より、山田方谷に学んで、これもいわゆる子飼いの弟子であった。

前節引用の方谷書簡に見るように、元締役は辞任したが、「一藩理財の大権」は常に方谷の手にあったし、また引き締めを徹底してきた藩財政が、再び以前の放漫財政に戻らぬよう、方谷は、少しも手を緩めてはいなかったようである。

藩主板倉勝静も寺社奉行に就任して、宿願の幕閣入りを果たした。しかも当時の常道であったお手入れを、まったくしないという、異例の、理想的な形での入閣であった。いわば明君と名臣は、ここに大きな目標を達成したのだが、この時、徳川幕府政局もまた大きな変動の局面を迎えようとしていた。

【井伊直弼の大老就任と無勅許調印】　安政五年四月二十三日、彦根藩主井伊直弼が大老に就任した。

当初、それはさしたる大事とも思われなかった。大老職は「員に備わるのみ」、その職にあるばかりで、実権はないとされていたからである。ところが井伊直弼の場合は、独裁的政権掌握の、決定的な一歩であったことが、やがて明らかになってくる。

六月十九日、長く勅許（朝廷の許可）が得られなかった日米修好通商条約の調印が、井伊の不用意な指示で、無勅許のまま江戸湾上で調印されてしまった。

あたかも、開国を要求して押し寄せる外国勢に対し、開国、鎖国、どちらとも明確な態度をとり得ず、いたずらに朝廷の古い権威に頼ろうとして、立場を弱めつつあった幕府と、それに反比例して、威権を回復しつつあった朝廷、それを背景として勢力をのばしてきた尊皇攘夷派とが、無勅許調印という朝廷を無視した幕府の非礼を咎め、公然と幕府への抵抗を見せ始めていた。

【一橋派と南紀派の対立】　ここに、将軍継嗣問題が絡んできた。十三代将軍家定には、嗣子がなかった。次代将軍候補として挙がっていたのが、水戸藩主徳川斉昭の第七子で、御三卿《ごさんきょう》の一つ、一橋《ひとつばし》家を継いでいた、一橋慶喜《よしのぶ》二十二歳と、御三家《ごさんけ》の一つ紀州徳川家の十三歳の少年、慶福《よしとみ》である。

一橋慶喜を、「年長、賢明、人望」によって支持したのは、島津斉彬《なりあきら》、松平慶永《よしなが》、伊達宗城《だてむねなり》など、開明派といわれた大名たち、川路聖謨《かわじとしあきら》、岩瀬忠震《いわせただなり》など外国との交渉に当たっていた幕府能吏であった。これを一橋派と呼ぶ。

一方、徳川慶福を、年少ではあるが、始祖家康に、より血筋が近いとして支持したのは、彦根藩主の井伊直弼と、保守的な大名たち、それに、なによりも水戸の斉昭を毛嫌いする大奥勢力であった。これを南紀派と呼ぶ。両者の対立は、徳川斉昭と、井伊直弼の、勢力争いという図柄を次第に明確にしていった。

【不時登城】 無勅許調印の翌日、一橋慶喜、徳川斉昭、その子で水戸藩主慶篤《よしあつ》、名古屋藩主徳川慶恕《よしくみ》、福井藩主松平慶永らが、不時登城して（定例登城時ではない日時の無届け登城）、大老の朝廷に対する非礼を難詰した。将軍親族としての立場と、位官の違いによって、井伊を威圧しようとしたのである。井伊はこれに対し、周到に準備し、慎重に対処して、たちまち立場を逆転してしまった。

まず、難詰には、井伊は「恐れ入り奉る」の一語をもってへりくだり、いっさい言い訳も反発もせずにやり過ごした。この不時登城が、安政五年六月二十四日である。

翌二十五日以後、事態は一変してゆく。井伊直弼は、将軍家定の命として、将軍継嗣を十三歳の慶福に決定した。さらに数日後の七月五日、不時登城の罪によって慶喜以下を、それぞれを登城禁止、隠居、謹慎等に処した。

翌七月六日には、十三代将軍家定が逝去した。井伊大老は、将軍家定の意向を掲げて、その専制を推し進めてきたのであれば、これはまことに微妙な時期であった。

八月八日、今度は朝廷が、無勅許調印と、それを難詰して不時登城した大名たちを、幕府が処罰したことにたいし、難詰する勅諚（戊午の密勅）を、将軍家の幕府を差し置いて、水戸藩に下した。これはあたかも、水戸家に、幕府に代わって政治を執れ、と示唆するようなものであった。

【安政の大獄】　井伊大老はここに到って、反対派を徹底的に弾圧すべく乗り出す。

九月七日、朝廷の公卿家に出入りし、尊皇攘夷を鼓吹してきた、浪士、志士及び関係者を次々と逮捕した。安政の大獄の始まりである。

京都で逮捕された、福井藩士橋本左内、処士頼三樹三郎、長州藩御預け吉田松陰、公卿の家士飯泉喜内らは、大老の膝元で審理するため、身柄を江戸に送られた。

安政六年になると、大獄は朝廷におよび、孝明天皇の側近有力者青蓮院宮《しょうれんいんのみや》、左大臣近衛《このえ》忠熙《ただひろ》、前関白《さきのかんぱく》鷹司《たかつかさ》 政通《まさみち》らが、謹慎、落飾《らくしょく》を命じられた。

「安政の大獄における井伊大老の目的は、水戸斉昭の、政権簒奪《さんだつ》の大陰謀なるものを暴くことにあった。京都の公卿家に出入りする浪士数人を逮捕して、厳しく取り調べれば、たちまち露見すると思われたこの陰謀は、探索の手を拡げても拡げても、その実体は掴めなかった。

水戸の陰謀とは、大老の思いこみによる幻に過ぎなかったのである。

悲劇は、猪突し始めた陰謀摘発の執念を抑止する力が、どこにも見いだせなかったことである。掴みようのない幻は、かえってふくれ上がり、それに応じて、これを暴こうとする執念も増殖していった。捜索は無理に無理を重ね、検束はあらゆる層におよび、ほとんど罪なき者を罰して終わった。多くの歴史家が、安政の大獄を狂気と呼ぶ所以である」（拙著『水上の杯』）

《幕府を挙げて満廷一人の人物なく、万事みな大老の先決に出でて、誰ありてこれを諫諍（強くいさめる）する者無かりけり。幕府の滅亡をまねきたるもまた宜《むべ》ならずや。》

（福地桜痴『幕末政治家』）

【勝静、大老の専横に異を挟み、寺社奉行罷を免される】 満廷一人の人物なく、とあるが、ただ一人、井伊大老の専横に、異を挟《はさ》んだ人物があった。当時寺社奉行であった板倉勝静《かつきよ》である。

江戸での大獄の審問は五手掛《ごてがかり》によって行われた。五手掛は、国家的な大事や、重い身分の者の裁判を行う組織で、寺社奉行、勘定奉行、町奉行、大目付、目付、各一名ずつの五手で構成される。

板倉勝静は、五手掛の席上、大獄のきっかけとなった条約問題、将軍継嗣問題は、大老の方針通りの決着を見たのであるから、処分は寛大にすべきだと主張した。重刑は人心の離反を招き、禍の元ともなりかねないというのである。

井伊大老は、この異論に激怒して、即座に勝静を寺社奉行から罷免した。

翌万延元年三月三日、季節外れの大雪の朝、井伊大老は桜田門外に、水戸藩浪士の襲撃を受け横死する。勝静の「禍の元」という言葉が、あたかも讖《しん》を成《な》した（予言となった）かの如くであった。

この禍が、徳川幕府の崩壊を加速させた。

第十章　了

第十一章　方谷の長瀬移住と河井継之助の入門

1　長瀬移住

【青山を背に清流に臨む幽趣の地】　元締役辞任から二年後の安政六年、方谷は松山城下を離れ、長瀬の地に移住した。長瀬は、備中松山からは松山川に添って北へ三里半ほどさかのぼった「青山を背にし、清流に臨《のぞ》み、長松《ちょうしょう》数十株《すうじっしゅ》前に林立し、すこぶる幽趣《ゆうしゅ》」に富む無人の地である。（年譜）

長瀬からは、松山川の本流から逸《そ》れて、支流の佐伏川《さぶせがわ》ぞいに北東へ一里余行けば、方谷の生家山田家旧宅がある。移住は、松山城下と西方村の生家との、中途あたりへであった。移居《いきょ》の理由を、全集の注記には、「中年以後退隠の志（こころざし）切《せつ》なり、又墾拓《こんたく》及び守備及び貧困救助の必要より、藩士の城外移住を主張し、みずから率先して西方村長瀬に移居」したとある。（全一四九〇）

松山藩士としての立場と、若い頃からの俗世間を逃れ山林に隠れ住みたいとする隠逸志向《いんいつしこう》との、折り合いをつけたような形で、移住はいわば中途半端な隠遁とも見えるのである。

【将来的展望と複眼的視点】　早くから将来的展望を持ち、すでに徳川幕府の崩壊と、朝廷を中心とした新しい国体を見通していた方谷は、同時に、複眼的視点の人でもあった。トンボなどの昆虫の眼が、小さな単眼が無数に集まって複眼を構成しているように、いくつもの視点を同時的に働かせる洞察である。長瀬移住も、私的な隠逸志向を満足させるためだけではなかった。移住が持つ影響や効果、また、欠点や悪影響までも、同時的に捉えてしまう。これ以後幕末動乱が深まるにつれ、勝静公の諮問への方谷の答申が、一つの対応策だけではなく、常に上策、中策、下策と、複数示していることにも、複眼的思考がよくうかがわれる。

長瀬移住も同じで、隠逸の望みの実現だが、同時に、松山藩政改革をさらに一歩進める配慮でもあった。幕末の流動的な政治情勢下での移住を示すのが、藩の防衛体制である。方谷は「割拠《かっきょ》戦争」(全一四九五)と表現しているが、徳川幕府という専制的な支配者が、その権勢を失った場合、各藩は、それぞれの藩地を拠《よ》りどころとしてたてこもり、相争うことになろう。それが「割拠戦争」であるが、台地状の山国である松山藩の防衛は、藩の外からの侵入口すべてに、砦を築き、武士を常駐させねばならない。それを土着によって解決しようとした。しかもそれは、単に藩領防衛のためだけではなく、窮乏している藩士の救済策でもあった。方谷は早くから、藩士の在り方として、平生《へいぜい》は城下を離れ農村で、農業などの生産に従事し、「いざ鎌倉」という大事が生じた場合には武器を取って戦う、数百年前の鎌倉武士の在り方を理想としていた。さらに、江戸藩邸の経費節減のため、江戸定詰《じょうづめ》の藩士を松山へ帰住させることが行われていて、その帰住者すべてを城下屋敷地に収容できないことから、それらを、藩地の守備の要《かなめ》となる土地、たとえば野山(現中央町西)などの、他から侵入を受けた際の、藩地防衛の要所となる地への、定住をうながしている。

《野山土着推進の根幹も矢張り……全く割拠戦争の場合の、御城防備のための、要害の地への措置《そち》であり、開発利益や困窮者救助などは、その幹から生じた枝葉であります。》

（「在宅ト要害守備　石川監察へ極賛答簡」（全一四九五）

要害の地への土着の措置が、そのまま墾拓にも、貧困救助にも、繋がっている。方谷自身の移住も、率先して土着の範を垂れたということで、移住の後に、長瀬とは松山川を隔てた対岸の瑞山《みずやま》に、みずから田畑の開墾をしていることでも知られる。

こうしたことすべてが、方谷という人の精神の中に、同時的に存在している。しかも、移住はやはり、方谷の夢の実現でもあって、もう一つの伝記的資料『詩集』には、土着や防備とはまったく別の、山林で仙人のように暮らしたいとする、隠遁の志が、詳細に、楽しげに語られている。

【田園回帰実現の喜び】　中国の東晋《とうしん》の詩人、陶淵明《とうえんめい》の「役人の職を辞して、さあ故山《こざん》に帰ろう田園はまさに荒れようとしているではないか」と詠《うた》う『帰去来辞《ききょらいのじ》』に倣《なら》って、方谷もまた、「帰田雑詠二十一首」と、さらにほぼ同数の、長瀬での詠詩が、隠遁としての故郷への帰心を、存分に謳歌している。

この山林への志向は、根元は、方谷十四歳での詩「述懐オリジナル」で、「田野の趣を詩に写せば、心はいよいよ詩情にひかれてゆき」と詠《うた》う、自然情趣への誘引を詠じた少年時の一行にまで遡ることができるであろう。こうした思いが、五十五歳の長瀬移居によって田園回帰を実現できた喜びの詩となった。

その四十余首にも及ぶ帰郷詩を引用することはできないが、新生活への思いをくみ取ろうとすれば、詩のいくつかを抄出するだけでも不十分である。勝手だが、これらの詩を解きほぐして、方谷が、ある心友に、帰郷の心境を語った言葉として、再構成してみようと思う。これも漢詩意訳の一種のつもりで、できる限り詩が語るところに寄り添ってみようとするのである。方谷が語りかけている心友は、方谷よりは若く、四十歳ぐらいと想定した。

【方谷は語る】　――「この画をご覧になりましたか？　どうです、この青い山山は、昔の故郷そのままですよ。それが川面に映る姿が、年のせいか、懐かしい思いをかきたてます。誰が描いたのか、私の故郷は、そっくりこの画の通りだった。ここの崖下に描かれた三軒の小家が、ここで生まれ育った私の帰心をかきたてたのです。この山里に、こんな家を建てて住みたいと思ったのだ。

昨年（安政五年）の九月三十日のことでした、半日がかりで、松山からここまで川を遡って、詳しくあたりを探索してみた。もともと私は、人里離れた、人が住めそうにない処に住みたいものと思って、こんな土地を捜していたのです。それで、ここが庵《いおり》を建てるにふさわしいかどうか確かめてみた。近くには天から落ちてくるような飛瀑もあるし、山路は桟道《さんどう》のように、危うくも崖をめぐっている。珍しい風景が、日々私の目を楽しませてくれる。それがなかったら、ここに住もうなどという気にはならなかったろうね。なぜって、ご存じの通り、ここから佐伏川に添って一里も行けば、先祖代々の私の家がちゃんとあるのですよ。松山城下には、また新たに官舎を賜りましたが、藩の仕事が暇な時にだけ、ここへ来ることにしてね……。お城からは、この程度の距離でなければ、殿様は移居を許して下さらなかったでしょうよ。私としても、藩財政の仕事からまったく手をひくことも出来かねたし。

ここは、ご覧のとおり、清流に臨《のぞ》み、背後はすぐに青い山だ、松の木に囲まれて、周囲に人家は一軒も無い。静かで、なんとも奥ゆかしい。

山の神様に、心から感謝しました、これこそ我が住処だと思った。

驚いたことに、山の神様は、こんな好い場所をこさえておきながら、誰の所有ともなさらず、そっくり私のためにとっておいて下さったのですよ。きっと、この長瀬の地と私とは、前世からの深い因縁があったに違いないのです。私はね、そこに見える松の老木を撫でながら、いつも声を掛けているのだ、お前さんはここで、私が来るのを何百年も待っていたのか？　とね……

それから、こちらに姿のいい梅の木が見えましょう？

あれこそ、私が来世までと誓った恋女房です。

あれには、かわいそうなことをしてしまった。三十年も待たせたのです。若いころここの山で、あの娘《こ》に偶然出逢って一目惚れした。すらりと素直な枝振りに、二、三十の花をパッチリと咲かせていて、ああ、これこそ我が生涯の伴侶となるべき……そう思って、すぐにその持主に申し入れて買い取った。林姫《りんき》と名付けてね。……だが、私は京都へ遊学しようとしていたから、引き取ることが出来ない。やむをえず、私が帰るまで、その人に養育を託して預けておくことにしたのです。だが、そのまま私は長いことずっと帰ることができなかった。やがてその託した人も亡くなって、私の林姫には、この谷間で三十年も、孤独の辛い日々を過ごさせてしまった。私はここへ帰るなりすぐに、林姫を探し出して、心から詫びた。それで、大事にいたわりつつここへ連れ帰った。もう安心するがいい、これからは決してお前と離れることはない。偕老同穴《かいろうどうけつ》の契《ちぎ》りを結び、願わくは、百歳の後、相携《あいたずさ》えて花の精となろうと誓い合った……

君は、わかってくれるだろう、山人《さんじん》である私が山を出て、俗世間で苦しんで来たのを。

世間の路は、山人にはつらく険しい、荊棘《いばら》が杖にからみついて、進むこともできない。わずかな距離を歩むだけで疲れきってしまう。

おやおや、君はなんてことを言うのだ、私が世俗の迷路に、まだそんなに深く迷い込んだわけではないなどと。

財政はね、巨大な怪獣ですよ、松山のような小さな藩でも、ちょっと油断したら、この怪獣は、たちまち牙をむいて襲いかかってくる。私はね、わが朝《ちょう》(国)や、中国の歴史から充分に学んだのだ。飼い慣らしたつもりになって、ちょっとでも気を許すと、この怪獣は、押さえつけようもなく暴れ出す。そうやって滅びてしまった王朝国家は、歴史の中にはごろごろしています。ほんとうに、元締役の間は、一瞬も気を休めることができなかった。

　こうして古里の山に帰って、我が恋女房にようやく連れ添ってみれば、私はね、根っからの山人です。ようやく自分の間違いに気づいたのだ。山を降りて俗世間での十年間、藩政改革に取り組むという、私の肌には合わない場所で苦しんできたのだよ。いまはね、この庵の中に何もせずに寝転んで、松籟《しょうらい》を聞いていると、月光が、屋の奥にまで差し込んでね、ふと、天人合一《てんじんごういつ》の境地などという難しい問題も、おやおやこんな処にあったのだと思う。あの、谷川のせせらぎと松風が「帰りなん、いざ」と誘っていたのさ、あれが私の『帰去来辞《ききょらいのじ》』だ。

　ここの暮らしで困ったことはないかですって？　それはもう、困ったことだらけですよ。田畑を墾《ひら》き、水を引く溝を掘ろうにも、鍬《くわ》さえも充分にないのだ。思わず笑ってしまった。撫育所では、鍬や鋤《すき》を大量に製造して、江戸まで持って行って売り出していながら、この家には、壊れかかった鍬が一丁しかなかった。田に水を引くにも困っていたら、向うの村の人たちが大勢やって来て助けてくれた。私は、この手で、何千両、何万両の金を扱ってきたのだよ。そうして松山藩は貧乏を脱して、今や十万両の蓄財を抱えるまでになった。だが、この地で、私を加えて九人の家族は、餓えに苦しんでいるとは滑稽ではないか。いや、冗談ではない、今年の梅雨時《つゆどき》はひどかった。二十日も雨が降り続いて、まだ水はけがうまくいかなかったから、植えたばかりの野菜なんか、泥水をかぶって、みんな駄目になってしまった。飢えがせまっていたのだ。

そうしたら、山向こうの定林寺の和尚が、沢山の筍を、わざわざ担《かつ》いで来てくれて、それで助かった。皆んな大悦びで、たらふく筍飯を食べました。

私はまだいい、こうしていても、藩から禄を頂戴しているのだから。

だがね、こんな山の中にも、年貢も払うことができずに苦しんでいる人たちが、かなりいるんだよ。藩財政は、兎《と》も角《かく》も建て直すことは出来たが、その効果を末端の隅々まで行き渡らせるのは、並大抵の苦労ではない……

おや、来客のようだね？

御勝手（財務局）からの相談かな？

そうではないって？

こんなところまで……遠来の、江戸からの客人だって？

どなたじゃろう……」

②　越後長岡藩士河井継之助の入門

【狷介孤高】

「段々山へ入りても、山高くもならず、其の中の少しの開けには家あり」（河井継之助『塵壺』）

『塵壺《ちりつぼ》』は、越後《えちご》長岡藩士河井継之助《かわいつぎのすけ》が、山田方谷に入門しようと、江戸を立ち、備中松山を訪れた遊学日誌である。右の引用は、山陽道からは宿場町板倉宿で分かれ、枝道の、松山川に添う松山道八里の道を、ようやく松山あたりまで来ての記述である。何気ない言葉だが、備中の地勢を、さらりと一刷毛《ひとはけ》で描いている。

　備中は、内陸部の吉備高原と呼ばれる台地にあり、海抜四百㍍前後の山々が、ぼこぼこと波頭のように連なっている。そこを河川がえぐって深い谷をつくり、街道はその谷底の川に沿っている。瀬戸内沿岸の平地から、北の内陸部山地へ向かう者は、次第に深山のふところに入って行くような気になるが、深さはほぼ一定で、周囲の高原に、継之助の故郷越後や信州のような、突出して高い山山はない。集落は、川の沖積地や台地の中の盆地、継之助のいう「少しの開け」に散在している。冒頭の継之助のメモ書きのような記述は、こうした備中の地形を簡潔に云うのである。

　継之助は、若いときから、狷介孤高《けんかいここう》で、自分の意志を堅く守って妥協《だきょう》せず、独り超然として異彩を放ち、時とすると、周囲からは無謀と思われる行動に走ることもしばしばであった。広く世に出て、みずからが真に求めるものをどこまでも追求しようと、藩へ遊学の許可を求めるのだが、藩の上層部は「ああいう、上司の命令も抑止も無視して、身勝手なことばかりしている者を再び藩外に出したならば、何をしでかすかわかったものではない」として、遊学の許可もなかなか下りなかった。安政四年、家督を相続した三十一歳から二年ばかりは、長岡藩領を一歩も出ることができず、所在なさに、山中で火縄銃の修練などをする外はなかった。（今泉鐸次郎『河井継之助伝』復刻版以下『継之助伝』と略）

安政五年、歳末ぎりぎりの、十二月二十七日になって、思いがけなくも、急に藩から継之助に遊学許可が下りた。この年は、四月の、彦根藩主井伊直弼の大老就任に始まって、日米修好通商条約の無勅許《むちょっきょ》調印、将軍継嗣問題のもつれの末、将軍の代替わり、戊午《ぼご》の密勅、安政の大獄と、中央幕府の政局に、急激な変化が生じていた。河井継之助の才能を、長岡藩内に閉じこめておくのも、あるいは惜しいとする思いもあっての許可であろうか。ともあれ、継之助としては、ようやく得られたこのチャンスを逃すまいと、翌二十八日には、鳥が飛び立つように江戸へ向けて旅立った。『継之助伝』は「鉄鞋碓嶺《てつあいたいれい》の氷雪を踏破《とうは》して」と言っている。心逸《はや》って旅中に新年を迎え、健脚で信濃を過《よ》ぎり、信州の山地と関東平野の境である、雪の碓氷峠《うすいとうげ》を越えて、安政六年正月六日には江戸に着いている。

【実学の人】　ここで彼は、自分が師事し学ぶべき先生を捜した。心づもりは、すでに幾人かあったが、決めかねていた。彼には自分が師と仰ぐべき人物について、すでに明確なイメージがあった。遊学のための費用五十両を出してくれるよう、郷里の両親に無心する書簡に、こう書かれている。入門したいと思っている師は「学問を職業のようにしている人物ではなく、才徳をかね備えた実学の人」であると。人物としても、学問的にも、優れていて、しかも、学識を、講釈して教えるのではなく、実地での事業に生かしている実務の人、ということになる。こういう人物を実際に捜し出すとなれば、容易ではなかったであろうが、継之助は、すぐに見つけ出すことができた。

右の書簡には、「諸国遊歴人」に聞いたとある。方谷の資料にも出て来る、会津《あいづ》藩の南摩綱紀《なんまつなのり》や、仙台藩の玉虫佐太夫《たまむしさだゆう》のような、各藩から諸国に派遣された、優れた情報探索者たちのことであろう。この遊歴人から、備中松山の板倉藩家臣「山田安五郎という人物は、元来は百姓であったが、学問によって藩士として登庸され、藩財政を任され、領中の者から神のごとく信服されている」と聞いた。「その行政手腕もまことに見事なもので、全国諸藩で、政治が立派に行われているのは、この備中松山侯と、相馬様ぐらいのものだ」という。さらに、長岡藩の先輩で、佐藤一斎塾に於いて、山田方谷と同窓であった高野虎太からは、「そのころ安五郎は塾長をしていたが、塾生の佐久間象山をはじめ数人の上に立ち、誰からも信服されていたのは、安五郎だけであった」（継之助伝）と、虎太の「信仰」ぶりを聞かされたともある。信仰とは、方谷への畏敬ぶりということであろう。

こうして継之助は、師を山田方谷と定めた。その方谷は、安政六年三月には、寺社奉行の藩主板倉勝静に呼ばれて、江戸に出て来ると聞いた。その折りを江戸で待ち受けて、弟子入りしようと待機していた。

ところが、板倉勝静は、安政の大獄で捕縛された者たちに、厳罰をもって臨もうとする井伊大老の意に反して、刑はなるべく軽くすべきだと進言した。大老は激怒して、即座に板倉の寺社奉行を罷免してしまった。そのため方谷の出府はとりやめとなった。そこで継之助は、みずから備中まで出向いて、方谷に入門しようと、旅費および遊学費用として五十両送ってくれるよう、郷里の父に懇願したのである。書簡は丁重に意を尽くして長文となった。父親からの金子はほどなく為替として届き、六月七日に江戸を立つことが出来た。

備中松山到着は、初秋七月十六日である。この章の冒頭に引用した「段々山へ入りても……」は、この日の記事である。方谷の財政改革については、道中でも他領の者までが、方谷は藩札の五匁札を、松山川の河原で、盛大に焼き捨てたと噂するのを聞いて、継之助は「遙々来たり、張り合いに思いしなり」と記している。期待した通りの実学の人で、頼もしく思うというのである。この日は松山城下の旅宿に泊まった。

《七月十七日、晴　山田（注・長瀬に山田家を尋ねるの意）
松山を立って、やはり川（松山川）に添うて三里計《ばか》り奥へ入り、漸く山田の宅へ、昼頃到る。弥々陜《いよいよせま》き所なれども、前の如く様子《ようす》は変わらず。余程能《よ》き家、昨年ひき移り、未《いま》だ普請《ふしん》も充分ならずと。面白き所なり。道々、新開の所も諸処に見ゆ。
行くと、程なく逢われて、色々咄もあり。己《おのれ》の胸中を開いて頼みし処、能く聞き受けて、
「得《とく》と御答え仕る可し」
と謂《い》わる。既に受くるの口上なり。随分深切《ずいぶんしんせつ》に云《い》われ、夜、山田に宿す》
（『塵壺』）

【余程能き家】　これもメモ書き程度の記載だが、簡潔にして勘所《かんどころ》はきちんと抑《おさ》え、継之助のてきぱきとした気心さえ感じられる。「前の如く様子《ようす》は変わらず」とは「段々山へ入りても……」の様子であろう。長瀬の方谷住居を「余程能き家」といっている。方谷の詩からうける山林に隠れ住む

庵などという印象とは違って、造作《ぞうさく》の調った、家族九人の住まいとして、また、いつでも客を泊める余裕のある家である。方谷の帰郷の詩（宮五六一）に「（私は）この十年間、藩の元締役の大権を任され、自分が考える通り自由存分に、ただし清廉潔白、一片の天に恥じることなきを心がけ、藩財政を改革してきた。退任したら郷に帰り山を買おうなどと考えたわけではない。ところが思いがけなくも、殿様からお金まで頂戴することになった」と言っている。お金とは、財政改革成就の、ご褒美（ボーナス）と考えていいであろう、これが、山を買い家を新築する資金となったと思われる。

会って「色々咄もあり。己の胸中を開いて頼みし処、能く聞き受けて……」の、色々の咄とは、継之助の入門したいという申し出に、方谷は、最初は期待通りの返事を与えなかったらしい。おそらく方谷は、継之助が講義による教授を期待していると思い、多忙を理由に断ろうとしたようである。当時の方谷は、住居も、城下での役宅と、長瀬の本宅とに分かれ、一所に長く留まらなかった。そこで継之助は「胸を開いて頼」んだ。

《継之助は言う「私は教場での先生の講義を拝聴に参ったのではありませぬ。お側に置いていただき、先生の政治・経済施策の実際を拝見させていただき、お暇な折にお話を聞かせていただくだけで結構です。私がお願いするのはそれだけです」と熱をこめて語った。方谷先生はその風変わりな願いに感じ入って「ふむ、そういうことであれば、どうにかなるかも知れない。

しかし弟子を取るということであれば、藩の許可を得る必要がある。今度藩庁に出かけるのは、三日後のことだ。今日はもう遅いから、ここにお泊まりいただき、二日ばかり松山の文武宿（学問・武術の修行者を泊める宿）でお待ちいただかねばならない。お一人で退屈だろうから、城下の私の弟子筋のものを紹介しましょう。それに会って、藩の事情などお聞きになると宜しい。」その日は継之助を長瀬に留めた。翌日からは城下の紺屋町花屋に投宿させておき、みずから藩庁に出向き、藩公の許しを得て、子弟の約を結び、城西奥萬田《おくまだ》にある藩公の茶亭に、継之助を寓居させた。先生は長瀬に移居の後は、半月ほどは城下に出て勤務し、その際はこの茶亭の二階に仮寓していた。階下には四室あって、室外に水車の設《しつら》えがあったことから、この茶亭を水車と称していた。》

（年譜　一部略）

翌十八日の昼前、継之助はさっそく方谷の話を聞いている。

【封建の世、人に使われる事出来ざるは、ツマラヌ物】　『塵壺』によると、すでに教え諭す調子であった。まず佐藤一斎塾で、方谷と双璧であった佐久間象山については、

「佐久間象山に『温《おん》（おだやか）良《りょう》（すなお）恭《きょう》（うやうやしい）倹《けん》（つつましい）譲《じょう》（へりくだり）』の、どれ一つも無い」（塵壺）

と言った。「温良恭倹譲」は「論語」の中の言葉である。語の解釈は岩波文庫版『論語』によった。さらに、継之助が記録している方谷のもう一つの言葉、「封建の世、人に使われる事出来ざる

は、ツマラヌ物との論」は、すでに、継之助の狷介孤高を見抜いての言及であろう。後に方谷は、継之助を評して次のようにも言っている。

『長岡藩にては河井を抑える人がなかろう』

『どうもあの男（継之助）は豪《えら》すぎる、あの男を北国辺の役人にするは惜しい、この辺（中国地方）の役人の方がよかろう』

これらは、『継之助伝』からの引用だが、出典は書かれていない。

【跪座作礼】 入門してから九ヶ月後、継之助は方谷のもとを去るのだが、継之助が当時橋のなかった松山川を船で渡り、そこで振り返ると、風光る松山川の岸辺に立って、方谷先生が、まだ見送っていた。継之助はいきなり沙石に土下座して、方谷を拝した。

《その長瀬を辞するや、（方谷から金四両で譲り受けた）『王陽明全集』と一瓢酒《いつぴょうしゅ》とを振り分けに肩にし、他に何物も携《たずさ》えず、川を渡り、師方谷の対岸に立てるを見て、幾度か跪座作礼《きざさくれい》して去る。〔原注・先生別に長生薬一包を餞すという〕》（年譜）

《非常に倜儻《てきとう》不羈《ふき》な人物（自分自身を頼み独立して、拘束されることを好まない人）、人に頭を下げたことのない人物（河井継之助）が、生涯に一度だけ土下座したわけでしょう。彼の人生にとって、形としても非常な劇的な一瞬だったろうと思うんです。》（司馬遼太郎『歴史と風土』）

司馬遼太郎の言う「劇的な一瞬」とは、示唆的な言葉である。継之助の土下座が、生涯に一度だけであって、土下座が一度だけと言っているのではない。年譜は「幾度か」その場で土下座をくり返したとあり、また三度繰り返されたという説もある。筆者としても複数回の方を、しかも「幾度か」の語感からして、三度説を採りたいと思う。

理由は、『継之助伝』を読めば明らかだが、継之助は、方谷入門以前と以後とは、がらりと変わっている。方谷の感化を受けて、豹変していると思う。九ヶ月（実質八ヶ月ほど）方谷の傍に居たことは、彼を生まれ変わらせた。彼は長岡に帰った後、毎朝方谷の書を掲げて礼拝していたという。つまり、継之助は、方谷の言葉や姿からある悟りを得た。その喜びを「形として」表したのが、劇的な土下座であった。そうであれば、三度という数字も決して多くはない。

方谷としては、別れに臨んで一抹《いちまつ》の不安が棄てきれなかったようである。「あの男は豪すぎる、中国地方の藩に置いた方が良い云々《しかじか》」という言葉も、もう少し自分の側に置いておきたかったという思いの表れであろう。餞（はなむけ）として長命丸を贈ったというのも、継之助の非凡な才が、やがて訪れるであろう激動の時代を、うまく乗り越えることを願ってであった——おそらく方谷はそこまで見透していたと思われてくる。（注・餞を年譜は長生薬、『継之助伝』は長命丸）

跪坐作礼の別れから八年後、明治元年の戊辰戦争では、東北の小藩長岡藩の筆頭家老となっていた継之助は、新政府軍との戦を避けようと苦心したが思い通りには行かなかった。ついに、新政府軍四万の大軍を、越後長岡で迎え撃ち、散々に苦しめた。激戦の最中負傷した継之助は、会津へ退く途上に死去する。

【一千七百字の大文章】　岸辺に立って見送っていた方谷は、対岸を歩み去る継之助の、その行く末までも、瞭々《りょう》然と見透していたとさえ思えてくるのである。

餞として、「長命丸（売薬）」を贈ったと『継之助伝』は云っている。この時の土下座といい、方谷が、去りゆく継之助に書き与えた「王文成公全集の後に書し、河井生に贈る」と題する「一千七百字の大文章」（年譜）を読むと、二人の出会いは、すぐれた師とすぐれた弟子というだけの関係ではなかった。まさしく千載一遇《せんざいいちぐう》というべき、継之助にとっては、その生涯を決定した出会いであったことが窺われる。長命丸は、洒落ではない。

先ずその大文章を引用しておきたい。

王文成公とは、中国の陽明学の祖、王陽明のことである。河井継之助は、山田方谷が『王陽明全集』を所持しているの見て、何度かこれを譲って欲しいと頼んでいた。それで方谷は、購入価格の金四両也でこれを継之助に譲り、その文章と長命丸をそえて継之助に贈った。

3 「王陽明全集の後に書し、河井生に贈る」

《①　中国の儒学者で、陽明学の祖である王陽明の全集は、我が国で翻刻《ほんこく》して出版したものはない。皆中国から輸入したものばかりである。海路はるばる運ばれてきて値も高く、書店もまた儲けを得ようと、価格は四両から五両もする。だが人々は争ってこれを買い求めている。私（方谷）も、全集を一部手に入れ、常日ごろ座右の書として熟読してきた。王陽明の学問を講義したり、学ぼうとするのであれば、陽明の遺稿を部分的に抜き書きしたものが、世に出て広まっている。これら抄出本を読んでも、その思想の真髄に触れ、感銘を受けることは出来るであろう。しかも、抄出本は一、二両と安価である。ところが人々は、その数倍のお金をだして、みすみす本屋に儲けさせても、完備した輸入本全集を買おうとするのは、こちらを読むことによって、もっと大きな利益が得られるからである。

そもそも、王陽明が、主君に意見を進言した上奏文（奏疏《そうそ》）と、広く通達の為に書かれた公用文書（公移《こうい》）とは、全集にだけ完全に収録されており、全集の半分はその奏疏《そうそ》と公移《こうい》によって占められている。これらは、他では見ることができない。これらにこそ、王陽明の事績の卓越さが最も良く現れているのであって、それを読めば、千年の後の私たちも、その事業が行われた地に居て、それに親しく立ち合っている気がする。王陽明のその功業を今日の事業に適用すれば、世の空言や虚言の比ではなく、そのまま生きて働く力となるはずである。これこそ王陽明全集を学ぶ最大の利益である。それゆえ、全集を読む者はこれを愛惜《あいじゃく》して、価格の大小を問題にしないのである。

② しかし、全集を愛読しつつ、私は、ひそかに危惧《きぐ》していることがある。王陽明がみずから築き上げた事業遂行の根本の道を知らず、いたずらに、成功した事業の成果ばかりを追い求めて、結果、却って害を招いてしまうのではないかと怖れるのである。思うに王陽明は、人間の精神の精細、人間の心の生態に精通し、実際の行為・行動が、理屈どおり、思いどおりにならないことには、こだわらない。戦術や法則を現実に適用する場合も、それに縛られるのではなく、自由自在に運用する妙術を心得ている。奏疏《そうそ》も公移《こうい》も、王陽明の大まかな方針、方向を述べたに過ぎないのであって、最初に決めた計画や筋道に縛られて、行きづまり、進めなくなるのであれば、有益ではなく却って害となってしまう。ここに、そのような例をあげて、さらに詳しく述べてみよう。

③ 主君に向かって、その行いの正しくないことや、失政を指摘し、また、権力をにぎる邪悪《よこしま》な官吏を退けるべきだ、と主君の意には逆らっても、敢えて諫言《かんげん》する者は、流罪《るざい》や死の罰すらも怖れない忠臣である。しかれども、主君をないがしろにして私益をはかる逆臣が、思うさま国政を操り、国家転覆の危機が迫っている非常の時ならばともかく、みだりに王陽明の気骨を真似て諫言しようとすれば、僭越《せんえつ》にして差し出がましく、常軌《じょうき》を逸した過激な行動に出て、却っ

て禍（わざわい）を招きかねない。

（王陽明が軍事長官であった時のこと）揚子江の南の地で、宸濠《しんごう》という王族の一人が反乱を起こし、王陽明がこれを鎮圧して宸濠《しんごう》を生け捕り、戦勝を主君へ報告した文が、まったく違った内容に改められていた。このとき陽明は、兵士を休ませ、人民を憩わせるためにそうすることが必要だったのだ。だが主君がおごり高ぶって戦を好み、へつらいの臣が手柄を自分のものにしようとして、王陽明の臨機応変の妙術を真似ようとすれば、世におもねり、身を汚して世を終えることになろう。〔原注・王陽明の、主君への戦勝の報告文は、主君武王の暗愚と、王陽明の手柄を妬みこれを横取りしようとする廷臣たちの悪計を避けるために、文章は何度も改作され、武王の寵臣の名を書き加えたりしただけではない、苦心惨憺して詳しく細かく添削されていて、当日の事情が手に取るように判る。まことに宸濠《しんごう》による江西の変は、王陽明の生涯での至難の事件であった。しかも困難は用兵決戦の時にあったのではなく、戦乱が平定された後、兵を休ませ、民を憩わせようとする時にこそあったのである。そのように、王陽明の上奏文・公文書の中、物事の筋や道理を通そうと苦渋しているものが、数十篇もあるが、今にしてこれらを読めば、涙し嘆息せずにはおれない。〕

④戦乱荒廃の後には、県の治安を回復し、維持するための軍の体制を再確立することは、欠くことはできない事業である。それがなければ、ただ戦功を立てたいばかりに戦を好み、民を苦しめ、国費を浪費するために、戦争を起こしたに過ぎないことになってしまう。

塩に税金を課して増収を図ったのは、軍隊の糧食確保するために、やむを得ない処置であった。そうした必然性がなければ、新たな財源を捜しての課税は、人民に損害を与え、支配層の利益を計るためだけの施策となってしまう。

十家牌法《じっかはいほう》を作り、十軒一組に連帯責任をとらせ、郷村単位で法律遵守《じゅんしゅ》の規約を制定したのは、その郷村が、盗賊の巣窟の地域に近く、さまざまな異民族が入り交じっていて、その制度がなければ、風俗を変え、悪習を矯正することが困難だったからである。しかれども、これらの法制度をそのまま内地の、治安が整った地域に施行したならば、必ずその煩わしさに耐えず、その異風異俗には馴染《なじ》めないことになるであろう。仏事を禁じ、巫女《みこ》による祈祷《きとう》を止めさせ、祭典を制限したのは、新たに作られた村落では、新来の民が多く、このようにしなければ、費用を抑えて財を貯え、生産業を盛んにすることができなかったからである。しかれども、こうした禁制を、豊かで秩序の整った大都市に施したならば、その地の習俗に反し、人心を失うことになるであろう。

⑤ 軍隊を派遣し、討伐を行うことは、今日においては必ずしも最良の方法ではない。その当時にあって王陽明は、江西の乱（宸濠の反乱）に遭い、閩広《びんこう》の賊に接し、やむを得ずして、軍事行動を起こしたのである。これは王陽明の不幸であった。その軍律の厳しさ、攻撃の激しさは、見習うべきものがあるが、敵を制し勝利を収めたのは、すべて彼の方針・計略が、ことごとく的中したからであった。〔原注・王陽明は宸濠を討ち、隠れ住む賊を平らげ、計六回の戦

闘を戦った。その戦略は一つ一つ異なっている。私は別にこれを論じたものがある。〕しかも宸濠を捕らえた戦い以外は、みな規律も統制もない民衆を集め、今日の兵制とはまったく異なる体制で、異民族の集落や、山に隠れ住む賊を討ったのである。しかれども今、王陽明の著書を読む者は、結果としての功業だけを賛美して、初学の者が兵法を談ずる拠りどころとしている。それどころか甚だしきは、これをそのまま現代に当てはめ試そうとして、深い考えもなく、乱賊の首謀者となったりする。みな上っ面だけ読んで、それが生まれてくる根底の思想を理解しない者たちである。その害は恐るべく、嘆くべきものとなっている。

⑥ 真心《まごころ》と思いやりの心である至誠惻怛《しせいそくだつ》を、精神の中心にしっかりと据え、万物の根元に備わり、善の発現である「仁」に則《のっと》り、その心で、上の者に仕えるならば、真誠《しんせい》の人物と言えるだろう。〔原注・上への進言の中に、善事があれば主君の功績とし、不善があれば、みずからの至らなさとする。思いあがって治政に真剣に取り組もうとしない君主や、欲望と悪意に満ちている朝廷に仕えては、恭（うやうや）しく謹み、穏やかにして、憤り怨む気持ちは一切見せないのは、忠実で人情に厚い人物といえるだろう。〕

また、その心で、目下《めした》の人に接するならば、慈愛に満ちた人物ということになる。〔原注・治政をまかされたならば、教え導くことを最優先とし、罪人の処刑などは最も後回しにする。過ちや欠点は自分の責任として認め、凶悪なるものの感化に努め、狂暴な未開の民の蒙《もう》を啓《ひら》き、暴力的な部下を諭《さと》し導き、未だ曾て怒った姿を見せたことがなければ、これこそ部下に接して、

慈愛に満ちた人物と呼ばれるであろう〕

その心で、軍隊を指揮し兵を動かせば、戦乱を平定し、暴虐や残忍を取り除く。王陽明の上奏文や公事の報告文などはすべて、このようになっていないものは無い。いわば、人間の精神に精通し、それに準じて事を行う妙術こそ、王陽明の事績を貫く両輪であった。すなわち、その根本は、天地自然の性命の真実に基づき、人の踏み行うべき正しい道を行《おこな》っているのであって、空虚な何も考えない心で、場当たり的に事に対処するのとは訳が違う。王陽明の行う所は、天地自然の理に適い、歴史の流れに呼応して、これを事業に施せば、有利優勢とならないものはないのである。むしろ利は、求めずして向からやって来、その利益の大なること明らかである。

⑦　しかれども、王陽明の著書を読む者は、いまもって、ほんの僅かの利も得ることなく、その事績を勝手に解釈して模倣し、まるで四角い穴に丸い栓をするようなもので、ややもすれば、事業に失敗して、物損を招く。つまり利を求めて害をまねく。そうであれば、高価にして手に入れるのが難しい全集を買うよりは、まずは手に入れ安い抄出本によって、王陽明の文を学ぶ方が、より多くの成果をあげ易いことになる。

⑧　長岡藩の河井継之助君がやって来て、我が家に寄寓し、私の所蔵している王陽明全集を見て喜び、何度もこれを譲って欲しいと希望した。思うに、私が年をとって力衰え、これを読む力が無さそうなのを見取ってのことであろう。しかも私は去年、郷里に引っ込み、移住のため

に出費がかさみ、家計費が不足がちになっていた。そこで河井君の申し出を、これ幸いとばかり、全集を原価金四両也で譲り渡し、これによって生活費を補うことが出来た。これもまた、全集より得たる大きな利益といえる。

しかれども、河井君は我が家に来てすでに半年、目指すところは特に済世救民が中心で、絶えず、どうすれば財政をうまく経営できるかと、個々の事業の効率を計る事に傾きがちである。私としては、河井君もまた、王陽明の事業の成果ばかりに目を注ぐあまり、却って害を蒙るのではないかと危惧《きぐ》せざるをえない。私としては、王陽明全集を河井君に売ってお金を得たからいいようなものの、それが河井君の害となるとすれば、知らん顔もしておれない。本屋のように本を売って儲かればいいというわけにはいかない。そこでその危惧を、こと細かに書き記して贈ることにした。河井君が私の付言に心をとめて、王陽明の言葉を読み、王陽明の道の深奥を求めて、滞る（とどこおる）ことがなければ、精神は王陽明の奥義に精通し、その運用にも妙達することになろう。全集の半分を占める王陽明の進言と公布の言葉の深い真理に、みずから進んで参入して行けば、志は個々の事業の効率という小さな区画に停滞せず、徳が、おのずとその事業を支え、業績を口にしなくとも、事業は完全な成功を収めるだろう。そのような最も大きな利益を、この全集から得るならば、金四両也の価格も、決して無駄ではないことになる。そうなれば私としても、その四両の利益を、心やすらかに受け取ることができるというものである。河井君よ、どうか私の意を汲んで、努力して貰いたい。》

（全二五四）

訳文の拙劣さはお許し願うが、多くの人に読んでもらおうと、思い切った意訳もしてみた。

山田方谷に関する論考が、多いとは云えないのも、資料がほとんど漢文であることが、大きな障壁になっているからである。漢文については素人同然の筆者が、このような物言いをするのも、素人なりに理解し得たところを、まずは提示してみなければ、方谷についての理解は一歩も進むまいとの杞憂から、大方のご教示を期待してのことである。

弁解は措《お》く。右拙訳からも、方谷の継之助に対する切々たる思いは、感じてもらえるかと思う。方谷は継之助の卓越した希有な才能は十分に直知していた、「あの男は豪すぎる」と。この男が絶えず奔放に走り、世間の秩序良識の枠からははみ出しがちなのも、その才能の大きさ故であると、はっきりと見て取っていた。だが、方谷は一千七百字の大文章によって、継之助に何を伝えたかったのか。

この長文を要約すれば、一応はこう言えるかもしれない――先ず自己陶冶《じことうや》に心がけよ、自分がみずからを自在に制御できなければ、如何《いか》なる才能も空しい。王陽明の事績を、ただ真似るだけでは害になるばかりだ。それらが至誠惻怛という仁徳を根元としていることを感得し、それを我が物としなければならない」と。

しかし何度読み返しても、それを言うことだけのために、方谷がこれだけの長文を用意したとは到底思えないのである。方谷に一千七百字の必然性はなかった。感じられるのは、ただ、言葉をめんめんと続けるしかない方谷の心である。「この男は、卓越したその人間性のゆえに死ぬことになるかもしれない」方谷はそこまで洞察していたとしか思えないのである。

「あの男は豪すぎる、北国辺の役人にするは惜しい、この辺の役人の方がよかろう」と云う言葉も、方谷は継之助を手放したくないのである。長命丸も、きわめて正直な「長生きしてくれよ」という思いやりであった。

河井継之助の、この時の三度の跪坐も、常に方谷の書を掲げて礼拝していたと云うことも、ただ何かの知識を教えられた為だけではない。何時までも見送る方谷の、万感こもった思いやり、至誠惻怛に対してであったと思う。

付け加えておきたい。

冒頭の「序にかえて」で引いておいた、小林秀雄の言葉をここで思い出してもらえばありがたい。「歴史の動きが、よく見えて、身動きが出来なくなるほど、よく見え過ぎて、その為に歴史に取り殺されて了うという事が、この人物には起きている。……この人の心は及び難く正直で、少しの歪みもないと作者は見ているように思われた。」

これらの問題については、後にもう一度触れなければならないと思っている。

第十一章　了

第十二章　方谷、病に倒れて創業と守成をいう

1　方谷、病に倒れる

【勝静の宿望の道おのずから開かれる】　河井継之助が、方谷の許を去ったのは、万延元年(一八六〇)三月であるが、日付はわかっていない。この年三月三日には、桜田門外の変があった。事件は、徳川幕府の権威失墜を決定的にした。方谷年譜は、井伊大老の桜田門外での横死を告げ、「飛報日ならず達す」とある。その三月中に、日付は無く「河井継之助門下を辞して東帰す」とあって、三度の土下座はこの時のことである。

翌、文久元年(一八六一)は、元日に、板倉勝静に幕府からの徴命書《ちょうめいしょ》が届いた。

勝静はすぐに江戸に下向《げこう》して、二月一日に、再び寺社奉行に任ぜられた。井伊大老の意に逆らっての罷免も、二年ほどで返り咲いたのである。最初の奉行職就任も、方谷の進言によって、勝静は猟官《りょうかん》運動などは一切しなかったが、かえって容易《たやす》く奉行職就任を果たしていた。井伊大老の独裁によって、ひとたびはそれを失ったが、大老に向かって、「重罰は、かえって禍を呼ぶ」と進言した勝静の、清廉と勇気と、そして見識とが際《きわ》だって、宿望の道はおのずから開かれることになった。

これらの経緯は、山田方谷の進言なしには考えられなかったであろう。

【方谷微恙を押して扈従】 勝静はいよいよ方谷が手放せなくなった。幕府徴命による出府にも、同行を命じている。ところがこの時、方谷は微恙《びよう》があった。軽い病、気分がすぐれないことであるが、胃潰瘍《いかいよう》が進行していたのである。勝静から特に命ぜられては辞退しがたく、勝静の顧問として、扈従《こしょう》（おとも）して江戸に出た。

《時に方谷先生は藩政改革を成し遂げて、経済家としての名声が広まっていた。諸藩の重臣たちは続々と、方谷先生に財政問題を相談した。先生は自藩の財務問題に加えて、他藩の相談にも乗り、応対に追われて徹夜することもあった。幕府役人に会っては、将軍ご自身が上洛して、朝廷にお仕えする幕府の立場を明確に表明し、詔勅を遵奉して国論を統一すべきことを主張した。》（年譜）

【方谷の尊王論】 方谷が、尊王論をはっきりと口にするようになったのは、既記《きき》のように嘉永五年で、九年前のことである。これは、桜田事件以後幕府の弱体化と反比例して、急速に激化してゆく幕末の勤王運動とは、同じではない。後者の勤皇は、幕府を倒そうとする運動が、朝廷をその旗印として掲《かか》げたのだが、方谷の尊皇は、時代の趨勢との矛盾から、もはや立ちゆかなくなった幕藩体制以後の、あるべき国家体制としての尊皇であった。日本の歴史に鑑みて、本来そうあるべき国家の姿と、方谷は考えていたようである。そうした新国家体制への移行を、方谷はすでに必然と考え、その移行をできるだけ自然に穏やかにしようと、機会あるごとに尊王論を主張していた。

【下は千尋の波】　藩主勝静は、このとき、幕閣に再任されたことを素直に喜んでいたが、すでに幕府の命運も長くはないと考えていた方谷との間には、いささかしっくりしないものがあった。年譜は次のようなエピソードを紹介している。勝静が、方谷に「江戸城を拝観させた」ことがあった。方谷が藩邸に帰って勝静に謁すると、勝静は「完爾《かんじ》として（上機嫌で）言った、天下の大城だ、其《そ》方も驚《ち》いたであろう」と。

方谷はおもむろに「巨大な船でございます」と答えた。

勝静がその訳《わけ》を聞いた。

「下は千尋《ちひろ》の波でございます」と方谷が応えた。

それを聞くと、勝静は不快な顔をして、座を立ってしまった。

方谷は「江戸城とて、決して金城鉄壁《きんじょうてっぺき》ではありません、いつ難破するかわかりません」と、寓《ぐう》したのである。方谷としては、言わずもがなの言《げん》であろうが、勝静の楽天ぶりに、ある危惧を感じていたようである。

【方谷病に倒れる】　年譜は、右に続けて、方谷の身体に起こった異変を語っている。同じ三月のことである。

「方谷先生は江戸愛宕山《あたごやま》下を通りかかったとき、突然吐血《とけつ》して倒れた。すぐに近くの商店が気遣って家内に寝かせてくれた。胃潰瘍によるものであった。三島毅《みしまつよし》が急を聞いて藩邸から駆けつけた。先生は寝たまま三島に「詩ができた、書き取ってくれ」と言った。

敵はわが腹中に陣取り、暴威甚だし
天命厳なり「敵を殲滅《せんめつ》せよ、一人も遺《のこ》すべからず」
見よ、胸に溢れて迸《ほとばし》る鮮血
食うか食われるか、命がけの決戦なり

〔宮五九一　引用者意訳〕

三島毅は、先生を駕籠に乗せて藩邸に還った。「先生はもともと酒豪で、いつも痛飲して談論風発を好んでいた。この年は藩政に苦心すべき事案多く、又病を押して出府、劇務に当たり、持病がにわかに悪化して吐血に至ったとされている。〔原注・先生この後、禁酒すること数年、養生を心掛けて、晩年には再び若い頃の強健さを取り戻した。〕」（年譜）

「藩政に苦心すべき事案多く」とある。改革移行期の弛緩《しかん》に加えて、勝静寺社奉行再任は、就任の費用（役成）や職務での費用（役用）が膨大となり、お勝手（財政）を圧迫したらしい。

方谷の病状は、四月になって、少しく収まり、勝静の許しを得て帰国することになった。

三島毅が道中はずっと駕籠に付き添っていた。年譜によると、方谷は駕籠に揺られながら、日々詩を詠じ、それを夜、旅宿で三島に示すのだが、三島は歩き疲れて一詩も出来なかったと言っている。方谷の帰郷途上の詩は、「病少しく治まり、療病のため帰郷途上の作 藤沢遊行寺にて一遍上人の徳を偲んで（宮五九二）」を第一首に、東海道を経て、山陽道を備前国に入って最初の宿場、三石《みついし》に泊して「三石に宿る（宮六四八）」まで、五十七首におよんでいる。

道中、方谷は、各地で歴史を偲び、勝景を楽しみ、また治政を語って、まるで病気を忘れたかのように、興のおもむくがままに詩作に耽っている。

【新たな問題】　五月、松山に帰着した方谷は、病気を理由に、再び元締役を辞任した。前の安政四年一月、方谷辞任の後を受けて、大石隼雄が元締に就任していたが、万延元年十月には大石は元締を辞任し、方谷がまた元締を務めていたのである。

藩政改革は成就して、今や、それを維持してゆく困難期に入って、新たに様々な問題が生じていた。方谷は、神戸《かんべ》一郎、進《しん》昌一郎、三島毅《つよし》など、方谷の後を受けて、藩政や藩財政に携わるようになっていた子飼いの弟子たちに、期待していた。が、結局は、方谷という守護神にして卓越した実行家がいなければ、事は容易に進まなかったようで、年譜も「先生すでに、元締役を辞するも、なお御勝手掛を命ぜられ、一藩財権ついにその手を離れず」、さらに「先生江戸に在るとき、両岐（江戸と松山の二つの藩政庁）の財政が次第に問題が生じ始めているのを察し」意見を上申していた。帰国してはしばしば有司を集めてこの問題を討議したとある。

この両岐の問題についての、方谷の上申書が、『魚水実録』（魚前八〇　文久元年九月五日付）に収録されている。これも、方谷の例の詳細を極めた長文であって、引用はかなわないが、右に言う

「両岐の財政問題」とは、改革者方谷と、弟子たちとの、意見の食い違いにあったようである。それが、君公の寺社奉行再任に当たって、顕在化してゆく。

2 創業と守成

【方谷と弟子たちとの意見齟齬】 藩主勝静の寺社奉行就任費用を措置《そち》した上、藩財政を益々豊かにしようとするのは、財政改革を成し遂げた松山藩でも、容易なことではなかった。そこに意見の食い違いが生じているのだが、方谷の上申書によれば、彼の本意は、これまで通りのやり方で、下級武士や庶民の困窮者など、下方の撫育に力を入れたいと考えるが、藩の吟味役など財政担当者となっている、方谷子飼いの弟子たち、神戸一郎、進昌一郎などは、御勝手（財務局）への蓄財を進めようとしている。しかもその蓄財の方法が、高掛り米といって、年貢とは別に、一石につき一割か七歩の増しを掛けたり、家中藩士に、借り上げ米を課したり、また借財の返却を一時延期したりする休滞《きゅうたい》などを行うというものであった。

上申書の記述をそのまま受け取れば、これは理解しがたいことであった。これではまるで、方谷が苦心して立て直した藩財政を、改革以前の放漫財政に、理由もなく引き戻そうとしているかのごとくである。一見、方谷と、弟子たちは、藩政改革が成就したところで、それを壊すような衝突に陥ったかのように見える。方谷と弟子たちとの、この意見の食い違いを、方谷ははっきりと齟齬《そご》といっている。
『山田方谷全集』『魚水実録』収録の文書を眺めていて見えてきたのは、「ゴウノル・ウオレス号」をめぐる意見の食い違いであった。これは、文久二年に松山藩が購入した、アメリカの帆船である。この船に関しての方谷と弟子たちとのやりとりから、方谷の言う「齟齬」の一端が窺える。

【帆船快風丸】　まずウオレス号についてだが、この資料も多くはない。筆者の手元にあるのは、高見彰著「備中松山藩『快風丸』」（『高梁川53号』所収）の一篇だけである。これは短編ながら調査の行き届いた、信頼すべき佳篇かと思う。

他は『方谷全集』に、吟味役進昌一郎の、方谷宛て正月廿六日付書簡「大阪表黒船買入ノ相談」（全一四九八Ⓐ）、三島貞一郎（中洲）の方谷宛て十一月十日付書簡「外船購入航海大利三島貞一郎勧メ来ル件」（全一四九八Ⓑ）の二篇である。

進昌一郎の書簡は、日付のみで、年号が書かれていないが、文中「江戸の変事……誠に以《もっ》て驚嘆畏《きょうたんおそ》るべきの至り」とあり、これは文久二年正月の、坂下門外の変と思われる。書簡内容は、「大阪で黒船を購入の件、ご相談申しましたが、何のご返事もなく、藩庁でも何ら取り上げられたことはないとの事、早々お考えを聞かせて下さい」とある。

三島の書簡も、「かねて造船の件をご相談いたしておりましたが、（方谷先生からは）何のお答えもなかったところ、横浜に西洋よりの売り船が来ていると聞き早速問い合わせてみました。『二本柱……スクウーネル　長さ十八間　幅四間半位　三百五十トン積　代金一万八千ドル』です。

当今の海外情勢と、我が国との関係を鑑《かんが》みますに、遅かれ早かれ航海交易の時代はやってくるに違いありません。御親戚の安中《あんなか》板倉藩や他の小藩なども、蝦夷地との交易で大きな利益をあげているということです。こういう状況ですので、右の洋船購入のご決断が遅れれば、他に売却されてしまう恐れもあります。早晩航海の禁令が解かれれば、大艦が舳艪《じくろ》相銜《あいふく》む（大艦が前後あい接して連なり進む）、そういう時代がやって来ると思います。お考えをお聞かせ下さい。」

注・この文書の日付に、全集は（慶応元年）と括弧付きで付記しているが、松山藩のウオレス号購入引き渡しは、文久二年九月十九日とされており（高見彰）、三年後の慶応元年はありえない、誤記と思われる。

これらを見るに、三島や進が言うのは、将来はきっと交易の時代がやってくるが、造船や西洋船の購入によって、大型船舶を手に入れれば、莫大な利益があげられるということである。御勝手への蓄財と方谷がいうのは、弟子たちの大型船を手に入れ、交易に参入しようということだったようである。そのために、高掛けや借り上げをしたとしても、それはすぐに返却解消できると考えていたのではないか。おそらく、これが弟子たちの意見だった。

【俗牘一篇】 これに対して、方谷は何も答えなかった。

これは従来の方谷には、あり得なかったことである。この時方谷は、元締役にも就いたり離れたりであったが、年譜が、一藩財政の大権は常に先生の手にあったと繰り返している。これを信ずるならば、彼は財政大権を手にしながら、愛弟子たちの繰り返しの相談にも答えていない。沈黙しているのである。

八月になって方谷子飼いの弟子の一人、吟味役を務めていた神戸一郎が、長瀬山中の方谷を見舞いに訪れた。神戸は、方谷と弟子たちの間にわだかまる齟齬《そご》を解こうとしたと推測される。方谷先生はなぜ答えて下さらないのか、いつもの先生ならば、論理的に明快このうえなく、しかも余すところなく説いて下さるはずだ。直接会って、腹を割って話せばる分かることだ。

【松山藩の改革は創業とも云えるが守成には達し得ず】　方谷も、神戸の訪問を非常に喜んで「財政のこと、藩校有終館学制改革のことなどを論じ、ついに俗牘《ぞくとく》一篇を作った」（年譜）。俗牘とは、漢学者ならば正式には、漢文で書くべきところ、和文で書かれた書簡という意味であろう。原文は『魚水実録』前編に収録されているが、六頁に及ぶ、余すところ無き長文である（魚前一一九）。年譜には適宜抜粋したものがある（文久元年八月　全六三）。こちらを意訳引用しておこうと思う。

《わが松山藩が、今の勝静公の代に至って、諸式法制度が整備され、諸政が刷新されたことは、一時は衰えていた藩を、再び盛んにしたわけで、これはいわば中興《ちゅうこう》であるが、まったく新たに始められた創業ともいえる事業であった。

あらゆる役職が生まれ変わってゆく中で、財政部門は、初めから私が主として担当することになり、元締役兼吟味役をつとめること八年。初めの二、三年は、四方の債主と、それこそ血みどろの交渉に明け暮れた。それが少しずつ解決してゆくと、今度は、夷船《いせん》来航にそなえての海防費用、大震災や暴風被害、さらにお殿様の寺社奉行ご就任の出費等々、莫大な出費が次ぎ次ぎと重なり、どれもまったく新たに創業を経験するような事業ばかりであった。しかし創業と呼べるほどの状態にも達し得ないものがほとんどで、それを受け継ぎ維持してゆく、守成と呼べる段階にはとうてい達し得なかった。

昨年の冬（万延元年十月）より、再び元締役を引き受けてみるに、今度は前の時とはまるで状況が違っているのに気づいた。元来、私の業務処理の仕方というのは、あるとき、処理すべき事案が生じて、目の前に持ち出されると、情意（感情と意思）がおのずと動き、その情意に従って事案を処理解決するのである。前期八年間の元締の時は、その情意は、まったく新たな案件に初めて立ち向かう、創業の心構えであった。

ところが、このたびの再任では、その心構え、感情も意思も、以前とはまったく異なっている。これは、時勢の推移につれての、時態の変化を物語るものに他ならない。松山藩政改革は、容易といわれる創業を乗り越え、今や、難し（困難）とされる守成の時期に踏み入ろうとしているのだ。しかれども、一口に情意と言っても、ある事案に正しく適合しているときも、そうでない場合もあるであろう。しかも私は老い衰え、病を抱えている。もはや、守成の艱難にはとても耐えられそうもない。若く英才俊傑たる諸君に期待するばかりだ。

このように考えていた折、神戸一郎君が、山中の私の庵を訪ねてくれた。神戸君は、常々藩政に真心を尽くし、年まさに働き盛りにして、意欲あふれるのを見てきた。そこで例の、創業と守成の説を語って、藩政改革がどのように行われてきたか、概略を説明し、私の案件処理の方策について、神戸君の感想を尋ねたりした。神戸君の同僚である進昌《しん》一郎君もまた、気心通じた英俊である。願わくは、進君もまた、この一文を読まれて、学校制度の改革、社会秩序の維持や人心の感化に強く影響する礼楽《れいがく》＊の教え、また燦然たる文学芸術などは、守成の体制がしっかり整い安定してこそ、優れた成果をあげ、豊かに栄えることを、心に留め置かれることを期待したい。春の耕作は、秋の収穫に終わり、これを創業とすれば、穀倉満ちて後、衣服を製し、飲食を供し、鬼神をお祭りし、賓客をもてなし、敬い慎む心が広まり、どの家族も一家心を通わせるようになる、これが守成に当たるだろう。そういう世を私は願っているのだ。今の藩校学長の三島貞一郎君もまた、共に切磋琢磨してきた英俊である。三島君もこの一篇を読まれて、我が備中松山藩の、艱難《かんなん》なる守成の業をますます完成に導いてくれるであろうこと、願ってやまず、願ってやまず》

注・礼楽　「行いをつつしませる礼儀と心を和らげる音楽。中国では古く儒教で、社会の秩序を保ち、人心を感化するとして尊重」（広辞苑）。

【指示も命令も控えたエール】　この文章も、一読して奇妙な感を覚えた。しかし再読して、ようやく方谷の意図が見えてくるように思った。神戸一郎がわざわざ江戸から帰郷したのは、両岐の齟齬、ゴウノル・ウオレス号購入など、大きな問題があったこの時期、病気見舞いのためにだけではあるまい。しかるに方谷先生は、そうした具体的な問題には一言も触れず、創業と守成という、いってみれば抽象的な問題に終始している。『魚水実録』に収録の、抄出ではない長文の原文においても同様である。

方谷の意図は明らかだと思う。創業から守成期に移行しようとする困難な時期にあって、すべてを、君たち若い世代に託するから、どうかしっかりやってくれ、方谷はあえて指示も命令も控えて、ただエールを送っているのである。

「先生が江戸におるころから、江戸と松山での藩財政は、次第に支えることが困難になりはじめていた。これを見て先生は、勝静公に上書して、所見を述べた。勝静公はこの意見に同意したので、帰国した方谷は病を押して、しばしば有司を集めて討議した。」（年譜・文久元年五月頃）

しかし藩の財政問題は、方谷が帰郷した前後、創業も守成も、その難易に関わらずすべて、方谷が居なければ進捗《しんちょく》しなかった。これではいけない、もしも自分がいなくなったら、また元の貧乏板倉に戻るのではないか。方谷の沈黙は、その解決の腐心《ふしん》にあったであろう。

年譜文久元年秋には「先生静養すること累月《るいげつ》（月日をかさね）、勝静公特に命じて出でて事を視しむ、親旧また皆出づるを勧む」（年譜）とあって、詩（宮六五一）が引用されている。宮原信の訳を借りる。

お国のために、あまんじて租税を取りたてる役目（元締役のこと）をつとめてきた。病み衰えた体を起こそうとするが、うめき声をあげるほどの苦痛を覚える。手足は箸よりも細くなってしまっている。

これでは、もう士民から税金をしぼりあげる力などありはしない。

「士民から税金をしぼりあげる」は、原詩は「士民を剥《は》ぐ」であるが、方谷は注を付けて「また『困民《こんみん》を鞭《むち》うつ（注・困窮する民をさらに苦しめる）』とも作った」とあって、ことさら酷吏《こくり》であったような表現を使っているのは、方谷の諧謔である。老いてまたもや財政の実務に携わることの不似合いを、みずから嘲けている。すべてを若い世代に託そうとしても、容易ではない苦笑であろうか。

【初めての休養】　文久元年三月江戸市中に吐血《とけつ》して倒れた後、方谷は四月には帰国して、備中松山長瀬の自宅で病を養った。五月には、療養を理由に、備中松山藩元締役を辞任している。元締役は就任以来足かけ八年、さらに再任二年だが、この間十年松山藩財政の大権はつねに方谷の手にあった。

膨大《ぼうだい》な借財によって破綻《はたん》に瀕《ひん》していた松山藩財政は、全国に知れ渡るほどの成功裏《り》に、いわゆる創業期を終え、困難とされる守成《しゅせい》期に入った。次世代によって、守られ継続されることになった改革は、ようやく、少しく緩《ゆる》みを見せはじめていた。方谷は病中も財政問題には、つかず離れず、梃《て》子《こ》入れしたり、江戸藩邸と備中松山政庁との、財政策の齟齬《そご》を解く手助けをしていた。

病も養生《ようじょう》の甲斐あって、文久元年の冬を迎えるころには、よほど回復していたらしい。十一月には、美作《みまさか》の湯原温泉に湯治《とうじ》にでかけている。

四十五歳で、元締役に抜擢《ばってき》され、藩財政改革に着手して以後の方谷は、日々《ひび》これ激務であった。前にも引用したが、方谷の云う「それこそ血みどろの交渉」が済むと、、今度は海防・震災・風波・御役成《やくなり》などの諸大出費が次から次へと発生して、一日として気の休まる暇《いとま》はなかった」（魚前一一九）と述べていた。年に一度ならず三度までも、江戸や大坂へ往復し、しかもその仕事ぶりの「清廉潔白勤勉忠実にして綿密親切最大周到」が、少しも誇張でなかったことは、方谷が書き残した、膨大な文書資料を覗いて見るだけで明らかである。そこにはほんのわずかな瑕瑾《かきん》（欠点、きず）すら、見い出し難い。この完璧な仕事を、方谷は、時に「一升ノ酒ヲ飲《のみ》テ、直《ただち》ニ一升ノ飯ヲ喫《きっ》シ、自若《じじゃく》トシテ」処理《しょり》していた。こうしたところにも、この、もの静かな傑物の片鱗《へんりん》を見る思いがする。

従来の元締役就任者たちは、皆かなりの蓄財をしていること、つまり俸禄以外の余得が相当あったことが知れわたっていたので、方谷自身は、個人的金銭収支に関しては一点の疑惑も残さないために、自家の家計はすべて第三者の、松山藩士塩田仁兵衛に管理させている。

方谷には、世の天才にありがちなエクセントリック――常軌《じょうき》を逸《いっ》したとか、奇癖といわれるような言動は、まるで見られない。強《し》いてあげれば、酒豪であったことと、江戸市中で吐血して倒れ、横臥《おうが》しながら、突然襲った重病に立ち向かう自己を詩に詠じ、書き取らせたことぐらいであろうか。いわばその大才は、温《おん》・良《りょう》・恭《きょう》・倹《けん》・譲《じょう》の円満な良識が、少しかたくなと思われるほどのリゴリズム（厳格主義）に包まれていた。

しかし、この方谷にも、文久元年五十七歳を迎えた肉体の衰えは被《おお》い難かった。病は彼に、初めて休養を強いたのである。

【湯原温泉客中】　方谷が湯治場にくつろぐ姿は、そのプライヴェートの日常生活はほとんど知ることがない私たちには、目新しく、親しみを覚えさせる。「湯原客中《かくちゅう》の作」として、そのくつろぎの一端《いったん》が、漢詩二首に残されている。拙訳でしめせば、

普段着《ふだんぎ》のまま、足にまかせて湯原温泉までやって来た。
友にも告げず、下男も帰して、気ままな独宿《どくしゅく》である。
旅籠《はたご》でも気をきかせ、こちらの好きなようにさせて、
逗留《とうりゅう》十日以上になるのに、名前さえ尋《たず》ねないのだ。
（宮六五五）

気の向くままに山の湯の長居、はや今年も暮れようとしている。

曇り日多い湯治場の冬は、ガランとして浴客の影もない。
ゆるりと湯浴みして、ほてった肌に風を受け、詩を詠じて帰る気分は、
これぞ、遙かな昔孔子さまが感嘆賛同した舞雩詠帰《ぶうえいき》の楽しみかと思う。（宮六五六）

注・舞雩詠帰　暮春、若者たちと共に水浴びして、雨乞いで舞う台地の舞雩《ぶう》の上で風に涼み、川辺を詠いながら帰る気分は、大臣になるよりもずっと楽しいではないか。

年末には、和歌も詠んでいる。

この春より病に伏《ふ》せって世の中頼み少く思い暮らせしが、
はからずも長らえて師走晦日《しわすみそか》となりければ、
あす知れぬ身のあすあすと積《つも》りきてあすは思はぬ春と成《なり》ける

長い間、藩政改革に奔走し、病によって元締役を離れたが、療病中も、若い後継者に託した藩財政からは目を離すことができなかった。それが、かねて望みながら、なかなか実現できなかった俗世間からの隠逸が、湯治によって偶然実現しているのを、心楽しんでいる。文久二年の新春を迎え、かねてから元旦恒例の年頭漢詩詠《かんしえい》では、

庭前の梅花は、朝陽におのずと芳香をただよわせている
そんな人間を横目に見て、門前の柳は風のままにそよぎ
宿業《しゅくごう》の重荷にあえぐ人間ばかりだ
元朝《がんちょう》に、万物《ばんぶつ》新たに生まれ変わるとは
（宮六五八）

と、これも、あれこれ思い悩む俗世間の暮らしを、しばし離れた心の余裕であろう。
「同じ心を」としてさらに俳句までも詠んでいる。

注連《し》めかざり又かいつもの娑婆《しゃば》の春

俗世を厭《いと》い、舞雩《ぶう》詠帰《えいき》の自然に溶け込む憧れが、漢詩、和歌、俳句に詠《よ》まれ、湯原温泉湯治は、方谷にとっては、思いがけなくも与えられたしばしの猶予《ゆうよ》の時であった。

3　鉄より重い紙袋

【国際問題】　この時、方谷が考えていたのは、弟子たちとのわだかまりとともに、日本の国内問

題ばかりではなく、国際問題でもあったようである。

前に引用した俗牘は、文久元年八月に、神戸一郎が長瀬を訪れて、その後に書かれたが、年譜は、唐突に、この年の最後に「年月未詳」として、次の項をもうけている。

《此歳、先生兵ヲ清国《しんこく》ニ用フルノ議ヲ上ル。》

清国に出兵すべし、というのである。鎖国を止めて国を開くだけではない。年譜のこの項に付した三島中洲の注記中には「(外国の) 二三ヶ国 (を) 属国にせざれば日本の経済立たず」という献策もあったとしている。外国への進出策である。現今の表現では侵略ということになろう。年譜には、方谷が、誰にも語らず、篋底《きょうてい》に秘めていたという細字十数行の一文が、引用されているが、この問題が実際に藩公に提出されたかどうかは、確かではない。

ただ、弟子たちが、ゴウノル・ウオレス号などの購入などを、繰り返し方谷に問うているのに、それには一言も答えていなかった方谷が考えていたのは、幕府の瓦解が遠くはないのに、交易の時代が、すぐにもやってくるように彼らは言うが、植民地獲得にしのぎを削る西洋諸国が、中国、日本にまで進出しようとしている、これを呑気に傍観し、西洋と対等な交際をし、交易を行う時代が、それほど簡単に実現するかどうか。方谷はそこまで考えていたようである。松山藩がウオレス号を購入した際、この帆船は、すぐにでも軍艦に転用出来るよう準備されていたという。これも方谷の策と考えられる。

朝廷は、あくまで攘夷の実行を幕府に要求し、志士たちの攘夷運動もいよいよ激しさを増している今、あるいは外国との戦闘などという不測の事態も起こりうるかもしれない。そういう時勢に、交易のための商船購入が適切かどうか。方谷が、弟子たちの洋船購入の是非に、答えなかった理由の一つは、そのあたりにもあったかと思う。

しかし、これらの問題に触れるためには、また別の論考が必要であろう。

神戸一郎の長瀬訪問によって、両岐の齟齬は晴れたと、前の俗牘からは感じられる。方谷も「君たちを信頼して藩政を託しているのだから、しっかりやって欲しい」と言うだけで、それ以上は深入りせず、洋船購入に賛同したと思われる。

文久二年になって、ゴウノル・ウオレス号の購入が決定し、同船船上での交渉には、方谷も加わり、船上での詩（宮六六二）を遺している。病も再び酒が飲めるほどに回復していたのである。

珍妙な言葉を操る異人との船価交渉ははてしなく
陽傾き二本マストの影、長々と水面に延びている
ようやく約調い、固めに異国の美酒を酌み交わし
独り船べりにたたずめば、夕麗紅紅乾坤《せきれいこうこうけんこん》をつつむ

【幕府権威の失墜とその建て直し】　文久二年年頭の、坂下門外の変は、二年前の桜田門外の変が尾を引き、その延長上にあった事件である。このたび標的とされたのは、老中安藤信正で、彼は、井伊直弼に引き上げられて老中となったが、安政の大獄では、大老に指示されて、水戸藩に下された戊午《ぼご》の密勅の返納を、水戸藩に執拗に強要して、水戸藩や尊皇攘夷派の志士から憎悪されていた。大老没後は幕閣の中心的存在となり、公武合体策を推進し、皇妹和宮の将軍家茂降嫁《こうか》を何度も奏請して、鎖国攘夷の実行を条件に、ようやく勅許を得ていた。和宮はすでに、前年文久元年末には江戸に下り、この年二月十一日の婚儀を控えているところであった。しかし、降嫁は和宮を人質として、廃帝《はいてい》を企てているとの噂が広まり、尊攘派の激高をさらに煽《あお》ることとなった。

坂下門外での襲撃は、水戸藩浪士と草莽《そうもう》の志士合わせて六名の少人数で、襲撃は、安藤信正の背に一寸ばかりの傷を与えただけで、刺客たちは即座にその場に切り倒された。安藤は駕籠から転がるように外にでると、周囲を守られて、足袋はだしのまま坂下門に駆け込んだ。

安藤信正は、この事件の後に失脚する。

桜田門、坂下門と、幕府首脳の相次ぐ遭難で、幕府権威はさらに大きく失墜した。

【鉄よりも重い紙袋】　板倉勝静の藩国、備中松山では、それ以前の二月に「江戸藩邸吟味役三田龍之助藩城に至り、諸有司と相会して江戸松山の財用を議定す。この時先生前年五月以来の文書を集めて、『一封の紙袋に納め、袋上に記して』曰く」として、次の文を引用している。(年譜より。注・この文書は「年譜」にだけあって、『全集』本文にも『魚水実録』にも収録されていないようである)

《この紙袋の、なんと軽いことか、吹けば飛ぶようなものだ。しかるに、私球《きゅう》（方谷）が、これを大切に仕舞い込んで、紛失するのを恐れるのは、中に入っている文書が、鉄よりも重いほど大事なものだからである。

去年二月（文久元年）、主君勝静公が寺社奉行に再任された。これによって藩財政が、あるいは腰砕けになるのではないかと憂慮された。私球《きゅう》は、君公のお考えに添うつもりであることを上書した。五月に療病のために帰藩し、病をおして吟味局の諸士に会い、江戸藩邸において、君公の意に添うつもりであると上書したことを言い、それぞれの意見を聞いた。六月十三日になって、再び諸士を招き、意見を促した。が、以後また病がひどくなって、床を離れることが出来なかった。その間は、諸士と書簡で意見の交換をしていたが、その数は、数十通を下らなかった。秋九月になって、諸士の意見が出始めて、これを江戸藩邸に送った。だが、意見が両岐（江戸と松山）で齟齬があった。

江戸藩邸吟味役の三田龍之助が、年が明けたら松山に来て討議すると知らせてきた。

そこで文久二年正月には、私はまた諸士に会い、特に注意して言った。龍之助が来たら、胸を割って存分に意見を述べ、胸臆に遺さないように、と。二月龍之助来る。球はまた病のため立つことが出来なかった。諸士が連日討議した。ここにおいて、藩の方針がついに決定した。三月一日、私の病が少し落ち着いたので、諸士と会い、江戸・松山討議の議定を聞いて、その約束をしっかり守ることを確認し、これに異議を唱えることを禁じた。そこで、君公御役成（奉職の費用）が支出され、それがために藩財政が行き詰まる事はなかった。その上、士禄増加、士民の撫育促進、武備も増進、旧債償還等がすべて決定された。

これらの経過記録を、片紙零墨《へんしれいぼく》を残さずすべて集め、この紙袋に封入してある。これらは貴重この上ない資料である。しっかり保存して、次世代のみならず、後の世に間違いなく伝えねばならない。》

【創業から守成へ理想的な移行】　右文書には題名がついていないので、便宜上「紙袋上の記（文久二年三月一日財政議定封入）」としておく。この紙袋にどの文書が納められていたのか、記録はない。すでに引用した文書のいくつかは、そこに入っていたかと思われるが、不明である。

冒頭で方谷は、封入された文書の意義は「鉄よりも重い」と言う。方谷の意図は明らかであろう。創業から守成へ移行することの困難、そして何よりも理想的に移行することの、方谷の苦心惨憺なのである。

そのことは、そのまま、理想的な改革者の在り方、理想的なその引退、理想的な師、理想的な藩士、つまりとりもなおさず、方谷の理想的な生き方の追求を意味した。

だから方谷は、快風丸購入の是非については、何も答えなかった。何も指示しなかった。何も命じなかった。わざわざ見舞いに訪れた神戸一郎にも、何も説かず、創業と守成を語って、自分は歳をとり、病を得て、もはや何もできない。創業の期は終わったのだ。今や困難な守成の時期に入り、君たち若い世代がすべてを担うべきだ。良い協力者もいるではないか。私の見舞いに訪れてくれたことは、心から感謝する。

松山の地においては、両岐齟齬を解こうと、江戸から乗り込んでくる藩士を迎えて、彼らだけで十分に討論させて、方谷自身は病臥にかこつけて（そう筆者は推測する）会議の場には出なかった。ただし、そこで決定したことは、決して異議を唱えることなく厳守することだけを言った。

【合議制】　ここで方谷が推し進めようとしているのは、合議制である。方谷はここで初めて指示を出している。一人の天才的財政家が主導する創業の時期は終わり、困難な守成の時期は、合議によって徹底的に話し合え、そして決定したことは、必ず守れ、と。これが、紙袋に封入した片紙零墨の、鉄のような重さである。

もう一つ触れておかねばならないのは、両岐齟齬の間に、忘れられたように棚上げされていたのは、この章の冒頭に記した「十万両の御軍用金」である。

【藩財政が行き詰まる事はなかった】　誰もが口を緘《と》じて語っていない。私たちとしては、その存在を、確証すべき資料がないまま、傍証としてあぶり出す外はなかったのであるが、例えば文久二年の、ゴウノル・ウオレス号である。松山藩に引き渡されて、快風丸と命名されたその船の価格は、高見彰によれば七千百五十十両と算出されている。この金額がどこから捻出されたのか、記録はない。藩財政は再び逼迫し始めていたとあった。

文久二年は、藩主勝静の老中就任があり、その役成・役用の費用、そして快風丸の購入である。その上「紙袋上の記」には、「士禄増加、士民の撫育促進、武備も増進、旧債償還」があって、しかも、それらのために藩財政が行き詰まる事はなかったと書かれている。膨大になったであろう支出のみが書かれて、財源は一切記されていない。

第十二章　了

第十三章　板倉勝静の老中就任と攘夷の狂熱

1　幕府老中顧問

【藩主勝静の老中就任】　「我公始て幕府老中《ろうじゅう》に補《ほ》し、従四位《じゅしい》に叙せられ、外国事務を管す。因って再び先生を江戸に召す。先生疾《しつ》頗《すこぶる》癒《い》ゆ。四月に命を拝して東行し、日夕《にっせき》顧問に備わる」（年譜）。

藩主勝静の幕府老中就任は、文久二年三月であった。祖父松平定信（楽翁）にならって、幕閣に列したいとする勝静の宿願が、ここに達せられた。かつて、周囲を驚かせた異数《いすう》の抜擢《ばってき》により、方谷を元締役に就任させたのも、勝静にとっては、このゴール達成のためでもあったと云っても過言ではないであろう。

しかし、この時、江戸幕府は「桜田門外の変」での井伊直弼の暗殺、さらに二年後「坂下門外の変」では老中安藤信正の負傷によって、幕府権威はたて続けに大きな失墜《しっつい》を重ね、その専制体制はゆらぎはじめていた。

安藤信正は、公武合体（天皇と幕府との一体化）実現の要《かなめ》として、皇女和宮降嫁《かずのみやこうか》を実現させるため、降嫁の条件として、孝明天皇が強く望んだ攘夷を「七、八年ないし十年以内に、夷人《いじん》（外国人）

は必定拒絶《ひつじょう》する」とその場しのぎの空約束《から》をしていた。これがついには徳川幕府崩壊の端緒《たんしょ》ともなった。

これ以後、幕府の立場、特に朝廷との関係において、幕府の意向を上から押しつけ、支配して来たその地位関係は、文久年間に、急激に逆転する大変を被《こうむ》ることになる。

嘉永六年のペリー来航から、明治二年の戊辰戦争終結に至る、幕末維新期は、すべては「尊皇攘夷」という言葉をめぐって推移し、王政復古のクーデターを経て、戊辰《ぼしん》戦争という革命的戦争になだれ込んでいく。

その激動期に板倉勝静は、政権を失墜《しっつい》してゆく幕府内閣の一員となったわけである。宿願達成は、そのまま、幕府の崩壊を身を以て体験することとなった。藩主勝静を老中に押し上げた側近顧問《ブレーン》方谷は、今度は、瓦解してゆく幕府とどこまでも命運を共にしようと、幕府残存兵力と共に、箱館五稜郭まで逃れた藩主勝静の救出が、今度はその役目となってゆく。

すでに見てきたが、方谷が将来は、朝廷中心の国体へ移行すべきと言及したこと（嘉永五年）、また、「徳川幕府三度の洗濯論」（安政二年）などを勘案すれば、方谷は、新たに老中に就任した勝静の行く末を、早くから危ういものとみていたはずである。

【捻《ねじ》れ関係】　これも前章で引用したが、初めて江戸城を拝観した方谷に、勝静が誇らしげに問うた「天下の大城に驚いたであろう」という言葉に、方谷が「千尋《ちひろ》の浪に浮かぶ大船でございます」と、冷ややかに答えた言葉が、二人の関係を物語っている。

ここから、勝静の、方谷に頼りきっていながら袂《たもと》を分かってゆくという、いわば捻《ねじ》れ関係がはじまることになる。

《(文久二年六月)江戸幕府に派遣された、勅使大原重徳《しげとみ》は、江戸から、京都の岩倉具視《いわくらともみ》に、書簡で情報を送っていたが、その中に、新たに老中となった我が公板倉周防守《すおうのかみ》勝静と、山田方谷先生に触れた一節がある。「防州《ぼうしゅう》(周防守の略称、勝静のこと)は、しっかりした人物のようだ。外国使節との応対も、筋が通っていてそつが無い。もっとも、核心の問題となればどうか、腹の底は判らないが。山田安五郎(方谷)という側用人《そばようにん》がついていて、これが傑物で、周防守は何事もこの用人に支えられているそうだ」》(年譜　注ルビ引用者)

【好人物だが弱気は見せない】　勝静の老中就任は、松平定信(楽翁)の孫という血統と、寺社奉行就任中の無難な常識人としての言動が買われたようだ。が、右の引用によれば、「知徳兼ね備えた実学の人」方谷の存在が大きかったことが判る。藩政改革が短期間に鮮やかに成し遂げられたのも、方谷という傑物の力であったことが、すでに広く知られていて、勝静の老中就任も、方谷の存在が力となったことがうかがわれる。

勝静の「筋が通っていてそつが無い」応接も、いくつか伝えられていて、仙台藩の玉虫左太の『官武通紀』には、当初「水野板倉両新閣老、小侍(こざむらい)なり」と誹謗《ひぼう》する者があり、されば「英傑というわけではあるまい」などという風説があった。しかし、やがて板倉の夷人に対する応接の態度、夷人の理不尽な威嚇にはまったく屈せず、夷人からの金品贈与は一切うけとらないことなど、世評よろしく「将来は人望板倉一人に相帰し申すべし」といわれるようになった」とある。イギリス領事館員アーネスト・サトウは、その著『一外交官の見た明治維新』で、勝静を評して『好人物ではあるが決して弱気は見せない』（坂田精一訳　岩波文庫）と述べている。

【小藩に跼蹐《きょくせき》する】　文久二年四月、方谷は「召命《しょうめい》によって東行《とうこう》（東の江戸に行くこと）し、日夕顧《にっせき》問に備わ」った（年譜）。主君勝静は、すでに二度まで寺社奉行に就任していたが、これまで、勝静の諮問が幕府政治に関わる場合、方谷は、けじめをつけて「自分には幕政のことはわからない」と引き下がって答えなかった。しかし老中の顧問ともなれば、その諮問は当然国政（日本国の幕府政治）に関わることになる。方谷はここに松山藩政を超えて、直接幕府政治にも関与することとなった。

司馬遼太郎の小説『峠』には、主人公河井継之助の山田方谷評がある。

《継之助は方谷観をのべた。政治と行政の実力であのひと（方谷）に及ぶひとは天下にない、と言い、かつ最後に意外なことをいった。

『すこし、人物が小さいな』

その理由は、たかだか五万石の小藩の宰相《さいしょう》（総理大臣）だからである、小天地は所詮《しょせん》その柄《がら》にあう人物しか育てぬ、これは方谷先生の不幸である、といった》（『峠』）

行政においては天下一の大才でありながら、五万石の小藩に蹐跼《きょくせき》する——身を縮めて生きる結果、人間まで小さくなっているというのである。この方谷小人物説には異論もあろうかと思うが、それはともかく、小天地的才能しか発揮できなかった大才は、ここで、病み上がりの体で江戸に出、日本国という大天地に臨んだことになる。

ところが、山田方谷の名は、それ以後もずっと現代に至るまで、一般的には、広く世に知られることなく経過してしまった。山田方谷が仕えた備中松山藩は、明治初年の戊辰戦争で敗者となり、明治新政府によって、備中松山の名を改名させられた。それに伴って、この藩を建て直し明治までも存続させた偉才山田方谷の名も、一般の歴史からはほとんど消え去っていた。

【板倉に山田】　大佛次郎の『天皇の世紀』には、当時の「一片の探索書」（同書原注に「列藩・公家交流の探索書」とある）を引用して、次のような記述がある。

「日々万機、俗吏の古例成格にては（凡庸な官吏が、何ごとも昔からの慣例や規則に固執するやりかたでは）間に合い申さざるにつき、各藩、皆帷幄《いあく》（藩政府中枢）の謀臣相蓄え置き、越前に横井平四郎、土佐に真木鐵馬、会津に秋月悌次郎、水野に塩谷、板倉に山田、水戸に原市之進、長州にはもっとも多く桂小五郎、周布《すふ》政之介、佐久間（後略）」（傍点引用者）とある。

山田方谷は、横井、秋月、桂、佐久間などに伍する人物とされているが、『天皇の世紀』全巻末の「人名索引」では「山田某（備中松山の儒者・山田萬谷か）」と、不詳者あつかいである。おそらく注釈者は、山田方谷という人物については未聞《みぶん》で、資料の中の「方」の字を万（萬）と読み違えたのであろう。

司馬遼太郎の『峠』においては、主人公河井継之助に決定的な影響を与えた先生として、それなりのスペースで語られているが、小説としての脇役の枠を超えているわけではない。

『峠』も『天皇の世紀』も、昭和四十年代に書かれた。それ以後半世紀を経た今にいたるまでに、山田方谷についてはかなりの著書が出され、テレビでも時折取上げられているが、やはり、方谷という偉才が、広く知られるようになったとは言いがたい。明治初年の戊辰戦争での敗者は、明治維新以後の歴史に於いて、正当に扱われていないとはよく言われることだが、山田方谷が、歴史から消えてしまった理由はそれだけではない。方谷自身の徳性、自己を押しだそうとすることなど一切無いその自然な謙虚さにもよる。

2 渦逆巻く鳴門の渦潮

【御老中役成】 新任老中勝静の召しにより出府した方谷は、文久二年五月十六日付で第一信を、松山の元締役となっていた門弟の進昌一郎《しん》に書き送っている。

《「藩公老中就職先生召ニ応シ《じ》出府後ノ第一信」　（全一二三八）

江戸に着いてから、御老中御就職の費用（役成《やくなり》）の件を聞きましたところ、特に問題となる事もなく、お屋敷替えの引っ越しで、また混雑したぐらいのことです。御拝領金（詳細不明。寺社奉行時の幕府からの拝領金と推測しておく）は、御返納しなければならないと思い、そのこと申し入れましたが、ありがたいことに、返納する必要はないということで、御老中御就職の費用を償《つぐな》って余りが出そうです。その他、初の御月番（老中の月例当番）の費用等は、その時になってみなければ判りませんが、見込みよりは少なくて済みそうで、それを超える事はないだろうということです。それ故、松山から江戸へ送金する必用はなさそうで、まずは大安心です。御祝儀金なども千五百両もありますが、これには手を付けずに〔原注・この中には黄金三十枚ばかりもあり、およそ千両になる〕そのまま残っております。

　これだけの事でしたら、この老人が病苦をこらえて江戸まで出てくる必要もなかったと独り笑ってしまいました。もっとも、洋船（ゴウノル・ウオレス号）購入の交渉が昨日調い、この費用は佐藤（不詳）より借り入れ、来年、松山より江戸へ六百両多く送られてくる分を、返却に当てることになっています。そういう次第で、私にはさしたる相談ごともなく、日々病床に就き、服薬し保養に努めています。これ以上さしたる御用もなければ、近日中に帰郷のお許しも得られるものと思います。》

（一部省略）

方谷の出府は、勝静の役成《やくなり》の捻出《ねんしゅつ》に苦慮する江戸藩邸を助けることが、主要な任務だったようで、その処理を終えれば、すぐにも帰郷できるものと考えていたらしい。老中役成費用の処理などという、おそらく三、四千両程度の会計処理に、「この老人が病苦をこらえて江戸まで出てくる必要もなかった」わけだが、勝静としては、初の老中職である。顧問方谷は、いつもそばに置いておきたかったであろう、病が完治したわけではなかった方谷の、帰国願いはなかなか許されなかった。

前章ですでに触れておいたが、九月十九日は、購入した快風丸（ゴウノル・ウオレス号改名）の引き渡し日で（高見彰による）、方谷も立ち会い、快風丸の船上で洋酒を口にしていた。

その間、方谷は、国許《もと》の元締進昌一郎《しんしょういちろう》に、詳細な教示を次々に書き送っている。例えば、江戸到着の五月十日付で「進昌一郎ニ示シタル米勘定書ノ雛形《ひながた》」（全一二三〇）などは、「先日言っておきましたように、米の勘定については、昨冬は理由があって、入り組み複雑になってしまった。そこで面倒ながら、別紙に示すとおりに仕分けして欲しい」として、「新米勘定・古米勘定・御圍《おかこいまい》米勘定」の仕分けの雛形《ひながた》（モデル）を、全集本では七頁に渡って事細かに教示している。江戸に出てすぐに書き上げたのであろうか、まさしく方谷の「綿密深切細大周到」の雛形《ひながた》でもある。冒頭の「新米勘定」四頁分の最初、一頁だけを引いておく。

《一、何万何千俵　　御収納辻（引注・御収納合計）
　内訳

何万何千俵　郷中
何千何百俵　玉島下
何千何百俵　御蔵詰
〆
一、何百何十俵　御貸付収り
新米入札迄
一、何百何十俵　御蔵古米残
新米入札後
一、何百何十俵　御蔵古米収り
〆
内
十一月廿日迄
何万何千何百俵　御払辻
内訳
何万何千俵　並御払
何百何十俵　町方直下御払い
》

（以下、六頁分続く）

この詳細をきわめた雛形を、旅先の江戸から国元へ送って指示している。

【物情騒然の京都】　文久二、三年当時の、日本国内の政治状況は、方谷年譜によると、

「すでに、各地の過激派浪士・志士たちが京都に集まり、朝廷の公卿家に出入りして攘夷論を説き、あるいは自分たちと異なる説を唱《とな》えるものを暗殺するなど、京都は物情騒然たるありさまであった。そこへ薩摩の国父《こくふ》島津久光が、藩兵一千名を率いて上京してきた。攘夷論の指導者で、久留米の社家真木保臣《まきやすおみ》、公卿中山家家士田中河内介らの尊攘激派は、薩摩のこの兵力を、朝廷が強く求める攘夷を実行しようとしない幕府問責の挙兵に、利用しようと画策した。

しかし島津久光は、その過激にすぎる企てを採用しなかった。かえって、伏見の寺田屋に集結して尊攘激派の浪士たちと結んで、幕府を倒そうとする薩摩藩内の尊攘派が、自重するよう命じても聞かないのを見て、上意打ちを命じて一挙に殲滅《せんめつ》してしまった。」文久二年四月二十三日の寺田屋騒動である。

【外様藩の力の増長】　「我が公（勝静）この間に処し、苦心少なからず。遂に再び脇坂安宅《わきさかやすおり》を起して老中に再任す（万延元年に退任していた脇坂を再就任させた）。七月、我が公、脇坂老中と大いに諸有司を黜陟（ちゅっちょく＝功無き者を退け、功ある者を登用）し、詔旨《しょうし》（みことのり）を奉じて一橋慶喜を起して将軍の後見とし、松平慶永を政治総裁とす」（年譜）

他方、方谷の林富太郎宛書簡では。

《何事も思い通りには行かない。俗世間のことだ、我慢するほかは無い。一橋慶喜公、松平慶永公の起用は、薩摩藩の工作によるものだという。外様藩の力の増長には驚かされる。》

年譜の記述は、勝静は、老中脇坂安宅と共に、幕政を動かしているかのような印象を受けるが、実は幕政は幕府閣僚によって推進されているのではなく、外からの圧力によって動いている、と方谷は嘆いているのである。

【幕府衰亡の大きな節目】　右の「一橋慶喜公、松平慶永公の起用」における「外様藩の力の増長」と、方谷が言っているのは、文久二年六月、勅使として江戸に下向した公卿大原重徳《しげとみ》が、朝廷の意向として一橋慶喜、松平慶永の幕府への登用と、政治改革とを求めたことをいう。これは幕末における幕府衰亡の大きな節目となった事件であった。

幕府によって、これまで朝廷は、政治への関与はいっさい厳禁とされ、意見がましきことを口にすることすら、厳しい処罰を恐れ、控えねばならなかった。

それが、勅使大原重徳によって、幕政改革の要求が、まともに幕府に突き付けられ、それを貫徹することができたのは、勅使護衛の名目で随行した、薩摩藩国父《こくふ》島津久光が率いる千余の随兵の圧力であった。外様の大藩が、朝廷の後押しをして、その要求が受け入れられなければ、武力に訴えるとほのめかした。ほのめかしただけではない。一橋慶喜の将軍後見職就位の要求を、幕府閣僚が渋ると、会見の部屋ちかくに刺客《しかく》を配置、受諾しなければ即座に幕閣を刺殺すると脅した。

幕閣がこれにおびえて、徳川慶喜を後見職に、松平慶永を総裁職に任命したことこそ、幕府と、それに押さえつけられていた朝廷との、勢力の逆転――いわばクーデター的ともいえる変革の、最初の一撃成功であった。

方谷も、「勅命をもって両公へ御後見総裁仰せを被られ候以後は、幕府の政はすなわち叡慮にて」と言っている（全一八〇〇Ⓐ）。これが驚くべき「外様藩の力の増長」で、これ以後、幕府と朝廷の勢力は逆転した。こうした時局の情勢を受けて、幕府は、二二九年ぶりに、将軍の上洛に踏み切った。

【逆巻く渦潮】　幕府は、将軍、将軍後見職、政治総裁職、そして、幕府内閣としての老中があり、それぞれがみずからの思惑《おもわく》と主張をもって、思うがままに行動し、そこに、結束とか統率する力は皆無で、幕府と一言で呼ばれる幕府政府は、あっちにもこっちにも渦《うず》が逆巻《さかま》く、鳴門の渦潮のごとき状態を呈していた。老中の一員としての勝静は、幕政にはほとんど影響力は持ち得ず、その顧問としての方谷の立場も、勝静を通してでは、幕政には力が及ばなかったことがうかがわれる。

《方谷は、文久二年四月の出府以来、勝静公の顧問として、大小の機務（機密に関する政務）に関わった。先ず人材を発掘すべく、都下の諸士を歴訪して優れた人士を探し、その人名簿を作り、邪臣を退け功臣を推すなど、人目に着きにくい所で、公を助けていた。また、安政の大獄で捉えられた春日潜庵《せんあん》の罪を解き、藤森弘庵《こうあん》の寃《えん》を雪《そそ》ぎ、坂下門外の変に連座した大橋訥庵《とつあん》を獄中より救出し、宇都宮藩邸に死することを得させ、頼三樹三郎《らいみきさぶろう》の倒碑を修復し、水戸藩内《ない》訌《こう》の犠牲者の屍を埋葬をするなど、世に知られていない事績も多い》（年譜）

「人目に着きにくい所で」「世に知られていない事績」などという言葉が、方谷の立場をも暗示しているであろう。

【義侠心からではない】　進昌一郎宛の書簡で方谷は「大橋、藤森の二氏の歎訴並びに修碑の三件に就ては、出府以後の大心労にて、病困《びょうこん》（病の苦しみ）を忍び、老懶《ろうらん》（老体）の身を強いて、ようよう成就に及び候」とある。だが、注目すべきは、それに続く言葉である。

「これらのことを、世間では義侠心から行ったと受け取るかもしれないが、自分としてはそんなつもりはない。人間最期の一念は、五百生《ごひゃくしょう》にも及ぶ極重至大《ごくじゅうしだい》のことであって、囚われの最中に落命して、その遺恨《いこん》が、死後にまで残っては、未来永劫《えいごう》の苦しみを受けると思うと痛ましく、どうか解脱《げだつ》の仏縁があらんことをと願って供養するのである。」（全一七七五）

「超然解脱《ちょうぜんげだつ》有之《これあり》候《そうろう》様《よう》」を、解脱の仏縁を願ってと訳したが、方谷の場合、この言葉を観念的な思いと受け取ることはできない。方谷が楠木正成《くすのきまさしげ》を語って「七生報国《しちしょうほうこく》」、つまり「七度《ななたび》までも生まれ変わって賊を滅ぼし国のために働く」というとき、これを、現代の合理主義的歴史観の立場から見ようとすることは、方谷理解を誤らせるだろう。あるいは、それでは方谷という大才の、観念的な理解にとどまるだろう。

方谷の生涯を追いながら、強く感じることは、その洞察力は、犀利《さいり》な明察だけにあるのではない。それは鋭さのあまり、しばしば私たちの合理主義の埒《らち》をも超えようとする……いや、そういう言い方も誤解を与えるかもしれない。むしろ、私たちの精神は、固陋《ころう》な合理主義の枠の中にとどまって、それが意識の限界だが、方谷の精神というとき、限界としての枠はない。それは常に私たちの理性の枠を超えた、彼の霊性の広がりと言う方が適切であろう。

3　方谷の霊魂観

【人間最期の一念は、五百生《ごひゃくしょう》にも及ぶ】　ここで話は、文久期の政局からは大きく脇道に逸れることになるが、しばらくお付き合いねがいたい。「霊魂観」などと題したのは、前節でそれに少し触れたのに関して、方谷の思想、信念としてのそれを、どこかで触れなければならないと思いながらも、その機会がなかっただけのことである。右に、「七生《しちしょう》報国」「人間最期の一念は、五百生《ごひゃくしょう》にも及ぶ極重至大」などの言葉を引用したのを機に、少しく詳細に触れておきたい。ちなみに「五百生」とは、「〔仏〕幾度となく迷いの世界にうまれかわること」と『広辞苑』にあって、「七生」と同じ範疇《はんちゅう》の、霊的次元を指向する言葉である。方谷が、こうした生まれ変わりとか、輪廻転生という言葉を、ごく自然に使っていることは、それが、彼の自然な心の働きに過ぎなかったことを意味している。

方谷はこの思いを、「楠中将論《なんちゅうじょうろん》」（全二三二）「楠公七生伝序《なんこうしちしょうでんじょ》」（全二三五）の、二つの論稿に述べている。後者の末尾には「安政戊午《ぼご》五年秋八月下旬」と明記されている。二稿はおそらく同時期に書かれたのであろう。すでに、宮原信の『哲人山田方谷とその詩』と、浜久雄『山田方谷の文―方谷遺文訳解』にも取り上げられている。前者宮原信は、山田方谷の評伝的論考の中の一章で、「楠公論（正成は七たび人間に生まれて来た）」と題され、十九頁に及ぶ論考である。後者浜久雄のものは、漢文訓読で「語釈、大意、余説」が付されている。

筆者も漢文読解には、この二著に大いに助けられた。筆者が拙い訳を試みた理由は単純である。方谷はこのように考えた、あるいは信じた、と素直に受け取れば足りると思ったからである。方谷の二論考は、全訳すれば非常な長文で、勝手ながらここでは「楠公七生伝序」だけを、かなり自由な意訳だが、訳出しておきたい。

《　楠公七生伝序

嗚呼《ああ》、南北朝時代（一三三六～一三九二）の河内《かわち》の土豪、楠木正成《くすのきまさしげ》（楠公）の、国家朝廷への無類の忠誠心と勇気、さらに知略に富んだ策戦は、子供や歴史に詳しいわけではない人でさえよく知っている。しかし、国家を簒奪《さんだつ》（帝位を奪い取る）しようとする輩《やから》を討滅し尽くして、皇室を守りぬくという本来の志を、完全に成し遂げることができたのは、正成が死に変り生まれ変わって、七度《ななたび》も転生《てんしょう》を繰り返し、没後二百年も経った後のことであった。悲しむべきことに、このことは昔も今も、誰も言っていないし、歴史や伝記なども、それに言及したものは何もない。

人が死のうとする時の最後の一念は、決して消え去ることはない、その人が生まれ変わった後までも保持され、しっかりと伝えられてゆくのだ。これは、ごく普通の誰にも起こりうることで、ましてや、純真無垢《むく》にして天にも通ずる誠意の人、正成公のごとき人にして、死の直前の、命をかけての遺恨が、そこで消えてしまって、跡形もなく消え去ったなどということはあり得ないことである。七度でも生まれ変わって賊を殺さずにおくものかと、誓いを立て、弟正《まさ》季《すえ》と刺し違えて死んだその最後の一念は、果たして、その後の二百年間に、紛《まぎ》れもなく明確な姿をとって、現れている。

邪（よこしま）な乱臣賊子とその子孫には、次々と互いに争わせ、一族を根絶させてしまった。これに反し、皇統の尊厳は、日月と共に高く輝き、連綿《れんめん》として永く継続されてきた。ここに大楠公の志は遂げられ、業は成就されて、公の神魂は天に帰り、いささかの遺憾《いかん》も残されてはいないのである。

こうして、室町時代の足利氏、遡って鎌倉時代の北条氏が滅亡したのも、同じ原因による。つまり、政権の座にあった足利氏、また北条氏に、政治（まつりごと）を軽んじ侮るように仕向け、国を安寧に治める道を誤らせるように仕向け、そうすることによって、滅亡させるよう導いた者が存在したのである。それがはっきりと判るように、時勢は動いて来ている。楠公が七世代に渡って生まれ変わった年代も、楠公と弟正季とが、死に臨んで「七生《しちしょう》マデ只《ただ》同ジ人間ニ生レテ、朝敵ヲ滅《ほろぼ》サバヤトコソ存《ぞん》ジ候ヘ」と誓った言葉は、事実と、割《わ》り符《ふ》を合わせるようにぴたりと合致して、何の疑わしさも残してはいない。それにもかかわらず、世間は物事の真を見抜く眼を持たず、今にいたるまで、その経緯を知るものが無いとはどうしたことか。

歴史・伝記は、多くは儒学者の断見《だんけん》、つまり一度死ぬと何事もそのまま断滅してしまって、痕跡には何も残らないという、誤った見解にとらわれた輩《やから》によって書かれ、現世に遺された痕跡だけによって、成功失敗を論じているに過ぎない。楠公の事業においても、生まれ変わって成し遂げるという一節は省いて、その志は成し遂げられなかったとして、惜しんでいる。ただ楠公の二人の子の正行《まさつら》・正時兄弟が、永く変らずに勤王に励んだことを挙げて、楠公の後世に遺された功績としている。たしかに二人の子息の勤王は、輝かしく立派である。しかれども、父子の縁は、宿世の因によって結ばれる。前世からの定められた運命によって、おのずから結ばれたのであって、いわば楠公の忠誠の余波が及んだのである。余波でさえこのように、子にも伝えられるのだ。楠公がみずから志した一念に至っては、因果などという紋切り型の観念に由るのではなく、七生報国もまた必ずそうなるべき天の正しい道理があるのである。あの断見の儒者たちにも、まれには現世と死後の世界についても、理解を示している者もあるが、さらに深く考えて、転生の道理にまで到達した者がないとは、どうしたことであろうか。

かくの如く、大楠公の功績の跡ははっきりとしており、物事の筋道もたどることができ、明白と思われる事柄にもかかわらず、悟りにいたらず、結局は輪廻転生《りんねてんしょう》を信ずることができず、因果応報の理を畏怖《いふ》しないことが、忠義の志を損《そこ》ない阻《はば》み、奸悪な賊ばかりをはびこらせている。これこそ、私がこの世のために憂い悲しむ所以《ゆえん》である。

近頃ある人が、楠公の画像を持って来て、画賛《がさん》を書いて欲しいと私に求めた。そこで私は平生《へいぜい》からの思いを述べ、二首の七言絶句を賦して賛《さん》とした。

乱臣賊子の命運は、二百の春を経て、尽きようとしている
今や、楠公の忠誠魂が、七度《ななたび》生まれ変わった年月に合致する
雲飛び風起こり、山河裂けんとして
楠公の後身たる英雄の出現を告げている

七生報国《しちしょうほうこく》の誓いは、永禄《えいろく》年にいたり
世に実現された
姦賊《かんぞく》の後裔《こうえい》は壊滅し
大楠公の忠魂はじめて天に帰るを得たり
（注・永禄年は　戦国時代の一五五八〜一五七〇）

賛を書き終えて、またひそかに考えた。楠公が七度《ななたび》生まれ変わったその身は、きっと現世にその生きた姿を現して、天下の治乱に活躍していたに違いない、と。凡人たる私には、知覚で

きることではないとしても、誠意を尽くし力を尽して探したならば、その人は見つかるかもしれない。そこで探し求めること数日。建武《けんむ》から永禄《えいろく》年間に至るまでに（一三三四～一五七〇）、遂に、楠公の生まれ変わりである人物七人を探し出した。だが、これが間違いなく楠公その人の後身であるかどうか、自信がなく迷っていた。もう、精根尽き果てて、机に伏したまま眠り込んでしまった……

すると、忽然《こつぜん》として、大楠公が目の前に立っていた。口を開いて、言った。

「あなたの考えは、まちがってはいないよ」

私は、びっくりしたが、尋ねたいことが山ほどあり、聞こうとして、ハッと目が覚めてしまった。嗚呼《ああ》、私は愚かであった。大楠公を夢にあい見ることができたのは、私が独り、この世の成り行きを、久しく嘆き悲しんでいたので、天にいます大楠公の霊魂が、私の苦心を憐れんで、夢に現れ教えて下さったのである。

そういうことであれば、と、私は断然決意した。楠公の生まれ変わりの七人の経歴をすべて述べて、巻頭に、楠公生まれ変わりに至った事績を載せたならば、室町幕府が滅びた所以、朝廷の存立が代々《よよ》完全である根源には、必ず、楠公の生まれ変わりの人物が、そうなるように仕向けたからこそ、そうなったことが一目瞭然となる。あるいは弟正季の後身も、手助けしたことも判るであろう。だが、歴史書に抜け落ちているところは、室町時代に比べてさらにひどいので、いま急にこれを求めようとせず、他日に期待したい。いやしくもこの「七生伝序」を世に出そうとするのは、ただ楠公の志が成就されたことを述べて、歴史に欠けている処を補おうとするだけではない。輪廻転生《りんねてんしょう》を信ぜず、因果応報《いんがおうほう》を恐れない輩《やから》に、この書を読ませたならば、彼らも悔悟して正心をしっかりと取り直し、衆生救済《しゅじょうきゅうさい》の一助となるかもしれない。そうなれば楠公の霊もそれを喜び、必ずまた夢に現れ、手を拍って、

「よろしい、よくやった」

と言ってくれるやもしれぬ。ある人が私に尋ねた、

「楠公は大昔の人だ。世を去ってからすでに久しい。その霊はいったいどこからやってくるのか」と。私は答えて言った、

「天にいて、天から来るのだ。詩にも述べておいた。『忠魂始めて天に帰るを得たり』と。しかし、ここにいう天とは、儒者たちの言う、漠然たる大自然の力というような天ではない。多聞天《もんてん》のことである。楠公はもともと多《た》聞天、つまり四天王の一神で、北方を守護する毘沙門天の生まれ変わりだとされている。だから、常にそこに帰っておられるのだ。」

安政戊午《ぼご》五年秋八月下旬、有髪《うはつ》の道人《どうじん》方谷みずから書す》

（全二三五）

【儒学者の断見を超え輪廻転生に達す】　一読してすぐに思い出されるのは、山田方谷一族における「遺恨」である。方谷の曾祖父山田宗左衛門益昌《ますまさ》は、父親たる自分の同意もなく長男郡治郎を、菩提寺の定光寺の僧たちによって、剃髪させられ僧侶にされてしまっていた。この長男は、武家で

あった山田家が、中葉《ちゅうよう》（中ごろ）には衰落して農民となっていた家の、復興を託せるほどの逸材だったようである。その子を奪われた恨みを晴らすために、益昌は住僧を刺殺し、みずからもその場で切腹して果てた。

これは、すでに本稿第一章で述べた所である。益昌は事件直前「書きのこす一通」として、「定光寺の坊主ども七月以来我等への不届きの儀ども遺恨むねにみち堪忍《かんにん》なりがたく今日存じたち、討ち果たすところ必ず悔ゆべからず」と、幼い次男の官次郎——これは方谷の祖父にあたるのだが、この官次郎に書き遺していた。

悔ゆべからず、と益昌は願ったが、遺恨はその妻と幼児の官次郎に引き継がれ、二人は故郷を追われ十九年間他郷に放浪しなければならなかった。さらにその二人から遺恨は、そっくり方谷の父母に伝えられた。この両親五郎吉と梶とは、一族の遺恨を晴らす働きのある立派な子を産み育てることを、自分たちの天命と信じ疑わなかった。五郎吉が七日七夜天神様に祈願して、二人の間に生まれた阿璘《ありん》（方谷の幼名）が、稀に見る逸材であったことが、彼らの使命感をいよいよ強固なものにした。父も母も、授かった子が天神様の申し子であることを疑わなかった。彼らは、生涯のすべてを、この子の養育に捧げた。その尋常ではない強固な意思は、極限にまで達し、彼らの身命を賭しての自己犠牲は、彼らを長生させなかった。方谷十四歳にして母梶が没し、十五歳には父五郎吉も没している。その父母の遺恨の強さが、方谷の輪廻転生の信念につながっている。

こうして方谷は、家系先人たちの遺恨を、生まれた時から双肩《そうけん》に担《にな》わされていた。おそらく方谷は、曾祖父の遺書を繰り返し見たであろう。その「野の水のように冴えた」文字は、空想でも観念でもない、まさしく血脈として方谷の体内を巡っていた。その思いが、精誠の人楠木正成の遺恨を、みずからのこととして実感し、七生報国、輪廻転生を、信仰と呼べるまでに育て上げた、そういうことであったと思う。

方谷による士籍の回復、藩の元締役就任という昇進、さらには幕府老中の顧問となり、さらに、次節に触れるように、将軍の謁見を賜るお目見えの身分となって、四代にわたった一族の遺恨も、晴らすことができたといえるであろう。方谷は、江戸あるいは大阪への出張の途次、正成が戦死した播磨の湊川を通る度に、その死を悼み、その強い哀悼の気持ちが、楠公に限らず、安政の大獄で、勤王に働きながら罪せられた人たちへの同情と重なり、その救済に努めさせた。同情は、おのずから儒学者の断見を超え、輪廻転生にまで達した。

④ 御誠心の確立こそ急務

【方谷お目見えの身分となる】 長く脇道にそれた話を、もう一度文久二年にもどす。

《文久二年十一月、方谷は、江戸城に上り、将軍に拝謁《はいえつ》した。

これより前、方谷は幕政が陵遅積弊根結《りょうちせきへいこんけつ》、つまり、多年の制度疲労の結果、すでに弊害が修復しがたく蓄積し、勝静公の力が到底その匡正《きょうせい》には及びがたいのを察し、公に辞職することを勧め、自身もまた病体を理由に致仕を願っていた》（年譜）

将軍に拝謁とは、将軍にお目通りする資格を得ることで、普通「お目見え（御目見・御目見得と表記）」と呼ばれている非常な名誉とされる出世である。特に方谷は、陪臣《ばいしん》（将軍の直臣《じきしん》ではなく、臣下の臣、諸大名の家臣）にして将軍の賜謁《しえつ》を受けるという名誉ある身分に出世したわけである。

しかし方谷自身は、これを辞退したいと、勝静公に上申している。

「（私に関してお聞きおよびのことは）すべて虚名のいたす処で」私にはそのような名誉を受ける資格はありません。しかも「大病にかかりいまだに回復せず、江戸での勤務も出来かねるありさまです。昨日も登城いたした折には、胸隔痞塞頭目眩暈《きょうかくひそくとうもくげんうん》（胸苦しく目まい）がして、殿様の御言葉もようやく承（うけたまわ）りました次第で、この有様ではお目見えをお受けすることはできそうもありません。何卒《なにとぞ》お慈悲をもって、賜謁《しえつ》は御沙汰止みにして（中止にして）、帰郷療養をお許しください」と申し出ている。（全一六八〇Ⓐ）

「然《しか》レドモ允《ゆる》サレズ、遂ニ進謁《しんえつ》ス」（年譜）とあって、方谷には気の進まぬ拝謁であった。

この賜謁辞退については、門弟進昌一郎宛に「私がお目見えなどと、こんな面倒なことが我が身に起こるはずもないのに、おそらく生まれるずっと以前、前世で、しなければならぬ作業をなまけ、遊び暮らした報いが、この紛冗《ふんじょう》（めんどうなこと）となったのだ。因果応報恐るべし。諸君は怠りなく勤務に励まれんことお祈りします」（全一六八〇Ⓑ）。

勤務に励んでおれば、来世にはお目見えなどという面倒なことにはならないから、今のうちに仕事に励んでおきなさいよという、これは方谷の諧謔でもある。

十二月、「先生の帰隠《きいん》の志はすこぶる堅《かた》かった。その思いを、勝静公はひるがえさせることは難しいと見て、遂に致仕《ちし》（辞任）を許し、方谷を藩の参政に昇進させ、大きな問題が生じた場合には、必ず参与することを命じた。家禄は、養嗣子（耕蔵）に賜り、方谷には別に隠居扶持《いんきょふち》を賜与した。しかれども、なお懇《ねんご》ろに諭《さと》して、しばらく江戸に滞留させた。」（年譜）

参政は、家老次席である。家老にして自由（隠退）は許したが、帰郷はさせなかった。

【歴代の無礼を謝罪】　幕府は、文久二年の末には、朝廷との関係において決定的な変革を受け入れざるをえなくなっていた。徳川幕府創立以来、二百六十年堅持されてきたそれぞれの地位関係――これまで幕朝関係であったものが、朝幕関係へと、百八十度逆転したことを、認める外はなくなっていた。十四代将軍徳川家茂が、朝廷に対して臣従の礼を表わし、幕府将軍としては二百二十九年ぶりに上洛することを決定した。

上洛の目的は、将軍が直接朝廷に、「歴代の無礼を謝罪する」というのである。これは越前藩主で政治総裁職に就任したばかりの松平春嶽《しゅんがく》（慶永《よしなが》）の、顧問格であった横井小楠《しょうなん》の進言であった。

「謝罪」に合わせて、このとき幕府は、大きな問題を抱えていた。

諸藩における多く不遇の士や、浪人が、攘夷をとなえて京都にあつまり、やがて、朝廷の若手公卿の過激な攘夷論者と結び、刀にものを言わせた狼藉、脅迫により、次第に勢力を広げていった。彼らは「攘夷の大計を定めて幕府に命令し、奉ぜざれば……幕府を征伐すべし」という「攘夷倒幕論」を掲げ、「尊攘は全能勢力を有する者なりと信じ、国権を紊乱《ぶんらん》し（みだし）、政治を誹議《ひぎ》し（そしり）、官吏を侮辱し、良民を脅迫し、抗上《こうじょう》（身分の高い者をあなどる）を扇動し、治安を妨害せる、一《いっ》としてせざる所なく、左《さ》しも清浄安楽《しょうじょうあんらく》なる洛中にて、暴殺暗殺の鮮血を流して、京都を穢《けが》すに至るも、恬《てん》として（まったく気に懸けず）懼《おそ》る所なく、而《しか》して所司代、町奉行は、その中央政府たる幕府が京都を恐るる意を体《たい》して（その気持ちに沿って）、敢てこれを制すること能わざりければ、恰《あたか》も無政府の有様にてありき」（福地桜痴『幕府衰亡論』　ルビ引用者補）

この、いわば狂熱の波に、薩摩（高崎左太郎）、長州（久坂玄瑞）、土佐（武市瑞山）三藩の攘夷論者が乗り、攘夷の勅命を、三藩が後ろ盾となって幕府にくだすことが決議された。

朝廷は文久二年九月、攘夷の決定を、三条実美《さねとみ》、姉小路公知《あねがこうじきんさと》の、二勅使をもって幕府に伝えていた。幕府はこの勅旨に返答をせまられた。

だが、鎖国を堅持していたわが国が、ペリーの来航によって開国に踏み切り、安政五年の日米修好通商条約と、貿易章程を結んでから、五年になる。その間諸外国は外交交渉によって、横浜、長崎、箱館の三港の開港を取り決め、さらなる修好・交易を拡大しようとしている。この時になって、改めて攘夷を行おうなどとすれば、戦争となるのは必至で、実行は不可能であった。

【横井小楠のやり直し論】　しかし、勅命はその不可能を実行せよというのである。すでに、朝廷の命令とあれば、威信失墜著《いしんしっつい》しい幕府は、それに応えなければならない立場に追い込まれていた。時の天皇、孝明帝は、病的なほどの夷国嫌いであったと伝えられている。いかなる開国論も、端《はな》から受け付けようとはしない。

当時の幕府にとっては、解決策のありそうにないこの八方塞《はっぽうふさ》がりの状況に、大佛次郎『天皇の世紀』によると、福井藩の政治顧問横井小楠が、幕府に、次のような提案をしている。

「将軍が創業の決心で（新しい幕府を創立するほどの心構えで）上洛して、幕府の力でなく、天子の力を以て、政治の権威を回復することを真先に行うべきだとする。条約についても、この際考えを改むべきで、慶喜のように真向から開国論を以て朝廷の蒙《もう》を啓《ひら》こう（教え導こう）と試みるのは、時局を一層収拾し難いものにする。現在の条約は、一時姑息《こそく》（一時の間に合わせ）を以て取結んだもので、国家永遠の計など立てるために締結したものとは考えられぬ。その上に、勅許を得ずに調印したような正しからぬ性質もある。この際、国を挙げて戦う決心で現在の条約を破棄し、天下の大小諸侯を集めて、今後の国是《こくぜ》を議論し、全国一致の決議を得て、進んで我より交を海外の諸国に求めてはどうか？　やり直すのである。その為には一時必戦の覚悟も必要となる。しかして後に我より改めて開国の方策を採るのである。」（ルビ・傍点・注引用者）

【徳川慶喜の正論】　小楠のこのやり直し論に、慶喜は理性的な正論を以て、断然不同意をとなえた。慶喜はいう「万国一般、天地間の道理に基づき、互いに好《よ》しみを通ずる今日なれば、ひとり日本のみ鎖国の旧套《きゅうとう》（昔からの慣例）を守るべきに非ず」「従前の条約は不正なれば、破却すべしとの議あれど、……政府と政府との間にて取交わせたる条約なれば、決して不正とはいわざるべし。故に、たとい我より談判に及ぶも、その（外国が）承諾せざるは鏡を懸けて見るよりも明らかなり。また必戦の覚悟を定めしむべしとの議も、彼れ（外国が）我が談判を承諾せずして、兵端《へいたん》（戦争開始の糸口）を開かば……彼已《すで》に不正の条約とせざる上は、却ってこれを破らんとするかたを曲《きょく》（不正）とし、これを守らんとするかたを直（正）とすべし。故にかかる事よりして、戦いを開かば、天下後世これを何とかいわん。たとい我その戦いに勝ちても、名誉とすべからず。況《いわ》んや敗衄《はいじく》（敗北）を採るに於いてをや（まして敗北した場合は不名誉どころではない）。」（『天皇の世紀』）

この堂々たる正論に、横井小楠は自己の進言を、恐懼慚愧《きょうくざんき》に堪えず（恐れいり恥じいる）といったが、大佛次郎のコメント（評言）には、

「慶喜はまだ二十六歳の青年で、議論は高遠だが、現実の課題には決断の勇気を欠いていた」（傍点引用者）とある。また、いかなる開国論も受け付けようとしない孝明帝という壁がある。

【方谷の時局対処三箇条】　こうして渾沌《こんとん》たる政局のさなか、方谷の隠退の望みの到底動かせないのを見て、勝静はついに、方谷の致仕《ちし》（辞職）を、許さざるをえなかったのだと年譜はいう。

将軍家の上洛とは、実質的には、幕府が朝廷に臣従する立場を採ることを、改めて天下に明確に表明することを意味した。その歴史的変革の重大局面に、将軍家に、老中として扈従《こしょう》する勝静が、守護神とも頼む顧問方谷を、隠遁の意志の強さに負けて、藩士としての身分からの隠退を許したと

は、単純には受け取り難い。

「大きな問題が生じた場合には、必ず参与」するべし。また「懇《ねんご》ろに諭して、さらに江戸に滞留させ」た、と勝静は未練たっぷりである。

【御誠心の確立】 去ろうとする方谷も、勝静に、時局にどう処すべきか、三箇条の進言をしている。

《開国すべきか、鎖国すべき、どちらかに決定しようとすれば、開国は叡慮（天皇の御心）には背くことになり、鎖国に踏み切ろうとしても、今さらながら世界の時勢には逆行することになる。この両端を持して（相反する二方向のどちらにも進めない）、幕府の立場は誠に難しいことになっています。

しかしながら、実のところ問題は、叡慮にも時勢にも関わりなく、ただただ御誠心をしっかり確立するかどうかにあります。御誠心確立さえなされば、叡慮も時勢も、その確信に従って変ってくるでしょう。

一、鎖国を方針とすべき、と決意なさったならば、速やかに叡慮を奉り、夷国とは断交され、百度戦い千度争って、遂には勝利をおさめれば、時勢も変化してくるでしょう。

一、開国すべき、と決定なさったならば、広く深く外国と交際し、天子様には時勢を説明説得申し上げて、百度諫争《かんそう》申し上げ、千度お諫《いさ》め申し上げ、遂にはご理解いただけば、叡慮もお変わりになるでしょう。

一、右の御誠心確立は、一橋（慶喜）、越前（松平春嶽）、御両公の問題であって、それ以下の方々の御誠心では何の役にも立たちませぬ。》

（全一七九八　「十月十七日出スト裏書キアリ」と、三島中洲の注記あり。）

方谷は、問題は開国か鎖国かのどちらをとるかではない。どちらに決定するにしても、それを実行する誠意の問題だというのである。誠心の確立、つまり至誠にしてぶれない心の堅持である。方谷のポイントは、もう一つ、最後の一条にもあった。方谷もまた慶喜、春嶽が、大佛次郎のいう「決断の勇気」に欠けていることをいうのである。

「老中板倉勝静以下の閣老は無事を願って誠意と熱情を欠き、若い慶喜が天地間の道理から開国を推進しようとするのには当惑し、また政治総裁職に任じた慶永（春嶽）が真剣過ぎるのに手を焼いて、あれかこれかと迷うだけで、結論は出て来ない。」（『天皇の世紀』）

【幕府内の状況】　右の方谷の上申に対して、勝静が答えたと思われる文書が残されている。主従二人の考えの差が窺える。

《神祖家康公お定めの御厳法も、いよいよ変革しなければならないご時世になってしまったようだ。私としても考えがないわけではないが、発言したとて、私の意見などとても聞いてもらえず、あなた（方谷）が言ってきた攘夷のことなど、世間の風説とは裏と表ほどの違いです。

こちらでは総裁をはじめ高官たちも、（夷国人を追い払うどころか）これからはますます貿易を盛んにし、交友を広め、何ごとも西洋風を取り入れて、甚だしいものは、衣服もすべて西洋式に改めようなどと言い出す者もあって、御殿山のイギリス公使館（完成しようとしていた）を取り払って、異人が出歩くことも禁止するなどということは、とてもとても通用するものではない。

こういうわけで、外国応接掛りとしては、あとからあとから心配ごとばかりだ。大方は世間の評判に従っているばかりで、申し訳ないことだ。（中略）

そちらにて推察するのとは大違いにて、何ごとも後見職、総裁職に任せて、自己の見識を立てるなどということは、いっさいしないことが、時勢にかなったやり方です。この先もこのやり方で通すつもりだが、仕方がないのだ。すでに同僚の老中脇坂は、永いこと引きこもって出勤せず、老中は手薄になって、何ごとも、総裁職にお任せするほかないのだが、総裁も、先日来永く引きこもりで出勤がないので、総裁まかせにも出来ず、余もいちずに沈黙ばかりしているわけにもゆかない。そこをなんとかうまくやって行くのに苦心している。察してくれ》

【何ごとも決定し得ない】

『天皇の世紀』によると、方谷の主君板倉勝静に関しては、次のような記事がみえる。

「その当時江戸の尊攘派浪士の間に、慶喜が攘夷に賛成しないのは、老中の板倉勝静が無理解で見当違いの考え方を慶喜に吹込んでいるせいだと噂が立って、板倉を襲撃する計画を廻らした。薩摩の高崎猪太郎がこれを聞込んで来て、慶永に知らせたので、しばらく板倉が城に出ぬようにした。事務は停滞し、勅使が近く着くようになって幕閣の態度がまだ解決をみない。（中略）幕府内部の考え方が二転三転し、動揺して我にもなく押し出されるように決定に向かっているのだから、考えれば危険なことであった。」

何ごともなし得ないと言っていた板倉勝静もまた、狂熱の渦に巻き込まれていた。後見職、総裁職に加えて老中板倉勝静まで、誰もが右往左往するばかりで、何ごとも決定し得ない状況に、方谷はいらだっていた。

今や国内には内乱が起ころうとしているのに、
幕府はただ手を拱《こまぬ》くだけで、有効な対策を何一つ示すことができない。
中国宋《そう》時代の趙普《ちょうふ》は「剛毅果断《ごうきかだん》、宋の太祖を助け天下を定め、太宗の宰相となり、太師《たいし》を授けられた」この趙普《ちょうふ》のごとき人物は、わが国にはいないのか。
（たまたま時事に感ずるところあり、思うままの発言をしたが、そういう人物がまったくいないというのではない）》　（宮六六九）
（訳者注・原詩は五言絶句。「　」括弧内は『大漢和辞典』より引用）

第十三章　了

第十四章　人間が夢に食われる

1　老懶偏固《ろうらんへんこ》

【将軍と幕閣の上洛】　文久三年正月五日、将軍後見職一橋慶喜が、将軍の上洛に先立って京都に入った。続いて二月十三日には、将軍家茂が上洛のため江戸を発した。

「我が公板倉勝静は、固《も》と辞職の意あり。勅を奉じながら攘夷が実行されないのであれば、将軍入朝の儀式が終わったならば、機を見て辞職しようと、将軍を輔けて上京した。」（年譜）

勝静はその出発三日前になって、方谷を召して、座右《ざゆう》の短刀を賜り、方谷はそれに応えて長律《ちょうりつ》三首を奉り、志をのべた。長律とは漢詩の一形式をいう。

この時、方谷は、江戸は内藤新宿から甲州街道を通り、甲府から下諏訪へ出て、ここから中山道《なかせんどう》により京都を経て大阪に着した。

三日後、勝静は老中として、将軍に従って東海道を上った。二人はそれぞれ別の道筋をとって江戸を出立したわけだが、方谷は、将軍上洛で混雑を極める東海道を避けたのであろう。彼は大阪に着くと、しばらくそこにとどまり、京都に着した勝静に上書したり、諮問に応えたりしている。方谷の大阪滞在は、偶然ではない。勝静は、方谷をまったく手放しに自由にさせたのではなく、自身の京都行きに合わせて、方谷には辞職帰郷を許すという名目で大阪に行かせ、ここに滞在させ、京都から連絡を取ったと思われる。病み上がりの方谷への妥協であろう。

【攘夷実行緩急の方略】　三月四日京都に着した将軍家茂の、朝廷参内は七日である。一橋慶喜、徳川慶篤《よしあつ》、板倉勝静らが扈従《こしょう》した。

方谷はすでに勝静公に「将軍上洛ノ御主意ニツキ奉勅《ほうちょく》攘夷ノ確定ヲ前提スル上申書（藩主ニ代ル）」一書（全一八〇二）を呈上していた。要約しつつ抄出意訳すると、

《御入洛差向《さしむき》第一の御急務は、昨冬（文久二年冬）御勅使に攘夷決定とお答えなさった処を、実行なさる上での方略《ほうりゃく》であります。それには、緩《かん》と急《きゅう》の二つがあり、意見は様々に分れましょうが、私の考えでは、ことここに至っては、もはや急の方略しかありません。かりにも緩の計略をご採用になれば、義理・時勢・兵機のうえからして大害が生じます。……緩の計は一切ご採用なく、御在洛中直ちにすべての夷国（外国）拒絶の交渉をはじめ、夷国が承知しなければ、速やかに戦争の覚悟をなさること、第一の御要務と存じます。》

これはかなり過激な攘夷急務策であるが、「御勅使に攘夷決定とお答えなさった」以上、攘夷実行に進むであろうが、そのための方策である。方谷独りの説ではなかった。政治総裁職松平慶永の

背後にいた横井小楠もまた、方谷とまったく同じ説を上申している。

小楠のそれは「第一に、将軍は上洛して、断乎攘夷実行の措置《そち》に従う事、第二は駐在外交使臣に鎖港の已《や》むを得ざるを説明し、彼が承引せず戦端を開くことになれば、国の全力を尽くして戦うこと。第三は、日本から諸外国に鎖港談判の使節を派遣し、その間に沿岸防備の完成に努むべきこと。」(『天皇の世紀』)

【攘夷は時代の狂気】

これは方谷の策と同じだと言っていいが、当時において、緩と急いずれであろうと攘夷の実行など不可能なことは、誰もが承知していたのである。とくに江戸の幕閣や幕吏は、攘夷など考えられもしないとしていた。

「しかし幕府は攘夷に出ることを約束したことになった。と同時に、年があらたまると将軍が親しく上京し、その為に尽力することに決した。不可能と信じている攘夷を実行することになったのが、不思議なことである。攘夷は時代の狂気であった。」(同前)

松平春嶽の顧問横井小楠は、勝海舟をして、実行力の西郷隆盛と横井小楠の頭脳とを、恐るべき二つと言わせた人である。山田方谷は、佐藤一斎塾においては、塾頭として佐久間象山などの塾生を信服させ、のち板倉藩の改革においては、奇跡的な改革を短期間に成し遂げ、藩主勝静を老中に押し上げた。小楠、方谷、この二人を、当時の幕府の二頭脳といっても、決して誇張ではあるまい。彼らは共に誠意・良識の人である。その二人が、攘夷実行を上申したのである。

しかし攘夷は実行されなかった。後見職慶喜、総裁職春嶽のふたりは、何ごともなさず、結果として、成り行きに任せてしまった。誰もかれも、為《な》す術《すべ》もなく、狂気の怒濤に飲み込まれていたのである。

ただ一つの活路として、小楠と方谷の二人がともに提唱したのが、幕府が攘夷を実行することであった。しかし、慶喜も春嶽も、今さら攘夷など、絶対に不可能だと思い込んでいた。慶喜は当時「剛情子」とあだ名されていた。

そして――歴史を先取りすることになるが――無謀な攘夷を実行したのが、下関海峡でいきなり夷国船を砲撃した長州藩であり、薩英戦争を戦った薩摩藩である。結果として、この二藩が維新を成し遂げ、幕府は崩壊した。幕府が、方谷、小楠の主張する攘夷を実行していたらどうなったかは、もちろん語るべきことではないが。

江戸を出る時の方谷の詩は、先に引用した出発前の五言絶句（全六六九）があり、ついで勝静公に奉ったという三首の長律（左に引用①②③）があり、さらに大坂着以後の作と思われる三首がある。全詩の引用は控えて、長律三首の散文訳のみを掲げる。すでに宮原氏の散文訳があり、これを下敷きとしたことをお断りしておく。

①　病中の感懐をのべ、我が公に奉る。三首

愚鈍《ぐどん》の身には耐えがたき重任《じゅうにん》に、力も尽き果てようとしていました。

加えて持病はすでに膏肓《こうこう》に入りて癒《い》やしがたく、
養病に食を減らし米少々ばかりの食では、名宰相諸葛亮《しょかつりょう》の名案も浮かばず、
この非力では、名将伏波《ふくは》将軍のように、紛争解決に軍旅遠征もできません。
君公の御恩情により、どうやら生き延びることはできましたが、
ご恩に報いようとしても、この老残の身をいかんともしがたく、
君公に捧げまつるは、病床嘔血《おうけつ》の、
その血の色と同じ、赤心のみ。

（宮六七〇）

引注・諸葛亮　三国時代蜀漢《しょっかん》の丞相。劉備《りゅうび》の三顧《さんこ》の知遇に感激、臣事して蜀漢を確立した（広辞苑）。伏波将軍　漢の武帝の時の武官。水軍を率い、其の威力が風波をしずめるの意（大漢和辞典）。

②　（病中の感懐第二首）

病み衰えた身は、解決できぬ難問にさいなまれ、
お役にもたたず病床についたまま、江戸の春も暮れようとしています。
世は、中国北宋の宰相、王安石《おうあんせき》のような革新政治家の出現を待望し、
周王朝盤石《ばんじゃく》の基礎を築いた周公《しゅうこう》の再来を夢見ているとも言われます。

快晴に向かうと見えた時局は、たちまち暗雲につつまれ、
桜花満開と見えた時勢は、寒風吹き荒れるのを恐れています。
家郷に帰ったならば、静かに病の回復に努めますが、
時局への心配ばかりが、虚しく病床に去来することでしょう。
（宮六七一）

③

（病中の感懐第三首）

心配や思い過ごしは、いたずらに神経をすり減らすばかりです。
為すべきことは一つ、松山藩民の暮らしを安んずることのみ、
小なりといえども、ここにこそ理想の政治を布くことができる。
英雄はその栄光の陰に、多くの難民を見捨てることがあります。
殿様が若くしてお約束なさった領民安堵第一を堅持なされば、
私の老後も穏やかに恵まれたものとなりましょう。
幽愁に沈む私の病中の感懐も、殿様のお覚悟によって、
古木に花満開の春を迎えることと期待しております。
（宮六七二）

三島中洲は、後に、この三首に次のような注記を付している。
「方谷先生は、あたかも底ひ無き（限りなく深い）大海の渦潮のごとき時局に、もはや手の施しよ

図ることこそ、藩主のなすべき責務である。

し得ない幕府の中で、右往左往するほど虚しいことはない。老中など即座に辞職して、領民安堵を

内乱は必至と思われた。割拠《かっきょ》戦争となれば、苦しむのは領民である。決断力なく、何ごとも決定

うのないことを洞察して、勝静公に、老中を辞職することを勧めていた」

【春嶽公ノ引留を辞拒】　こうして勝静は、方谷の助言に従い、上京後、老中を辞して帰国する意思を固めていた。そのことはすぐに周囲にも伝わっていたようで、政治総裁職松平春嶽は、勝静の帰国を思いとどまらせようと、山田方谷を招いて説得した。それに応えた方谷の書簡「藩主及自己(勝静と方谷)退職ニツキ松平春嶽公ノ引留《ひきとめ》を辞拒《じきょ》ス」(全一六八二Ⓑ)が残されている。

《今般上京後、周防守様《すおうのかみ》(主君板倉勝静)が老中職を御退職なさっては、国家にとって大変な危機となる。なんとか京都にとどまらせ、老中としての勤務を続けさせるよう、私(方谷)が周防守様にお力添えするように、とのお言葉でした。ごもっとも至極の仰せでございますが、愚考いたしますに、私が周防守様のお側《そば》におりましては、かえって不都合な次第になるかと存じます。その訳《わけ》は、御進退のことは、義にかなうか、義にはずれるか(人の道にかなうかどうか)によりますから、個々の状況に直面しなければ判断できませんが、君子の道は進むに困難にして、退くに容易であるという言葉に従えば、老懶偏固《ろうらんへんこ》(年老いてかたくな)な私としては、事に臨《のぞ》んでは、どうしても御退職の方をお勧めしてしまいます。》

これは幕府首脳に対して、かなりの皮肉で大胆な発言と思えるが、春嶽（慶永）はどう受け取ったであろうか。実はこの言葉は、結果として、かえって春嶽自身を、退職させることになった。

【将軍の京都滞在はわずか十日】　大坂に着した方谷は、京都の風説を聞き非常に驚いて、上洛したばかりの勝静に「将軍上洛ニツキ京地永駐、外夷拒絶ノ二大急務上申」（全一八〇五）と題する書を送っている。

方谷が驚いたのは、二二九年ぶりに上洛した将軍一行の京都滞在は、わずか十日ばかりだと初めて耳にしたからである。文面には「兼ておぼしめし通り、数年の間も御在京」とあるから、すでに江戸で方谷は、将軍上洛後の方策を、十分に勝静と話し合い、滞在は十日どころか、何年にもなると承知していたのである。しかもこれは、将軍上洛目的の二大急務の一つとしていたはずであった。

外夷拒絶つまり攘夷のことは、和宮降嫁の際にも、前年勅使が江戸に下った際にも、幕府ははっきりと、実行すると朝廷に約束していた。これが急務の一つで、この勅旨に背くことは、尊皇攘夷激派の、幕府攻撃の正当性を、いよいよ強固にし、幕府滅亡に繋がると確信していた方谷は、約束を遵奉することを繰り返し強調していた。

では、攘夷を実行すればどうなるか。戦争が避けられないであろう。

横浜に集結しているイギリスはじめ各国は、即座に江戸を攻撃する。江戸には老中と旗本という、防御の武力がある、将軍様には京地にあって、ただちに禁闕《きんけつ》（皇居）を御守衛していただく。そのため和宮様にも御上洛いただき、御両所様には、禁闕（皇居）にお住まいいただく。一橋様には大阪城に入って畿内をお守りいただく。こうしたことからも、すぐに江戸にお帰りなさっては、公武の十分なるご意思疎通の時間がなく、天下分裂の勢いを阻止できなくなりましょう、こうした思いは、勝静公にも通じていたはずであった。

ところが事態は、意外な方向に転じて、将軍の京都滞在を長引かせることになった。

2 将軍徳川家茂上洛

【征夷大将軍の儀これまで通り】　将軍上洛を迎えようとする京都市中の有様を、『天皇の世紀』は次のように述べている。

「暗殺天誅など暴行に出る浮浪の輩を処理することは容易なのだが、朝廷が暗に彼らを庇護し、蔭で使嗾《しそう》（そそのかす）しているので幕府も手がつけられなかった。その上に、勅諚として様々の命令が出た。浮浪の徒から学習院へ献言されるものが直ちに朝命となって出て来る」「過激な論をする者が堂上のみならば処置し易いが、彼らの背後には常に影武者があるが故に如何《いかん》とも為し難い」（『天皇の世紀』）

三月四日　こうした状況の中へ、十四代将軍徳川家茂が上洛してきた。京都市民への祝儀として将軍は、六万三千両を用意していた。

三月五日　慶喜は、将軍の名代として参内し、安政の大獄における大老井伊直弼の、朝廷への処置を謝罪し、和宮降嫁お許しの礼を述べた。その上で、大政委任について「これまでも都《すべ》て将軍へ御委任の儀には候えども、なおまた御委任成し下され候儀に御座候わば天下へ号令を下し、外夷を掃除仕り度く、この段伺い奉り候事」とした。

詔勅は、慶喜の願いによって「征夷大将軍の儀、総てこれまで通り御委任遊ばさるべく候。攘夷の儀、精々忠節尽すべき事」となった。

「これは大権帰属の決定的な問題であった。攘夷を回避したい慶喜が、その為に攘夷を約束する態度に出ているのも、国家根源の大事と思案したからである」(『天皇の世紀』)

幕府への政治委任は、従来のままとされたが、それを得るためここでもまた攘夷を約束している。

【賀茂社行幸】　三月十一日、加茂行幸。攘夷の大方針を明確にうちだすために、三条実美《さねとみ》、姉小路公知《あねがこうじきんさと》など尊攘急進派の少壮公卿と、それを支える長州藩などの後押しによって、孝明天皇の賀茂社行幸《ぎょうこう》が挙行された。将軍をはじめ、在京の諸大名が随従した。

「武家は先陣（さきぞなえ）として十一人の大名、後陣（あとぞなえ）は将軍、水戸藩主徳川慶篤、一橋慶喜以下老中」である。このとき、加茂河原で行幸を拝観していた、長州藩の高杉晋作が、「将軍が供奉《ぐぶ》して彼等の前へ来ると、高杉が大声を発して、征夷大将軍と怒鳴った……高杉の眼中には已《すで》に将軍も幕府もなかった」(『天皇の世紀』ルビ注引用者)。

【松平春嶽藩地に遯《のが》れ帰る】　春嶽は、すでに九日に次の辞表を提出していた。「当春上京仕り候については、一橋中納言殿に申談じ、ひたすら勅旨遵法《ちょくしじゅんぽう》の外、他事《たじ》これなく、今日まで相勤め来たり候えども、もともと不肖の儀ゆえ、兎角御和《とかくおんわ》の筋、徹底仕らず、所詮《しょせん》このままにては、下《しも》、生民《せいみん》の塗炭《とたん》を救い、上《かみ》、宸襟《しんきん》を安んじ奉る見込み相立ち難く、恐懼至極《きょうくしごく》仕り、更に奉仕の目途《もくと》を失い、危急の御時節《ごじせつ》、とても相勤まり申さず候間、速かに御役御免なし下され候よう、伏して願い上げ奉り候」（同前）

攘夷の狂熱の中に身を置いたとたんに、春嶽は、ここで、何を為すことも不可能であることを悟って、三月二十一日、右書簡を持たせた「家臣を板倉周防守のもとに遣《や》っただけで、……朝まだ暗い内に京都を離れ国もとに向った。これも京地の情勢が手もつけようもないのに失望して、許可を得ぬまま帰国して行ったのである」（同前）。勝静と方谷を、京都に引き留めようとしながら、春嶽みずからは、政治総裁職を放り出して、罰を受けることも意に介さず、敢て「藩地に遯《のが》れ帰」ったと、これは方谷年譜の表現である。板倉勝静も辞職を決意していたが、思いがけず、春嶽に先を超されてしまった。

三月二十四日　春嶽の退京をうけてであろう、同日付で、在京の松山藩士神戸謙二郎、三田龍之助の連名で、方谷に上京を請う書簡が残されている。（全一八一一）

「君公（勝静）御寝食も遊ばされがたく御必死の御場合と存じ奉り候に付き、何とぞ先生早々御上京なしくだされ、御力をお添え」頂きたいと、こちらも緊迫の窺える書である。年譜も、「四月我公《わがこう》（勝静）時機を察し辞職の素志なりしも、松平総裁に先んぜられ、憂慮《ゆうりょ》措《お》かず」、すでに帰国したばかりの方谷を、ふたたび京都に召命することになった。

定廣はこの成功をみると、続いて男山の石清水八幡への行幸を建議して、これも四月十一日に挙行されることになった。

【石清水八幡への行幸】　四月十一日　前の賀茂社行幸は、長州藩世子毛利定廣《さだひろ》の献言であった。

攘夷派の幕府追及は、さらに強迫となって、この度の八幡社神前においては、攘夷の勅命を受けた徴《しるし》に、将軍に節刀《せっとう》を授与する計画であった。

節刀授与は、天皇の権限代行を意味し、これによって征夷大将軍家茂は、攘夷実行の退《の》っ引《ぴ》きならぬ立場に追い込まれることになる。しかも、過激派が、天皇御守衛の軽微《けいび》となる隙《すき》をねらって、鳳輦《ほうれん》を奪う（天皇を奪い他におうつしする）などという不穏《ふおん》な噂《うわさ》もあって、真相は複雑怪奇にもつれ合い判然としない。

『昔夢会筆記』によれば、慶喜の言葉として、すでに加茂行幸以前から、攘夷派は「倒幕というところまで押し詰める下心だということは、それはもう御親兵を拵《こしら》える時分から分っている。しかし加茂行幸の節には、将軍の威権を墜《おと》そう墜そうというところに、もっぱらなっていたのだ。それからその次に八幡《はちまん》行幸、八幡行幸の時がそれよりよほど進んで、事によったら破裂しそうなくらいの処までいたったのだ」いよいよ何んらかの、暴発的な倒幕行動に出そうな気配があったというのである。周囲はこれを心配して、将軍家茂は病気と偽って、行幸に参加させなかった。

当日、八幡社での徹宵《てっしょう》の攘夷祈願の後、深夜、天皇は節刀賜与《せっとうしよ》に、将軍の代理として、一橋慶喜をお召しになったが、慶喜は急病と称し、天前には伺候《しこう》しなかった。節刀を授与されるのを避けたわけである。慶喜は後に、あのときは仮病ではなく、本当に病気だったのだといっている。(『昔夢会筆記』)

【方谷再び京都に呼び出される】　総裁職松平春嶽が京を去って後、上洛していた大名たちも次次に帰国して、「将軍を補佐して京に残ったのは、一橋慶喜と、水野(忠精)、板倉(勝静)、小笠原(長行)の三老中だけである」(『天皇の世紀』)

勝静は、三月に松山に帰った山田方谷を、四月ふたたび京都に呼び出した。このときは方谷の愛弟子三島中洲も一緒に呼び出され、周旋方を勤めている。

方谷は、時局に対処すべき方策として、事務三策を進言した。

《一、朝廷にお答えした攘夷実行の誓いを守って、江戸に残っていた老中など関東衆の大半が掲げる開国説などには、お構いなく、攘夷を実行し、開国か攘夷かの争いをお鎮《しず》めなさること。

一、ご自身の信ずる方策が、実行不可能であれば、潔くご辞職なさるべきこと。

一、信義の堅守などは無視、関東衆の開国説に同意し、攘夷派を征伐すること》(全一七九九)

この三策に、三島中洲が注記して「先生は多策家にて一事につき必ず上中下の策を出し、人をし

て選ばしむ、然れども下策はその取る所にあらず」（年譜による）

つまり、方谷は、諮問などに答申する場合には、必ず上中下の三策を提示するのが通例であった。右の進言ではそれがなく一つ書きになっているのは、上中下三策提示の最初期ごろのものであったかと思われる。

方谷の三策とは、上、採るべき策である。中、上の策を採ることができない場合の、やむを得ない策である。下、採るべきではない、採ってはならない策である。

【攘夷実行期限】　加茂社、八幡社と、行幸を成功させた勢いに乗って、京都の尊皇攘夷派が次に持ち出した幕府への難題は、攘夷実行期日の決定であった。「既にして我公（勝静）一橋後見と将軍家茂を輔《たす》け四月二十日付にて『攘夷期限之事《じょういきげんのこと》、来《きたる》五月十日無相違拒絶決定仕候間及奏聞候（そういなくきょぜつけっていつかまつりそうろうあいだそうもんにおよびそうろう）』との奉答文を奏上し、一橋後見は攘夷実行の為め、二十二日京都発、五月八日江戸に着す」（年譜）

これを聞いた江戸留守居の老中重臣らは評議して、世界を相手に攘夷などできるわけがない。上洛していた諸有司は、いたずらに朝廷を恐れて、とうとう三港閉鎖の期日まで約束してしまった。関東では到底同意できない、といった。

これを聞いた方谷は、よほど腹に据えかねたのであろう、上中書を提出している。

《江戸幕庁ガ我奉勅《わがほうちょく》ノ攘夷《じょうい》ヲ誹謗《ひぼう》スル妄見《もうけん》ヲ失笑痛責《しっしょうつうせき》スル上中書

攘夷のことは、昨冬勅使江戸に下られた際、厳《おごそ》かにお受けしたものである。今般の将軍家の御上洛は、その勅命《ちょくめい》遵守《じゅんしゅ》を確認し、それを天下に広めるためである。攘夷実行が不可能であれば、昨冬の勅使東下《ちょくしとうか》の節、天子様のご威光《いこう》をもはばからず、暴動が起こることも恐れず、抗《こう》論《ろん》し直言《ちょくげん》し、必死の覚悟で、お請けできかねることを申し述べるべき所、三百諸侯、旗本八万騎の誰ひとりとして、勅使に攘夷不可《じょういふか》を言上《ごんじょう》する気概《きがい》あるものもなく、このたび将軍御上洛して、ついに正式の御請書《うけしょ》も奉呈《ほうてい》されますを、百里も遠き関東より高見《たかみ》の見物《けんぶつ》で、「御恐怖」などとほざくとは、これぞ陰弁慶《かげべんけい》、片腹痛《かたはらいた》しと大笑、大笑。そもそも根本を言えば、従来幕府の関東での処置は、すべからく恐怖に駆られての処置に過ぎず。癸丑《きちゅう》（嘉永六）・甲寅《こういん》（安政一）にはペリーの黒船を恐れ、丁巳《ていし》（安政四）・戊午《ぼご》（安政五）には英・仏を恐れ、昨冬に至りては薩長の暴発を恐れて、今となりては外国との戦争を恐れて、既《すで》にお請けしたはずの攘夷勅命を無かったことにする。どれをとっても恐怖恐怖ばかりではないか。それは素知らぬ顔で棚上げして、お請けした攘夷の勅命を、こちら（京都滞留の将軍家、一橋後見職、板倉勝静など扈従の老中）が実行しようとすれば、恐怖などとそしるとは、言語道断《ごんごどうだん》。言うに足らず。（中略）

右のことの黒白も分らないご時世ということであれば、とても天下の政治など、まともに行えるはずもありませぬ。ご主君様（勝静公）おひとりだけでも、ご退職なさって、ご領地ご政治に専念されますことを願い上げます。その時には、われら小臣ども、山林に隠《こも》り一歩も出ず、世に望みを絶つ所存にございます。五月十四日（文久三年）》　（全一八二二）

引注・原文はかなり長文だが、年譜はこれを4分の1ほどに抄出している。右はその意訳である。

方谷の関東幕府攻撃は痛烈である。方谷には、こうした激しく積極的な一面もあった。

【長州藩の攘夷実行】 攘夷期限として幕府が奏聞《そうもん》してあった五月十日になると、「この日、長州藩は下関海峡の田ノ浦沖にアメリカ商船ペンブローク号が上海に向かう途上、海峡の潮流が急なので一時停泊していたのに向かって、(長州藩の軍艦)庚申《こうしん》、癸亥《きがい》の二艦が、大砲の火蓋を切った。相手は商船だし、不意に砲撃されたので、驚いて碇をあげて豊後水道に逃れ去った。長州藩は、攘夷期限がこの日だったし、アメリカ船がそこにいたから襲撃を決行したわけである」(『天皇の世紀』ルビ・注引用者)

【米、仏の報復】 国際的な信義からすれば、これは道に外れた野蛮な暴挙であって、その結果長州藩は、諸外国から手ひどい反撃を受ける。まず、アメリカ軍艦ワイオミング号が六月一日に、下関海峡に入り、長州の軍艦壬戌丸、庚申丸を撃沈し、癸亥丸を撃破した。「狼(ワイオミング号)一匹、飛込んで来て、散々に暴れまわり、彼自身も手負いとなりながら、目的を達して悠々と引揚げて行った趣がある。敵ながら颯爽としたものに見えた」(同前)

六月五日には、フランス軍艦セラミス号、タンクレード号が来て、藩の砲台を砲撃した後、陸戦隊二百五十人が上陸、砲を破壊、村落を焼き払って引上げた。この時長州兵も出撃したが、指揮する奉行は「甲冑をつけ手に采配を採り馬にまたがって進んだ。前時代の神経である」(同前)とある。

【薩英戦争】 長州藩とともに、当時は攘夷過激派であった薩摩藩は、このとき、イギリスと大きな懸案をかかえていた。前年文久二年八月二十一日、武蔵国生麦《なまむぎ》村でひきおこした「生麦事件」である。国父島津久光が、江戸を引上げ京都に向かう行列の供先《ともさき》をみだした、騎馬遊覧中のイギリス民間人四人が、藩の面目をつぶしたとして、薩摩藩士に殺傷された。

この事件の賠償としてイギリスは、幕府に十万ポンド(44万ドル)、薩摩藩に、被害者および遺族への補償金二万五千ポンドの支払いと、殺傷下手人の逮捕処刑を要求した。

幕府への要求は、支払いなど拒否すべきだととなえる攘夷派の激しい非難の中、老中格小笠原《おがさわら》長行《ながみち》の独断として五月九日から、支払いがすまされていた。将軍後見職一橋慶喜と、小笠原との間に、密約があったらしいとされ、これは当然そういう同意があるべき筈であるが、確証はない。

イギリスは、薩摩藩への要求は、幕府を通してでは埒があかないとして、直接に薩摩藩と交渉するため、七艘の軍艦を鹿児島へ向かわせた。

薩摩藩とイギリス艦隊との交戦は、七月二日に始まった。薩英戦争である。

イギリスは、薩摩が反撃に出るとは予期していなかった。だから、薩摩藩の陸地からの砲撃が始まっても、イギリス艦は、すぐには応射できなかった。横浜で受け取った44万ドルの金貨が入った箱が、旗艦ユーリアラス号の、艦内弾薬庫ドア前に積まれていて、すぐに砲弾を取り出すことができず、反撃が二時間も遅れたのである。

『天皇の世紀』で大佛次郎はいう、薩州藩は、「長州藩のように直情的に攘夷に熱中することなく、守旧的な士風の中にも一部に開明的な分別を働かせる空気があった」しかし、生麦事件によって、イギリス軍艦の来襲が必死となると、「睡《ねむ》っていた攘夷の熱情が遽《にわか》に呼び覚まされて動き出した趣があった。……中世の暗黒と武辺の固定観念が動き出したのである」そしてその戦闘の結果として、イギリス側では八十数名の死傷者を出し、他方薩摩側は、ほとんどすべての砲台を破壊され、鹿児島市街を砲撃による火災で失ったが、「全国的に伝わったのは、薩藩が大いに勝ち、英国艦隊が敗走したとのことであった」

「しかし、力を知る薩藩は、相手の実力に対して過敏であった。（中略）異国船の近代装備に向かって戦闘を挑《いど》むのが暴虎馮河《ぼうこひょうが》の勇に逸《はや》る（血気にはやって無謀な行動をする）もので、国の安危に関するものだと考え始めた」こうして薩藩は、百八十度方向を転換し、イギリスとの講和に向かうのである。

『天皇の世紀』からの引用が多くなったが、この労作ほど、網の目のようにもつれた幕末の状況を、みごとに解き明かしたものは無いと思い、どうしてもそこへ戻らざるを得なくなってしまう。引用ついでにもう一つお付き合いを願う。

「百八十度の方向転換のようであるが、薩英戦争は長州藩の攘夷が根が深く執拗《しつよう》なのとは元来違っていて、その場の具合で攘夷の線に入って対敵感情を燃え上がらせても、もとから薩摩は一国だけ

の独自の立場を持っていて開国を密に是認して来た。その方向に戻ってきたものである」(『天皇の世紀』　ルビ一部引用者)

第十四章　了

第十五章　文久クーデター

1　方谷の攘夷実行策

【方谷攘夷実行を上申】　山田方谷が主張し、横井小楠も献策した攘夷実行は、幕府によっては、採用されなかった。かえって攘夷は、その実行を幕府にせまって幕府を苦しめていた、長州、薩摩両藩によって、果敢《かかん》に実行され、そして両藩ともに破れたのだが、敗戦によって両藩は、かえって目を開かれた。両藩は直情的な攘夷は、不可能であると、腹の底から認識させられた。そればかりでなく、自分たちの武備が、いかに立ち後れているか、夷国と戦うということがどういものか、おおきな犠牲を払ったが、夷国の実力を知ることができた。結果として、当面、立ち向かうべき敵は、イギリス、アメリカ、フランスなどの諸外国ではなく、徳川幕府そのものであると、指針をはっきりと見定めるようになった。尊皇攘夷は、倒幕に的をしぼっていくことになる。

文久三年六月十三日、将軍家茂は、攘夷実行のためには、先ず江戸に帰って準備しなければならぬとして、何度か江戸帰還の許可を願った後、ようやく朝廷から許されて、江戸に帰ることになった。この日大坂港を船で出発、十六日には江戸に到着している。

方谷は、この時をとらえて、将軍を小田原にとどめ、横浜に駐在する夷国軍、夷国人を襲撃して、攘夷を実行する策を上奏した。

方谷が考えた攘夷実行がどのようなものであったか、詳細はまったく不明で、軽々にとやかくいうことはできないが、一つだけ、はっきりしているのは、幕府はこれまで、できもしない攘夷を、「実行いたします」と公然と嘘をつき続けてきたことである。今回の江戸帰還も、攘夷実行のためと、結果的にはさらに嘘を重ねて、朝廷からの許しを得た。得さえすればいいのである。後はなんとか屁理屈をつけて、何もしないでおればいい。「どうにかなる」であろう。

この嘘に嘘をかさねた張りぼて体制こそ、尊攘激派に幕府を攻撃する大義名分を与え、幕府を存亡の危機に追い込んでいた。

これをどこかで断ち切らねばならない。

「我が公将軍に扈従《こしょう》して、海路江戸に還《かえ》った。その志は奉勅《ほうちょく》攘夷《じょうい》にあった。方谷は先ず三島毅および林富太郎に命じて、江戸藩邸に行かせて、軍備を整えさせた。二人は早駕籠で昼夜兼行し、四日にして江戸に着いた」（年譜）

山田方谷は、ここで、もはやみずから攘夷実行するほかはないと、腹を括《くく》った。

《将軍の江戸帰還に際して、方谷先生は次のような策を献上した。すなわち、将軍は駕《が》を小田原にとどめ、急に横浜を攻撃して、夷人を撃攘するべきである、と。将軍はこの策を採用し、朝廷にも異議はなかった。しかるに、軍隊を統率し指揮する人物がいないとして、策はついに実行されなかった》
（年譜　文久三年六月十三日）

【死んだ子の年を数える】　先取りするが、翌年（元治元年六月二十五日）になって、方谷は三島中洲宛ての書簡で、

「昨年のいまごろ京都で拙策をたてまつり、（将軍が）小田原城で御止まりになり、攘夷実行をなさるよう上奏したが、もしもこの策が実行されていれば、今ごろの時勢はどうなっていたか、死んだ子の年を数えるようなものだが、いまさらながら懐旧の情に耐えない。」と回顧している。（全一八四五　右意訳は年譜より）

【勝静方谷の身を案ずる】　この時（文久三）の将軍の江戸帰還に扈従《こしょう》する藩公勝静は、将軍から賜《たまわ》った襦袴《じゅこ》（はだぎとはかま）を方谷に授け、松山へ帰ることを許可している。

年譜によると、京都滞在中の方谷は「邸外に仮寓す」とある。おそらく、勝静をはじめ藩士たちが詰める藩邸には入らず、市中の下宿か旅籠《はたご》のような処に起居していたらしい。当時の京都市中は、浪士や天誅組などが横行し、いたるところで暗殺が頻発する無政府状態にあった。この年の五月二十日には、三条実美と共に、尊攘急進派の中心であった若手公卿、姉小路公知《あねがこうじきんさと》が、御所退出の際、刺客に襲われ死去していた。犯人は現場に落ちていた刀から、薩摩藩の人斬りと呼ばれた田中新兵

衛とされたが、新兵衛は取調中にその刀で喉を突いて自殺し、真相は結局闇の中となってしまった。そうした事件のまきぞえが、方谷にもおよばないかと、勝静は心配して、方谷に藩邸に入ることを勧めた。方谷は配慮を感謝しながらも「襲撃を恐れて逃げ出したとすれば、武士道の面目が立ちませぬ。私が謀議するところは、公明正大に国家のためを思ってのことです。顧みて一点のやましい処もありません。もし暴漢に襲われたならば、いささか教え諭してみましょう。それで聞き分けがなく被害にあったとしても、路上狂犬にかまれたようなもので、私一己の不幸として、誰を恨むこともありません」

勝静公はこれを聞いて、方谷の性格からして、これ以上強いることは無駄だとして、ひそかに護衛を付けて、身辺を守らせた。幸い危害の及ぶこともなく、方谷は無事帰国した。一首残している。

「散りてこそ花の数なれ色も香もなき深山樹《みやまぎ》は風もさそはず」

方谷は武士道の面目が立たぬというが、方谷にとっては、誠意とそれを貫く気概の問題だった。しかし、尊攘激派におされて、なにごともなし得ず、ずるずると後退するばかりの幕閣の不甲斐《ふがい》なさを見ていて、実行家方谷としては、幕府がもはやみずからを護ることさえできなくなるだろうと見ていた。武士が武士道を失った集団と化していた。

【藩公心術転機】　一方「勝静は、将軍に扈従して東帰後は、勅旨《ちょくし》を遵奉《じゅんぽう》し、攘夷実行をとなえたが、幕閣の合意は得られず、老中を辞職しようとして、幕府に出仕しなかった」

すると「将軍および諸吏懇留《こんりゅう》はなはだ力《つと》む」つまり将軍をはじめ同僚や役人たちが、熱心に引き

留めた。「ここにおいて、公感激する所あり、ついに辞職を断念した」（年譜）

方谷へは、進言にはしたがわず、心機一転にいたった経緯を述べた書簡「藩公心術転機《しんじゅつてんき》徳川氏ト存亡ヲ共ニセントノ賜簡《しかん》」（全一六九一）を送った。「心術」とは「心の持ち方」であるが、よくよく考えた上での決意の意であろう。両者の主従関係の機微のうかがわれる文書だが、これもかなりの長文なので、年譜が抄出している箇所だけを意訳しておく。

《なにぶん不肖《ふしょう》の自分ではあるが、上様の手厚い思し召しまで頂戴し、ありがたく恐縮しごくに存じておる。我が家系を思い、父祖の教えに従えば、徳川家と生死を共にすることは当然のことであって、衆目もあり、これ以上強情に我意を通しては、自分の名利にばかりこだわっていると疑われのも残念である。さらには、病と称して上を欺くのも心苦しい。この後、汚名をこうむることになろうとも、忠義の二字だけは失わず、どんな困難や危険も辞せず、誠忠を貫き、徳川家譜代の心意気を堅持、明日より出勤いたすつもりである。追々秋冷の時節、攝養専一に　七月二十五日　早々不一》

以後勝静は、その言葉通り、困難も危険も辞せず、自分の信ずる誠忠さを貫くことになるのだが、臣従する方谷たち家臣は、勝静がこだわる誠実さゆえに苦しむことになる。

年譜もコメントを付して「攘夷の主張行われないのであれば、退いて藩翰《はんかん》を完うすべきとする藩論及び先生（方谷）の意旨と、疎隔《そかく》せるは憾《うら》むべしとなす」

【靄の中に見た形】　「前に賀茂（3・11）、男山（4・11）に行幸を仰いで、攘夷の祈願を行うように勧めたのは、長州藩であった。主催者は失敗とは決して見ない。この二つの行幸の成功の後を追って、更に攘夷御親征を断行する。これで、完全となると信じた」（『天皇の世紀』括弧内の注引用者）

計画の中心にいたのは、久留米の神官真木和泉《まきいずみ》である。彼は長州藩に尊皇攘夷を説き、その支持を背景に、朝廷では三条実美、姉小路公知など攘夷急進派の若手公卿に説き、朝廷内に尊皇倒幕派を結集させた。このグループを、各地から上京した脱藩士、浪士らが、無法極まりない暴力によって支えた。

『天皇の世紀』は言う、「真木和泉が、靄《もや》の中に形を見たように倒幕を構想し始めたのにも、長州藩でも極く一部の者しか理解出来なかった。御親征が国論を攘夷に一定させると見て、人々は熱心にこれを促進させた。デモンストラティブなだけで実質が伴わないことも承知しながら、断行しようとした」。

デモンストラティブとは、「感情をあらわにする」と訳されているが、この場合は「冷静な判断を欠いた希望的観測の増幅」とでもいえばいいであろうか。要するに尊攘急進派の倒幕構想とは、靄の中に見た形である。冷静客観的判断を欠いた空中楼閣なのである。これを大佛氏は「人間のエゴティスム（引注・エゴイズムではない）が歴史を作ろうとするのである。何をしているのか自分もよく知らないで、しきりに前に出ようとする衝動に人間が餌食となった」とコメントしている。エゴティスムの訳語は「自己中心癖」だが、ここでは、俺が飛び出せば大勢は必ずついて来るという妄想である。

【御親征の軍議】　御親征とは、「この度《たび》攘夷御祈願の為に、大和国行幸《みゆき》、神武天皇山陵、春日神社御参詣、暫く御逗留、御親征の軍議あらせられ、その上で神宮（伊勢）に行幸になる」「親征とは、幕府を最早、無いものと見るのと同じことである」（『天皇の世紀』）

鳳輦《ほうれん》が一歩京都を出れば、行幸《みゆき》は征夷・征幕府となり、倒幕の後はそのまま御親政となるのだから、京都へ帰る必要はなく、決意を固めるためにも、京都はすべて火を放って焼き払う、などという説すら行われた。まさしく人間が夢に食われていたのである。

「親征は虚空に描き出した華やかな夢魔のようなものだが、これに効果を期待する人々は熱狂して前後を見ない。行幸や親征に直接には関係ない町の生活にも、波動がいろいろの形で及んでいた」（同前）

攘夷運動などには無関係な庶民まで、攘夷を名乗る者の無法な乱暴によって、「四民四足を措《お》くところなし」と同書にある。脅迫、殺戮が、京都町中の庶民にまで及んで、不安のあまり誰もが身の置き所がないありさまであった。

【八月十八日の政変】　さすがに、この状況となって、御親征を抑止しなければならぬとする動きが、孝明天皇を中心に、その信頼厚い中川宮（朝彦親王）によって極秘に進められた。徴召されたのは主として、公武合体派の大名たちで、帝が信頼する京都守護職松平容保《かたもり》の会津藩、島津久光の薩摩藩である。この二藩の士が、クーデターでは大きな働きをする。

八月十八日に日付が変ったばかりの昧爽《まいそう》、子《ね》の半刻《はんとき》、午前一時のことである。中川宮、守護職松平容保、所司代稲葉正邦が、召されて参内した。公家衆も、前関白近衛忠煕《さきのかんぱくこのえただひろ》、右大臣二条斉敬《なりたか》、以下御親征反対派が続々と集まり、御所の九門（皇居の門）を閉ざして、会津、薩摩、因幡、備前などの藩兵がこれを警備し、御親征計画に与《くみ》した公家と長州藩の入門を禁じた。ことの意外さに驚き門外に集結し、押し入ろうとするする長州藩兵には、薩摩藩の砲口が向けられ、双方にらみ合いが続いた。

「かかる状況下での朝議（朝廷での会議）によって、

一、攘夷親征のための行幸延期、

二、三条実美ら攘夷派公卿の参内・他行・面会の禁止、

三、国事参政・同寄人《よりうど》の停廃と親兵の廃止、

四、長州藩の堺町門の警衛解除による薩摩・会津・淀諸藩との交替、長州藩毛利慶親父子の入京および長州藩士の九門出入りの禁止、

などが決定された。それは攘夷運動の中心であった長州藩およびそれに同調していた公家を一挙

に京都から追放しようとしたものだった」（『国史大辞典』）

この結果、いわゆる七卿落ちで、三条実美《さんじょうさねとみ》、東久世通禧《ひがしくぜみちとみ》、壬生基修《みぶもとおさ》、四条隆謌《しじょうたかうた》、錦小路頼徳《にしきこうじよりのり》、沢宣嘉《さわのぶよし》の七卿と、長州藩兵千余人が京都をのがれ長州に落ちていった。

「孝明天皇は『去十八日以後申出儀者真実之朕存意《もうしいだすぎはしんじつのちんぞんいなり》』という宸翰《しんかん》を発した」（同前）

それ以前のものは勝手に作成された偽勅《ぎちょく》であって、天皇の真実の勅旨《ちょくし》ではないというのである。

②　天誅組の乱

【狂熱の噴出口】　八月十八日の政変、つまり七卿落ちのクーデターは、「清浄《しょうじょう》安楽《あんらく》なる洛中にて、暴殺暗殺の鮮血を流し」京都に無政府状態を現出させた暴虐《ぼうぎゃく》を鎮圧《ちんあつ》し、その首謀者たちとそれにつながる者たちを、京都から追い出したというだけの、単独の事件ではなかった。京都は、いわば、地下のマグマのような尊攘狂熱の、一つの噴出口にすぎなかった。八月十八日のクーデターによる秩序の回復は、その噴出口を塞いでしまった。押さえ込まれた狂熱は、たちまち周辺に新たな噴出口をつくりだしている。

最初は、政変の前日八月十七日の天誅組の乱である。

十八日の攘夷祈願親征行幸の、先駆《さきが》けになろうとして、各地から集まっていた尊王攘夷激派の有志者たちが、公卿中山大納言忠能《ただやす》の七男で、元侍従の中山忠光を大将に、京都を発して大和に挙兵した。十七日、いきなり、大和五条代官所を襲撃して、代官鈴木源内をはじめ五名の役人を殺害した。たまたま代官所に、揉《も》み療治《りょうじ》にきていた按摩《あんま》までが、まきぞえになって殺害された。

京都では、親征行幸を中心となって計画した三条実美、真木和泉などは、忠光らが過激な行動に出ることを憂慮して、鎮撫のため平野国臣を大和に派遣し、天誅組を説得させた。しかし、説得はならなかった。ここでもエゴティズム（自己中心主義）が、勝手に先走りしているのである。尊攘激派の中でも、それぞれの集団が勝手に噴出しはじめていた。

京都での十八日の政変によって、親征行幸は中止となり、七卿が長州藩と共に都落ちしたことは、十九日になって大和の天誅組にも届いた。親征の先駆けになろうとした天誅組は、いわば攘夷運動の高みに飛び出してはみたものの、いきなり梯子《はしご》を外されてしまったようなものであった。だが、乗りかかった船で後には引けない。後に続くと確信していた御親征本隊が来ないとなれば、小舟一艘で大海に乗り出してしまったようなものだが、同志たちは改めて初志貫徹を誓い、協議して、古来の勤王郷として知られる大和南部の十津川郷に入り「御親征の鳳輦《ほうれん》（天皇のお乗りもの）をお迎えする義兵を募る」と檄《げき》（招集のおふれ）を発した。すると十津川郷のすみずみから、たちまち千名余の義兵が集まった。この兵力を以て天誅組は八月二十六日、まず最も近間《ちかま》にあった二万五千石の譜代大名植村氏の高取藩を攻撃した。

戦況はあっけなかった。高取城は天然の要害で、大砲なども備えているのに、天誅組の近代的兵器はゲベール銃が五丁しかなかった。高地にある城に攻め上る十津川郷士隊も、城からの最初の砲撃でたちまち総崩れとなり退却した。

しかも朝廷からは、天誅組総帥の中山忠光は、勅使ではないとはっきり否定され、十津川郷士は天誅組からはなれていった。

幕府も、彦根・和歌山・津・郡山の諸藩に、天誅組捕縛の出兵を命じ、十津川郷は四周を完全に包囲され、山中に閉じ込められ、身動きがとれなくなってしまった。

そのうえ、天誅組が郷中に居座っては、その捕縛騒乱に郷中が巻き込まれるのを恐れた十津川郷側は、天誅組に郷中からの退去を要求した。

よんどころなく、天誅組は九月二十四日の夜、大阪方面の包囲網に血路を切り開こうと、百余名が十津川郷を出発した。途中決死隊が次次に闘死する中、中山忠光以下七名だけがかろうじて脱出、二十七日大坂の長州藩邸にたどり着き、そこから長州へ逃れた。山中に生き残った者たちもすべて捕縛され、後京都で死罪となった。


【備中松山藩士の原田亀太郎】　ちなみに、この一挙には、備中松山藩士の原田亀太郎が加わっていた。方谷年譜によると、原田は城下の商家の出であった。「読書を好み、藩の教諭所に出入す。又進鴻溪《しんこうけい》に学ぶ。気概あり、藩之《これ》を士籍に列し、行く行く用ふる所あらんとす」とあるから、方谷の孫弟子ということになる。松山藩から乱に加わったのは、この原田だけだったようだが、この時代、これは決して特殊な例とはいえなかった。

天誅組の乱が壊滅した後、それに呼応して、十月には、京都で真木和泉と共に尊攘志士として活躍していた平野国臣らが、七卿落ちの一人沢宣嘉《さわのぶよし》を総帥として生野銀山に兵を挙げた。但馬では大庄屋や豪農が、すでに農兵を組織していて、それを使おうとしたのである。だが、長州から生野へ向かう途中、大和では天誅組が壊滅したとの報が届き、平野らは蜂起中止を主張したが、仲間内の強行派を押さえることができず、対立をかかえたまま、こちらも騎虎の勢いで、生野に着くと、檄を飛ばして農兵を募り二千名を得た。生野代官は備中倉敷へ出張中で留守であった。留守番役の代官所手代武井正三郎は、「是非分別《ぜひふんべつ》のある堂々」たる態度で、代官所明け渡しを要求する平野国臣らに応対し、穏やかにこれに応じた。一方で武井正三郎は「近接する出石、姫路の両藩に密使を出して至急の手当てを求めた」(『天皇の世紀』)。さらに京都守護職から近隣諸藩に指令が出ると、天誅組と同様逃げ場がなく、壊滅の道をたどった。首領沢宣嘉は包囲をかいくぐって脱出、美作、備前、四国を経由して長州に逃れ、潜伏した。維新後新政府に出仕、外務卿などを務める。

【渋沢栄一】　関東では、武蔵国血洗島《ちあらいじま》村の豪農の子、渋沢篤太夫、後の渋沢栄一が、攘夷実行に先立ち、高崎城を襲ってこれを奪おうと計画していた。農村の少数の若者たち――渋沢は「六十九人ばかり」と云っている――その血気だけで、城が奪えるものかどうか、はなはだ疑問だが、彼らは種々準備をして、決行寸前まで行った。その計画というのは「まず高崎の城を乗取って兵備を整えた上で、高崎から兵を繰り出して鎌倉街道を通って横浜へ出」て、「一挙に横浜を焼き撃ちして、外国人と見たら、片ッ端から斬り殺してしまうという戦略」であった。計画を京都にいた渋沢の従兄で、剣客であり志士であった尾高長七郎に知らせると、天誅組などの、尊王攘夷運動の実際を見聞してきた長七郎は、文久三年十月末、急ぎ帰村して、計画の実行などとても不可能だと強く押しとどめた。

栄一はかつての同志であった長七郎の反対を意外に思い、激しく反発して、あくまでも頑強に実行を主張した。二人は一晩中激論を戦わせたが、対立は解けない。おそらく疲れ果てておのずと激論も、実行計画も、止んだのであろう。日本の近代経済を主導育成した渋沢栄一が、後に「実に長七郎が自分等大勢の命を救ってくれた」といっているように、少し冷静に考えれば到底不可能と思えるような計画にも、まっしぐらに飛び込んでしまう。「今我々が事を起こしたならば、仮令一敗《たとえいっぱい》地《ち》に塗《まみ》れた所が、天下の同志者がこれを見て四方から奮起してついに幕府の天下を潰《つぶ》すであろうから、つまり我々はその血祭《ちまつり》になるのだ。（中略）今日幕府を亡ぼす端緒《たんしょ》を開くためにその血祭となることなら、我々の本分は足る訳である」（渋沢栄一『雨夜譚《あまよがたり》』ルビ一部引用者）

事が成功するかどうかなどに一顧だに与えてはいない。ただ、設定した目的を凝視して飛び出すかどうかだけが問題なのである。地下のマグマのエネルギーが、出口を求めて煮えたぎっているのである。説得でこの熱を押さえることはできなかった。

《大和や但馬の一挙の如く、義軍と名乗らないまでも、攘夷を目的に行動を起こそうとする勢力はどこにも潜在していた。地殻を割って噴出する機会を狙っていたもので、時代の動因契機とも言い得た》（『天皇の世紀』）

【エゴティズムが歴史を作る】　世の中の、どこと限ったことではない。誰と限ったことではない。だれもが動因契機、つまり世の変化を促す切っ掛けとなるならば、命がけの計画にもあっさりと飛び込んで行った。

くどいようだが、まさしく「人間のエゴティズムが歴史を作ろうとするのである。何をしているかを自分もよく知らないで、しきりに前に出ようとする衝動に人間が餌食となった」(同前)

この「時事の紛更《ふんこう》言うに耐えず」大河の激流のような状況に、幕府は何もなし得ず、傍観するばかりであった。

③　東方防火兵隊

【方谷の帰郷】　この文久三年には、方谷は二月に江戸を離れて西下、途中、数日大坂にとどまり、将軍に扈従《こしょう》して上洛した藩主勝静の諮問に応えた。

この時、方谷は「厩《きゅう》駑《ど》寧《いず》くんぞ堪《た》えん駕御《がぎょ》に供するに／野禽《やきん》唯《ただ》願《ねが》う籠樊《ろうはん》を脱せんことを」(才能とぼしい私などとても役には立たない／野鳥である私は早く鳥かごから抜け出し、自由の身になりたいのだ)と詠んでいた。(宮六七三)

幕府生き残りのための唯一の方策として、方谷が上申した「朝廷に誓った攘夷の実行」など、幕府にはとても採用する決意も力もなく、それならば、勝静は責任をとって老中を辞任し、自藩の政治に専念すべきとする進言にも、勝静はどこまでも幕府と運命を共にするとして、従わなかった。方谷の老中顧問としての立場は終わったのである。

しかし、前に触れたように、幕府政治総裁職の松平春嶽が、突然その職を投げ出し、京都を離れ帰国してしまった。そのため勝静は、顧問の必要から、四月、帰国したばかりの方谷をふたたび呼び出した。方谷は勝静の諮問に応えて、再度攘夷実行を献言した。前に触れた小田原一戦策である。籠樊《ろうはん》（鳥かご）を脱し、自由の身となって方谷が帰郷できたのは、三月中と思われる。

ここに至って幕府は、この策には多少の色気をみせたらしく察しられる。が、それも結局、「指揮する人物がいない」として葬られてしまった。

この再度の上洛から方谷が帰藩できたのは六月である。「散りてこそ花の……」と詠んだ帰国である。年譜は「先生已《すで》に帰国し、時事問題を耳にするのを嫌って、もはや登城することもなく」として、長瀬の家から船で松山川を遡り、菅生《すごう》村の親戚の家を訪ねた詩を引用している。

開国和親か、攘夷か、いったい何時まで言い争っているのか。
実りのない論争など見捨てて、私は備中の山水を楽しんでいる。
山水は人間のように、時論に従ってたちまち面《おもて》を革《あらた》めたりはしない。
山は泰然と聳《そび》えて動かず、川は悠然と流れて止まない。

（宮六八六）

親戚の家に厄介になって、わが家に帰ったような気分だ。
少女たちの酒肴のとりもちに、和やかに歓を尽くした
当主は、私よりも年上で、
一つ灯りの下で、つもる昔話に、夜の更けるのも忘れた。

（宮六八八）

私のこのたびの江戸出仕は満一年に及んだ。郷里に帰ってからは、時事を聞くのが何よりもいやだ。山荘に浮世ばなれの生活をつづけており、まだ一度も藩城の松山に出向いていない。藩士が訪れても、ほとんど面会しない。毎日、お百姓のおやじや老人と親しく談笑して暮らしている。

このごろ、菅生村に往った帰途、石蟹《いしが》村に宿ろうと思ったが、道順がどうしても新見藩を通らねばならない。この藩には旧友が多い。彼らがうるさく時局談をやるのは吾が松山藩と同じであろう。それを聞かされるのはやりきれないと思った。そこで、まわり道をして、新見を通らないで石蟹に来て、杉君の家にやどったのである。

旧友たちがこのことを聞き知ったなら、さぞかし私の癖をにくむだろうが、幸いに彼らが訪れて来るわずらわしさを避けることができるというものだ。人生の行蔵《こうぞう》（出処進退）のわかれ目は、こういうところにあるもので、別に怪しむほどのことではな

い。

　そこで、寝床の上で二絶句をくちずさんだ。翌朝、それを書きとめて、杉君に示した。（この項宮原信訳）

曲がりくねった谷川に沿い、山間の道を辿り、村々を通り過ぎて、
私が投宿するのは、柴の戸の農家だけだ。
この家ならば、耳のけがれとなるような話もでない。
城下の時局談など塵埃と同じで、耳の垢となるばかり。

（宮六九〇　引用者意訳）

帰郷すると方谷は、職務から解放され自由な気分で郷里の自然に触れて、詩心を大いに刺激され、初めて長瀬に居を定めた時（安政六年）のように、詩作品もかなり多い。ただし、今度は、よほど周囲の時局談には悩まされたようで、それを厭い嫌う言葉が、詩中にしばしば——ざっと数えても五、六度ほども繰り返されている。

　この激動の時代、確実な情報に接する機会に乏しい備中山中の人々にしてみれば、変動きわまりない時局の中枢に活躍していた方谷先生が、帰郷してきたのである。片言隻句《へんげんせきく》でも聞きたいと思うのも無理はなかったであろう。そうした人々を、方谷が煩わしく思ったのも理解できないことはない。だが、方谷がそれを避け逃れるさまには、尋常ではないものが感じられる。たとえば、右の詩（宮六九〇）などは、長い序詞も七言絶句も、時局談から逃れ隠れようとする、ただそれだけの詩

とさえ言えるだろう。そしてさらに続けてもう一首、ことさら旧友たちを避けている七言絶句（宮六九二）で、「友人怪しみて如《も》し相問う有らば／吾君曹《きみら》と静喧《せいけん》を異にすと（もし友人たちが怪しんでたずねたなら、こう答えてやろう。おれは、君らとは次元がちがうのだと）」と述べている。（訓読・訳宮原信）

【徳川幕府の武士たちよ】　おそらく、方谷の胸中にわだかまっていて、彼に時局についての談義をさせなかったのは、一橋慶喜、松平春嶽、板倉勝静、をはじめとする幕府首脳が、職務を放擲《ほうてき》した腑甲斐《ふかい》なさであった。方谷はそれを、譬喩《ひゆ》による古詩（宮六九二）で語っている。

この詩を以下引用の便宜のため、詩の冒頭の詩句にちなんで「東方防火兵隊」と呼んでおくが、その序詞、詩本文ともに長く、しかも譬喩の詩であるため、くわしい注釈がなければ意味が伝わりにくい。そこで概略的な内容を理解していただくために、譬喩を解きほぐして、翻案的に意訳しておきたい。ここでも宮原信訳・注釈を下敷きとした。

「東方防火兵隊」

徳川幕府は、関東江戸の海浜に本拠を置き、その勢、旗本八万騎と称している。何処《いずこ》なりとも、擾乱、騒動、争いあれば、すなわち駆けつけ取り鎮め、解決するをその職務とする。国内はその力によって、安寧秩序を保ってきた。しかれども、現今の征夷大将軍は、年若く、部下の兵士は権勢に思い上がり、長年の太平に慣れて武士の気概を失い、幕閣上長をあなどりその命令を軽んずるようになっている。

文久三年は春以来、京都とその周辺に、しばしば擾乱が発生し、ほとんど朝廷をも巻き込む勢いであった。幕府は将軍を奉じて京都におもむき、一挙にこれを鎮定しようとした。しかれども、乱は複雑に入り乱れ、手に負えない。幕兵は狼狽して為すところを知らず、権威失墜もかまわず将軍を擁して、われ先にと江戸へ逃げ帰った。幕閣はこれを止めようとしたが、聞く耳を持たず、ついに本拠地江戸まで逃げて鳴りをひそめ、武士道の本意を発揮するものはなかった。

やがて京都周辺の擾乱はいよいよ激しく、被害は広くおよぶようになった。京都にとどまり治安を回復しようとした京都守護職松平容保らは、惨状をなんとか押さえようと、心ある人々との密計によって、乱を企てた張本以下を一挙に京都から一掃した。

遠く江戸にてこれを聞き知った幕兵たちは、大喜びで、これなら案ずることはないと、ふたたび大急ぎで京都にとって返し、治安回復を自分たちの手柄にしようとした。これを聞き知った人は、その臆病を軽蔑し、腹黒さを憎まないものはなかった。

私方谷は、もとより幕閣のひとり老中板倉勝静公の家臣ではあるが、今は田舎に引っ込んでいる。幕兵の行動を聞き、深く心を痛めた。よって次の詩を書いた。

第十五章　文久クーデター

幕兵よ、徳川幕府の武士たちよ
擾乱《じょうらん》の鎮定が、汝らの職務ではないか

それをせずして、なんぞ逃げ回るのか
乱鎮《しず》まるや、なんぞそそくさと出て来るのか
汝の臆病、馬鹿にしないものはない
汝のずるさ、憎まないものはない
侮りと憎しみは禍の大本なり
幸いにしてそれは免れたが、恥とは思わないのか
ああ、汝らは立ち直らねばならぬ
悔い改めれば、過去は咎めぬことにしよう
汝らは擾乱を見捨てて逃げた罪を謝罪せよ
新上洛の、心構えを改めよ
自らの本陣をしっかり固め
武士たる心魂を鍛え直すべし
擾乱ふたたび発すれば即《そく》来たりて撲滅《ぼくめつ》せよ
死するも退かざれば、それぞ汝の偉勲《いくん》なり
擾乱とこしえに鎮定すれば、それぞ汝の報恩なり
これぞ、汝ら君臣の、天授の職務の全《まっと》うである

宮原信は、この詩に注釈を付して「この詩は、幕府と旗本を、さらには老中職にある藩侯勝静を諷刺したものと解釈できる」としている。諷刺批判の的は、慶喜、春嶽、勝静であり、内容は誠意の欠如であった。すでに述べたが、幕府は攘夷の勅命を受けて、その実行を誓った。実行期日までも明言しながら、逃げ回ってついに実行しなかった。攘夷など今更できないというのであれば、なぜに誠心を尽くし、命がけで朝廷を説得しようとしないのか。そのどちらもできないのであれば、責任を取って辞任するべきである。そのいずれも採らずに、ひたすら身をかわし逃げ回って、僥倖による事態の好転をまった。これらはすべて、決断力の欠如などで済まされる問題ではない。人として最も根源的な徳性である誠意の欠如である。

幕府首脳の驚くべき不誠実、人々の救いようのないエゴティズム、狂気じみた空想癖、それが渦巻いて「幕府内部の考え方が二転三転し、動揺して我にもなく押し出されるように決定に向かっているのだから、考えれば危険なことであった」（『天皇の世紀』）

その中で、老中顧問方谷は、何ごともなし得ず、主君勝静公が足取り重そうに去りゆくのも留めえず、ようやく鳥かごを脱し、独り帰郷するほかはなかった。

しかし故郷で待ち受けていたのは、さらに始末に負えない勝手な時局談であった。

方谷は、旧友旧知を避け、必死に身を隠した。

【慷慨は削除せよ】　年譜、文久三年十一月（推定）に次のような一項がある。

「この年、耕蔵君雑感十律を江戸より寄す。」

耕蔵は、方谷の弟平人の長男で、十一歳での父の没後、男子のなかった伯父方谷の養子となった。万延元年より江戸昌平黌に学び、方谷に「我が家は武門であるから文に偏してはならない」といわれ、槍術を津藩で、砲術を江川太郎左衛門に学び精通した（佐藤亨『高梁歴史人物事典』による）。

この耕蔵が、自作の律詩十篇を江戸から送ってよこした。斧正《ふせい》を乞うた（添削を求めた）のである。これに方谷は次のように復書している。

「学問修業中の書生にして、注意して控えるべきことは、みだりに世の不義、不正を憤った慷慨《こうがい》の詩文などを作ることだ。先般差し越された十律、なかなかの出来映えと感心しました。詩の風格もよほど上進しており、うれしく思います。しかしながら、慷慨にわたる箇所は、一切削除しなさい。なんと言っても、学問の根底は『孝悌忠信』にある。『論語』巻頭にも孔子様の言葉として掲げてある。胸中銘記して忘れてはならない。近頃の書生たちは、いい加減な時局論を振り回しているが、儒学の本意をはずれること甚だしいものだ。心しなさい。」

第十五章　了

第十六章　法身界《ほっしんかい》と色身界《しきしんかい》

1　瑞山墾拓《みずやまこんたく》

【隠逸を得ての懐い】　文久三年晩夏、方谷はようやく故郷に帰ることができた。歳が替われば方谷は耳順《じじゅん》、つまり「孔子が六十にして天地万物の理に通達し、聞くに随って悉く理解が出来たことからいう」（大漢和辞典）と説明される六十歳である。その耳順を迎えようとする最後の歳の晩《く》れに、懐いを書すと題して、七言律詩《しちごんりっし》の連作「歳晩十篇詩《さいばんじゅっぺんのし》」を書き、その中で、二度も「五十九歳」を繰り返している。

四十五歳で松山藩元締役に抜擢され、八年で藩財政改革を成就させ、御勝手状況（藩財政状況）好転により、藩主勝静を、幕府寺社奉行に、ついで老中の座に押し上げたが、方谷自身は、当時の激務によって大病を得ていた。病を養いつつ老中板倉勝静の顧問を勤めていた時代、決断力あるリーダーシップを欠いた幕府は、国内からの尊皇攘夷派の突き上げと、海外からの開国要求との間で、何事もなし得ず、ことごとく一時しのぎの空約束に終始し、例の「どうかなろうと云う一言」と「可成丈《なるべくだけ》の字」によって（『幕府衰亡論』）、時勢を傍観し、成り行きにまかせていた。

この不甲斐《ふがい》ない状況を、なんとか打開しようとしての、方谷の献策も、勝静の幕閣内における力不足もあって、一つとして採用されず、幕閣はこの年、文久三年の晩夏六月十三日には、方谷の詩によれば、逃げるようにして、京都を離れ、海路江戸に還《かえ》ってしまった。

しかし、その余波で、方谷が何度願っても許可されなかった帰郷も、ようやく許され、彼は江戸とは反対の西へ、故郷備中山林の、隠逸の暮らしに戻ることができた。「歳晩十篇詩」は、その隠逸を得ての懐《おも》いである。

久しぶりに、混沌たる政界を離れた山中の孤独の中で、さまざまな思いが去来したようで、その内面の想いを綴ったものだが、これまで、一般に詳しく紹介されることはなかったように思う。ここに語られているところも、十四歳の「オリジナル述懐」の若木から生育し、老成を迎えての方谷の内面として、注視すべき述懐と思う。

【霊魂界と現実界との融合】　「歳晩十篇詩」の序詞（前書き）で、方谷は次のように云う。

《首《はじめ》の二つの詩篇は『法身界《ほっしんかい》』（引用者注・これを分かり易く「霊魂界」と訳しておく）としての歳末である。それに続く六篇は『色身界《しきしん》』（引注・これを「現実界」と訳す）としての歳末である。

色身界（現実界）の歳晩といっても、大《だい》は日本の歳晩があり、江戸の歳晩があり、小は松山の歳晩があり、方谷（引注・長瀬の谷間）の歳晩がある。

大は小を兼ねるが、小が大を兼ねることはない。しかし、現実界の現《うつ》し身《み》も、悟りの境地に達すれば、霊的な世界の法身と同じであろう。また、迷いに捕らわれていては、いつまでも現実の色身界を離れることはできない。

この二つの存在、霊界の我が身（法身）と、現実の我が身（色身）とに、私の身が分裂しているわけではない。一切は平等で、すべてが一つに渾然と溶け合っている。そのことを最後の二詩編で云っている。要するに、十詩編すべてが、一貫して私という存在なのだ、そう受け取ってもらえればいい。無量寿庵主人　みずから識す》

注・冒頭の「首《はじめ》の二詩篇」は宮原信『山田方谷の詩――その全訳』では「三詩篇」となっている。おそらく誤植であろう。宮原氏の訳の部分では「二詩編」となっている。内容からは「二詩編」が正しいかと推測される。それにより引用者が「二詩編」と改めた。

【山田方谷の霊意識について再び】　これらの詩編があまり紹介されて来なかったのも、そこに窺われる「法身界」（霊魂界）など、神秘主義的な傾向が、敬遠されるのではないかと、筆者は推測しているが、ここまででも、それに就いては多少ながらも触れてきた。率直に言って、方谷の神秘主義という問題は、筆者には大きすぎて、その任ではないのだが、ただ、これもすでに述べたことだが、方谷の神秘的傾向は、方谷の鋭すぎる、そして大きすぎる感覚にある。私たちの感覚や意識の限界をおのずと超えてしまう処にあると一応は云えるであろう。また、他者の霊魂への思いやりの強さ、言ってみれば惻怛《そくだつ》の深さが、その霊魂を生けるがごとく胸中に蘇らせているようにも感じられる。

方谷の云う「法身界・色身界」を、判りやすく「霊魂界・現実界」としたのも、法身と云う言葉は彼にとっては、単に仏教的な意味での悟りの境地というだけでは、必ずしも適切とは思えないからである。

江戸遊学時代に方谷は、大病を患い生死の境をさまよいつつ、超常的体験とか異空間体験と呼ばれる意味における神秘体験を得ていた。その体験から彼は、「神は実在する」と断言していた。その体験が、死後の霊魂実在の確信を与えていたのである。

方谷自身はそのこと——鋭さのあまり、一般的な普通の感覚の限界を超えてしまうことを、「歳晩十篇詩」の中で、「色身界（現実）の俗世間をはなれ、空観を悟得して、初めて現実の真の姿が見えてくる。色身の生《せい》、すべからく夢幻であって、大城すら一夕《いっせき》にして灰となってしまうではないか。（宮六九六）」と述べている。つまり、私たちの普通の感覚が捉える世界を、一つのサークルに譬えれば、そのサークルを超える意識、つまり他界の意識を獲得した人は、外から、そのサークルの内部（つまり私たちにとっての現実）を見て、その中にいた時には見えなかった姿が、外から見て、初めて現実の真の姿がまざまざと見えたと言っているのである。

さらに「楠公七生伝序」においては、「輪廻転生《りんねてんしょう》」をそのまま確信していたこともすでに記した。

それらを踏まえて考えれば、「法身」を、仏教的な意味における悟得ということだけに限定しては、方谷の真意からは外れることになるだろう。「法身界」を「霊魂界」と言い換えたのも、そういう神秘の確信という意味で使ったつもりである。

再三断ってきたが、筆者は、方谷の体験を、合理的な、あるいは科学的な意味において、真実だと主張しようとしているのではない。方谷自身がその体験を「神は実在する」と断言し得る体験として受け止めている。方谷が、そのように受け止めたと云う事実――その、心の重みを、重みのままに感じ取るべきだと思う。

この「霊魂界の存在（法身）と、現実界の存在（色身）の融合」という自己規定が、「歳晩詩十篇・序詞」におけるように、明確に述べられたのは初めてであった。方谷は自分の意識のありようを、そのように途方もなく広大な宇宙にあるものと規定している。

その十篇の詩全部を紹介するためには、紙数の都合で散文詩的な口語訳とするほかはなかったが、ここでも拙訳に関しては、宮原信の訳解が、大きな土台となっていることは、明記しておかねばならない。拙訳は大方の教示を期待してである。（便宜上各詩編は、宮原信著『山田方谷の詩――その全訳』の配列順に①②……の符号を付した）

① ある時、私は奇怪な宙宇《ちゅうう》をさまよっていた。夜の深い眠りの中で不思議な光景を見ていたのである。累累《るいるい》と重なる土塊が宙に浮いたまま落ちない。蒼蒼《そうそう》たる気圏界がどこまでも果てし

なく続いている。種々さまざまな人間の姿態が眼前に浮かび出てくる。燃えさかる火の環が頭上を飛び去る。この奇怪不可解さに、私の苦悩が頂点に達して……はっと、霊夢を見ていることに気づいた、と、現実の、五十九年の来《こ》し方がまざまざと蘇った。（宮六九三）

② 暴掠無謀《ぼうりゃくむぼう》な夷国人が、我が国に仇《あだ》なすのは天魔のしわざである。天魔を懲《こ》らしめるのは仏陀の力である。だが誰も、遠い夷国の策略が我が国土に及んでいると云う。天魔の悪業が現世に及び修羅を現出するのを、なぜ誰も理解しないのか。五大州（世界）は広大だが、虚空界《こくうかい》から見れば、微小なこと蚊の涙。円満寂滅《えんまんじゃくめつ》の天上界からすれば、地上の戦争も蝸牛角上《かぎゅうかくじょう》の争い。仏の牙城《がじょう》は、無窮無辺《むきゅうむへん》の天空の彼方、黒船艦隊も巨砲も、蚤の糞にも及ばない。（宮六九四）

③ 長州藩が下関で夷国船を砲撃し、報復を受けた騒乱《そうらん》はまだ決着していない。薩摩藩《さつまはん》は生麦《なまむぎ》事件の報復を受けてイギリスの七戦艦と戦い、終戦交渉が続いている。イギリスは賠償金を要求したと新聞紙が報じている。四十四万ドルと途方もない額だ。その賠償金を、知人の老中格小笠原長行《ながみち》が支払ったという報には、ただただ驚愕している。三秋の時候、世は凋落《ちょうらく》に沈んでいるが、やがて春風の季節だ。冬の終わりには幕府将軍が再度入洛するという。（宮六九五）

④ 幕府は近年は儒臣を重んじなかったが、かたじけなくも私ごとき儒臣が、お目見《めみえ》の身分と

なった。だが、立身出世は私の素志《そし》ではない。小藩の財務大臣となったのも、前世からの因縁である。宮仕えの栄達もすべからく影のごときもの。色身界の現実をはなれ、空観を悟得して、初めて現実の真の姿が見えてくる。色身の生《せい》（現実の人生）、すべからく夢幻なり、大城すら一夕《いっせき》にして灰となってしまうではないか。（宮六九六）

⑤世の風潮日ごとに変り、もはやてんでんばらばら。褒めたりけなしたり勝手気ままに、今年も暮れようとしている。同僚の松山藩家老、野中丈左衛門は仏法による仁政を云い、礼式作法などには疎《うと》い私方谷が、国政に参じている。おどろきあきれるのは神主が兵法を学び、僧侶が尊皇攘夷を論じていることだ。私はひとり、学び来たった儒学を伝えるをことを楽しみ、冬中こつこつと古典を復習している。（宮六九七）

⑥長い江戸でのお役目から帰郷して半年。悲嘆《ひたん》も憂楽《ゆうらく》も、遠い昔話に思える。危急存亡をくぐり抜け、故山《こざん》に安んずるもまた因縁《いんねん》。帰途は険しき山河、渓《たに》深き激流の木曽川を船で下った。老いて勝景を楽しむもまたいのちなり。詩興おのずと湧き、詩数編を得た。（宮六九八）

⑦寒空《さむぞら》の年の暮れ、襟懐《きんかい》（胸の想い）を誰に語ろうか。松柏も雪霜に黙《もだ》して元気なく、あれこれの情感乱れ渦巻き、老いの身を苛《さいな》む。再三再四の具申《ぐしん》も世の錯綜《さくそう》を解くことできず。諮問

に答えるは我が務めなれど、私の素願《そがん》は晩節の廉潔《れんけつ》静寂、これを叶《かな》えてくださるもまた君公の情《なさ》けであるのに、お呼び出しの命令書は山積し、出仕を促す使者は途切れずに来る。(宮六九九)

⑧人生の幸福は、白髪《はくはつ》の翁《おきな》の境涯を楽しむことだ。若気《わかげ》の空虚な華やかさも、活力を恃《たの》んだ豪気も、寂《しず》かに収まる。外見の華やかさは、慎み深い厳《おごそ》かさとなり、自然な平穏さが、武張った緊張に勝《まさ》る。天の神様は、私に静かな山林の暮らしをお与えになり、我が主君は、辞職隠遁をお許しになった。しかも嬉しいことに、今宵一夜明ければ、私は六十歳を迎える。暁の鶏鳴は、俗念の残滓《ざんし》をきれいに祓《はら》い浄《きよ》めてくれるだろう。(これが私の耳《みみ》順《したが》うだ)(宮七〇〇)

⑨爽やかな暁の鶏鳴《けいめい》が、迷夢を破ってくれるのを待っている。五十九年の生涯、私の魂は迷い続けてきた。世に生きるにはすべからく賓《ひん》と主《しゅ》の弁を知るべし(近頃私は中国の道家、荘子の「賓主の弁」についてふと悟る処があった。主〈あるじ〉という実体があって、そこへ〈賓客〉という名の客体がやって来る。これが、物という実体と、それに付けられた名前との関係である。率直に云うと、私はどのような問題に直面しようと、あまり戸惑うようなこともなくなった。人に相対しても、実体としての人物を見抜くに誤ることもない)。健全息災は、長生きも短命も同じと悟るを要す(私は三年にわたる長患いで、かえって養生の要諦《ようてい》は、長生も短命も所詮《しょせん》は同じと悟るにあると思った)。花瓶の梅は水が十分にあって初めて生き生きとなる(水に頼る生涯哀れ

むべし)。雪が降り積もると庭の竹はみな身を屈している(雪に出会えば平身低頭、笑うべし)。自主独往《じしゅどくおう》を貫こうとすれば、他に頼る暮らしは捨てるべし。やがて春風が吹き始めるだろう、さあ、我が隠棲の田畑を耕そう。(宮七〇一)

⑩　煩悩を断ち切ろうと長い年月努力して来たが、足下《あしもと》はふらつき、自らの無能を嘆くのみ。山林に隠棲しても、それに執着《しゅうちゃく》すればこれまた煩悩《ぼんのう》。花であれ月であれ機縁となれば、悟りは開かれる。燃え残りの灰の奥に火を求めたり、氷の中に水を求めるを止めよ。心残りは、あれかこれかと迷って道を見失ってきたことだ(究極の境地に至る道はどこにも開かれている。どの道を取るかに迷う必要はない)。冬果てんとする雪の夜、独り燈火に座しつつ云う。(宮七〇二)

【新聞紙と旧識名】　右訳詩の説明不足を補うと、③の首聯《しゅれん》(一、二行)は「西海の波濤勢い未だ平《おさ》まらず　南山の戎馬《いくさ》跡縦横」で、この二行を宮原氏は、長州藩の下関における夷船砲撃と、鹿児島での薩英戦争と受け取っている。筆者もそれに従い「跡縦横」とは、交戦は止んだが、終戦交渉が英・薩の間で進められていることと解した。

③の頷聯《がんれん》(三、四行)は「虜情《りょじょう》信じ難し新聞紙　財報偏《ひとえ》に驚く旧識名《きゅうしきめい》」で、ここに云う「新聞紙」については、『国史大辞典』に「一八六二年一月、江戸幕府蕃書調所《ばんしょしらべしょ》編集発行の『(官板)バタビア新聞』」とあり、『天皇の世紀』には「開成所で翻訳して出している中国の欧米人の新聞」とあって、

当時すでに翻訳された外国の新聞紙を読むことができた。方谷も取り寄せたか、あるいは藩中の誰かが送ってくれたのか、それを読んでいたと理解した。

信じがたい「虜情」とか、偏に驚く「財報」ということも、首聯との関連で読めば、思い上がった夷人の、財に関する驚くべき情報の意で、しかも「旧《きゅう》識名《しきめい》」馴染みある名前とあるから、旧知の日本人に関連した財の情報であろう。とすれば頷聯《がんれん》一行は、生麦事件などの賠償金として44万ドルという途方もない額をイギリスが要求して来たことであり、驚くのはその「財」を知人の老中格小笠原長行《ながみち》が、独断さながらに――実情は不明だが――支払ってしまった事であろう。そう理解して矛盾はないと思う。

⑤の「同僚の国老」と訳した原文は「国宰、野丈」で、これは『高梁歴史人物事典』によれば、松山藩家老の野中丈左衛門で、雅号は「野丈」とある。彼は藩校有終館の会頭を務めたとあり「藩風刷新・教育振興の上で丈左衛門の果たした役割は大なるものがあった」というから、山田方谷との関わりもかなり深かったと思われる。

2 参予会議

【将軍家茂再度の入洛】 元治元年正月、「将軍家茂再ビ入朝ス。詔（みことのり）アリ曰《いわ》ク、暴挙攘夷朕《ちん》ノ好ム所ニ非《あら》ズ、（三条）実美《さねとみ》等詔（みことのり）ヲ矯《た》メ親征ヲ議ス、朕不徳ノ致ス所、今ヨリ海内敵愾《かいだいてきがい》ヲ一《いっ》ニシ、外交ヲ絶テト」（年譜）。

　これも方谷がすでに前章の「東方防火兵隊」（宮六九二）において、主君勝静を含めて幕府首脳に、激しく痛罵《つうば》を浴びせていた処である。重複を厭わず引いておく。

「幕兵よ、徳川幕府の武士たちよ／擾乱《じょうらん》の鎮定が、汝らの職務ではないか／それをせずして、どうして逃げ回るのか／乱鎮《しず》まるや、なぜ、そそくさと出て来るのか／汝の臆病、馬鹿にしないものはない／汝のずるさ、憎まないものはない／侮《あなど》りと憎しみは、禍の大本なり／幸いにしてそれは免れたが、恥とは思わないのか」

「乱鎮《しず》まるや、なぜ、そそくさと出て来るのか」とは、文久三年三月四日、将軍家茂が上洛しながら、六月十三日には、京都の擾乱を見捨てて東帰してしまった。ところが、八月十八日の政変によって、翌元治元年一月十五日には、乱の治まった京都へ、再度やって来た。それを云っている。

　この痛罵とともに、「歳晩十篇詩」で方谷は、「我が主君は、辞職隠遁をお許しになった」と、この主恩には感謝している。

【参予会議】　八月十八日のクーデターで、京都から長州藩の勢力を一掃し得た朝廷では、長州藩に代って公武合体派の薩摩藩島津久光と、穏健派で保守的な公卿が、朝廷での主導権を握り、久光の提唱により、参予会議が設けられた。

　これは、構成員として一橋慶喜《よしのぶ》（将軍後見職）、松平容保《かたもり》（会津藩主、京都守護職）、松平慶永《よしなが》（福井藩主、政治総裁職）、伊達宗城《むねなり》（宇和島藩主）、山内豊信《やまのうちとよしげ》（土佐藩主）で、翌年一月には島津久光（薩摩藩国父）が加えられた。

この参与会議は、天皇の御前で二日おきに行われる会議に預《あず》かるというものである。ここに、小さいながらも、公武一和の臨時政府――あるいはその萌芽――のごときものが、誕生したことになる。

これは二百六十年に渡って政権を掌握してきた幕府にとっては大問題であった。政権が、幕府の手を離れ、朝廷に移行して、そのままクーデター的政変が生じかねなかったからである。しかもその大変革が、昨日までは無位無冠で、外様藩の藩主の父親として、藩の実権を握り、国父と名乗っていた、島津三郎の提案主導によってによって成し遂げられようとしている。

厚かましいこの田舎者に、幕府は強い嫌悪を抱いてきたが、しかし今や三郎は、元治元年正月には、朝廷から従四位下左近衛権少将《じゅしいげさこんえごんのしょうしょう》に叙任されて、すでに無位無冠の単なる国父ではなかった。身分と共に、それだけの実力を培ってきたのである。

参予会議の当面の課題は、長州藩の処置と対外策の二つであった。

前者については、問罪使を派遣することが速やかに決定した。

紛糾したのは、開国か鎖国かで国を二つに分断して争ってきた対外策である。

【慶喜酔余の面罵】　慶喜以外は、開国策を主張した。驚くべきことに、元来は開国派と思われた慶喜が、幕府を代表する立場から、横浜鎖港の攘夷（横浜港から夷国人を追い攘い閉ざすこと）を主張したのである。

これは不可解、というよりも奇想天外なことであった。

『天皇の世紀』で大佛次郎は、幕府将軍後見職一橋慶喜は、外様藩藩主の父親と云うだけで、つい先頃まで無位無冠の島津三郎の提唱する政治改革を、言いなりになって受け入れることを潔《いさぎよ》しとしなかった。その意識の背後には、三百年間政権を維持してきた幕府を背負って居るという自負があったとしている。

慶喜はこの時の参予会議の後、参与の松平春嶽、伊達宗城、島津久光の三名と共に、孝明天皇の信任厚い、朝廷の実力者中川宮をおとずれ、供応の酒に酔った勢いで（あるいは酔いを装って）、その面前で「この三人（春嶽、宗城、久光）は天下の大愚物（大馬鹿者）、天下の大奸物（大悪人）なるに、何とて宮（中川宮）は三人を御信用あそばるるか」と口を極めて罵倒した。

『天皇の世紀』におけるこの下りは、同書における秀逸の一つと筆者には思われるが、幕府の権威が決定的に落ちて行く中で、慶喜の三人への面罵は、徳川幕府三百年の光耀を、思い出させたかもしれない。言い切って立ち去る慶喜を、「久光以下参予三人は玄関まで送って」出た、とある（天皇の世紀）。はからずも直面した幕府将軍後見職の威厳に、三人は言葉もなく圧倒されたのである。

【参予会議の解体】　しかし小さな新政府のごときものも、ここまでであった。

三月九日一橋慶喜などが参予を辞任し、参予会議は解体した。

すでに対外政策に関しては、長州藩の主張する攘夷を受諾させられ、今度は薩摩藩の主導によって横浜開港を受諾する、これでは外様雄藩の言いなりであって、幕府政府は、存在しないも同然である。

もしも、将軍後見職慶喜が、島津久光の提案を受け入れて、参予会議で横浜開港を承諾するならば、我ら幕閣（老中たち）一同は連袂《れんべい》辞職しますと（袂を連ねて一斉に辞職すると）、幕閣は参予会議に向かう慶喜に、強く断言したという。今さら攘夷などまったく不可能としてきた幕府幕閣も、その威信を守り抜くためには、開港ではなく、逆に、横浜鎖港を守らなければならなかったのである。そして慶喜は、幕府三百年の歴史を背負って、その期待に応え、敢えて、みずからの本意とは逆の横浜攘夷を主張したとされる。

【海外貿易の利権】 おそらく、参予会議の分裂解体は、右の通りであったかもしれない。

だが、横浜を開港して夷国船が自由に出入りできるようにしてはならぬ、別な理由があったのではなかろうか。それは幕府が独占してきた海外貿易の利権を守ることである。

この海外貿易利益の独占を守るということは、幕末史のあちこちにも散見されるのだが、明確に利権死守のために、横浜開港を反対したと書かれたものは管見では見当たらないようである。もっとも、これは調査不足ということは否定できないが、筆者には、歴史資料が解いてくれないもう一つの疑問がある。

それは、幕末には幕府財政の逼迫がしばしば指摘されるが、その幕府が、生麦事件の賠償として、44万ドルを全部金貨で、即座に支払っていることである。その金貨を数えるのに三日間かかったと云われている。支払った金貨はイギリス艦に積み込まれ、艦内砲弾倉庫の入り口前に積まれていた。錦江湾（鹿児島湾）でイギリスと薩摩との間に砲撃戦が始まった時、イギリス艦では砲弾を取り出すのに、まず、山積みにされた金貨箱を取り除かねばならず、それに手こずって、イギリス側からの反撃が二時間も遅れたとされている。莫大な金額であるが、財政逼迫とはいえ、その程度の金額ならば、幕府はかなり容易に調達できたように受け取れる。

『日本史総合年表』（吉川弘文館）によると、万延元年末の記事に「この年 輸出額、前年の9万ドルから47万ドルへ急増」とある。幕府が独占していた夷国貿易の利益は、莫大であった事が察しられる。この利益を幕府は死守しようとして、横浜鎖港を主張したとも考えられる。

③　蓼食う虫

【山頂の墾拓地】　この間、長瀬に引きこもっていた方谷は、中央の混乱にもほとんど関わりを持たなかったようで、年譜にも記事が乏しい。つまり先の「歳晩十篇詩」は、方谷が備中山中での隠遁暮らしに入ってからの、広大な宇宙観の中で捉えられた、色身界の争いや政治情勢であった。

元治元年五月になって漸く次の一項が年譜にある。

《先生長瀬の対岸瑞山《みずやま》〔原注・旧名水山〕の山巓《さんてん》を墾拓《こんたく》し佃戸《でんこ》を置き草庵を構え、時々往き宿す。》

瑞山は、長瀬の方谷の家から見れば、松山川の対岸にある文字通り屏風のように垂直に立ちはだかっている山である。どこから登るのか、2万5千の地形図をみても道筋もない。他に資料もまったく見当たらないでいたが、方谷資料に詳しい友人の山本邦男によって、平成十七年（二〇〇五）三月四日付「山陽新聞夕刊」に、方谷墾拓地のカラー写真が紹介されていることを知った。新聞記事によると「カラー写真が出たばかりの昭和三十年代」と思われるもので、「三枚を横につないだパノラマで縦二四・五㌢、横一㍍。中央奥に方谷の使ったわらぶき平屋の草庵、手前に方谷の小作農が住んだ家や、後に建ったタバコ乾燥場が並ぶ。右下に高梁川や方谷駅が見える」とある。パノラマ写真にも、瑞山隠宅の遥か彼方の下方に、高梁川と中井橋、方谷駅などが見えている。

方谷が松山城下を離れ、無人の地であった長瀬に隠遁したのは、松山藩財政改革が成就し、元締役を退いて二年後の安政六年（一八五九）四月のことであったが、その五年後の元治元年（一八六四）には、さらにその長瀬を遥かに見下ろす水山の山頂に遁《のが》れたことになる。その隠宅が昭和三十年ごろまで残っていたのである。

【前世には蓼《たで》食う虫】 ここでも方谷は「水山寓居雑吟（長瀬対岸山上）」と題する連作八首を残している。これもほぐして散文訳で引いておく。

《 水山寓居雑吟（長瀬対岸山上）

①藩士の土着推進の足がかりに、水山頂上に小屋掛けを造った。そしたら皆が噂したそうだ、方谷先生は世間が小うるさくて我慢ならず、今度は、誰も人の来ない山の上に引っ越したんだとね。ある夜、水山に来て小屋に泊まってみた。そしたらこの幽邃《ゆうすい》な趣が、なんとも気に入ってね、皆んなはうまいことを云う、噂はほんとだよと、私が保証してやったのさ。(宮七〇八)

②当時、村に土着するよう藩士に命令が下ったのだ。安政五年のことだった。大変だった、不平不満世に満つるというやつでね。誰もかれもが幽寂を好むというわけではない。ところが私ときたら、近くには人家のない長瀬でさえ、客が来るのを嫌って、さらに山奥深く入ろうとしているのだ。好き好きでね、前世には私はきっと蓼《たで》食う虫だったんだよ。(宮七〇九)

③わが長瀬の住まいは、碧《あお》き流れ豊かな松山川が、湾曲する岸辺にある。こんな僻陬《へきすう》にも、小舟で河を渡って来客が引きも切らずだ。煩わしさを避けて、眼前に立ちはだかる水山に登れば、素晴らしい眺望が開け、誰も足を踏み入れたことのない地が広がっているのだよ。(宮七一〇)

④高い水山の頂に庵を結び、そこへ登ったり、低い谷底の岸辺に降ったり、気の向くまま望みのままだ。宮仕えの官吏とは違う。官吏は昇るも落ちるも他者の命令のまま。(宮七一一)

⑤　白雲流る渓上の台地を拓《ひら》き田を作ろうと、今日も鋤をかつぎ登ってきた。山の神様はね、私をここに引き留め住まわせようとしているのだよ。神様のお引き合わせで、なんと、今日はこの山上で泉を掘り当てたのさ。（宮七一二）

⑥　飢えたら松の花を食べ、渇したら泉の水を飲む、唐の詩人が詠《うた》っている。山に入りてはすべからく仙人に学ぶべし。ところが私は俗世間の罪業を、この清浄な山頂にまで持ち込み、雲かかる麗しき山林を切り開いて、糞尿を肥料とする田を作ってしまったのさ。（宮七一三）

⑦　深林に覆われた険しい山壁を登り詰め、頂上は遙かな眺望が開け、崖の下を松山川が流れる。我が庵は、山野の趣と川辺の趣の、二つを同時に楽しめる。眼下を川船が往来し、艪の音がのどかに庵まで昇ってくる。（宮七一四）

⑧　林中の暮らしは我が心に叶うとはいえ、私は毛虫《もうちゅう》（獣類）でも羽虫《うちゅう》（鳥類）でもない、猿や鳥とは仲良しにはなれぬ。裸虫《らちゅう》（人間）の私は哀れにも人が恋しい。私一人というのもちと寂しすぎる。仲間を三、四人さそって、この山上に住まわせたい。（宮七一五）

時に感じて作る

この世の初めの初め、極微の塵粒《ちりつぶ》ができた。（無限の昔、誰もその初めを知らない）塵粒が結びついていって、やがて人間ができた。人間とは喰い喰われて、果てしもなく争い続けるものだ（未来永劫争い続ける）。ご覧なさい、箱館、神奈川、長崎の三港を外国人にも開くのか閉ざすのか。こんなことで限りもなく争い続けている。どちらも正義を主張し、どちらも邪と非難しあって、ある者はこの争いに身を投じ、向背に迷うて死も辞さなかった。またある者は時流のままに何とか生き延びている。どちらも言う、我が道こそ正しいと。誰も気付いてはいない、何もかも、あの小さな小さな塵粒のなれの果てだとは。

（宮七一七）》

こうして「歳晩十篇詩」「水山寓居雑吟」「時に感じて作る」と並べてみると、方谷の隠逸への志向がどういうものか、見えてくるように思う。まず、それは純粋に仏教的な悟りの境地を目指しているとは云えないであろう。そこには求道的な厳しい集中が感じられないからである。かといって道教的な無為自然を、それのみを尊ぶわけでもない。

山田方谷を、一言で云うのは困難であり不可能でもある。急ぐ必要はあるまい。山田方谷とはどういう人であったか、もっとじっくり知ろうとしてもいいではないか。

4 勝静の老中辞任、佐久間象山の暗殺

【勝静の老中辞任】「元治元年六月、我が公（勝静）老中を免ぜらる。蓋《けだ》し公昨夏東帰以来攘夷の勅を遵奉《じゅんぽう》せんとす、幕議協《あ》わず、公遂に意を決して此の事（老中辞任）あり」（年譜）。

「昨夏東帰以来」とあるのは、十五章で触れたように、板倉勝静は前年文久三年六月十三日、将軍家茂に従って海路江戸へ帰り、「その志は奉勅攘夷にあり」とあった。つまり、朝廷の命にしたがって、攘夷を実行しようとするためであった。しかし「勝静は、将軍に扈従《こしょう》して東帰《とうき》後は、勅旨《ちょくし》を遵奉《じゅんぽう》し、攘夷実行をとなえたが、幕閣の合意は得られず、老中を辞職しようとして、幕府に出仕しなかった。」すると「将軍及び諸吏懇留太力む《こんりゅうはなはだつと》（強く引き留められた）、ここにおいて公感激するところあり、遂に辞職を断念す」とあった。しかし、将軍はじめ関東執政のひとりも攘夷同意する者無く、誰もかれも、勅命を拝承しておきながら、従前のごとく何ごともなさずに一年が経過していた。

ここに至って、勝静は、山田方谷の進言に云う「御誠心の確立」の不可能を見て、みずから潔く辞職したものらしい。

勝静には、こうした右し左する逡巡《しゅんじゅん》がしばしば見られる。勝海舟が勝静を評して、「実に好い人」というのも、他からの懇願を断りきれない善良さにあった。

【佐久間象山の暗殺】　七月十一日には、京都三条上ル木屋町通りで、佐久間象山が暗殺された。象山と方谷は、佐藤一斎門下の双璧《そうへき》といわれ、象山は、方谷のライバル視されていた。象山の遭難について、方谷年譜には「浪士、佐久間象山を京都に殺す。先生（方谷）旧交あり、常にその非命の死あらんことを憂う」とあった。非命とは、天命でない死である。

象山に関しては、前にも大平喜間多《きまた》著『佐久間象山』から引用したが、その非命についても同書から引用しておきたい。

《象山は不撓《ふとう》・不屈《ふくつ》の精神を以て、実に三十年近くも、只一筋に外寇防禦《がいこうぼうぎょ》の策に腐心《ふしん》し、そのために九ヵ年に亘《わた》る永いお咎《とが》めを蒙《こうむ》るにも至った。それでもなお節を変えることがなく、朝幕のために尽力して来た。この天地を貫くような愛国の至誠は、天下の人は大抵知っている筈であるから、とかくの批評はあっても天道に背いてまでも、危害を加えるような馬鹿者はよもやあるまい。だが万一自分の身に禍の及ぶようなことがあったら、それこそ日本国は大乱になるであろう、などと不屈の信念を示しながらも、常に刺客《しかく》に対しては警戒を怠らず、密《ひそか》にピストルを懐中して万一に備えていた。／元来象山は信念の強い人であったから、流言蜚語《ひご》などのために、その所信を挫《くじ》かれることはなかったというよりも、寧ろ反抗的に益々強くなるのがその性癖であった。従って過激な尊攘党の一味が附け狙《ねら》っていることを知りながらも、一向意に介せぬものの如く、いつも洋鞍馬上の人となって、頻《しき》りに宮家・堂上等に出入し、開国進取・公武合体の鼓吹《こすい》に努めたのみでなく、彦根遷幸《せんこう》（天皇を京都御所から彦根にお移しする計画）を進めていったから、長藩一味の徒はいよいよ激昂《げきこう》するに至った。（中略）

かくて象山の身辺も漸く危険が切迫するに至った。元治元年七月十一日、象山は朝食後、直ちに愛馬王庭に打ち跨《またが》って家を出た。この日の扮装《いでたち》は黒もじ肩衣《かたぎぬ》・もえぎ御せん平《ひら》馬乗袴・騎《き》射笠《しゃがさ》、備前長光の太刀に、国光の小刀をたばさみ、従者に世界地図を持たせ、懐中には己れが執筆した開港の勅諭草案をしのばせて山階宮《やましなのみや》邸に伺候した。（一部略）》

しかし、山階宮や、門人などを訪ねたが、いずれも不在であった。家路に就き三条上ル木屋通りに差しかかったのは午後五時頃であったという。ここで象山は刺客のために非業の最後を遂げたのだが、大平氏はその遭難の模様を、三沢刑部丞と云う人の手記から引用している。

《「四条辺より附《つけ》られたる様なれども心づかず、小橋を過《すぎ》、木屋町に入ると三十歳・二十七、八歳位の士出《い》で馬の左右に付添《つきそい》て行《ゆき》たりしが、俄《にわか》にやと声かけ股を切って立去れり。急に乗抜《のりぬ》けて行に、又待受けて腰の辺を切《きり》たり。それも乗抜け行に、又二、三人待居たる辺にて落馬せるを乱撃《らんげき》して、皆何方《いずかたママ》えか立去りたり。」（三沢刑部丞の手記）

身に十三ヶ所の傷を負うて倒れたのである。刺客に就いては肥後の川上彦斎《げんさい》、隠岐の松浦虎太郎の両人であるとの説もあるが確証がない。前記の如く討ち洩らさぬ様に、多数の刺客が所々

待ち伏せして殺害したものである。》

『天皇の世紀』にも、刺客の一人として、桂小五郎が「隠岐の浪士松浦虎太郎」の名を揚げている。この件はかなり複雑な背景があり、詳細は省略せざるを得ないのだが、次節に触れる「禁門の変」のさなか、桂は、因州藩と「鳳輦《ほうれん》を叡山に移し奉る」つまり天皇を他の地にお移しするという密約があったとして、その実行を指揮をしていて、その配下に、松浦虎太郎が居たと云うのである。密約は成らなかったが、大佛次郎は次のように付記している。

「佐久間象山は吉田松陰が師事した人物、後の木戸孝允も、佐久間象山の暗殺を政治上の立場では容認していたものであろうか？　この暗殺が、天皇遷幸の浮説を、真実化して見せたものである」という。

5　禁門の変

【長州藩における正義派と俗論派の対立】　元治元年七月になって、昨文久三年八月十八日のクーデターで、京都を追われた長州藩が、国元で、不穏な動きを見せ始めた。

クーデター後、長州藩は、七卿を擁して藩領に引きこもったが、藩内では、それまで尊皇攘夷を掲《かか》げて運動を推進してきた正義派と、幕府に恭順すべきだと主張する保守的な俗論派が対立、藩論は二つに分断されていた。

しかし、前に触れた、一橋慶喜、松平春嶽、伊達宗城、山内豊信、島津久光らの参予会議が、もろくも解体すると、長州では、再び尊攘派が勢力を挽回しようとする動きが起こる。

【池田屋事件】 関東で、三月水戸藩の天狗党が攘夷を掲げて挙兵した。京都では長州、肥後、土佐の尊攘派藩士や志士・浪士が、勢力挽回を策して、三条橋畔の旅宿池田屋に集結していた。彼らには「京都市中に放火し、公武合体派の中川宮（朝彦親王）や、一橋慶喜、松平容保らを暗殺する蜂起計画のあることが発覚した。これを察知した新撰組は、三十名で池田屋に突入」し七名を殺害し多数を捕縛した（日本歴史大事典）。新撰組が一躍名を馳せた、六月五日の池田屋事件である。長州の桂小五郎は会合の時間を取り違え、危うく難を逃れている。

これが長州に伝わると、事件に憤激し、復讐すべしとする熱意が急速に高まり、やがてそれが、京都におけるかつての勢力回復のための、出兵進発へと沸騰していった。

この時期での進発は、まだ慎重にすべきだとする周布政之助、桂小五郎、高杉晋作、久坂玄瑞などの慎重論は、来島又兵衛や真木和泉など強行派の唱える進発の狂熱に飲み込まれてしまっていた。

作家司馬遼太郎は、この時の長州藩は、どこかに「はけ口を求めねば内部の統制がとれなくなるまで」革命観念のみが昂揚し、高杉晋作、桂小五郎、久坂玄瑞など「革命の玄人」は反対したが、「勝敗や利害を慮（おもんばかる）政略的計算は、もはや敵としか見なされず、遂に暴発してしまった」という（『街道をゆく』）。長州藩尊攘派としては、前年八月十八日の、思いもかけなかったクーデターの屈辱が、抑えようのない津波となって押し返して来たのである。

【長州藩京都へ進発】　六月二十四日、すべてを巻き込む野火のように燃え上がった長州軍は、およそ千五百人の藩士を三つに分かち、まず先発の福原越後が一軍を率いて伏見に着陣した。次いで益田右衛門介は山崎に、国司信濃《くにししなの》が嵯峨天龍寺にと、京都を南と西から囲む三方面に布陣した。長州側の出兵名目は、藩主父子並びに五卿（京都を追放された七卿のうち、この時点で残っていた五人の公卿）の宥免《ゆうめん》哀訴である。長州勢は、幕府側との交渉も埒《らち》があかず、廿日ばかり後の七月十九日、なだれるように進撃を開始した。

「誰もが天皇を我が手の内に取り込もうと狙い、長州は、その置かれた立場からして、手段がいささか荒っぽくならざるをえなかったが、いずれの門からか禁裏内に突入し、玉座周辺にたどり着きさえすれば、形勢はたちまち逆転するはずであった。

しかし結果は無残であった。帝の御座所に向かって銃弾を撃ち込んだことは、長州を『朝敵』という決定的に不利な立場に追い込んだ。

門をはさんで狭い通路での銃撃戦は、刀槍を振るっての戦いと違って、進発を強硬に主張した来島又兵衛らの蛮勇ばかりでは、いかんともなし難かった。御所西面の蛤御門では、最初長州がやや優勢であったが、勇将又兵衛が銃弾に倒されると、後は潮が引くように敗退してしまった。

南面の境町御門でも、長州側は直接の銃撃戦は避け、門を入ってすぐ右手の鷹司邸に裏門から入り込み、散発的に銃撃戦を繰り返していたが、徳川慶喜の命令で鷹司邸に火が放たれると、長兵の多くは逃げ出たが、久坂玄瑞ら主だったものは傷つき自刃した。

　火はたちまち市中に燃え広がって、三日間燃え続け、『火ノ及フ所東ハ鴨川ヨリ西ハ堀川ニ至リ延焼二里余邸第《ていだい》家屋《かおく》神祠《しんし》仏宇《ぶつう》多クハ灰燼ト為ル』（宮内省図書寮編纂『三条実美公年譜』）。焼失戸数二万八千余、戦死者は幕府側六十名、長州側二百六十六名」（菊池明編『京都守護職日誌』）である。

　この事件の呼称として本稿では「禁門の変」を用いたが、史家によっては「蛤御門の変」とも、「甲子戦争」とも呼ばれている。「尊皇攘夷派の長州藩と、御所を固めた会津藩・薩摩藩など公武合体派諸藩との……本格的戦争であり、変の呼称は適切ではない」（『日本歴史大事典』）とするのもある。呼称が定着していないのである。

第十六章　了

第十七章　長州征討または四境戦争

1 方谷留守部隊を指揮する

【さらに未だに名称が定着しない事件】　元治元年七月は、多事多端であった、むしろ多事多難と云うべきであろうか。

十一日佐久間象山の暗殺。

十九日禁門の変。

二十四日長州藩（萩藩）征討の勅。

「幕府朝旨《ちょうし》を請い征長の命を下し、尾張藩主徳川慶勝《よしかつ》を総督とし、山陽・山陰・西海・南海四道の藩兵を発し、長州藩主毛利慶親《よしちか》の罪を問う。我が公（勝静）山陽道先鋒《せんぽう》の命を蒙《こうむ》る。」（年譜）

古くから、長州征討と呼ばれていたこの事件も、未だに名称が定着しない歴史事件である。ここでは、元治元年七月当時、政権を掌握していた幕府が、長州藩への制裁に発したという意味で、従来の長州征討と云う呼び方に従っておく。文献引用の際の混乱を避けるためでもある。これは第一次征長と、第二次征長とに分れるが、二度も征長の役を必要としたのは、政権の脆弱化《ぜいじゃくか》による、政情の不安定にあった。

長州藩は、禁門の変によって失われた、朝廷におけるかつての勢力を回復しようとして、銃砲を発しつつ禁門から朝廷に押し入り、敗れた。朝廷はこれを処罰すべき令を発し、命を受けた幕府が諸藩に出兵を命じたのが第一次征長である。

四道二十一藩から動員された兵力は十五万とされている。これに長州藩は四境を包囲され、第一次征長では、戦わずして敗れたが、第二次征長では勝利したので、長州では四境戦争とも、長州戦争とも呼んでいる。


《(松山藩では) 十月、藩主勝静公帰藩し、十一月三日藩士の大半を率いて広島に向かう。先《さき》手《て》、旗本、後備《あとぞなえ》の三隊に分かち、二日、先手七百人余先ず発す、その他これに次ぐ。老臣金子外記《げき》本陣旗本総督たり。三島毅小荷駄奉行兼陣場《じんば》奉行を命ぜらる。因って先生(方谷)を起たし、采配《さいはい》及び下知状《げじじょう》を賜い、留守の兵権を委任す。先生すなわち城下に入り頼久寺に寓し、かつて編成せし郷兵千二百余人を部署し、封境の守備に充《あ》つ。》(年譜)

【方谷留守部隊を指揮】 留守の兵権とある。松山にとどまった留守部隊の指揮である。方谷にそれをまかせたのは、右に云う郷兵を組織、西洋流の兵術訓練などで、その兵学能力がすでに知れ渡っていたことが、理由の一つだったたであろう。しかし、実は方谷は、装備も整わない留守部隊ではなく、広島へ向かう正規部隊の指揮を執りたかったのではないか。資料を読んでいると、どうも、そういう思いが方谷にあったように感じられる。

方谷は、松山藩財政改革中の嘉永五年（一八五二）には、農兵制を創設している。「庄屋の壮健な若者を選んで銃と剣とを学ばせ、帯刀を許して『里正隊《りせいたい》』を編成するとともに、猟師や青年を集めて銃器弾薬を給付して銃隊を編成」している（『入門　山田方谷』）。これは長州藩士高杉晋作が、文久三年六月（一八六三）に、やはり庶民の兵団で、有名な奇兵隊を編成したときより、十年前のことである。

年譜安政五年には、「先生洋法銃陣ヲ奨励シ、左ノ作アリ」として次の詩をあげている。

銃は軽く扱いやすく、最も有利な武器なり
太鼓と角笛は頗る士気を鼓舞する
わが里正隊は訓練習熟、何時なりとも出陣できる
ひとたび戦えば敵を殲滅《せんめつ》するだろう
用兵戦術は西洋の流儀にとり
剛は備中の鉄気籠山《てっきろうざん》に倣う
国家危急存亡の時
大勲《だいくん》国を安んずるは諸君銃兵隊なり

「先生頗る西洋戦法を講究す。家に西洋戦図十六葉を伝う、スイス独立戦争、プロシア・オーストリア戦争、プロイセン・フランス戦争などの図である。」

「この年（安政五年）、長州藩士久坂玄瑞わが藩に来遊す。時に先生洋陣調練を桔梗原《ききょうがはら》に操練し、砲声楼に震う。玄瑞驚きてその訳を聞き、走り往き見物衆に交じってこれを見、嘆賞して、我が長州藩の銃陣は、まだまだ未熟だと云った。」（年譜）

方谷は、留守部隊として、みずからが編成した農兵隊を託されると、こんな詩も遺している。

《ぼろぼろの甲冑を修繕して着用している留守部隊を閲兵《えっぺい》した。……私は、馬から下り、ここに諸君につげる。君たちは、この度の遠征に参加できなかったことを決して遺憾に思うてはならない。留守する者がなくては、戦陣に加わる者は有り得ないのである。留守部隊の功績が、なんで出征部隊のそれに劣ろうか、劣るものではない……》（宮七一八　宮原信訳）

これなどを見ると、方谷老人も先陣に加わりたかったのでは、とも思えてくる。別の詩では、

「（冬のおわり、私は、臨時に留守部隊を統括することになった。長瀬の家から松山城下の頼久寺に寄寓した。友人の進鴻溪と、大晦日に梅見に出かける約束があった。ところが、彼はとうとう来なかった。そこで、この詩を作って、鴻溪のもとにとどけた。いま鴻溪の仕事は、もっぱら財利の方面にわたって

いるのである。）

　私は、留守部隊を統括するという重権を帯びているが、実は名ばかりで、別段仕事はない。年の瀬も押し迫ったが、閑かにお寺に座っている。ところが、君は、梅見にゆこうというかねてからの約束を実行しなかった。さだめし、君の仕事である財利の方面には、ずいぶん戦争が多いと見える。」

（宮七二三部分　宮原信訳）

　方谷のユーモアで、戯れには違いないが、戦《いくさ》ということに、どこか心が落ち着かないものを覚えているのではなかろうか。もう一詩を引いておきたい。これも宮原信の訳を借りる。

「（三島氏の母上と林氏の令嬢とで、私のために陣羽織を縫って下さった。喜んで作った詩。）やさしいお二人の女性が、私のために一着の戦衣を縫い上げて下さった。このあたたかい心遣いは、あらくれ男の意気をかきたててくれる。城塞のこの寒気この壮烈な気魄とが、おなじくやわら手に持つ鋏の刃の上に飛び散ったことであろうと思われる。」（宮七二四　宮原信訳）

　方谷は敬慕する王陽明が、文官でありながら、武功の人でもあったことが、絶えず頭にあったようである。そうした思いが、次の耕蔵宛ての書にも覗える。

【生を生死の外に得て帰れ】　方谷の嗣子《しし》耕蔵は、すでに、方谷から家督をゆずられ、今は山田家の家長である。この時、江戸昌平黌《しょうへいこう》に学んでいたが、脚気を病み帰郷して療養していた。病は平癒、征長に出役することになった。出陣に際して耕蔵は小隊頭を命ぜられ、銃隊を率いて従軍した。方谷は「戦陣の説」を作り耕蔵に与えている。

《耕蔵よ汝《なんじ》出陣するか。父我は「出陣の説」を作りて汝に贈る。古人曰《いわ》く「戦いに臨んで、生を欲すれば則ち死す。死を欲すれば則ち生きる」と。これ戦場での体験から云われた言葉である。然れども我はかつてこう言ったことがある。もし、この言葉を信じて死を欲したとするならば、生を願うが故に死を欲したのであるから、生を欲する念を脱したわけではない。とすれば、生を欲して死んだ者とどれほどの違いもない。生を欲せず、死もまた欲せず、生死二つともに脱離して、忠義に叶うかどうかを求める方がましであろう。しかしそれも、人それぞれの職分（義務）ということがある。今戦いに赴こうとするお前の任務は、大砲射撃に技を発揮することだけだ。敵中に砲弾を撃ち込むことだけがお前の職務なり。戦いに臨むの日、お前は余念を交えず、それだけを心がけよ。余計な思いは忠義に悖《もと》る、あまつさえ生死の念から脱することはできぬ。我はいまだ戦陣に臨んだ経験は無い。しかれども、生死脱離の心境に入ることを修行して久しい。ゆえに、先に述べたところだけでは、言い足りないのだが、今汝の出陣に際して、ここに説く所を書して汝に与える。汝はこれを実地に試し、汝の生を、生死の外に得て帰れ、この説が正しいか否かが証されるはずだ。行きてこれに勤めよ》　（年譜）

【不覚これなきよう】　年譜は「九日、我が公広島に着す、各隊諸寺院に分駐し公は妙頂寺に在り。十五日、先生耕蔵君に復書して曰《い》う」として、耕蔵への返信を引用している。これも引いておきた

い。（読み下し引用者）

《その地第一の飛報、一昨夕長瀬へ達し、書面被見《ひけん》いたし候。まずもって君上《くんじょう》ますます御機嫌よく去る九日ご着芸《ちゃくげい》（広島到着）遊ばされ候由、誠にもって恐悦しごくの御儀に存じ奉り候。着早々何事も分りかね候段もっともに候。御総督ほどなく御着に候はば（総督徳川慶勝ご到着なされば）、万事決すべく候。いよいよ御押し寄せと相なり候わば（いよいよ進軍となったならば）、手始めの一戦もっとも大切の事、必ず必ず不覚これなきよう相祈り候。いわゆる初陣の功名《こうみょう》この時に候。さりながらせき込み候ては真の手柄は出来申さざるものと承り候。閑閑《かんかん》地中に活溌溌《かっぱつはっ》地これ有ること第一の心得と存じ候。第二報には、何事も分かり申すべしと、日々相楽しみ相待ち候。》（年譜）

「閑閑《かんかん》地中に活溌溌《かっぱつはっ》地……」とは、「自然な冷静さのうちに、おのずと躍動活躍すること第一の心得」と訳せばいいであろうか。いずれにせよ、方谷は自分が初陣に臨んでいるように、心高ぶっているようである。

【松山藩の装備に衆目注視】 年譜はさらに「この役《えき》（第一次長州征討）我が藩銃砲の装設衆目を引く」（この戦役における松山藩銃砲装備は衆目の注視するところとなった）として、当時のはやり歌を引いている。

《見る人驚く板倉の大筒《おおづつ》小筒《こづつ》を打ち並べ適（あっぱれ）かいな》

既記のとおり、方谷は、この出陣の際の人目を奪った装備については、漢詩（宮九四三）でこう述べていた。「十万両の貯金　一朝にして尽く／確然と数は合す旧券書」（征長の役でわが藩は十万の貯金を一ぺんに使いつくしてしまった。この金額は、ふみたおした旧証券の額とぴったり符合している。）（訳注・訓読および訳は宮原信による。「ふみたおした」については既記参照）

松山藩財政逼迫の最大の要因であった旧借金十万両を、元締役に就任した方谷が、短期間に返済し、さらに十万両の貯金を積み立てたが、征長の役《えき》出兵のために、貯金は皆使い果たしてしまったというのである。

長州征討中の備中松山藩財政は、どうなっていたのであろうか。年譜は、元治元年の末尾に、「此の年我藩吉岡銅山（川上郡吹屋町）を買収す」とある。撫育所は戦役中も、きちんと活動し、全集収録の文書中には、元治元年中、つまり方谷の長瀬・瑞山隠遁中にも、撫育所関係と思われるものがかなりあって、文書表題だけをあげれば「江戸廻送産物につき」「銅鉱鋳長山《いおさやま》其他」「鉄山益金」「鉄山仕込み金」「江戸の釘價」などと云う言葉が並んでいる。方谷は疑問点を問いただし、指示を与えているのである。

藩士の大半が出征し、その装備（兵器・身支度）が適（あっぱれ）であるばかりか、銃後の産業も、滞りなく働いていた。撫育所は、まさしく城外の砦であった。

②　第一次長州征討と条約勅許

【長州藩保守佐幕派の台頭】　この時、長州藩は、禁門の変での敗北で、藩政の牛耳《ぎゅうじ》を執《と》っていた藩内尊攘派の勢力は衰えていた。その上、攘夷期日と定められた五月十日以来、下関を通過する夷国船を無警告で砲撃し、それへの報復として、八月五日には、英・米・仏・蘭四ヶ国艦隊が下関を砲撃し、陸戦隊が上陸して、砲台は占拠破壊されていた。これらの損害と政変により、封土の四境を、幕府軍の大軍に囲まれた長州藩には、幕府と戦う余力は無かった。

征長軍は尾張藩主の徳川慶勝を総督に、薩摩藩士西郷吉之助が参謀に任ぜられた。京都にいた幕府閣僚をはじめ、会津、薩摩などは、長州を攻撃して壊滅させないまでも、その三十六万九千石の封土を、五、六万石に減らし、東北あたりに移封させる腹づもりであった。

ここに、第一次長州征討をめぐって活躍するのが、参謀西郷吉之助である。

【参謀西郷吉之助】　幕府の統率力がもはや昔日の威力を持たず、出陣兵士たちには厭戦気分がみなぎっていた。また長州藩内の恭順派（俗論党、佐幕派）と、武備恭順派（正義派、どこまでも従来の尊皇攘夷の立場を貫く）が対立して、藩内は分裂しており、このまま幕府軍が勝利することになれば、江戸幕府幕閣や、一橋慶喜の勢力が飛躍的に増大するであろうことから、機を見るに敏な西郷は、戦わずして勝つ方策を模索するにいたった。長州藩内の恭順派を支援して、武備派をおさえさせ、藩として幕府に恭順させれば、一兵も失わず、長州征討は目的を達することになる。こうして征討そのものを納めてしまえば、勝者としての幕府や慶喜の勢力も増大することはない。

西郷は、調停案として、次の三条件を中心に提示し、総督府と、長州藩の間を周旋した。

《一、禁門の変の出兵を率いた長州藩三家老の切腹と関係者の処分。

一、山口城の破却。

一、三条実美以下公卿五卿を、長州以外の地へ遷すこと。》

【凱旋】 たまたま長州藩内においては、禁門の変に破れて武備派（正義派）の勢力は後退し、恭順派（俗論党）が、政権を掌握したこともあって、幕府、長州ともに調停を受け入れることになった。

「五卿」とあるのは、八・一八クーデターで京都を追われ、長州に落ちた七卿のうち、錦小路頼徳《にしきのこうじよりのり》は病歿、沢宣嘉《さわのぶよし》は生野の変に加わって破れた後、行方不明になっていたからである。

征長追討総督府は、長州藩が三条件と追加の長州藩主の自筆の服罪書提出という条件も受け入れ、服罪したと認め「毛利大膳父子（長州藩主父子）服罪につき、国内鎮静の体、見届けさせ候処、異議これ無く候。よって討っての面々、陣払《じんばらい》致さるべく候」と解兵令を出し、十二月二十七日には撤兵を命じた。

「慶応元年正月七日我が公（勝静）広島より凱旋《がいせん》す。先生乃ち留守の任を解き長瀬に退く。（年譜）

【長州藩の内乱】　長州藩は、政権を握った恭順派（俗論党）主導で、幕府の処置を、何の抵抗も見せずに受け入れていた。

これに反発した武備派主導者の一人、高杉晋作は、内乱を起こし、闘争に勝利して、藩政は再び武備派（正義派）の握るところとなった。「（武備派は）藩主父子を山口に奉じ、幕府再び兵を致さば、決戦して死者を慰めんことを誓う」（年譜）とある。

この時、幕府では、閏五月、将軍三たび入朝す。松平守護職（容保《かたもり》　会津）松平所司代（定敬《さだあき》　桑名）相議し、一橋総督の旨を奉じ、書を寄せ我が公に復職を勧む、公固辞して出でず。」

【江戸城中幕府情勢判断を誤る】　こうした経過の中で、江戸城中幕閣――奇妙な云い方だが、敢てこのような表現を使う必要があるのであって、当時京都にいた将軍家茂と一橋慶喜に従う幕閣などの在京幕閣とは、区別するためである。これは筆者の勝手な造語ではなく、福地源一郎の『幕府衰亡論』において、すでに「江戸幕閣と在京幕閣との間において議論常に陜《あ》わず」とあるのに倣ったまでである。ちなみに同書にはさらに、二つに分れていた幕閣は「相互に噬嚙《ぜいし》して（咬《か》み合うの意だが、意見が対立して一致しないことであろう）政令自然と二つに分れ、幕議の帰する所は「方枘《ほうぜい》円鑿《えんさく》〔原注・四角な柱を立てるために丸い穴をあける〕の勢を成したりき」とある。この江戸城中幕閣は、遠く離れた京都を中心とした情勢判断を、見誤り、はなはだしい思い上がりに陥っていた。

《当時の幕閣は（引注・江戸城中幕閣である）、まつたく体制の観測を誤った。彼らは何等の抵抗もなく、長藩父子が服罪したるを見て、これを幕威《ばくい》の然《しか》らしむる所と自惚《うぬぼ》れ、此の機会に乗じて、幕府の政権を恢復し、幕府を旧時の情態に復帰せしめんと企て、その為の一切合切《いっさいがっさい》、江戸中心主義にて、其の政務を挙行せんと企てた。（中略）

（慶応元年）正月二十四日には、文久二年の改革を取り消し、諸大名は従前の如く江戸に参観す可きを命じ、衣服の制をも従前の通りに復した。此れは幕府の威信を、新たに天下に現はさん爲めであつたことは、固《もと》より云うまでもない。（中略）

当時の幕閣は、云はゞ群小の政治家のみであった。一人として天下の趨勢《すうせい》を察し、全局を大観するものとては無かった。彼らは長州をやりつけたから、急に調子付き、鼻息も頗《すこぶ》る荒くなり、此の勢いにて京都（朝廷）も次手《ついで》にやりつけ、併《あわ》せて京都に諛《ゆ》を貢《こう》して（へつらって）、幕府を売らんとする一橋（慶喜）や会桑《かいそう》（会津藩と桑名藩）をもやりつけんとの意気込みをもっていた様だ。》（『近世日本国民史』）

【条約勅許】 他方、京都における幕閣ともいうべき将軍後見職一橋慶喜は、新たに禁裏守衛総督に任じられ、京都守護職松平容保は、軍事総裁職に、松平慶永（春嶽）は京都守護職に任じられていたが、彼ら京都幕閣は、外交拒絶、つまり攘夷が、きわめて困難であることを朝廷に申し述べ、外交を開き条約を結ぶ勅許を請願した。これは、幕末史におけるきわめて大きな事件であった。幕末におけるカオスの混沌は、ここまではすべて攘夷という一事に、その震源があった。国を世界に開くか、閉ざすかという大問題は、朝廷がこれを許すか許さないかにあった。世界の中で我が国だけが、鎖国を続けるなど不可能なことは、明らかであったが、その鎖国の城門を押し開ける秘鑰《ひやく》（秘密の鍵）を朝廷が、時の天皇孝明帝が、握っていた。

アメリカのペリーが、黒船艦隊と共にやって来た時、城門は開くかに見えたが、わずかな隙間から、アメリカ大統領国書を差し入れただけで、それ以上は仲々全開とはならなかった。それを、大老井伊直弼が、安政五年六月、朝廷の勅許を得ずに独断で城門を開こうとして失敗、混乱はますます激しくなって、以来十二年が経過した。

門を外からたたく音は次第に激しく強くなり、これ以上開門を拒むことは出来そうもなくなって、ようやく、内側から城門を開こうとする動きが強くなりはじめたのが、慶応元年十月のことである。この時、米・英・仏・蘭の連合艦隊が兵庫沖に来航していたことが、朝廷への大きな圧力になっていたようである。

動きの中心となったのは、軍事総裁職一橋慶喜であった。

年譜（山田方谷年譜）は、「朝廷在京諸藩を会して閉鎖を議せしむ。諸藩主多く幕議（開国）を可とす。十月五日、朝廷乃ち外交条約を勅許し、特に兵庫開港を禁ず。安政五年幕府仮条約を結びしよりここに八年、始めて勅許をえたり。」

兵庫開港だけを禁じたのは、孝明帝の最後の抵抗であった。

こうして外交条約は、始めて勅許を得たのであり、それは幕末史における一つの指標ではあるが、幕末カオスの混沌そのものは、何一つ解決したわけではなかった。群小の政治家のみの江戸城中幕閣は、朝廷や在京諸藩会議などとは別に、さらに再度の征長を企てた。

３ 第二次長州征討

「慶応元年閏五月、幕府諸老中長藩の内変に平《たい》らかならず、遂に再討の令を下す。徳川慶勝（尾張藩）師の名なき（軍を向ける大義名分が無い）を陳《ちん》しこれを止む、諸老中聴かず。将軍次いで大坂に次し（留まり）、長州支藩主及び老臣を召す、皆病に託していたらず。」（年譜）

西郷吉之助が提示した、一次征長に服罪の三条件を長州藩が飲み、三家老を切腹させ、五公卿を藩外の地へ遷し、山口城を破却して、征長軍は陣払いをしたが、群小の政治家のみの江戸城中幕閣の思い上がりが、この懲罰を生ぬるいとして受け入れようとせず、再度の征長を命じたのである。

山田方谷文書の中には、第二次長州征討は「白川藩主阿部正外、松前藩主松前崇広《たかひろ》の両侯より出候て、台慮（将軍の考え）には御悔恨遊ばされ」とある。群小政治家たる阿部・松前二人の江戸城中幕閣が主張して始めたことだというのである。

第一次の征長軍総裁であった徳川慶勝は、服罪したものを討つ理由が無いとしたが、江戸幕閣は承知しなかった。この機会に乗じて、幕府の政権を恢復し、幕府を昔日《せきじつ》の勢威に復帰させようとしたのである。

右の年譜が「諸老中、長藩の内変に平らかならず」といっているのは、服罪後長州藩では、武備派（正義派）と恭順派（俗論党）との対立が内乱となり、武力衝突が起こっていた。吉田松陰の松下村塾に学んだ武備派の高杉晋作は、みずからが結成した奇兵隊を率いて、恭順派を駆逐した。これが内変である。そこへ禁門の変以来行方不明となっていた桂小五郎が帰藩した。高杉と桂とが藩政の改革を主導した。たまたま藩に村田蔵六という緒方洪庵に蘭学を学んだ、奇才の蘭医がいて、西洋兵学にも詳しかったので、これに軍事改革を託した。この村田によって育てられた、西洋兵術による長州藩兵が、後に大活躍することになる。

【勝静の感激】　条約勅許は十月五日であるが、それ以前の一日には、幕府老中の阿部正外・松前崇広が免職された。外国からの開港要求に対し、不用意な処置に出ようとしたことが理由で、朝旨によるものであった。

年譜には、ここに到って、将軍家茂は「京都より急に公（勝静）を召す」とある。

手薄になった幕閣に、常識的な人物が必要であったと思われる。勝静が出頭すると、「懇諭《こんゆ》して復職を命ず。公感激措《お》かず、曰く、我れ微力頽運《たいうん》を支えるに足らざるを知る。然れども臣子の分《ぶん》

（為すべき勤めとして）これを座視するに忍びず、むしろ出でて徳川氏と共に倒れん」と。
「将軍大いに喜び、命じて伊賀と改称せしむ。」勝静は周防守改め伊賀守を名乗ることになった。

【方谷長州藩を開喩せんとして成らず】「この時方谷は、勝静の出発前日次のような上書を提出していた。『この度、外交条約が始めて勅許されました。そうなりますと、これまでの長州藩の攘夷は、勅命に従ったことにもなります。既往のことは寛大に処置し、将来を謹むことが大事でありま す。もしも幕府のお考えもこの通りでありますれば、その処置は私に御命じ下さるようお願い申し上げます。私は備前藩と協議して、長州藩をいささか説得を試みたく存じます』と。

勝静公はこれをうけ、幕閣に諮《はか》ったが、公の提案は受け入れられず、説得どころか幕議はますます強攻策に傾き、兵を芸州に送り続けた。」（年譜）

この複雑に入り組んだ混沌情況の理解は容易ではない。

この時方谷が何を考えていたか、長州藩説得（原文「開喩」）とはどういうことか、またなぜ備前藩であったか、資料は右年譜だけのようで、詳細は不明である。

方谷はこのときさらに遠略策を上書している。遠略策といえば、長井雅楽《うた》の航海遠略策が知られているが、これを含めて当時の遠略策が、「幕末における海外進出論は、実現可能な政策論というより、むしろ外圧の危機からくる屈辱感を心理的に補償する思弁として生まれた」（国史大辞典）といわれるように、かなり観念的であったことが覗える。海外に雄飛して皇威を海外に輝かすという観念に踊っているだけで、具体策は何も無かったことが覗える。

方谷の遠略策も、外圧の危機への対処という意味では、過去の遠略策と同じであるが、外交条約が勅許された今、つまり国が開かれた今は、海外進出が具体的問題となるのは当然だが、方谷のそれは、西洋が植民地獲得のために東洋で行ったやり方を、今度は逆に、日本も海外へ適用しようとするものであった。

「西洋諸国今日盛んに通商いたしておりますが、どの国も一度は兵力を用いなかった国はありません。このことをしっかり頭に入れておかなくては、交易もかえって大害をもたらすことになります。」

方谷の海外進出論は、西洋の進出が、中近東、インド、東南アジア、中国、日本と押し寄せ、いずれも武力を用いて、植民地化してきたことへの、反発にあった。逆に押し返そうとするのである。

【薩長同盟の密約成る】　「慶応三年一月、この月薩長連盟の密約成る。桂小五郎（木戸孝允）は西郷隆盛と京都に会す。坂本龍馬その間に周旋す。幕府未だこれを知らず。」（年譜）

【浅尾騒動】　前の第一次征長では、方谷は留守部隊の指揮にあたっていた。すでに一部を引用した「宮七一八」において方谷は「凋甲《ちゅうこう》を繕《つくろ》い残兵を治む（ぼろぼろの甲冑を修繕して着用している留守部隊を閲兵した）……憾《うら》む刎《なか》れ西のかた軍に従うを得ざりしを（この度の遠征に参加できなかったことを決して遺憾に思うてはならない）」（訓読訳宮原信による）と、俗にいう「語るに落ちる」で、方谷は実戦に参加出来ないのを遺憾に思っているようであった。

ところが、その後、実戦に参加出来たような挿話があって、右の「宮七一八」古詩の中に、奇怪にも、次のような二聯が挿入されている。

或《あ》るは賊徒来たり隙《すき》を伺うに遭う
奮って孤単を将《ひき》いて凶劇《きょうげき》に当たる
鏖戦《おうせん》一場功も亦奇なり
且《しばら》く公の帰りを待ちて其の首を献ぜん

この事件は、備中騒動と呼ばれる「長州藩奇兵隊の脱走隊員らが、慶応二年四月十日備中国天領倉敷代官所、同十二日同国浅尾藩陣屋（総社市）を襲撃し焼討ちした事件」（国史大辞典）のようである。つまり右の詩と似たような事件は、第二次征長時に、現実に存在したのだが、それを、第一次征長の、方谷が留守部隊指揮中の事件として詩に書いている。いわば方谷の、詩構成上のフィクションとして、ここへ挿入されたものらしい。その上事件としても誇張されていて、「鏖戦《おうせん》一場（の）功」なども実際にはなかった。実戦に参加出来なかった方谷の憾みは大きかったのである。

現実の備中騒動（浅尾騒動）については、いくつかの詳しい研究もあるようだが、ここでは、年譜の事件記述を、意訳で紹介しておきたい。

《慶応二年四月、長州奇兵隊の部下百余人が、海路やって来て備中に上陸、十日暁には倉敷の幕府代官所を襲撃した。首領は立石《たていし》孫一郎といい、播磨出身である。美作で剣術を井汲唯一に学び、倉敷にいた儒学者森田節斎に師事した。倉敷代官所を襲撃した時には、所長桜井久之助は不在で、襲撃の浪士たちは代官所を焼き払った。その日は井山村の宝福寺にたむろして、松山藩を襲撃しようとしていた。

我が松山藩は、先ず一隊の兵を出して探索警戒し、十二日対応策を協議した。方谷先生はこの時体調すぐれなかったのだが、急報に接し病を押して出席した。

論議は仲々まとまらなかった。

先生は言った。彼らは代官所に乱入しているのだから、これは追撃すべき乱賊である。一隊は私が率いてこれに当たりましょう、もう一隊はどなたかご重臣が率いて下さい、と。家老野中丈左衛門が進んで一隊を率いて、翌十三日朝、本道を通って日羽口に向かった。方谷先生は一隊を率いて野口山に向かった。本道の兵が進攻しようとしたところ、岡山藩でも兵を出したので、出撃を一日遅らせ、十四日に東の岡山藩と、西の松山藩とで、挟み撃ちを策した。

ところが、浪士たちはすでに十二日には、今度は浅尾藩を襲いその館舎にたむろしていたが、東西挟撃の策を察知して、浅尾館に火を放って、南へ逃れて、松山藩の追撃も及ばなかった。

その後立石らは、海路周防《すおう》に逃れ去った。方谷先生は、これを深く残念に思われた。

時に藩公は京都に居られ、この報を得たが特にとやかくおっしゃることは無かった。

立石孫一郎は、長州で、奇兵隊を脱隊した廉で処刑された。》

この騒動は、幕末の一小事件として、あまり取上げられることは無いのだが、当時どこで起こってもおかしくない事件だった。たまたま長州藩奇兵隊が引き起こしたのだが、長州藩の他の諸隊でも、藩外へ出て攘夷なり抗幕府なりを掲げて、何時突発するか分らないエネルギーが鬱積していた。すでに生野《いくの》の変や、関東の渋沢栄一などに触れておいたが、いずれも、何らかの行動に走らなければ解消しない熱病のようなものが、至る処に渦巻いていた。

他方、当時の幕閣は、まるで氷りついたように、行動には踏み出せないでいた。

【薩摩藩・安芸藩征長出兵を辞退】 同じ四月、「幕府は長州再征につき諸藩に出兵を令す。薩摩藩は、征長の大義名分が無いとして、出兵を辞退した。老中に再任していた板倉勝静は、薩摩藩の大久保利通を召し、出兵を促しみずから直接に説得した。利通は聾を装い、辞拒を繰り返すだけで遂に要領をえなかった」と年譜は云う。この「聾を装い」は、勝田孫彌『大久保利通伝』を根拠としているようだが、この時大久保はすでに再征に大義名分は無いと反対して、真正面から堂々と出兵拒絶の文書を提出しており、呼び出され対面したからと云って、板倉勝静の前で、大久保が「聾を偽装する必要はなかった」ともある。(『天皇の世紀』による)

こうして薩摩藩は幕府の正面に立ちはだかって、再征を否定したが、そのうえさらに長州藩の隣の芸州藩まで(こちら薩摩藩とはは別の理由からだが)もまた出兵を辞退した。

《遂に芸州藩は出兵を辞退した。薩摩が出軍に反対した外に、戦線に近い地元の藩が辞退して出たのである。しかし四境に出ている諸藩の兵に出撃が命ぜられ、幕府は絶望的な断崖に馬を乗り入れた。征長軍と長州軍との戦闘は、六月七日幕府の軍艦が、周防国大島郡を砲撃したことから始まる。大島郡口、芸州口、小倉口、各方面の戦争となって戦火を拡げて行った。》

（天皇の世紀）

【四境戦争】　第二次長州征討の四境戦争（四境口戦争）というのは、右の①芸州、②大島、③小倉に、山陰石見国《いわみのくに》益田の④石州口を加えた四つの国境である。この戦争については、筆者はかつて、幕末に備後国福山藩の家老となった儒学者、関藤藤陰の伝記小説三部作を書いた時、最後の巻『水上の杯』で、主として地元の資料によって書いたことがある。

関藤藤陰は、頼山陽の愛弟子にして、その後継者とも目され、病に倒れた頼山陽の、最後を看取っている。後、福山藩に出仕して、ペリー来航時の老中首座（総理大臣）であった阿部正弘の、いわば私設秘書として仕え、その寵臣となった。正弘が三十九歳で亡くなると、若い後継者、正教《まさのり》、正方《まさかた》の二代に仕えた。幕末動乱期、病弱であった二人を支えつつ、福山藩の存続に奔走した藤陰は、幕府老中首座であった板倉勝静の顧問、山田方谷を頼りにし、しばしば助言を求めて、備中松山に方谷を訪れている。

【一騎当千の烏合の衆】『水上の杯』からは、これまでにも二度ばかり引用したが、「四境口戦争」についても、断片的ではあるが、再録をお許し願う。

この旧著を書いていて最も興味を覚えたのは、福山市の私家版の資料で、福田禄太郎『阿部正方公』の中の、長州軍兵士を評した次の言葉であった。

《「神官、僧侶、文人武士、年少と壮老とを問わず慷慨《こうがい》悲憤《ひふん》一騎《いっき》当千《とうせん》の烏合《うごう》の衆《しゅう》なり。」

言い得て妙である。烏合衆とは、本来は、武士ではない庶民の寄せ集めで、規律も統制もないばらばらの群衆という、蔑《さげす》んだ表現である。ところが、その集団は、改革の意気に燃えて慷慨悲憤（憤り嘆き）戦意がきわめて高いこと、一騎当千は、高性能の武器を持った一兵一兵が、近代的な散兵戦術で攻めてくる強敵であるというのである。》

この強兵である烏合の衆を、勝海舟は「紙くず拾いかなんぞのような」格好でやって来たと云っている。村田蔵六の考案であろうか、素早い動きの出来る身軽ないでたちであった。

これに対する①芸州口の幕府軍は、譜代名門の彦根の井伊藩、越後高田の榊原藩で、「重代家宝の鎧《よろい》兜《かぶと》に、旗指物《はたさしもの》を押したて、笛や太鼓ではやした立てて進んでいった。……（長州兵は）鎧などの防具はいっさい着けず、筒袖《つつそで》股引《ももひき》の、幕軍からすれば裸も同前の格好で、そばの小路をやって来た。その風体に、幕軍はよもや敵とは気づかず、先陣をやり過ごすと、その紙くず拾いが、いき

なり本陣を銃撃した。二名門藩は、たちまち潰乱、家宝の鎧兜を脱ぎ捨てて逃走した。」（引用は『水上の杯』より）

【高杉晋作の活躍】　②大島は瀬戸内海に浮かぶ島である。軍師村田蔵六の策戦は、四方面すべてに配備する余裕がなかったので、この島は最初から放棄されていた。ここへ幕府軍艦が艦砲射撃を加え、兵員物資輸送に使った汽船四隻が島近くに停泊していた。これを駆逐したのが、長州海軍総督となっていた高杉晋作である。高杉は二百トンの小艦オテントサマ丸で、夜、火を落として停泊している幕府船隊に忍び寄り、その間を縫うて軽砲を霰のように浴びせ、くるくると走り抜けていった。夜闇の中のこの襲撃は、幕府船隊に非常な恐怖を与え、ボイラーに火をいれ、船隊が動けるようになるまでには、オテントサマ丸は逃れ去っていた。怯えた幕艦は皆引揚げてしまった。

【石州口の激戦】　④石州口益田の戦いは激戦であった。村田蔵六率いる「一騎当千の烏合の衆」を、益田の市街に迎えて、福山藩と浜田藩が善戦したからである。ある記録によると、両藩とも十五名の戦死者を出し、長州側も十二名の戦死者を出したとある。しかし、幕府側の応援を約束していた紀州藩は、後退してきた味方を、長州藩の襲撃と誤解して、雪崩を打って逃れ去ってしまった。

この時、浜田藩は長州軍の進撃によって、自領が最前線となり、もはや支えきれずと見て、浜田城に火を掛け藩城藩地を捨てて逃れた。

こうした敗報が次次に届く中、総裁一橋慶喜は、覆うべくもない敗色を挽回しようと、みずから戦場に赴く決断をした。あるいは慶喜も、徳川氏三百年の権威を信じ、頼ろうとしたのであろうか。すでに勅許をうけ、勅命も下っていた。そこへ③小倉口での敗報が届いたのである。

小倉には、老中小笠原長行が派遣されていたが、ここも高杉晋作と奇兵隊の攻撃を支えきれず、小笠原は、みずから小倉城に火を放って、香春《かわら》の地に逃れた。

この敗北によって、慶喜の出馬もほとんど無意味なものとなって、中止せざるをえなかった。中止は、「絶望的な断崖に馬を乗り入れた」ことを、つまり第二次長州征討の敗北を人々に、鉄槌を下すように思い知らせた。

しかも鉄槌は一打だけではなかった。七月には、若い将軍家茂が亡くなったのである。だが、それに触れる前に、年譜が挙げているも一つの事項を取上げておきたい。

「六月、我が公（勝静）フランスの援助を辞拒す。これより先、フランス政府は幕府を援けて長藩を討滅せんとす、幕議すこぶる動く。勝静公は言った。『我が国の事を外国に頼みては、人心の折り合いに係わるべし』と、これを謝拒す。フランス側も、これを了承した。」

老中の、誰と誰がこの時京都に居たのか明確ではないが、板倉伊賀守勝静の存在は、幕閣をリードする力はなかったとしても、潤滑油のような役をはたしていたようである。たとえば『天皇の世紀』には、当時京都に呼び出されていた勝海舟が、幕府が何事も決定出来ず、何一つ為し得ない状況の中で、やり場のない思いを、板倉伊賀守には打ち明けていたらしいことが、覗える。

「（勝海舟は）微禄の御家人の家から出て、技術的能力で世に出てからも、勝安房守《あわのかみ》の主張などは上司に採用されない。屋台骨が老朽して幕府がくずれようとするのを切歯《せっし》して立ち会って見ているだけなのだ。用いられず聴かれぬまま、勝はしきりと説いている。……賀州閣老（板倉勝静）へ参上。云、当今第一等の御処置は、狎邪《こうじゃ》（心がよこしまで恩になれる・大漢和辞典）の小人三、四輩を戮《りく》（処刑）、天下に謝せられんを。」

勝静がこれをまともにうけとったわけではなかったであろうが、海舟独特の随分思い切った言い方で、これでは周囲から嫌われたのも分らぬでもない。やり場のない思いは、ある程度二人の間で共有されていたようである。

【将軍家茂の死去】　将軍家茂がなくなったのは、秋七月である。

「将軍家茂《いえもち》疾《しつ》あり、二十日遂《つい》に薨《こう》ず、年二十一。未だ喪《も》を発せず。二十六日我公書を先生に寄せて曰《い》う。」（年譜）

《上様御容体軽からず、誠に以て恐れいる、暗夜に燈を失い候心持ちなり、泣血悲歎《きゅうけつひたん》堪《た》え難《がた》く候。如何《いか》なる天運かと天に叫び涕泣《ていきゅう》の外《ほか》これなく候。御相続の儀、橋公《きょう》（慶喜）より外に、あらせられず。この節上京にて右の儀申し上げおり候らえども、御辞退等もあらせられ、心配いたしおり候。誠に御困難の御事のみ重なり、実に日夜寝食も安からず心痛いたしおり候。》

逝去しているのに「容体軽からず」とあるのは、まだ喪が発されていないからである。

発喪は、『日本史総合年表』によると、死去一ヶ月後の八月二十日になってからである。この間勝静は、「困難な事ばかり重なり日夜寝食も安からず」とあるように、征長における幕軍の不振に加えて、徳川宗家相続、将軍職継嗣のこと等に奔走していたと推測される。

勝静の右書簡は、「七月二十六日於橋府認」としてあるが、この「橋府」は一橋慶喜の許《もと》の意であろう。

【将軍の虫歯】　「将軍家茂、大坂城で急死」については、中村彰彦著『幕末維新改メ』で、「甘党の将軍家茂の虫歯」と題する節で、家茂の急死は、極端な甘党であった事が原因であったとする、興味深いエピソードを知った。中村氏は参照文献として、松本順『蘭疇《らんちゅう》自伝』(東洋文庫)と、鈴木尚『骨は語る　徳川将軍・大名家の人びと』(東京大学出版会)を上げている。鈴木氏のものは、歴代将軍の遺骨調査研究の報告である。中村氏、鈴木氏の書から引用しておきたい。

《第二次長州征討を幕府が完遂できなかった最大の理由である将軍家茂が二十一歳の若さで早死にした原因について触れておこう。

その侍医だった松本良順(順とも)は、家茂の病気を「脚気」とし、心臓の内膜炎、手足の指先の麻痺、全身の水腫が日々に昂進して死に至った、と回想している(『蘭疇自伝』)。ビタミンB1の欠乏による脚気が急激な心臓機能の不全をもたらすことは「脚気衝心」と岩裂孔成ると二、三日で急死することが多いのだ。》（中村彰彦『幕末維新改メ（甘党の将軍家茂の虫歯）』）
《家茂の歯には虫歯が多すぎる。その歯は下顎の左智歯が生前脱落しているので、総数31本の歯のうちごく軽度の虫歯まで入れると30本、実に97％の歯が虫歯におかされていた。そのうちひどいものは、上・下顎とも左右の第1大臼歯と下顎の第2大臼歯で、歯冠は完全になくなり、歯根に達するほどの空洞ができている。一見健全に見えた前歯さえ、実は舌側面に齲蝕《うしょく》（虫歯の穴）があり、それを通じて歯髄腔《しずいくう》まで病気が進行していることが、エナメル質を通して覗《うかが》えた。このように、年齢に似合わず多数の歯が虫歯におかされているのは、非常にめずらしいことである。しかしよく見ると、エナメル質が一般の人より明らかに薄いので、体質的に虫歯になりやすかったとみられる。ことによると、この虫歯がもとで家茂の体力が低下し、そのため脚気の悪化に拍車をかけ、結局、脚気衝心を併発したのではないかとさえうたがわれる。》
（鈴木尚『骨は語る徳川将軍・大名家の人びと』）（政争の渦中、虫歯と脚気に命をとられた青年将軍）

第十七章　了

第十八章　用行舎蔵《ようこうしゃぞう》

1　方谷の挽回策

【長州藩存置の諮問】　年譜、慶応二年八月に、第二次長州征討が始まっている最中《さなか》、勝静が「密書を先生に寄せ、将軍家茂の大故《たいこ》（死去）を報じ、長藩存置《そんち》につき意見を陳《の》べしむ。先生大挽《ばん》回《かい》、小挽回、一時姑息《こそく》の三策四千余言を列陳《れっちん》す」として、その大意を述べている。

《一橋公を将軍に奉じ、去歳九月の交易条約勅許に本づき、それ以前における長藩の奉勅攘夷を表章して更新の路を与え、大公至正《たいこうしせい》の政を布いて天下の耳目を一新するを大挽回の策とす。一橋公将軍職を固辞せらるれば、尾張公を迎えて将軍に奉じ、老公みずから芸（広島）に赴き、去去年自己総督中の寛典に照らし、兵を安むるを小挽回の策となす。もしいたずらに寛大の処置を取り、或は諸大藩の調停に任せ、天下の侮りを来たし英雄の心を生じ、不日再乱に至るを姑息策となす。時に八月十四日なり。》（長藩存置大挽回小挽回一時姑息ノ三策）（全一八八〇）

【開国勅許】　「去歳九月の交易条約勅許」とあるのは、「慶応元年十月五日」（『日本史総合年表』）で、ここで始めて外国との条約を結ぶこと、ペリー来航以来の懸案であった、海外諸国との和親通交、つまり**開国の許可**が、朝廷（孝明天皇）から正式に下されたことをいう。

ここにかなり厄介な問題が生じて来た。出来るだけ話を単純にしようと思う。

第二次長州征討が現に戦われているのだが、この戦争の原因はなんであったか。

前の第一次征長において、江戸幕府の一部閣僚が、この勝利を幕府権威の強大さと思い上がり、外様の一藩が幕府に刃向った懲罰が軽すぎたとして、さらなる懲罰を加えようとしたのが原因であった。再び十数万の兵力を動員して、長州藩を完全に包囲すれば、簡単に押さえつけることが出来ると幕閣は考え、強引に征討を推し進めてしまった。

結果は、余りにも惨めであった。この第二次征長戦を、長州藩では四境口戦争と呼ぶが、幕府側が包囲したすべての方面で、幕府の大軍は、無残な敗北を喫していたのである。

原因はといえば、江戸時代三百年の大平は、武士を武士でないものにしていたと言ってもいいであろう。いわばかつての天下取りに、死闘を繰り返した虎であった武士たちは、すっかり飼い猫になりきっていた。例え話ではない、長州征討において幕府軍は、二百年前の関ヶ原時代の鎧兜に旗指物で、戦場に臨んだのである。鎧の中身は、牙と爪の退化した虎であった。

これに引き換え長州藩は、存亡の危機に立たされていた。今度負けたら、長州藩は取り潰され生きる術《すべ》を失うであろう。その窮鼠《きゅうそ》が飼い猫を咬んだようなものであった。

この経緯については、すでに前章に触れたところだが、こうした情況において、幕府閣僚の一人であった板倉勝静は、方谷に、この時態を収拾する手立てを諮問した。

「干戈《かんか》を動かさずに、長藩の存続を処置」するにはどうすればよいか、と。

つまり、みずから強引に征長を仕掛けながら敗北を続けている上に、将軍を失った幕府の威厳を損なわず、また、勝ち誇る長州藩のプライドを傷つけずに、第二次長州征討を、武力を使わずにおだやかに終わらせる方法はないかというのである。

方谷は、ここに至っては、最早「大挽回」策しかないという。「挽回」とは、云うまでもなく「本へ戻しかえす」ことである。

ここまで、我が国の擾乱は、尊皇攘夷をめぐる対立であったとは、先にも触れた。夷国との交際を勅許もなく推進してきたことが、争いの中心にあった。――長州藩や、長州藩に支援された若手公卿や浪士たちの尊攘激派は、幕府が、夷国人を国内に入れてはならぬ、国を開いてはならぬ、という朝廷の命に背き、違勅《いちょく》を犯していることを、幕府攻撃の最大の武器としてきた。

その開国が、ここで勅許となったのである。すると長州征討とは奇妙な事になった。

これまで、開国してはならぬという勅命に従う、という大義によって攘夷を行ってきた長州藩を、攘夷を行わず違勅の罪を犯している幕府が、なんの根拠もなく膺懲《ようちょう》（こらしめる）しようとしてきたことが、明確になってしまった。

この矛盾を解決し、筋を通して敗北続きの征長戦を切り上げる方法はないか、というのが勝静の方谷への諮問であった。

【幕府未だこれを知らず】　方谷は、これに「大挽回」策をもって答えた。

そもそも攘夷とは、水戸の徳川斉昭が唱え、時の朝廷が良しとしたことに始まった。

その斉昭は、自分の子の一橋慶喜を将軍とする素志を、実現しないで亡くなったが、いま、その慶喜にも、将軍となるチャンスがめぐってきている。もしそれが実現すれば、斉昭への慰謝とも、斉昭が攘夷の勅命を遵奉したことへの表彰ともなるだろう。その斉昭の時点にまで戻って、やり直すというのである。これが大挽回策である。

「長藩の奉勅攘夷を表章して更新の路を与え」ることは、大公至正の政を布いて天下の耳目を一新する」大きなチャンスであると、方谷は云う。

だが、この挽回策献言文は、あまりにも長いので、その冒頭のみを紹介したが、方谷は、その実行なり実現なりを、どの程度確信していたであろうか。現在から二百年ほど昔を振り返って云うのであるが、「言うは易《やす》く行うは難《かた》し」だったのではなかろうか。

しかも、当時慶応二年の一月にはすでに、土佐藩脱藩の坂本龍馬の周旋で、長州藩桂小五郎が、薩摩藩の西郷吉之助と、京都薩摩藩邸で会い、薩長連合の盟約を結んでいた。年譜はそれを記して、「幕府未だこれを知らず」と、書き加えている。

時代はすでにそこまで進んでいた。幕府の中で、それに気づく人は少なかった。

長州藩は、表面は幕府からの問罪を、のらりくらりとかわしつつ、薩摩を通じて、最新鋭の武器を購入し、装備の近代化を急速に進め、用兵術も村田蔵六の指導で西洋式に改めていた。前にも触れた、一騎当千の烏合の衆である。幕軍の言いなりにならず、今度攻めてきたら必死で戦おうと戦意も高く、第一次長州征討時の長州藩ではなかった。

第二次長州征討における戦闘は、慶応二年六月七日に大島口で始まっている。芸州口は六月十四日に、石州口は六月十六日に、小倉口は六月十七日に、はじまり、すべての地点で、幕府軍は、壊滅的な打撃を受けていた。

この連戦連敗を、方谷は当然知っていたはずである。知っていて、「干戈を動かさずに」長州問題を処理し、幕府の安泰を確保する策を求められた。すると方谷の挽回策は、理想論を述べたに過ぎなかったようにも見える。しかし、山田方谷にあって、観念論とか、理想論とかは、特に諮問に対する答申には絶えてない、すべからく具体的である、そう言い切っていいと思う。

方谷は「大公至正の政を布いて天下の耳目を一新するを大挽回の策とす」という。これはまた何という抽象的で薄っぺらなスローガンであろうか。方谷は決してこんなスローガンを掲げる政治家ではない。信用を失い、通用しがたくなった紙幣は、全部買い集め、河原で一挙に焼却して耳目を一新するという、そういう実務政治家である。

すると、大公至正の政で耳目を一新するという言葉のうちに方谷は何かを隠している。直接口にしがたいことを、この言葉で代用しているとしか思えなかった。

そしてその秘められた言葉とは、方谷の「大政奉還」であろう、とようやく思い当たった。（以下は、筆者一身上の都合により、章末に＊補注として続ける）

2 西郷とサトウ

【日本人の誰も描かなかったリアルで精細のあるもの】　この時、方谷の主公板倉勝静は、すでに、再度老中に就任（慶応元年十月二十一日）していた、その前月、阿部正外、松前崇広が、朝旨により免職した後を受けてであった。

将軍家茂死去にあたっては、勝静は、継嗣《けいし》決定に中心的な役割を果たしていたようである。

アーネスト・サトウの『一外交官の見た明治維新』（坂田精一訳 岩波文庫　以下「サトウ明治維新」と略）に次のようなエピソードが紹介されている。

サトウは、その頃情報収集に関西以西に派遣されていて、金沢や四国の宇和島などにも行っているのだが、宇和島から神戸に帰ったのが慶応二年十二月七日であった（西洋暦一八六七・一・一二）。

そこへ西郷吉之助が来ると聞いたので、サトウは「薩摩の指導者中の第一人者たる西郷」に逢うために上陸して待ち構えていた。

《前から、もしやと疑っていたのだが、西郷は、一八六五年十一月に島津左中と称して私に紹介された男と同一人物であることがわかった。そこで、私が偽名のことを言うと、西郷は大笑いした。型のごとく挨拶をかわしたあとも、この人物は甚だ感じが鈍そうで、一向に話をしようとはせず、私もいささか持てあました。しかし、黒ダイヤのように光る大きな目玉をしているが、しゃべるときの微笑には何とも言い知れぬ親しみがあった。》　（「サトウ明治維新」）

右の文章を、大佛次郎も『天皇の世紀』に引用して、「サトウが記した西郷吉之助の印象はただのグリンプス（引注・瞥見的印象）だが、日本人の誰も描かなかったリアルで精細のあるものになった。」とコメントしている。

【西郷とサトウの会談】　このサトウと西郷二人の対話の中に、老中板倉勝静が出てくるのである。話は少し込み入っているが、要旨だけを云えば、フランス皇帝から大君《タイクーン》（将軍）宛の書簡が届いているが、家茂将軍の逝去で受領が伸び伸びになっているが、一橋慶喜が「自分は今外国代表（各国外交官）の全部を大坂へ招くつもりだから、その機会に問題の書簡を受取るつもりである」と言ったことについてである。引用は少し長くなるが、当時の状況を簡潔明瞭に解説しているので、省略せずに引いておく。注記区別〔原注・原文サトウ注〕〔訳注・訳者坂田精一注〕（引注・引用者栗谷川注）

《「しかし」と、私（引注・サトウ）は問うた。「一橋は、どうして将軍あての書簡を受取ることができるのですか。一橋は、将軍ではないじゃありませんか。それとも」

「さよう。一昨日、将軍職を拝命しました」（引注・一昨日とは、慶応二年十二月五日）

「おや！」と言って、私は声をのんだ。「それは実に意外だ。私は、一橋が長州問題を解決することが先決問題だと思っていたのだが。しかし、それをなんとかやり遂げたとすれば、彼の勢力も素晴らしく強くなってきたわけですね」

「さよう。実際です——〔力をこめて〕——昨日は乞食のような浪人大名に等しかった男が、今日は征夷大将軍です」

「だれが、それを仕組んだのですか」と、私はきいた。

「板倉周防守《スウオーノカミ》〔新任の老中〕〔訳注・老中板倉勝静《かつきよ》〕です。一橋は今、大いにミカドの寵を受けています。彼は、望み次第で関白〔大宰相〕にもなれるでしょう。水戸家の出である自分の弟、まだ若年の民部太輔《ミンブタユー》〔昭武〕を、継承者のない清水家の当主とし、それをフランスに全権大使として派遣しようとしています」

「何のために？」

「われわれにも、さっぱりわからない」

「では、一橋は、何のために外国代表を大坂《オーザカ》へ招集しようとしているのですか」

「それも、一向にわからない」と、西郷はこたえた。

「諸大名たちに相談なしに、そんなことができるとは、なんたる奇態なことでしょう」

「大名たちに相談すべき事柄です。今後は、あらゆる政治問題について相談があるものと、我々は考えていたのだが。近来、幕府のやりかたが非常に悪いので、わが主君は、幕府が勝手な事をやってこの日本を滅ぼすのを座視するに忍びぬと申しています。天皇《ミカド》が大名中のある人々を京都に招集されたとき、それらの人々は政治にあずかるものとばかり考えていました。今になって、幕府にそんなつもりのないことがわかったのだが。大名たちも、もう愚弄されることを欲しない。そこで、今度は一人のこらず出席を断りました。越前〔訳注　福井前藩主慶永《よしなが》〕はできるだけ長く京都にとどまったが、とうとう退去しました」

（引注・慶喜は十五代将軍となったとたん、旧来の幕府専権独裁を押し進めようとしているが、外様はじめ大名たちは専権を拒否しはじめている。）

「では現在のところ、何もかも終わったのですね」と、私は言った。

「さよう。しかし、おそらく三年後には、一橋がどうなるかわかるでしょう」

「三年は長い。しかし、京都における会議の目的は、天皇《ミカド》が将軍に条約締結の権能を授けられた勅書の後半部で、『現在の条約には、諸大名の上で修正して欲しい諸点がある』〔訳注「是迄の条約面品々不都合の廉あり、叡慮に応わず候に付、新に取調相伺申すべく、諸藩衆議の上取極め相成るべきこと」と言われていることと、関係あるものではなかったのですか」

「いや、決して」と、西郷はいった。「その点は、全く貴殿の考え違いです。私が先にいったように、大名は政治の改革について幕府《バクフ》と相談せよというのです」

「ほかの討議題目の中には、長州事件や兵庫開港の問題も入っていたことと思いますが。長州の件はどうなっているのですか。われわれ外国人には、とんとわからないのですが」と、私はきいた。

「それは、全く合点がゆかないのです」と、西郷はこたえた。「幕府は正当な理由なしに戦争を始め、同じく理由なしに、それを止めたのです」

「和睦ですか。それとも何か」

「いや。ただ敵対行為をやめて、軍隊を撤退させたというだけです。事態はまだ解決されていません」

「われわれ外国人には、幕府がなんの理由で長州征伐をやり出したか、大きな謎《なぞ》です。まさか、長州が外国船を砲撃したからではないでしょう。また、長州が天皇《ミカド》に対して実際に罪を犯したものならば、「サン・オブ・ヘブン」〔訳注　天子〕を深く尊崇している貴殿の主君は、きっと幕府に力を貸したことでしょうが」

「幕府は、常に長州を憎んでいたとおもいます」と、西郷はこたえた。

「この国の紛争は今年中に解決されることが最も必要ですから、京都の会議が行われなかったのは、大いに遺憾に思います。われわれイギリス人は日本と条約を結んでいるのであって、ある特定の個人を相手にしているのではありません。日本が天皇《ミカド》に統治されようと、幕府にされようと、或は個々の州が寄り集まった連邦国家になろうと、われわれには関係のないことです。しかし、われわれとしては、だれがこの国の本当の元首であるかを知りたいのです。私は、正直なところをあなたに言いますが、われわれイギリス人は幕府に対して重大な疑惑を感じております。われわれは、幕府が兵庫の開港を容赦してくれるように頼んで来たとき、彼らが主権を有せず、いや、むしろ全能の力を有していないことを知りました。それからリチャードソンの殺害事件（引注・生麦事件を言う）で、幕府に殺害者を処罰する力のないことから、幕府の権威が薩摩まで及んでいないことを知りました。また、われわれ友邦国の軍艦が長州の砲撃を受けたとき、幕府には処理の能力がなかったので、われわれが出かけて行って膺懲《ようちょう》（引注・征伐して懲《こ》らす）しなければなりませんでした。こんどの長州戦争では、長州が見事に幕府に勝ったことをしりました。こんなふうだから、われわれはこの国全体に対する幕府の主権というものを疑うようになり、したがって大名会議がこの難問題を解決することを望んでいました。われわれが、当方の予定通り来年になって兵庫開港を要求する場合に、大名たちがこれに反対するならば、幕府の立場はまたしても苦しくなるでしょう」

「私の主君は、兵庫の開港そのものには反対ではないが、兵庫を他の港と同じようなやり方で開く事には反対しています。われわれとしては、兵庫が日本全体の福利となるため開港されることを希望しており、幕府の私利のために開いてもらいたくないのです」

「だが、あなた方は、どんなふうな開港の仕方をのぞんでいるのですか」と、私はたずねた。

「兵庫に関する一切の問題は、五名ないし六名の大名よりなる委員会の手にゆだねることにする。そうすれば、幕府が利益を独占するために勝手に行動することを防ぐことができるでしょう。兵庫は各藩にとって大いに重要な港です。各藩はみな、大坂の商人から金を借りている。この借財の支払いに、毎年郷国の産物を大坂へ送らなければなりません。もし、兵庫が横浜と同じやり方で開港されるならば、藩の財政は大混乱を来すでしょう」

「なるほど。あなた方がなぜ兵庫をさほど重視するかがわかりました。兵庫は、あなた方の最後の切札《カード》なんですね。しかし、兵庫が開港される前に貴国の内紛が解決されないのは大いに遺憾なことです」》

【三年後にはどうなるかわかる】　長い引用となったが、長くなった理由はおわかりと思う。幕末最後の年を迎える前夜（慶応二年十二月七日）の政治状況を、分かり易く解き明かしてくれるからである。

これを引用しようと思ったきっかけは、方谷が大挽回策を書き、それを受けた勝静が、どのような働きをするか、その政治的背景をどう説明するかに迷っていて、サトウと西郷の会話を思い出したのである。

幕末の緊迫が、爆発寸前の圧縮をいよいよ強めようとする状況を、これほど簡潔に描ききった歴史はなかったと思う。サトウは「この人物（引注・西郷）は甚だ感じが鈍そうで、一向に話をしようとはせず、私もいささかもてあました」と言うが、西郷の言葉は当時の状況の核心を突くものばかりである。

しかし「三年後には、一橋がどうなるかわかるでしょう」と言ったのに対し、サトウは「三年は長い」と言っているが、まさしく幕府が瓦解する戊辰戦争は、この会話の、たった一年後の明治元年一月三日に始まっている。征夷大将軍であった徳川慶喜は、この時、不振な幕府軍を捨てて、こっそり大阪城から江戸へ逃避行した。

【浪人大名】　サトウは、何も難しいことは質問していない。ただ、常識からして不可解なことを、丹念に質問しているだけである。答える西郷も、正直に、わからない事は「わからない」と答えている。

西郷は「昨日は乞食のような浪人大名に等しかった男が、今日は征夷大将軍です」と言っている。西郷はなにも腹立ち紛れに罵詈雑言《ばりぞうごん》を口にしているわけではない。これは、わたくしたちの先入観を、水を浴びせるように洗い流すのだが、三卿の一つ一橋家の当主、将軍後見職、禁裏守衛総督であった人を、乞食で浪人大名だと断言する。わたくしたちもそのことを、この後、現に戦っている戦線を見捨てて、江戸に逃げ帰った慶喜を知れば、うなずかざるをえないであろう。しっかりした見識もなく、自分に都合の良い方へとばかり身を寄せてきた――そしてそれは、この後もずっと続くことになるのだが、その姿を、西郷は乞食と呼んだのであろう。一橋家は藩ではない。殿様の家臣としての藩士というものはいない。戦っている幕府軍を簡単に見捨てて逃れることは、浪人大名であるが故に、できたことかもしれない。

[3] 長詩「棄甲行」

【大公至正】　話を戻すが、方谷が、先の大挽回策を、勝静公に書き送ったとき、四境戦争における四境すべての戦線で、幕府軍敗退の報は届いていたであろう。この惨敗の中で、「長藩を存置して、大公至正（きわめて公平で、この上なく誠実）の政を布いて天下の耳目を一新」するとは、今まさに為さねばならないことではあったが、実務家方谷としては、布くべき政治の理想にすぎなかったであろう。おそらく方谷は、すでに、幕府政治には絶望していたのだと思う。それはさらにこの後の節で述べるつもりである。

戊辰戦争の後、方谷は、政治の場からは去り、大公至正をみずからの生きる実践目標として、高く掲げた。これが至誠惻怛《そくだつ》であった。しかしこれは、戊辰戦争敗北の後、そのさらに後、戦後のすべての処理を終えた後のことである。

第二次長州征討で、「正当な理由なしに戦争を始め、同じく理由なしに、それを止めた」後、挽回策を提示された勝静公は、挽回策の文頭にあった、一橋慶喜を将軍継嗣とすることには、熱心に取り組んだ。

《老中勝静・稲葉正邦らは、今日徳川政権を維持できる者は慶喜のほかに人はいないと考え、言葉を尽くして慶喜に宗家相続を説いたが、慶喜はたとえ朝命であっても拝辞するほかはないとこれを固辞した。勝静は更に松平容保《かたもり》・慶永らとともに熱心に慶喜をといたので、慶喜はようやく将軍職はうけ難いが、宗家の相続ならばとこれを承諾した。残された将軍職就任については、勝静が慶喜の腹心である原市之進らと盛んに堂上・諸侯の間を説き慶喜推挙の促進に努め、（中略）諸侯も慶喜の将軍職就任を望み、（中略）聖慮を拝した慶喜はこれをうけ、十二月五日禁中において将軍宣下の式がおこなわれた。》

《一五代将軍となった慶喜は、フランス公使ロッシュの助言と援助により、ヨーロッパ式を採り入れた幕政改革を断行し、幕閣に国内事務・海軍・陸軍・会計・外国事務の五局を設け、それぞれ老中をもってその総裁に任じ、政務を分掌させたが、老中首座の勝静は将軍補佐として専らその謀議に与り、隠然首相の任にあった。陸海軍の軍制を改革し、人材を登用し、更に窮迫した幕府財政を救済するため新税の賦課・鉱山の開発・殖産貿易の振興・運輸業の助成などに改革は及び、いろいろと画策することろが多かった。》

（両引用とも『岡山県史』）

《十二月、孝明天皇崩ず（二十五日）。聖寿三十六、御在位二十一年。》

（年譜）

【丙寅の冬感ありて作る】　年譜は、孝明天皇の死を記した後、「先生感ずるところあり、『棄甲行《きこうこう》』長詩一篇を作る」とあり。この長詩の題詞には「丙寅《へいいん》の冬、感ありて作る」としてあるから、慶応二年年末作である。すでに書いたことだが、方谷が想いを述べた詩は、いずれも長詩であるが、これは特に最長のものであれば、引用が欠かせない。

棄甲行一篇　丙寅の冬感ありて作る。　（宮七五七）

棄てられた甲《よろい》よ、棄てられた甲よ、汝憾《なんじうら》むなかれ
誰も彼も、汝を、仇《あだ》か敵《かたき》ように見ている
屑物商の手に渡り、流罪人《るざいにん》の思いをしている甲もあろう
或いは暗い土蔵に、囚人のように閉じこめられたものもあろう
ある夜、私はひそかに甲に逢ってそのわけを聞いてみた
甲は答えず、ただただ泣くばかり
ああ、そうだろうよ、私にはお前さんの気持ちがよくわかる。
私が、お前さんの気持ちを賦《ふ》して世に示してやろう
誰でも知っている筈だ、我が国がどれほど甲を尊重してきたかを
武将が政権を担《にな》うと、お前はさらに尊《たっと》ばれた。

弓矢刀槍も、甲のお前があってこそ存分に働ける
まるで旗本が、君公を守るようなものだ
武将の家に男児誕生すれば、元服《げんぷく》まえにすでに
甲を着し、なによりも勇武の姿を披露する
案内役あり介添役《かいぞえやく》ありて、儀式荘重
剣を捧持し帯を結び儀礼華々しく執り行う
家々では正月は、まず甲を飾り祝って始まる
大名の屋敷から平武者《ひらむしゃ》の家まで
三宝《さんぽう》に白餅を飾り緑酒を供え
天佑神助《てんゆうしんじょ》をねがって、神をまつる
この厳かな礼、伝来することすでに千年なり
この尚武《しょうぶ》の伝承、歴史の語るところにして
威武、国外に広まるは、主としてこれによる
しかるに今、お前は何故《なぜ》棄てられるのか
知っているであろう、我が藩がとりわけ甲を尊ぶを
先の主公特に甲を大切にする法令まで定めた
七十五套《とう》の甲は晴の儀式用に準備され

さらに千余套は労をいとわず
酷暑の土用に虫干しされ
武器庫に場所をとって整然と陳列される
役目の者が収蔵には厳重に気を配り
工人は赤漆《あかうるし》もて亀裂を補修する
武士の家でもみな蓄蔵する甲を自慢する
監察が期日を定めて漏れなく巡閲《じゅんえつ》し
主人は目録を捧げて品数を提示して
一物の漏欠《ろうけつ》もゆるされない
それに、思い出すのはあの征西の時だ
あの時、甲を尊重すること、他時に倍した
禄《ろく》の低い家でも、甲一套《いっとう》を蓄えておれば
褒賞があたえられ、幾人もそれを受け面目を施した
新たに千もの甲が購入され農兵にも与えられた
その功で、藩の会計責任者までも褒美を頂戴した
この、主君のお命じは、たった三年前のことだ
上下こうした準備はきちんと定められている

そのためにこそ一藩の士気が振るうのだ
ところがその大切な甲が、なぜ棄てられるのか
甲《よろい》よ、お前さんの気持ちは、きっとこうであろう
棄てられるのは、どうってことないさ
道具や器械は、世の移り変わりで要不要となる
車馬しかり大弓もしかり、みな不要として消えた
甲もまたそういう運命だったのだ
これが天地自然の理法だ、人間もまた同じ事
用いられて行い、棄てられて隠るとは、孔子様の言葉だ
甲よ、まだ心釈然としなければ
さらに一曲歌って汝の鬱気《うっき》を晴らしてみよう
お前も聞いているだろう、寒暑交替して自然はめぐる
新と古とが入れ替わって人の世も成り立つ
この天理に従順なる人は生き、逆らう人は死す
まして主君の寵《ちょう》により栄達ばかりを求める者は滅ぶ
漢の功臣韓信《かんしん》は、高祖に殺されるとき
天を仰ぎ、狡兎《こうと》死して良狗《りょうく》烹《に》らる、と嘆息し

宋の功臣檀道済《だんどうさい》は、文帝に殺される時、帽子を地にたたきつけ
文帝よ、汝は汝を守る万里の長城を毀《こぼ》つのかと罵《ののし》った
韓信・檀道済の二臣の知略は、百世《ひゃくせい》に傑出したもので
漢は韓信の功業のおかげで起こり、宋は檀道済により安寧であった
しかるに二人は出所進退において、なぜかくも先が見えなかったのか
この時になってから虚しく嘆いている
功臣にして、なおこのとおりなのだ、甲が嘆いても仕方がない
人間と、お前のような器械と比べようはないが
車馬や大弓は、お前の友だちだ
共に用行舎蔵《ようこうしゃぞう》を全《まっと》うせよ（補注）
吟じ終われば、冬の夜もすでに夜半をすぎていた
風が雲を吹き払い、月影に窓は明るい
甲《よろい》は兜《かぶと》を傾けてじっと聞きいっていたようである
袖を納め、裳を垂れ、寂として声がなかった

（補注・用行舎蔵　「世に用いられれば出でて己の道をおこない、すてられれば退きかくれる。大漢和辞典）

【用行舎蔵】　これは、方谷の一番長い詩編である。しかし、この時期に、この長詩編が書かれたことは、興味を引く。まず、棄てられる甲の感傷（センチメンタリズム）に、七十五行もの詩句が用意したわけではないであろう。不要となり消えてゆく器物への惜別などよりは、もっと大きく深いものを語っている。用行舎蔵という天理が、器物から人間の生涯に及ぶと、惜別の感傷は、悲劇に転ずる。国家創建の功臣韓信は、不要になった良狗のように棄てられ、国家平安の功臣檀道済は、国家を堅守する万里の長城を毀つように棄てられた。

新古交替する天理に背く者は死すという結論は、誰に向かった言われたのであろうか。

方谷は、甲にではない、みずからに語っているのだ。

長州征討における幕府軍の惨敗は、新古交替の天理を、まざまざと見せつけたであろう。最新鋭のミニェー・ライフル銃で武装したた長州兵に、鎧火縄銃で対抗した幕府軍は、瞬く間に壊滅してしまった。

方谷は、長州よりも何年も前に、農兵を組織し、西洋兵術を採用し、みずから砲術を学び、砲を製造し、朝廷中心の国家体制を見透していた。この方谷に、新古交替の大きな曲がり角が、見えなかったはずはない。しかも、その後彼は何を成し遂げたのか。松山藩の経済改革を成功させた後は、たとえば長州藩のように、一藩の軍制を大改革したわけでも、幕府老中顧問として、もはやほとんど立ち行かなくなった幕府を、わずかでも改新させたのでもなかった。「棄甲行（よろいをすてるうた）一篇」に流れる哀感と、韓信、檀道済の「二人は出所進退において、なぜかくも先が見えなかったのか」という詠嘆は、みずからを顧みての自省でもあったであろう。

④　我が身に三十棒

【貯え得て何事を成さん】　長詩「棄甲行」を書いた後、方谷は、「詠時事二十二首」を書いている（ただしこの七字の題名は、編者が書いたのであって、方谷が付けた題ではない）。

この慶応二年歳末は、押し詰まって、方谷は多忙であったらしい。年譜には「国計簿を閲し、金位、米価、産物、金債、銀鈔、両岐費用、貯倉につき各題詠あり、さらにまた両絶を賦して神戸、三島両元締に示す」とある。七首に三首が追加され十首となっているが、その中に一首「金債銀鈔《きんさいぎんそう》」と題する、わたくしには意味不明のものがある。これを引いておきたい。

　　金債銀鈔《きんさいぎんそう》
債を償《つぐな》うに換鈔《かんそう》をもってす尤も欣ぶべし
本銀只二三分を用うるのみ
贏余《えいよ》は貯え得て何事を成さん
又合《まさ》に嚢《のう》を傾けて一軍を犒《ねぎら》うべし

（訳）小判で借りた負債を銀札で支払うのは、何より喜ばしい。
元銀のただ二、三分を用いるだけですむからである。
こうして剰《あま》すことのできた金をためておいて、何に使用したらよいだろう。
この際、財布を傾けて全軍の慰労につかうべきである。（宮七八六　訓読訳宮原信）

小判で借りた借金を、兌換《だかん》紙幣で返すのはまことにありがたいという。借りた小判の二、三パーセントの金で作った紙幣でかえすのだから、これはきわめて割のいい金儲けである。方谷にこの利殖法があったとは知らなかった。彼は、当然、これを充分に活用したのであろう。

ただし、紙幣の信用が確実に保証されていなければならないが、すでに見てきたように、嘉永二年に元締役に抜擢され、翌年、膨大な借財処理のために、信用を失った旧藩札は大々的に回収焼却し、新たに発行した藩札の信用性の維持には、細心の注意をはらっていたことが、中国の紙幣政策を詩に詠じたものからも覗えた。

この利殖法が、どれほどの利益をもたらしたかも知りたいところである。

河井継之助が、方谷がおこなっていた事業のいくつかを、教えたわけではないのに知っていて、驚いていたことがあった。あるいは、この利殖法なども、その一つであった可能性がある。

丙寅の歳暮、国計簿を閲して詠んだ、右の詩を含めて十篇の詩を、方谷は「神戸・三島両度支に似《しめ》す」と言っている。

【三十棒を食らわせてたたき直せ】　すると、方谷は、二人の元締から、藩会計の監査のような仕事を依頼されていたのかもしれない。監査を終え、経済に関し思い浮かぶ感想や教訓を、すぐに九篇の詩に賦して、後継者の愛弟子に送ったが、ふと、方谷の気持ちは反転したようである。

忽《たちま》ち一喝《いっかつ》を下す
一心、高く俗世を離れ、太虚の中に住すれば
大道豁然《かつぜん》と開け、あらゆる理法が見えてくる
それをこせこせと、財政を論ずるなど、何の意味があるのか
我が身に三十棒を食らわせて、たたき直せ

（宮七九一　引用者意訳）

前に「破債」に触れた際にも、方谷は自己嫌悪に陥っていた（本書二三〇頁）。今度は「金債銀鈔」である。方谷としては、これも必ず告白しておかねばならなかったことであろう。

そして、さらに続けて「歳晩雑詠　四首」がある。その二番目の無題詩が、この歳晩の詩群を締めくくるとも受け取れるので、それを引用しておく。

時に感ずるの吟稿はことごとくこれを焼きすてた
この歳の詩は、みだりに公表すべきではないと思う。

歴史は千歳ののちまでも大事を語り継ぐものなのだ
後世かならずや、慶応丙寅のこの年を語り継ぐだろう。
（歳晩、今年の詩稿を閲し、時事に関する者は尽く焼きすてた。）

（宮七九三）

方谷は、尽く焼きすてたと云うが、それは遺されていて、今も見ることができる。
この言葉は、慶応二年、日本は歴史的に大きなターニングポイントを迎えていたことを意味する。
方谷自身の生き方にも、大きな影響を与えたことは、引用した漢詩からも覗えると思う。

＊補注・「大挽回策」について、わたくしは、第三校に到るまで、思いがかたまらなかった。三校校正稿を受け取る頃になって漸く、「大挽回策は、方谷の大政奉還論ではないか」という仮説を得て、戊午の密勅、安政の大獄、等の史料、および、大挽回策の長文を精読して、右仮説を考究してみようとして、わたくしは突然病に倒れた。容易ならぬ病であった。他の校正は病院のベッドでも出来そうであったが、右仮説は不可能である。後に托す外はない。

第十八章　了

第十九章　大政奉還

1　私はついに仙人にはなれなかった

慶応三年丁卯《ひのとう》は、方谷六十三歳である。

年譜はまず、正月九日、「明治天皇践祚《せんそ》せさせ賜う、宝算《ほうさん》十四。」と記載している。践祚は即位するの意で、宝算は天皇の年齢である。ただし、この即位時、明治天皇は、当時は数え年であるから、数え年十六がいいようである。若い少年天皇誕生で、日本の近代化は、この天皇の代に、一歩を踏み出すことになるのだが、時局は次第に、いわば革命直前のエネルギー凝縮によって、いよいよ混迷を深めていた。

「正月二十三日、我が公（勝静）大坂から京都に入り参内《さんだい》した。方谷の嗣子《しし》耕蔵君、我が公に京阪の間に扈従《こしょう》す。

この月、将軍慶喜の弟徳川民部《みんぶ》昭武《あきたけ》、パリ万国博覧会参列のため出発す。」

方谷年譜は、これだけの事項を記したのち、日付は五月に飛んでしまう。

【長瀬閑居】　方谷の長瀬閑居が続いていて、慶応期の時局記事に反して、方谷に関する記事は少ない。

方谷は、前年末の「歳晩雑詠」で、「閑人の自分も、なにかとせきたてられて、ここ十日ばかり随分忙しかった。ところが、いよいよ大晦日になると何一つすることがなくなった。そこで部屋の大掃除をして、静かに香を焚いて座っている」（宮七九二）とある。（宮原信訳　以下同）

することがなく……香を焚いて座っているとは、ふと、その昔六歳の児であった頃の方谷を詠った、師丸川松陰の詩の一節、「孱《せん》姿《し》座に当たりて独り超然」を思い出す。「幼い姿ながら座に居ては独り超然とし」（山田琢訳）とあった。方谷という人は、何か事に従事している時は、例の「綿密＝手落ちなく、深切＝人情厚く、細大＝大小洩らさず、周到＝あまねく行き届く」という姿で、まるでコンピューターのように、為すべきことを周到にこなしているが、特に為すべきことがなくなると、まるで天空に心を遊ばせるごとく、超然としている。三つ子の魂百までなのである。

そうして、事に従事して書き遺した資料は、重ねると背丈ほどもあると、伝えられているように、方谷は、みずからの事跡も、細大、周到に、遺していた。

【塗抹改竄の未定稿】　その遺稿も「今年の詩稿を閲《えっ》し、時事に関する者は尽く焼く」（宮七九三）などと書かれていれば、方谷の生涯をたどっている者としては、ちょっと怯《おび》えるのであるが、みずから焼こうとしたと言っている詩稿に限っては、幸いにも残されていたらしい。

「詠時事二十二首（時事ヲ詠ズ二十二首）」と題する詩稿が、方谷詩稿の中に遺されていた。ただし、この題名は方谷が書いたのではない。注記があって、題の「(七字（詠時事二十二首）は編者これを加う。原稿塗抹改竄《とまつかいざん》す。蓋し未定稿と為す)」とある。編者は山田準である。原稿は、塗りつぶしや訂正書き込みがある下書き稿であったという。これには驚いた。

方谷について、「清廉、潔白……細大、周到」と八項の名言を遺し、『魚水実録』前後巻を編纂した国分胤之が、方谷が弟子の三島中洲に宛てた書簡について言った「通信数百通長きは丈余に及ぶものありて一字の曖昧にして疑うべきものなく一点塗抹せしものなし」と言っている。筆者は、方谷がその膨大な遺稿を、下書き無しに書いたかどうか疑問を持っていたのである。ここに、詩二十二首についてだけであるが、ちゃんと下書き稿があった。これは発見である。

時事を詠じた詩編は、尽く焼いた、とあったが、幸いにも残されていた。しかし二十二首もあって引用はできない。ここにもこの時期の方谷の思想が覗えて、重要かと思う。断片的引用だが、ここでも宮原信訳を下敷きにさせてもらった。

「世の様子が次第に変化してきた。銃隊には武士ではなく、多数の農兵が採用されている。軍隊ばかりが変る筈もない。やがては政治形態も当然変ってゆくであろう、年貢の額もきちんと定められ、武士階級の世襲の俸禄などというものも、次第に減少されてゆくだろう。今はまだ誰も気付いていないが、二十年後には、きっと私の言うとおりになる。」（宮七七〇）

方谷は二十年というが、革命的変化は十年もかからなかった。

「来たるべき政体として、封建制度を残したまま、郡県制度に移行してゆくとしたら、これはよくない。政府の訓令も弱々しいものとなり、旧来のまま残っている諸侯の力をさらに強化してしまうだろう。平時に威と福とをもたらすとしても、乱世にはたちまち政治は崩壊してしまうだろう。鎌倉時代に源頼朝が設けた守護職が、後者のいい先例となっている。」（宮七七四）

方谷は、幕府終焉の十二年前（安政二年）には、徳川幕府の命脈も、長くはないと予言していた。さらにその三年前（嘉永五年）には、来たるべき政体は朝廷中心となることも口にしていた。そしてここに、国家体制も、郡県制ではなく、県郡制となったが、これらすべて、現代私たちが見ているところである。

「（冒頭略）来たるべき世のこうした見通しをもっている私の心が惻《いた》むのを、誰も知らない。私は口を閉じ、耳が不自由で口がきけない人のように、沈黙を守ろう。」（宮七七五）

方谷は、来たるべき世の、こうした姿が、まざまざと見えていたであろう。だが、そんなことを書き記して、いったい何になろうか。長瀬山中で、独りそんな詩を詠じて、どうするつもりなのか。焼き捨てるべし。激変の世には、必ず多くの苦しむ人々が出て来るだろう。そういう人たちをどうすることもできない。思いやって、独り心惻《いた》めるのみだ。沈黙すべし。

この頃方谷は、見え過ぎる目を、持てあますかのように、口を閉ざしたり、みずからを鞭うつというような表現が遺稿にはしばしば見られる。

【おろかさを笑われる】「またまた家族の者に私のおろかさを笑われてしまった。私の迎春の計画が、ひどく不似合い、不釣合だからである。というのは、高価な真新しい筆を買って来て、例年のように古くさい元旦詩を書こうと考えていたからである。」（宮七九四）。

「（明春〈慶応三年度〉は、家族の者と次の約束をするはずである。下男と下女をやとわないこと。玄米食にすること。）」（宮七九四）

方谷も、この年末の支払いには苦労していたようである。

歳末の詩にも、明けて新春の詩の中にも、飢饉のことが歌われているから、旧年は飢饉であったことが伺われ、その影響が新年にまでおよんでいたのである。「宮八〇一」は無題で、こう歌われている。

飢饉の歳のこと気にかかり、新春を迎えても気が晴れぬ
ひとり屠蘇酒を汲めど、酔いもいたらず
窮乏の民と苦楽をともにするのが私の願いだ
今年の春三月《げつ》は、一箪《たん》の食《し》一瓢《ぴょう》の飲《いん》にて過ごすべし　（宮八〇一）

（引注・一箪の食一瓢の飲　「子の日《のたま》わく、賢なるかな回《かい》や。一箪の食一瓢の飲陋巷《ろうこう》に在り。人は其の憂《うれ》いに堪《た》えず、回《かい》や其の楽しみを改めず。賢なるかな回や。」とある。きわめて質素な暮らしの意として、ここに借りた。引用は『論語』岩波文庫）

元旦の朝身のまわりはみな新調で、なんだか面映《おもは》ゆい
病床に就いている時代遅れの無用の人には似合わぬのだ
さて、私はついに仙人にはなれなかった
俗世を避け、長瀬山中に住みついて八年となるのだが
（宮八〇三）

「五月二十三日、宮中御前会議あり、我が公（勝静）将軍と参列す。長州処分・兵庫開港の二件を議す。暁を徹して決せず。翌日再議、遂に長州処分寛典《かんてん》、兵庫開港許可の御沙汰内定せらる。」
（年譜　傍点引用者）

方谷年譜の記述は、この時の議題「兵庫開港」「長州処分」の二件については、ひどく簡略だが、これは、新将軍慶喜がいきなり直面した、前途を塞ぐ大きな障壁となっていた。

【薩摩藩】　ここまで、尊皇攘夷を掲げ、幕府を散々に苦しめてきたのは長州藩であった。攘夷の狂熱は、幕府を追い詰め、「幕朝関係」を、「朝幕関係」にひっくり返す力があった。しかし、長州藩がとってきた、過激に過ぎた行動は、藩士等から冷静な判断力を失わせ、次第にその暴走を押さえることができなくなっていた。尊皇を掲げた彼らが、勢い余って天皇の御座所にまで銃弾を撃ち込むという暴挙に走り、長州藩は朝廷から退けられた。元治元年の禁門の変である。

この長州に取って代わったのが、薩摩藩である。

薩摩藩の手段は、武力ではない、権謀《けんぼう》術数《じゅっすう》、マキアヴェリズムで、謀議の中心となったのは大久保一蔵（利通）であった。

孝明天皇は、亡くなる一年前の慶応元年十月五日、固定観念のように長く固く守ってきた攘夷を棄て、夷国（外国）との条約をようやく勅許した。この時、米・英・仏・蘭の四国連合艦隊が、兵庫沖まで来航していて、開国を強要する世界の潮流が、京都のすぐ近くの海にまで押し寄せたことが、天皇を動揺させ、勅許を促したのかもしれない。しかし、ここでも、最後の抵抗のように、外国との条約は勅許したが、京都に近い兵庫港の開港だけは許さなかった。このことが逝去後に大きな問題となって残り、今度は、佐幕、反幕の争いを左右するものとして、浮かび上がってきた。

兵庫開港を切望していたのは、諸外国ばかりではなかった。国内各藩も、幕府が海外貿易の膨大な利益を独占していることに反発し、どの藩にも平等に開かれた自由貿易港としての兵庫開港を望んでいた。これは、西郷吉之助が、アーネスト・サトウに語っている（一外交官が見た明治維新）。

諸外国としては、開港を約束しながら、いつまでたっても埒《らち》の開かない幕府との交渉にしびれを切らし、期限を定めて兵庫港開鎖の決答をせまった。

薩摩藩は、この機をとらえ、徳川氏は、大勢の大名の中の一つにすぎず、日本を正式に代表する政府ではなく――もはやその力もなく、外国と条約を結ぶ資格がないことを内外に知らしめ、幕府を窮地に追い込もうと、緻密な工作をしていた。

【明治天皇】　新帝は十六歳の明治天皇である。二条斉敬《なりゆき》が摂政に立った。

薩摩藩は、朝廷工作によって、公卿の中から、幕府派と目される人々を排除し、朝廷公卿の意見を王政復古派に塗り替え、勅許が下されるのを妨害した。

内外から兵庫開港を迫られながら、新将軍慶喜は、身動きがとれず袋小路に追い込まれていた。

ここで慶喜は、この難関を乗り切ろうと、驚くべき忍耐強さを発揮する。

【暁を徹して決せず】 慶喜は、繰り返し朝廷の勅許を求めるが、決定せず、兵庫港問題は、有力大名の評議に委ねられた。松平慶永、伊達宗城、山内容堂、島津久光が招集された。ところが、この四人は、いつも誰かが、理由を付けて欠席し、きちんとそろったことはなかった。これも大久保の策略によるものだった。こちらから訪問して、なんとか意見を集約し、まとめようとしても、何か障害が起こったり、横槍が入ったりと、評議は遅遅として進まない。年譜が「暁を徹して決せず」と述べていた処である。

慶喜は、ここで決定を見なければ、外国との回答約束の日付がせまっており、絶対に身を引くことはできない正念場として、五月二十三日午後より、両議題決定を見るまではここを動かないと、宮中にとどまり、宮中会議の動静を見守った。その日は徹夜して議したが決せず。二十四日も一日論じても決定を見ず、この夜も徹夜で、夜が開けて、ようやく勅許が決定した。

《勅許は「長防の儀、昨年上京の諸藩、当年上京の四藩等（引注・慶永・宗城・容堂・久光）、皆寛大の処置あるべきを言上し、大樹（将軍慶喜）に於いても寛大の御沙汰を願えり。朝廷の思し召しも同様なれば早々寛大の処置を取り計らうべき事。」というのと「兵庫開港の事、元来容易ならず殊に先帝にはそれを差止められたれども、大樹より余儀なき時勢なるを言上し、且つ諸藩建白の趣もあり、当節上京の四藩も又同様申立つるが故に、止むを得ず御差許しあらせらるれば、諸事きっと取り締まり相立て申すべき事。兵庫開港の停止及び条約改の事は並びに取消しの事。」（原注・徳川慶喜公伝）という御沙汰であった。

二日一夜、忍耐強く宮中に留って、慶喜はこれだけのことを漸く得た。しかし、反対の側、特に薩摩、宇和島の二藩から見れば、これは遺憾なる挫折であった。伊達宗城は、自己の立場から、「大樹公の挙動、朝廷を軽蔑すること言語に絶えたり。」と在京日記に書留め、陰の指揮者であった大久保一蔵は、「大樹公暴力を以て摂政を脅迫せり。」と日記に残した。深淵を背にした絶対絶命の立場が、慶喜をして他人に異常な印象を与えた点も在ったのであろう。》

（天皇の世紀）

【異常な印象】　慶喜は会議の間中、居座って動かなかったということだが、それを「朝廷を軽蔑する」「暴力を以て摂政を脅迫」と書かれていることを、大佛氏は、慶喜の決意の強さが、おのずと「他人に異常な印象を与えた」と言っているのである。大久保一蔵の工作が成功せず、兵庫港開港、長州藩寛典の勅許がおりてしまったことへの、反発もあったかもしれない。

【マキアヴェリズムの細密な描写】　右「兵庫開港」に関しては、『天皇の世紀』の記述に添って引用しつつ書いたが、同書のこの時のマキアヴェリズムの記述は、これほど細部にまで踏み込んで、入り組んだ策略を、明瞭かつ顕然と描ききったものを、筆者は他には知らない。

筆者は、この傑作（第七巻）を、「兵庫港勅許」「長州処分」について詳しく知ろうとして読み始めたのであるが、も一つ読みながら注意していたことがあった。

備中松山藩に関し、慶応三年の前半については、資料が乏しく、それを補いたいと思ったのである。

【完備した索引】　『天皇の世紀』は、索引が完備し、人名索引も詳細で、誰がどこに記述されているか、簡単に分るようにしてある。山田方谷についての記述については、すでに触れたが、ほとんど皆無に等しい。だが、方谷の主君板倉勝静について触れた箇所は、幕府老中という立場から、当然ながらかなりあるが、老中首座となっていた慶応三年を扱った第七巻は特に頻繁で、ざっと数えて四十三箇所もある。

これによって、慶応三年前半における勝静の動向が詳しく分るのではないかと思ったのだ。だが、いずれも断片的記事で、詳しい記述はない。ただ、その頻出から感じられるのは、実によく将軍家に仕え働いていたらしいことである。右引用にある「二日一夜」の長丁場にも、ずっと慶喜のそばを離れていない。その奉仕ぶりは、次のような引用からも察しられる。これは『天皇の世紀』の中にある引用で、ここに引くのは孫引きとなるが、お許し願いたい。

《「ご休憩中、大樹公、屡（しばしば）公（引注・慶永）を召され種々御雑話ありし内、今度の両件はたとい数昼夜に渉《わた》るも、決定に至らざれば退朝せざる決心なり。然らざれば更に間を入るる者あるべし。しかし、これ程までに決心して居る事は、板倉にも未だ申聞けずとぞ仰せられしとぞ。」（続再夢記事）》

「板倉にも」とは、「常にそばに仕えている板倉勝静にさえも」という意味である。慶喜の少しも騒ぎ立てることもなく、静に控えているが、梃子でも動くまいとする無言の決意が、反対派には、無礼な暴力とも映ったということであろう。

そして、六月になって、年譜は「我が公（勝静）時局の艱を憂い、特に先生（方谷）を召す。先生召しに応じて公に京阪の間に従い、しばしば諮問に応う」とある。

【薩藩の武力解決に出る計画】「兵庫港勅許」「長州寛典」は、慶喜の頑張りで乗り越えることができたが、それすらも、六月にはもう過去の問題とするような速度で、時局は進みつつあった。『天皇の世紀』は次のように言う。

《薩藩では、長州藩と結んで幕府に対して武力解決に出る計画を、五月下旬にはほとんど決めてあった。幕府を追い落とすのはこの機会と見た。（中略）

兵庫が開港と決まれば大名達が求める革命の機会が失われると、アーネスト・サトウが彼等に話した。同じことを彼等の間では考えて、幕府との衝突を敢て持《ママ》せぬまでの決意を、ひそかに準備していたと見ても誤りはない。過去の威権が今日もあるように確信している幕閣の人々は、そんな法外な事が起こり得るとは想像しなかったものと見える。》

そんな「法外な事」とは、大藩とはいえ一大名の藩が「幕府に対して武力解決に出る」ことである。

【自由な融通性】 板倉勝静は、右に言う幕閣の一人である。彼が過去の威権を確信していたかどうかはわからないが、かつて、幕府の頽運《たいうん》を支える力はないが、座視するよりは出でて共に倒れん、と決意して老中に再任したのである。古風な武士には違いない。

勝静と名指しではないが、勝静もその一員である慶喜に仕える人々について、こんな記述もある。「幕府の伝統的な権威を支えることに自分たちの責任を感じて、忠誠とは言えるが事務と作法に依る以外に仕えようを知らなかったものと言えるかも知れない。」(天皇の世紀)

江戸時代の名宰相松平楽翁公の孫としての血筋を誇り、「好人物ではあるが、弱みを見せない」勝静にも、闊達な融通性には乏しい処があったようである。しかし勝静は、最後まで「共に倒れん」とする決意は棄てなかった。

２ 船中八策

兵庫港、長州処置二つの問題が宮中で論議された、五月二十三日は、十五代将軍慶喜《よしのぶ》の大政奉還《たいせいほうかん》、つまり徳川氏が二百六十七年維持してきた政権を、朝廷に返還する上表（たてまつる文書）が、提出さるのが、五ヶ月後（十月十四日）に迫っていた時である。

（ここに特に注記しておく必要があるのは、方谷は、これより十二年前の安政二（一八五五）年に、はやくも徳川幕府が遠からず崩壊することを、衆人を前にして、すでに疑いようのない事として、断言的に予言していた（「徳川幕府三度の洗濯論」）。これは、当時にあっては驚天動地《きょうてんどうち》の、事件ともいうべきできごとであったが、右の日付は、その予言がまぎれもなく的中しようする五ヶ月前であることを、銘記しておいて欲しい。）

【方谷の上京】　板倉勝静は前年、慶応二年の冬から、しきりに方谷の上京をうながしていた。しかし、方谷は断り続けていた。

慶応三年夏になって、勝静は、上京を命じるといっても「決して用向きなどは申しつけない……京都に長逗留もさせない」と伝えてきた。

これを聞くと方谷は、すぐさま病躯《びょうく》をおして、しかもこの年は例年にない猛暑であったが、厭《いと》わず上京している。生涯の御礼と御別れを述べる最期の機会と思ったのである。それゆえ勝静の「二、三年中にはもう一度出て来よ」という言葉に、涙をもよおしている——最早その機会はあるまい、と。

【永訣スルモノノゴトク】　政局はいよいよ混迷を深め、もはや徳川幕府救済の道もまるで見えなかった。

将軍慶喜、老中首座板倉勝静たちの間では、大政奉還ということも、夏にはしばしば口の端《は》に上《のぼ》っていたのではなかろうか。

「年譜」によれば、勝静は「時局ノ艱《かん》ヲ憂《うれい》ヒ（混迷に心を痛め）、特ニ先生ヲ召ス。先生召《めし》ニ応ジテ公（勝静）ニ京阪ノ間ニ従ヒ、屡《しばしば》諮問《しもん》ニ対《こた》フ」とある。方谷は、諮問のために京都へ呼ばれたことになる。勝静の本意としてはそうだったのであろう。勝静にしてみれば、これまで頼りきっていた方谷である。この局面に上京させて、方谷の御礼言上の挨拶を受けるだけで済むはずはなかった。

だが、これでは、方谷のいう暇乞いの上京とは、まるで逆である。

方谷が上京を渋っていたのは、勝静の命のままに上京しては、もう一度顧問役などを命じられ、京都に引き留められるのを恐れたのだ。時局は、方谷の上京などで解決できるはずもなかった。

方谷の危惧を見抜いた勝静は、用があるわけではない、ただ逢いたいだけだと言わざるをえなかった。この言葉を受けると方谷は、即座に上京した。

年譜は諮問のためとしているが、二ヶ月ばかりの滞在で、八月には方谷の帰国を許している。この時の分れを、年譜は「永訣スルモノノゴトク」と伝えている。

次第に追い詰められて行く幕府には、方谷のような透徹した洞察力と広い視野、政策の施行にも通暁した人物が、どうしても必要であった。

だが、方谷には判りすぎるほど判っていた。時流は激流となってすべてを飲みこもうとしている。いかなる策ももはや弥縫策《びほうさく》ですらない、まったくの手遅れであることは否定できなかったであろう。

勝静はすでに、大政奉還も武力倒幕の動きも、充分に知っていた上での「永訣」だったのではなかろうか。この「永訣」についてはすぐ下に述べる。

【坂本龍馬の船中八策】　坂本龍馬の周旋によって、すでに慶応二年一月二十一日に、同盟を結んでいた薩摩・長州は、幕府の専断を阻止するために、次第に武力討伐の方針を固め、準備を進めていた。
それより少し遅れて、尊皇主義路線を採った土佐藩では、後藤象二郎《しょうじろう》が、いきなり武力倒幕に依るよりは、まずは衰退著しい幕府に、大政を朝廷に奉還するよう勧める方針を採用することになった。土佐藩の独自性を求めたのである。後藤は当時まだ京都にいた前藩主山内容堂にそれを説得するために、藩船夕顔によって長崎より京都へ向かった。そこに同船していた坂本龍馬が後藤に、後に「船中八策《せんちゅうはっさく》」として有名になる、大政奉還後の新国家構想として、八条に纏めた企画を提示した。

① 幕政返上
② 議会開設

③　官制改革
④　外交刷新
⑤　法典制定
⑥　海軍拡張
⑦　親兵設置
⑧　幣制整備

以上の八ヶ条（『国史大辞典による』）である。慶応三年の六月中であったとされている。

三世紀近くも封建制が続いた我が国に、これは時勢に先んじた、きわめて斬新な構想であった。すでに旧体制の側からは、脱藩によって、一歩抜け出していた坂本龍馬の才能には違いないが、今にして思えば、船中で書かれたということが、大事なことであった。衆議の討論に依るのでも、学者の書斎から生まれたのでもない。自由人の、どこか大洋の新鮮な香りがする。

おそらくその卵は、長いこと温められていたであろう。そしてそれは、誰も知らない静かな波に揺られながら孵化して——さらさらと書かれた。書かれるとすぐに、それは寄せる波のように伝わっていった。伝わって初めて、人々は、自分でも知らずに求めていたものが、それであることを知ったのではなかろうか。

やがてそれは、後藤象二郎から山内容堂へ、容堂から将軍慶喜や、老中首座板倉勝静へも伝わっていったはずである。

坂本龍馬は、歴史上自由闊達と呼ばれる人物の中でも特別な存在である。文字通り殺伐たるあの混沌の時代、まるで春風のようにやって来て、大政奉還を実現させ、船中八策という未来図を示して、またすうっと通り抜け消えてしまった人物である。このような人物がどこからやって来たのか、わたくしなどは戸惑うのだが、歴史書——たとえば『天皇の世紀』などを見ていて、ふと、歴史というマグマの沸騰の中からは、どんな人物が飛び出してきても、驚くにはあたらない。それを受取るわたくしたちの頭の方が、冷えて固まった軽石みたいであることが問題だとも思う。

「最早、大名が事を決定する時期は去っていた。」と、慶応三年秋を語って『天皇の世紀』はいう。

「大大名の行使する権力は単に名目上のものに過ぎなくなり、その実は家臣の中でも比較的に活動的で才知に富んだ者（原注・その大部分は身分も地位もない侍）が大名や家老に代って権力を行使するようになった時、驚くべき一八六八年（明治元年）の革命が出現した。」

【方谷と西周】　「年譜」は、勝静が方谷を呼び寄せた記事に続けて、方谷と西周《にしあまね》の対面を伝えている。

西周は、幕府の命によって、オランダに五年間留学して、帰国したばかりであった。慶喜に呼ばれてこのときは京都にいた。

六月中に、おそらく勝静の差《さ》し金《がね》であろう、方谷のほうから西周を訪問した。西洋事情を聞くためである。

「年譜」には、「周盛《あまねさかん》ニ西洋ノ政法軍事ヲ談ズ」とある。以下抄訳すると、数日後、こんどは周が方谷を訪ねた。話はまた政法軍事になり、方谷が周に、西洋流のそれを、わが国に応用する方法順序を問うた。周は答えられなかった。

そこで方谷が言った「幕府の諸制度は表側と裏側がしっくり合っていない。ちょうど漆塗《うるしぬ》りのはがれた使い物にならぬ椀に、朱塗金紋《しゅぬりきんもん》の四角形の蓋《ふた》を載せるようなものだ。美しい四角の蓋は、汚れた丸い椀《わん》には合わない。それと同じで、軍事政法その他上っ面《うわつら》を西洋流にしても、それを実効あるものにするには、内政の改革が伴わなければだめだ」と。

周は感嘆して、みずからの塾生（その中に方谷の弟子の松山藩士も居た）に、「山田翁は天下の豪傑なり。もし会津のような大藩に山田翁のごとき人物がいたら、幕府は安泰なのだが」と語ったとある。

【遺憾の極み】　幕府には、いや、老中首座板倉勝静の顧問には、山田方谷という豪傑もいたのである。しかし、無駄であった。後に方谷は、板倉勝静が

《「藩国（板倉藩）の事に於ては悉《ことごと》く予が意見を採用せられたるも、天下の事に至りては、数万言の内一《いつ》も採用せられず、遺憾《いかん》の極《きわみ》なり。》

（ルビ引用者）

と大息した、と伝えられているが、幕閣にはその一つすら、実行する意志も、能力もまったく欠

けていた。

同じ事を、方谷の愛弟子三島中洲（毅《つよし》）も「方谷山田先生墓碣銘《ぼけつめい》」で、方谷は詩文の原稿は遺さなかったが、献策・対問に関する原稿は、積み重ねて背丈ほどにもなっていたが、これは秘して人には示さず、天下の事を論じた献策は、万に一つも採用せられなかったことは、「他日この稿を見れば、判るだろう」と言ったと明言している。

詩「老残六十三」（後出）にいう、「変革激しき世に／如何《いか》に処すべきか明らかにせんとしたが、世に入れられず」は、そのことをいうのであろう。

【恋恋去る能わざる情】　慶應三年、七月二十六日になって、将軍慶喜は天保山下《てんぽうざんか》に碇泊《ていはく》していたフランス艦を訪れ、勝静も従っていた。大坂城に帰った後、慶喜はその日のうちに、今度はイギリス館を訪れている。

慶喜はここで、フランスか、あるいはイギリスと結んで、起死回生の最期の一手を探っていたのではなかろうか。その内容はまったく不明であるが、しかしこれも空しかったようである。慶喜はこのあたりで、大きく幕政奉還に傾いていったと思われる。慶喜に扈従していた勝静も知っていたであろう。「年譜」の次の記事が、そのことを物語っている。

方谷の主君板倉勝静は、この二十六日夜遅くなって、浪華《なにわ》京橋邸で晩餐を取っている席へ方谷を呼び寄せて、磁盃《じはい》（磁器のさかずき）を賜った。何の用事があったわけもないようである。とすればこれは訣別の盃以外ではなかったであろう。惜別は暗黙のうちに同意されていた。

「年譜」には、さらに八月になって、勝静は「短刀（銘備前介宗次《めいびぜんのすけむねつぐ》）を先生（方谷）に賜い、帰国を許す。此時先生、公と永訣するものの如く恋恋《れんれん》去る能《あた》わざる情あり。発するに臨み詩あり。」とあって、「老残六十三」の詩を引用している。

京師寓中の作（慶応三年八月、京師より帰る。都を出づるときの作）

老残六十三なれど、意気なお盛ん
鴨川のほとりに気を養い二度満月を見る
白髪は長く肩までとどき
紅塵は遠く街区を抜ける
鎖国は一変、中華も西洋も混一し変化激しき世に
古聖王の道を広めんとして世に容れられず
天を仰いで大笑、西山の方へ帰り去る
墳墓の地は何処にもあり

（宮八一二）

「恋恋《れんれん》去る能《あた》わざる情あり」とあれば、「意気なお盛ん」は反語であろう。方谷は、まだまだ働けますよ、と言っているように聞こえる。

「古聖王の……」と訳した原文は「文武を憲章して時と乖《そむ》く」である。文武は、周の文王と武王の

ことで、「文武の道」は、孔子が受け継ぎ守ろうとした、文化伝統である。「憲章す」は、則《のっと》り明らかにする、の意と辞書にある。「漢学も洋学も混一して変化してゆく世に、古代聖王から伝わる儒学の教師など、時代遅れで使い物にならない、必要なのは西周のような洋学者だとお考えなのですか。では、わたくしは、大笑して故郷に帰りましょう。

ここに陰《かげ》を落としているのは、大名板倉勝静の視野の狭さではなかろうか。

【懐旧の痴情】　京都から、松山川のほとり、長瀬の地に帰った方谷は、妣《ひ》（少年時に亡くなった母）梶の碑を建てている。これはすでに第二章で触れ、碑文を引用したところである。世の激変をまざまざと感じて、方谷は、個人的な懐旧の情にも堪え難かったのであろう「懐旧の痴情《ちじょう》自然と胸に迫り候（遥か昔にみまかった不幸な母への忘れがたき慕情と悲しみが胸に迫る）」と記し、さらに、「自己一身の栄《さかえ》（備中松山藩の重臣に昇ったこと）をことごとしく書き綴りましたのも、よく考えますれば、痛むべく悲しむべきことであります。この悲しみを解くことは、五大州（全世界）を尋ねても有るまいと存じます」と書いていた。

「五大州（全世界）」などという、方谷にしては目新しい言葉が使われていたのも、「京都寓中の作」の詩句「中華西洋混一して」が、ここまで尾を引いていると思えるのだが、どうであろうか。

方谷はすぐに「気力を奮い立たせ」るようにして、「洋学」のことに取り組んでいる。

《同じ八月、方谷は書簡を、京都にいた熊田恰（松山藩重臣）に送り、洋学修行生派出に及び、さらに「洋学の儀、近国では追い追い開けて行く様子で、昨日も井上権兵衛の話では、備前藩などでは洋学所を設置して、それぞれの科を立て、修行しておるとのこと。この洋学を一番早く開始したのは、わが松山藩でありましたのに、今日となっては他所より大分遅れを取り、停滞気味になってしまっている。近年はまったく油断していたためと思う。遅れはしたが、今後気を入れて努力してゆく外はないと思う。》（年譜　慶応三年）

右の方谷の示唆を受けてであろう、九月になって「我が藩、洋制を参酌《さんしゃく》して、文武の諸制を釐革《りかく》（改革）す。三島毅《つよし》奉行格に昇り、洋学総裁を兼ねた。」

方谷はすでに幕府以後のことを考え、実行していた。

３　朱墨の献言

まず、大政奉還前後の期日を明確にするため、『日本史総合年表』を抄出しておく。

「十月十四日、徳川慶喜大政奉還上表を朝廷に提出。

十月十五日、朝廷、将軍慶喜に、大政奉還を勅許。

十月二十四日、将軍慶喜、朝廷に将軍職辞任を奏請。

十一月十三日、鹿児島藩主島津茂久、兵を率い上京すべく鹿児島を出発（同23日入京）。

十一月十五日、坂本龍馬・中岡慎太郎、京都河原町近江屋で京都見回り組に襲撃され、坂本は即死、中岡は十七日死亡。

十一月二十五日、萩藩兵、三田尻を出発（29日摂津国打出浜に上陸）

十二月九日、朝廷、王政復古の大号令を発す。」　（日本史総合年表より　一部略）

【大政奉還】　すでに「十月四日、土佐山内侯（豊信《とよしげ》、容堂）家臣後藤象二郎・福岡藤次を京に遣りて、書を将軍慶喜に上《たてま》つり、政令二途の害を説《と》きて、大政奉還《たいせいほうかん》を勧む。将軍之に頷《うなず》く。我が公（板倉勝静）特に象二郎を召して諮《はか》るところ在り、すこぶるその意を諒《りょう》す。ここにおいて十三日、将軍を輔け、諸藩の重臣を二条城に会し、左の将軍の書を示して意見を徴す。」（年譜）

①『我　皇国時運の沿革を観るに　昔王綱紐を解て相家権を執り保平の乱政権武門に移りてより我祖宗に至り更に寵眷を蒙り二百余年子孫相受我其職を奉ずと雖も政刑当を失ふ不少今日の形勢に至るも畢竟薄徳の所致不堪慚懼候。況当今外国の交際日に盛るにより、愈　朝権一途に不出候ては綱紀難立候間従来の旧習を改め政権を　朝廷に帰し広く天下の公議を尽し聖断を仰き同心協力共に　皇国を保護せは必らす海外万国と可並立我が国家に所尽不過之候。乍去尚見込の儀も有之候はゝ聊忌諱不憚可申聞候　　十月（慶応三年）』

（全一九三八　カタ仮名をひらがなに、旧漢字を新漢字に改めた外は原文のママ）

【辞職上奏文】　右は、方谷年譜からの引用であるが、矢吹邦彦はその著『炎の陽明学』で、この文章が、矢吹家に伝わる方谷遺文の中に入っていたという。矢吹氏の推測によれば「備中松山の方谷のもとに、勝静からの歴史上に残る重大な密書をたずさえた使者が超特急の早馬で訪れてきたのはその年の十月十二日の夜半だった。」密書の内容は、徳川慶喜の将軍職辞職上奏文の草稿を書いて欲しい、というものだったようである。方谷はすぐに指示に従って、上奏文草稿を書き、その写しを、矢吹家に送ったのであろう。こうした方谷から矢吹家に送られた重大な密書には、「きまって宛て名も、差し出し人の名前もない。そして『早々御火中』の指示がある。」だが「事の重大性から判断すれば朱書きの超極秘の内容の最たる」この上奏文草稿の密書には、火中の文字はなかった、と矢吹氏はいう。

夜半に届いた指示よって書き上げられた草稿は、十三日「方谷から渡された原文は、十四日には京都の将軍慶喜の手で書き直され天皇に提出された。」

矢吹氏によれば、徳川幕府二百六十余年の幕を閉じる、②将軍職辞任の上奏文は、方谷によって書かれたことになる。

ただし右に筆者が引用したものは、全集に収録された①「徳川将軍（慶喜）大政奉還ニツキ諮問下令」と題してあり、下に命じて「言うべきことがあれば、遠慮なく発言せよ」と言ったもので、上奏文ではない。年譜はこれを「諸藩の重臣を二条城に会し」示された将軍の書としている。実際の「上奏文」（『炎の陽明学』所収）と①「草稿」を比較してみれば、両者の関係は明らかと思われる。下命の草稿を、上奏文に書き換えたものと思われる。分かり易く、余計な事は何も無く簡潔で、流れるような文体は、方谷のものと思われるのだが、精確な調査によって、草稿が方谷のものであることが証明されることを期待している。

【御誠心】　右草稿は緊急であった。すぐさまそれを（最初は諮問下命として）書いて使者に渡して、方谷は、それが上奏された後の、衝撃と混乱を案じている。

十月晦日になって、江戸に居た、方谷の子息耕蔵宛に、「京都時勢の一大変事、定めてそこ御地へも相違し申すべく、誠に驚愕の至り、言語に絶し候。さりながら、上は天朝を尊ばせられ、下は蒼生を安んじさせられ候御誠心より出で候御事に候えば、この上なき御盛徳の御事、有難き儀に御座候え共、一点（わずかでも）術数に渉り（策略をもってなされ）候事これ有り候ては、かえって騒乱の本と存じ奉り候。」という。（全一九三八B部分）

御誠心を根本に据え動じないこと、これが方谷が常に最も重んじる処である。

さらに十二月十四日の耕蔵宛書簡では、「さてまた備前尾道（ママ）へは、右長人後詰めの趣にて、人数千五百人ばかり上陸、（中略）上国の動静次第にては、これも上京いたし候や、又は近国へ横行いたし候やも計り難し。右に付き福山は大動揺にて、もはや籠城の用意のみいたし居り候由に相聞こえ候。」（全一九三九A部分）

備前とあるのは、製本上の間違いであろうか、それとも方谷のまちがいであろうか、若し後者だったとすれば、これは筆者が眼にする方谷誤記の唯一の例となる。

《時は慶応三年に入り朝幕の扞格《かんかく》は愈々最後に迫る。十月三日土佐山内侯は遂に大政奉還を将軍に勧む。十三日我が公は将軍を輔けて諸藩の重臣を二条城に会して意見を徴し、十四日大政を奉還し次て又将軍職を辞す。十一月に入り、軍議益々沸騰し小御所の会議王政復古の大号令渙発将軍二条城より大坂退去等の事あり時事頗る急なり。ここに於いてわが公は公用人神戸一郎を藩地に下し重臣及び先生の意見を徴す。先生三変の説を「書取り」にして一郎に授け公に答申す。すでにして先生憂慮に堪えず、さらに前説に本づき正否両説を朱墨に分書し藩士神戸謙二郎に面接せしむ。謙二郎行に臨み一本を写して同僚三島毅に遺す本項収むる所是なり。わが公固よりこれを嘉納すしかも麾下軍僚の暴怒抑うべくもあらず。謙二郎は公の旨を奉じて翌日永井玄蕃及び会桑二藩に説く藩士吉田謙蔵又旨を受けて会桑二藩に説く所あり皆表面納るる所なりしも大勢駸々として遂に翌明治元年初頭の鳥羽伏見の変となり徳川幕府の敗蹶《はいけつ》に終わる。先生の遺憾しるべきなり。》

（三島毅記す。全一九三七B　ルビ及び表記一部改）

【朱墨分書の献言】　右に言う、朱墨に分書した意見数十条は、「朱墨分書の献言」と題し「先般神戸一郎御差下の節同人へ書取り遣わし候三変の節」（全一九四一　表記一部改）として、同じものが二文収録されている。三島毅が言うように、神戸謙二郎は出発する前、もし事故などがあって役目を全うできなかった場合に供えてであろう、「一本を写して」遺していた。

献言は次のように始まっている。

《一、御辞職御根源の事
上は尊王の御為下は安民の御為
天運変遷を御明察の上の御事》

方谷が、どうしても伝えたかったのは、これに尽きると言ってもいいであろう。この根源の事を厳守して崩れなければ、徳川家は存続可能だというのである。言い換えれば、「誠心を貫く」ことだといってもいい。従って、「朱書」されているのは、誠心に背く行為で、そのような行為に走れば、変乱が起こるという。

《(朱書)
御拠《よ》んどころなく時勢に迫らせられての御事
御権謀《けんぼう》にて一時をお免《のが》れ候御事
今日の御遜譲《そんじょう》を以て後来《こうらい》の御専権《せんけん》を御謀《はかり》にての事》

【誠心一点の曇りなく】　時勢に鑑みて仕方なく、大政を奉還したのでも、権謀を以て一時を逃れたのでも、今は控えているが、やがては権力を取り戻そうというのでもない、誠心の一点の曇りもなく、尊王安民のため、天運変遷に従い、大政を奉還したとことを、根源として堅持せよというのである。

その上で、まずは新しい政体に進む為の、処置すべき項目を挙げている。

全文の引用は省略するが、朱書の中には「御堪忍御堪忍と申すこと」とある。ただ謝ってへりくだってばかりではいけない、ということであろうか。その心理はまた「新政の破綻」を待ったり、「不和から内崩となるの窺う」事に通ずると言っているようにも思える。

全文の紹介は省略したが、この献言を大坂にいた勝静に届けた、神戸謙二郎の報告書を見ておきたい。日付は年が明けた慶応四年元旦（明治元年）である。

「　朱墨分書の献言に就き使者の神戸の報告書

【兵端は開くべからず】　去月二十六日、無事着坂いたし、御建白箇条書きの義は、（勝静公に）直ぐさまお目通りの上詳しく言上いたしました処、墨書の方は、いちいちご尤もにお聞きあげなさいました。先頃尾張・越前両侯大坂にお下りになり、その御目的は、薩摩藩が軽率に引っかき回すので、折角の新政の趣意が立たず、そこで徳川内府様（慶喜）が上洛なさって、協力して薩摩藩の我が儘を取り除けたいという、両侯のお考えでした。尤も土佐藩・安芸藩はただ上洛の上、ともに新政を補佐したいと言うまでで、かの毒気を除きたいなどということは、表向きは感じられません。

『公辺ではお目付や陸軍隊などは上洛して、毒気を打ち払いたいと武張って上洛とばかり唱え、遠謀深慮の処は少しも相談はできかねる』との君公のお話で、小生はびっくりして、方谷よりの建白墨書を用いれば、これは天下大平も望まれる上策ですが、止むを得ないとして朱書の処をお用いになれば、天下騒乱を覚悟しなければなりません。名義を正しくすればあるいは一生を得る幸運もあるやも知れません。しかるに、今天下の衆議も尽くさず、いま在京の諸侯ばかりの議論で、御上洛なさり、万一徳川家から兵端を開くなどということになれば、彼の（薩摩・長州を初めとする西南雄藩連合）の術中にはまるり、禁門の変における長州藩の福原越後の轍を踏む事必定であります。何としても、天下諸侯の衆議によって御上洛されますよう言葉を強めて申し上げました処、それならば『明早朝謙二郎は、永井玄蕃の処へ行き、吉田謙蔵は会津・桑名へ行き、主人（勝静）には内緒で、お前たちだけの考えとして、説得するように』との御言葉でした。そこで翌朝それぞれ説得に向かい、永井様の処では平山圖書様もいらして、委細もうしあげました。すると御両所様『尤もの事である、すぐに相談しよう』とおっしゃって、会津・桑名も至極同意であるということで、両家より早々に（慶喜公）へ申し上げるということで、危うい処で一安心いたしました。

ところが陸軍隊と御目付などは、どうも治まらない様子で、またぞろ吉田謙蔵が会津・桑名へ参り、決して兵端は開くべきではない。時節をお待ちするのが良策であると、そちらからも広く説得してもらいたい、と頼みました処、それは承知するが、『上様（慶喜）は、伊賀様（勝静）から、その口上はお受けになり、今は決して動揺してはならぬ。どうしても上京するというのであれば、我が首を切ってから出立せよ、との御言葉ですから、御心配には及びません』ということでありました。これは昨晩までの情況でして、幕府にては上層部でも下でも、御恭順と申しておりますが、内心はどうも頭勝ち（ここでは、上層部の思いだけで、下層部には充分に伝わっていない）の様子が拭えません。そのことは、この前の奏聞（朝廷へお差し出しの文）書の扱いにも見られます。

横屋が持ち帰り申しますには、御奏聞書は京都へ御差し出しになりました処、今の情況では、このような事を申し立てては宜しからず、ということで、尾張・越前両侯の手元にお預かりということでしたが、ただ今承りましたところ、強いて御差し出し御願立てになったとか申す様子であります。愈々御差し出しに決しましたならば、上様ご自身の事その外二つの件につき御省略するということであります。（後略）　正月元日夜認（明治元年）　神戸謙二郎

方谷先生　侍史」

第十九章　了

第二十章　備中松山藩急変

1　鳥羽・伏見

【暴発寸前】　慶応三年十月十四日、徳川慶喜は大政奉還の上表を朝廷に提出し、十五日には、朝廷はこれを勅許した。

十二月九日には、王政復古の大号令が発された。徳川慶喜に辞官納地を命じ、幕府廃止、新政府が樹立した。(日本史総合年表による)

慶喜はすでに十二日には、京都二条城を退去し、大阪城に入っていた。

この時、終始慶喜のそばを離れなかった老中板倉勝静が、当時の京阪の情況を、十二月十四日付で江戸幕府に知らせた書簡が在る。

《当方戦士の向きに於ては、御家の存亡、最早今日限りと、一図に存じ込み、畢竟この次第に立ち至り候は、薩の奸計充分行われ、憎むべきの極みと思いつめ候より、一同の憤怒一方ならず、会、桑二藩は申すに及ばず、陸軍役々、遊撃隊、新撰(組)その外、何れも奸藩を皆殺しに致すべき心得にて、御命令次第速やかに打出で候覚悟いたし、その他議論沸騰、押えきれ兼ね候勢い、上（慶喜）にも一時は御憤怒にて、既に御出兵相成るべき一段のところ、再三御熟慮遊ばされしに、国持（引注・国持大名）は勿論、（大名）の向きども、この場合に至りても、更に振るい候様子これなく、御手兵とは雲泥の相違。」（十二月十四日付）》（天皇の世紀より）

最早押さえきれず、京阪では暴発寸前の情況がよくわかる。しかしそれは会・桑二藩と御手兵だけのことであって、国持ち大名、譜代大名は、「更に振るい候様子これなく」で、立ち上がろうとする熱意は見せなかった。

慶喜自身も、この沸騰に乗せられて出兵しようとしたが、ようやく冷静に立ち戻っていた様子も覗えるが、幕・薩両軍の衝突は、時間の問題であった。

【伏見鳥羽二街道に分れて入京】 明けて、明治元年戊辰《ぼしん》（一八六八）は、山田方谷六十四歳である。この年、年頭に戊辰戦争が始まり、徳川幕府が崩壊し、年号が明治と改まった（九月八日）年である。（以下注記引用者）

方谷年譜は、正月二日の記事から始まっている。

「朝議（京都朝廷での会議）によって、尾張（徳川慶勝）・越前（松平春嶽）二藩主を大坂に派遣し、前将軍慶喜に、軽装で入朝することを促した。前将軍は、疑いためらってこれを実行できずにいた。

正月一日夜、大阪城に前将軍に従う、会津藩・桑名藩などの諸藩主、それぞれに従う家臣たちが、大阪城に集まり評議した。その結果、二日、ついに大兵が、伏見鳥羽《ふしみとば》二街道に分れて入京することになった。兵数一万五千と称せられている。」（引用者意訳）

戊辰戦争勃発までの、複雑に入り組んだ経緯は、この後にも触れる。

【墨朱書き分けの上申書】　ただ、前章に触れた、山田方谷の墨朱《ぼくしゅ》書き分けの上申書について、これが後になって、徳川慶喜の耳にも触れていたことを、ここに引いておきたい。

『昔夢会筆記』は、徳川慶喜の懐旧談を直接聞いた記録であるが、その聞き手の中に、山田方谷の弟子で、昔夢会当時文学博士であった三島毅が加わっていた。老中板倉勝静の家臣であり、幕末当時の藩政にたずさわり、政情にも詳しかったことが、参加の理由であろう。明治四十二年七月十五日の第五回の昔夢会で、三島毅が、方谷の墨朱上申書について発言している。

「三島毅（の発言）　せっかく返上なさったのが、無になってしまうというのは事実遺憾です（引注・慶喜が大政を奉還をしたのに、薩・長軍と武力衝突して戦争を起こしては、奉還の功が無になってしまうこと）。それでこういうことがあるのです。私の田舎に……、ああいう際でやかましい相談が始まった。今度大政返上になった、善後策は如何《どう》したものだ、それから山田（方谷）の考えで……、これは病気がありまして、すぐ上るわけにもならず、それから策を書きまして、朱書・墨書というものを書いて、墨書のように遊ばしたら徳川家万歳、朱書のようになったら、徳川家はばたばたいってしまう、この二つの策を立てて、その墨書の方で、せっかく大政を返上なすって、どこまでもこの案を貫いて、大坂にじっとしていらっしゃいまし、此方《こちら》さえじっと恭順していらしゃればよいという策です。それから私が出るところを少し用があって、神戸源四郎（謙次郎）という者がすぐそれを持って上りました。ところが私（板倉勝静）は誠によいと思う、ついては会桑（会津桑名）へ遊説してくれぬかということで、それから会津へも行きますし、肥後へも行きますし、どこへ行っても皆承知されたです。それで此方へ帰りましたのが、昔のことですから戦争のあったことが知れない。帰ってくると、隣国から様子聴きにちゃんと来て待ち構えている（備後福山藩の関藤藤陰）。ところが今の神戸源四郎が戻って来て、九州でも尤もだというし、会桑でも尤もだという。もう天下大平、そこでめでたいというので酒宴を開いておった。その酒宴半ばへ注進が来て、伏見で戦争があって、会桑の兵が敗北したということを聴いて皆驚いた。そういうことがあったのです。つまり表向きだけ容れたものと思う。」

（『昔夢会筆記』引用は東洋文庫版による　注記引用者）

【火中に油の樽を投げ込む】　確かに「表向きだけ容れた」のである。朝廷は「軽装入朝」、身軽な服装で朝廷に出頭せよ、と慶勝、春嶽二藩主を使者として慶喜に命じた。武装せずにということだが、護衛の兵もつれずに独りでということのようである。大久保一蔵、岩倉具視らが謀った無理難題であった。

当然、慶喜に従って大阪城に入っていた会津、桑名の藩兵、および幕府家臣旗本らは激怒沸騰し、最早誰も抑えることができなかった。

二日早朝、一万五千の兵が、鳥羽、伏見二街道を京都へ向かった。

この記述の少し前では、大佛氏は次のようにもコメントしている。

《大坂が突然に出兵を決定したのはもとより慶喜個人の意思ではなかった。停滞していた旋風が急に方向を得て加速し、最早静止出来ぬ勢いとなったのである。兵力は優勢で、先遣部隊が淀、八幡、山崎あたりまで進出し、京浜間の要地を概ね制圧し、いつでも押出し出来得る態勢に在った。戦意はさかんで、日一日と発火点に近付いた。十二月二十八日に成って、ここで予想もしなかった突風が突然舞込んで、これまでの風の渦を大きく移動を起さしめる原因となった。これは京大坂でなく、遠く江戸で事件が発生し、江戸を留守の幕府の要職が芝三田に在った薩藩邸、佐土原藩邸に実力を行使して、砲撃を加え、屋敷を焼討ちした事件が急報で大坂に達したのであった。燃え立とうとしている火中に、油の樽を投げ込んだように、強烈な衝撃が大坂城の内外に降ったのである。》

（天皇の世紀）

【無茶苦茶】　昔夢会の席上で、三島毅がさらに、その時の大阪城からの進発には、軍令状があったかどうか、と質問すると、徳川慶喜は

「軍令状も何もない、無茶苦茶だ。」と答えて、次の発言がある。

「公（慶喜の発言）　前に朝廷から軽装で、私に上京しろということであった。軽装で行くなら残らず（大阪城の将兵全部）行けという勢いで、そこで尚上京しろという命令があったから、それ幸い、先供《さきとも》（前駆）でござると言って出て来た。処が関門があって通ることがならぬ。これは上京するようにという朝命だ。朝命に従って上京するのだから関門をお開きなさい。いや通すことはならぬ。朝命だから御通しなさいというのだね。そこで押問答しているうちに、その談判をしている向こうの隊が、後へ引いた。陣屋へ引いてしまうと、後から大砲を撃った。そこで（幕軍は）前から潰れた。すると左右に藪がある。（朝廷軍は）藪の中へかねて兵がすっかり廻してあった。それで横を撃たれたから、此方の隊が残らず潰れかかった。それで再び隊を整えて出た。こういうわけである。

その時の此方の言い分というものは、上京をしろと御しゃったから、上京するのだ、それをならぬというのは、朝命違反だという。向こうの方の言い分は、上京するなら上京するでよいが、甲冑を着て上京するに及ばぬ、それだから撃ったとこういう。それはつまり喧嘩だ。まあそういうような塩梅で、ただ無茶苦茶にやったのだ。」

（昔夢会筆記）

慶喜は「無茶苦茶」を二度繰り返している。統制も何もない兵士同士が、突発的な喧嘩のように始めてしまった、といっているようだが、しかし、大佛次郎は慶喜の右発言を引用して、「慶喜がこれを話したのは後年のことで、自分は動く意思はなく自然の勢いに巻込まれたもののように話している。自己弁護なのは明らかで、戦意がまったくなかったとは言えないことであった。」（天皇の世紀）とコメントしている。

「三日、諸隊伏見鳥羽の二関《せき》に近づく、京兵（朝廷に入っている薩摩、長州兵）二関を扼《やく》し（要衝を抑え）、ここに両軍衝突す。すでにして幕軍連敗して、大勢廻《めぐら》す可からず。」（年譜）

【議論も術計も尽きはてたり】　山田方谷が、朱と墨による上申書によって、絶対に避けるべしとしたのは、この衝突であった。

それにしても、板倉勝静は、なぜこんな時期になるまで方谷の意見を求めなかったのか。切羽詰まった瀬戸際になって、藁にすがるような諮問であった。事件の経過を見るとそのようにしか感じられない。文書だけでは心もとなく、使者として神戸源四郎（謙次郎）までも大坂へ送ったが、その使者も、三島毅が昔夢会で言っているように「表向きだけ容れた」、誰からもまともに扱われず、表向きだけ受け入れていたのだ。

方谷の献策は、「連戦連敗」した後になって、ようやく実行されるような形になった。『天皇の世紀』によると、浅野美作守（若年寄・陸軍奉行）の談話として、敗戦直後板倉勝静から聞いた話として、次のように記録している。かなり長いので、中途からの引用である。（なお、天皇の世紀』は出典を『晩香堂雑纂』としてあるが、これは見ることができないので、これも孫引きを御

宥恕願う）

《「板倉閣老は憮然として、『さて美作殿、時態は救うべからざる難局に陥りて、聞かるる如き大変動は起きたり。此に至りては最早議論も術計も尽きはてたり。そもそも頃日城中の議論は硬軟二派に分れ、（中略）陸軍部内は勿論、会津、桑名の藩士は、異口同音に硬説を唱え、中にも近藤勇の配下などに至りては、激烈も亦甚だしく、その極、終に寧ろ君上（原注・徳川慶喜）を退け奉りても、徳川家の家名に対し、彼れ薩長の制御に屈すべけんやというに至り、戦論のさかんなること、恰も狂瀾怒濤の如き勢いなれば、君上の御趣意を膺けて、始終を恭順を貫かんとするものは、自分を始めとして、（中略）二、三子の少数にて、なかなかに彼が暴威には抵抗し得られず。終に今日の極難に陥りたり。返す返すも遺憾千万ながら、自分が不行届きより、統御の大任を誤りし結果にて、この責は他人にあらず、畢竟は自分が甘んじて受くるところ。』（中略）さすが忠惇《ちゅうとん》なる伊賀殿の事とて、しばし血涙にむせばれけるが、思い返せるさまにて、『已《や》みなん已みなん、今更言論は無益なり、疾く行かれよ』」》

次いで浅野美作守は、慶喜に逢ってその言葉を次のように記録している。

《『時態日々に切迫して、過激論者暴威を極め、制御の道もあらばこそ、終に先供《さきとも》の間違いより、伏見の開戦となり、錦旗に発砲せりと誣《そし》られて、今は朝敵の汚名さえ蒙りたれば、余が素志は全く齟齬して、またいかんともする能わず。さればとてこの上なお帯城するときは、益々の過激輩の余勢を激成して、如何なる大事を牽き出さんも計られず。余なくば彼等の激論も鎮まりなん。故に余は速やかに東帰して、素志の恭順を貫き、慎みて朝命を待ち奉らんと欲するなり。』》

「六日夜、前将軍密かに帰東に決し、会桑二侯・酒井（忠惇《とし》）老中及び我が公（勝静）等を従え、大坂より海路をとり、十一日夜江戸に還る。

七日、（朝廷は慶喜）征討の命を布告す。

十日、慶喜及び我が公以下の官位を削る。」（年譜　表記改）

【石川文兵衛】　少し時間を戻すが、神戸謙次郎が大坂へ向かった後、松山では「福山藩石川文兵衛（原注・後の関藤藤陰《せきとうとういん》）東事（京都大坂の情況）を探って我が藩に在り、（神戸の第一報を得て）賀杯を挙げて去る。すでにして九日（おそらくは五日）、謙次郎五日（おそらく三日）付の書信至りて、伏見の変を報ず、衆情愕然たり。」（年譜）

福山藩石川文兵衛（関藤藤陰　以下この名を使用）についてここに注記しておくと、福山藩とは、備後《びんご》福山の阿部藩十一万石である。藤陰は備中国笠岡出身で、始め地元の小寺清先に学んだ後、京都の頼山陽に入門した。その愛弟子となり、山陽門では関五郎と呼ばれていた。山陽晩年の病床に付き添い、最後を看取った後、福山藩儒臣として、阿部家七代正弘に仕えた。アメリカのペリー提督が黒船四隻を率いて浦賀にやって来た時の、老中首座である。藤陰は正弘の寵臣としてさまざまな要務に携わり、浦賀視察、下田視察、北海道樺太探検などをおこなったが、二度目の探検帰途に、阿部正弘逝去の報に接した。この後は、正弘の後継者、阿部家八代正教《まさのり》、九代正方《まさかた》に仕えたが、二人はともに病弱で、早世した。特に正方は、第二次長州征討の石州口陣中で病に倒れ、帰城して慶応三年十一月二十一日に亡くなっていた。

藩主を失った福山城は危機にさらされていた。

十二月二十七日には、福山から西へ五里の尾道に、長州軍の兵二千が上陸したと伝えられた。長州軍は京都での、旧幕府軍との衝突に備え、後備としての譜代藩福山の動きを警戒していたのである。

【杯を投じて驚愕】　一月一日、関藤藤陰は山田方谷を尊敬していて、前々から方谷を松山に尋ねていたが、この時は、譜代藩の重臣として、情報を求め、また方谷に善後策を相談するために、松山に向かった。しかし方谷は長瀬に居たので、藤陰は方谷には直接は会えなかったと思われる。

藤陰の松山到着は正月二日である。

大坂に送り出した使者神戸謙次郎からの知らせは、まだ松山には届いていなかった。

すでに引用した神戸謙次郎の「一日夜認む」の書を、藤陰が目にしたのは五日昼前になってからである。前章末に引用したように、そこには楽天的な空気が感じられた。それによって、松山では、どうやら武力衝突は避けられそうだとして、すぐに祝杯が挙げられた。

だが、情況は一変する。

次の引用は、山田方谷の愛弟子で、酒宴に同席していた三島毅（中洲）が、後に『藤陰舎遺稿』に付したあとがきの一節である。

「急使による返報には、勝静公が御承知なさったとあった。たまたまわが松山においでになっていた藤陰先生は、これを聞いて大いによろこび『天下は無事に治まりそうだ』と、我らと酒杯をあげられた。

しかるに、宴酣（えん、たけなわ）のこと、ふたたび急報があって、『慶喜公は会津、桑名に迫られ、ついに兵を発し、伏見で大敗、方谷先生の善後策は行われず』と。藤陰先生と我等は杯を投じて驚愕、言葉を失い、倉皇《そうこう》として（あわただしく）別れる他はなかった。」（引用者口語訳）

関藤藤陰が、福山城に帰ったのが何時であったか、明確な日付は判っていない。大坂から松山へ書簡が届く日数、松山から福山へ帰る時間などを考慮すると、おそらく、船便の都合がよければ、六日、もしくは七日ではないかと推測される。

尾道にとどまっていた長州藩兵が、福山城を包囲したのは九日朝である。そのとき関藤藤陰はすでに福山城に帰っていて、城中を指揮していた。

長州軍は福山城を包囲し、いきなり、銃砲を城へ撃ち込んできた。

藤陰は、侵入には充分な防備を施していたが、城内からの反撃は一切禁じておいた。

はからずも、方谷の墨朱の策は、ここに生かされたと見える。

反撃は一切せず、機を見て、藤陰は家老と二人、身に寸鉄を帯びず――と伝えられている、大手門を出、長州軍参謀杉孫七郎と交渉し、講和を図った。

ちなみに、この時の長州軍参謀、杉孫七郎は洋装で、ロンドンで購入した山高帽にアンブレラを携えていたという。杉は、文久元年の幕府遣欧使節に、福沢諭吉などとともに加えられ、ヨーロッパを回ってきた洋行帰りであった。珍しかったのであろう、福田禄太郎の『阿部正方公』（私家版）に触れられている。

両藩の講和は無事結ばれ、長州藩は、次の譜代藩備中松山へ向かったとされている。これが明治元年一月九日のことである。

【松山藩の恭順と大逆無道】 他方、松山藩の情況は、年譜の記載が簡潔に要領を得ているので、これを、読みやすさを考え、段落仮名遣い等の、表記を改め引用する。

《十三日、これより先十一日には、朝廷は岡山藩主池田茂政に「板倉周防《（ママ）》守儀、徳川慶喜の亡《ぼう》挙《きょ》を助け候こと、その罪天地容《い》るるべからざるに付、征討の儀を仰せ出《い》ださる。」の朝旨あり。
この日、茂政は藩老伊木若狭《わかさ》を鎮撫使《ちんぶし》兼総督として、藩兵を率い来て罪を問わしむ。（中略）
我が諸臣あるいはそれが偽りの勅命ではないかと疑い、あるいは降伏は我が公（勝静）の意

決した。

岡山藩では、河合源太夫以下三名を、応接方として派遣するとの情報を得て、三島毅・三浦泰一郎の二人は急ぎ松山に帰った。

老臣大石隼雄および井上権兵衛はこの日嘆願書を携え、鎮撫使を中途〔原注・浅尾陣屋〕に迎えて、我が藩恭順の意を表す。

十四日、岡山藩兵進みて美袋《みなぎ》村（藩城の南三里）に次す（とどまる）。

前日我が藩庁会議あり、先生（方谷）また臨む。この日をもって謝文を美袋の鎮撫使営に呈す。金子外記・桑野亀・大石隼雄三家老これに署名し、「徳川内府軽挙暴動候処、主人輔翼の任を失い、その後大坂より脱走、行方相知らず、城地領内御藩へ御預け申し上げ、御裁許を待ち奉り候」の文あり。

十五日、諸重臣等、金子藩老の屋敷に会して相議し、大石を正使とし、三島毅・横屋譲之助（目付役）御副《そえ》として、美袋の鎮撫使の営に赴き、罪を謝し旨を請わしむ。河合源太夫等出て接し、謝罪書を徴してその文案を交付す。案中に「大逆無道《だいぎゃくむどう》」の四字あり、大石等これを藩庁に送致す。（方谷）先生これを視、慨然《がいぜん》として（いきどおり嘆き）言う、我が公断じて大逆無道の事あるべからず。この四字除く能わずんば、公を大逆に誣《し》う（罪のない人を罪にあてる）、その罪遁るべからず。我刃に伏せんのみと。〔原注・先生当時妻〈緑〉および矢吹久次郎に遺書を裁す、現に家に伝う〕席上一二異論ありしも、ついに先生の議に決し、因って急使を遣りその旨を報ず。大石等これを体し、四字に換えるに「軽挙暴動」の文字をもってせんことを哀求す。河合等容易に応ぜず。大石失声号泣し、他の二人相次いで懇請《こんせい》はなはだ力《つと》む。河合感動していわく、「貴意これを諒す、さらに総督に請うて決する所あらん」と、馬を馳せてその允許《いんきょ》を獲、ついに四字を改むることを諾《だく》す。かくて談ようやくおわり、大石等復命す。先生感泣してその労を謝し、衆請（皆の祈念）始めて安んず。右に前後し、藩士皆城外各方面に退去す。〔町民は除外〕》

「大逆無道」の四字を視て、方谷は伏刃《ふくじん》（自死）を口にしたという。

大逆とは、儒学の最も中心的な徳目である忠と孝に悖《もと》ることで、「君・父を殺し宗廟《そうびょう》・山稜《さんりょう》を毀《こぼ》つ如き、甚だしく人倫に背いた罪悪」（大漢和辞典）である。

方谷にとっては、この四文字が、勝静公の問罪書に眼にすることなど、有り得ないことであった。それは、言葉の、正しくない間違った使い方というよりも、詩人方谷には、いのちをかけても取り除くべき、きわめて醜悪な文字と見えたであろう。そこに働いていたのは方谷の思想と云うよりは詩魂であったという気がするのである。

もしも、だれか、思想といっても、詩魂でも、同じ事だ。言葉の遊戯に過ぎないと言う人があっても、わたくしは、それに、反論することはできないし、反論しようとも思わない。

ただ、方谷の思想ということをしばしば眼にするが、それが、時には、方谷にはあまりふさわしくない衣装のように感じられることがあって、気になるのである。

端的に言ってしまえば、詩魂でも、思想でも、さらには、至誠惻怛でもいいが、これらを分析的に捉えようとするのは、上手いやり方ではないように思う。

思想も詩魂も至誠惻怛も、方谷の場合最も特徴的なことは、みな、方谷の所有する観念ではなく、血となり肉となった、身体の一部という感じが強くするのである。もっと言えば、外から貼り付けたレッテルではない。

戦に勝ちほこったものが、敗者に向かった、軽々しく投げつけた言葉に過ぎないであろうが、その言葉の重みを充分に感じている方谷には、大逆無道を眼にした時、これはいのちを棄てても取り除かねばならぬ、醜悪なものと見えたのであろう。そのことを詩魂と言ったのである。

資料を読んでいると、「大逆無道」は、多く徳川慶喜に使われている。たとえば、「徳川慶喜征討の令」を、制札として、「各所に在る幕府時代の制札を取り除いて、新しく用意のものに取替えた」その文面に次のようにある。

「(前文略)去る三日、麾下者を引率し……闕下犯し奉り候勢い、現在彼より兵端を開き候上は、慶喜反状明白、始終朝廷を欺き候段、大逆無道、その罪逃るべからず、云々」(天皇の世紀)とある。

これは広く布告されたとあるから、備前藩はその罪の決めつけに用いた言葉を、そのまま板倉勝静にも応用したのではなかろうか。深い考えからではなく、大役を命じられた意気込みが、この言葉を使わせたようにも見える。

【甘んじて死に就かん】　さて本題に戻ると、松山藩にはまだ為すべきことが山積していた。十八日、岡山藩の鎮撫使諸隊は、この日松山城下に入り、城および藩政の収受が行われた。方谷は、諸重臣と主家再興の方略を議した後、長瀬に退いたが「一藩方向を議するに当たり、一死報国の志あり。姻族矢吹久次郎に書を寄せて曰く」として、次の文を引用している。

《敝藩の大変、別して申し上げざれども御承知下さるべく、時運の至る所致すべき様もこれなく、甘んじて死に就かんとす、喜びもて節を全うせんのみに御座候。胸中毫も遺念なく、この段ご安心下さるべく候云云《しかじか》》（年譜）

方谷はこの時、死を心に決めていたというのである。ところが、ここにまた大きな問題が飛込んでくる。

2 熊田恰の切腹

【藩主護衛隊の帰藩】 以下も、年譜意訳によって記述する。

「藩城開城の重大事が、ようやく十八日に終了するや、翌十九日、思いがけなくも、藩主勝静公の護衛隊長熊田恰《あたか》の信書が、藩に届いた。

熊田恰は、これ以前、藩兵を率いて京阪において、勝静公の護衛に当たっていたのである。伏見の変の後、我が公は、前将軍慶喜公に従って大坂を去るに際し、恰の護衛隊に帰藩を命じていた。一隊一五八名は、船十数艘に分乗し七日に大坂を出たが、風浪のため離ればなれになり、十三日から十七日になって、ようやく全船が藩の飛び地である玉島港に到着した。恰以下は、玉島の藩士の家などに分宿して、十八日付で信書を松山藩庁に送り、藩地に引き取り謹慎したいとの意志を伝えた。

時に岡山藩の鎮撫使は、我が藩の要人の出頭を命じていた。三浦泰一郎（号仏巌、進鴻溪、三島中洲とともに方谷門下の三傑と称された）がこれに応じて鎮撫使庁に赴いた。鎮撫使が言うには、『貴藩の大坂での敗兵が玉島に到着している。岡山藩では兵を出してこれを包囲している。我ら鎮撫使も玉島に南進せんとしている。松山藩では、これを如何処置するつもりであるか？』

泰一郎が答えた

『我が藩論はすでに恭順と決して居ります。恰にも勿論他意はありません。どうか寛大なる御処置を願います。』

鎮撫使『では、恰と他の将の首級を差し出せ』

泰一郎は抗弁して言った。

『お待ち下さい、恰にはこれから藩論は帰順に決定していることを伝え、彼等一隊の指揮は貴藩にお任せいたしましょう。恰がもしも帰順を承知しないんであれば、首級差し出しを拒むものではありません。』

鎮撫使は尚も首級を要求して止まなかった。

よって、我が藩では幹部の井上権兵衛、進昌一郎（号鴻溪）を使庁隊（鎮撫使庁の隊）に随行させ玉島に派遣することにした。」

【一藩の面目を汚すなかれ】「先ず三浦泰一郎と荘田賤夫が玉島に向かった。我が藩ではさらに衆議して、事態は重大である。なによりも熊田恰には、すでに一藩恭順に決して居る事を伝えなければならぬ。それに、どうしても止むを得ぬ場合には、恰に自決謝罪させる他はないかも知れぬ。

そこで密かに僧侶二人に密書を託し、別々に玉島に送り出した。密書は紙縒にして笠の紐に編み込み、二十一日、恰に達した。

二十一日夜、井上権兵衛らは使庁隊に随行して出発し、二十二日早朝玉島に到着した。

岡山藩兵はすでに、羽黒山ほか重要地点に兵を配備して、使庁隊は北方に布陣し、今にも交戦が始まろうとしていた。三浦泰一郎、井上権兵衛らは、藩内の諸要人に恭順の藩議をつげ、岡山隊に赴いては、寛大なる処置を請願した。岡山隊の指揮者は甚だ強硬であった。

熊田恰は、その前日、川田剛に告げたいた。

『私は武士である。死を惜しむものではない。ただ、死すべき時を教えてもらいたい。』

井上権兵衛らも、ことの止むを得ざるを察し、相談してそのことを熊田恰に告げた。

『よし』と恰は、一言こたえた。

川田剛に次の嘆願書を起案させた。

『私儀重役を勤め乍ら輔翼行き届き申さず、主人を不義に陥れ、剰（あまつさ）え戦地へも赴かず滞阪まかり在り、事柄承知つかまらず候らえども、厳重の御沙汰蒙り奉候次第に立至り候段、全く私一人の不調法、重々恐れ入り奉り候。これに依り死を以て御詫び申し上げ奉り候。何卒水野湛以下百五十余人の者共、御助命成し下され候様幾重にも願い奉り候。誠恐誠惶頓首謹言。辰正月二十二日　備前御出張御役人中様』

こうして甥の熊田大輔（矩光）に介錯を、門人井上謙之助に介添えを命じ、大輔に心得を伝えて、『我が首級は実検に供えることになる。周章して、一藩の面目を汚すなかれ」と。そうして、次室に席を移して、東に向かって深く礼拝して、主君勝静に決別して、従容として自決した。」

右嘆願書は草案のようである。『戦地へも赴かず滞阪まかり在り』とあるから、鳥羽伏見の戦いには加わっていなかったのである。岡山藩進駐は、この戦いに加わって逃れたものを探索するということであったとある。右草案を岡山藩はどう扱ったのであろうか。

年譜はこの後、方谷の嗣子耕蔵と、方谷の弟子川田剛（甕江）のその後に触れている。

勝静は、慶喜と供に江戸に帰った後、国元の松山藩のことが気に掛かり、江戸の岡山藩邸に託して、自藩の老臣に、朝廷に恭順すべきの意を達したとある。すでに、岡山藩鎮撫使進駐、藩城明け渡し、玉島包囲、熊田恰の切腹、すべてが終わった後のことである。

勝静はさらに、なお憂慮するところありとして、当時江戸に居た、方谷の嗣子山田耕蔵を、たまたま、備中浅尾藩主蒔田侯が、帰西する便に、耕蔵をその従士に加えて帰藩させ、「一藩恭順して岡山藩に依頼すべし」と伝えさせている。耕蔵が帰着したのは、二十一日、熊田恰切腹の直前であった。

もう一人、川田剛は、慶応四年（明治元年）には、目付役として江戸藩邸にあった。「伏見鳥羽の変を聞き、星駆《せいく》（急行して）京阪に至れば、勝静公はすでに江戸に帰った後であった。」たまたま出会った熊田恰の一隊と共に玉島に帰り、恰の切腹に立ち会っている。後川田は、恰の碑文を撰している。彼は恰の隊中ではなかったので、帰藩を許された。

川田は、三月になって長瀬の方谷を訪ねた。今度は、勝静公の安否を訪ね東へ旅立つに際しての暇乞いであった。

三月、川田甕江君来訪す。賦して贈る二首

関東への旅路は険阻危険なれば暫時出発できず
山中に隠れ住む余を、ひさりぶりに訪ねくれた
いたるところ兵乱広がるも、恨むをやめよ
静謐なる雲林、かえって久闊を叙するによし
（宮八一六）

国破れ身は孤となるも、春爛漫たり
久しき再会、楽しまざるべからず、
戦乱は禁句とすべし、見よ山河の景、
戦乱には共に、あまりにも涙しければ
（宮八一七）

3 諸官唯青色、敢えて口を開く者なし

【将軍が真っ先に逃げた】　話は飛ぶが、だいぶ前になるが、民俗学者の宮本常一の『忘れられた日本人』を読んでいて、その聞き書きの中に、ひょいと、慶応四年正月六日の徳川慶喜が現れたのには驚いた。その箇所をそのまま引用しておきたい。

「和泉の野のほうでも、徳川方の負けぶりは目もあてられなかった。将軍の慶喜という人がまっさ

きに大坂城を逃げた。安治川べりについていた小舟へ身なりのよい侍が三、四人どやどややってきて、天保山《てんぽうざん》の沖まで船を出してくれという。その態度が横柄なので、船頭が啖呵《たんか》をきると『危急の場合じゃ、たってたのむ』というのでしぶしぶ船にのせて川を下り、天保山沖まででると、とまっている軍艦までいってくれという。船頭は殺されるのではないかと思って尻込みすると、決していためつけるような事はせぬという。やっとのことで軍艦までつれていくと、船に上った侍が、『船頭御苦労であった。わしは徳川慶喜じゃ』と言ったので、船頭はおどろいて「これはこれは公方様《くぼうさま》」と言って船板の上へ這いつくばったという。」

ほんとうに名乗ったかどうか、確かめようもないが、落城の主は、無言がよかったであろう。

【諸官唯青色、敢えて口を開く者なし】　「六日夜、大坂を離脱した徳川慶喜は、七日に開陽丸に乗込み、途中海上の風波に難儀しながら十日の夕、浦賀港に入り、十一日に品川沖に着いて、翌る日の未明を待って、御浜御殿（今の浜離宮）に上陸した。」（天皇の世紀）

「使いありて払暁（引注・十二日）浜海軍所へ出張。御東帰の事、初めて伏見の顛末を聞く。会津侯、桑名侯ともに御供中にあり、其詳説を問わんとすれども、諸官唯青色、互いに目を以てし、敢えて口を開く者なし。板倉閣老へついて、其荒増《そのあらまし》を聞くことを得たり。これよりして日に空議激論と、唯《ただ》、日を虚しくするのみ。敢て定論を聞かず。」（勝海舟日記）

すでに七日に、朝廷は慶喜追討令を発し、十日には徳川慶喜以下二十七名の官位を奪い、旧幕府領地を直轄地としている。

したがって、慶喜の江戸帰還も慎重で、すぐには上陸せず、十一日には、まず板倉勝静が偵察と準備のために先遣として、夜闇に紛れて上陸し、迎えの馬などを用意させている。翌十二日、慶喜の浜御殿への上陸も、ほとんど秘密裏に等しく、暁闇に紛れてであったらしい。

【上野寛永寺に謹慎】　二月九日、薩長両藩を中心として、朝廷に依る新政府は、熾仁《たるひと》親王を東征大総督として、軍を関東に向け、三月十五日の江戸城総攻撃を決定した。

二月十二日には、徳川慶喜は江戸城を出て、上野寛永寺に入って謹慎し、恭順の態度を示した。

これを受けて、板倉勝静も、江戸退去を迫られた。

板倉勝静が桑名藩から松山藩へ養嗣子として入籍する時、桑名藩から侍臣として付き添ってきた、辻七郎左衛門忠貞が遺した『艱難実録――板倉家中幕末秘話――』によると、「薩州人が言いふらしているのは、会津・桑名が暴論いたし、板倉がこれを決定して、伏見の軍事衝突起こったのだとして、大いに憤慨している」ということであった。勝静は、これでは危険で、江戸での謹慎も出来かねるとして、日光に避けることにしたのだという。

「日光山の宿坊には御先祖の御木像もあるから、これへ君公がお入りになって御謹慎なさり、御家来も残らず右の日光宿坊で謹慎する」と評決し、「三月九日、江戸お引き払い、日光山宿坊南照院におはいりになった」。江戸に残る者もあって、また御家中妻子の行き先の世話などして、それぞれへ塩噌《えんそ》代として百銅（十円）ずつ与えている。

「日光へ御越の節、有り金取集め三千両銀持越し武器も人数だけ用意、御供人数は五十八、九人だったと記憶している」。ただし、年譜には、随った者、七十余人としている。
勝静は日光へ入るのに、十一歳の世子、万之進を同道していた。「万之進は幼少であるから、分家の安中侯にお預けすることにして、（安中藩へ）使者を使わして頼んだところ、一旦は承知したものの、安中邸での評議の結果、お預かりは出来かねるとの返事であった。」そこで仕方なく父子共に日光謹慎となったとしてある。（引用はいずれも艱難実録）

【官軍参謀西郷吉之助と幕府代表勝海舟】　さて、勝静が、日光山南照院に入った三月九日には、すでに官軍は、品川にまで入っていた。

この「官軍」という言葉について言っておくと、現今では、「新政府軍」というべきかも知れないが、引用等の都合で、この語を用いておく。「皇師」についても、そのまま用いたり、官軍と言い直した箇所もある。

十五日を期して、官軍の江戸城総攻撃が決定していた。

有名な、前将軍慶喜の命で幕府を代表する勝海舟と、官軍参謀の西郷吉之助の対談は、三月十三日、十四日に行われた。筆者にとって、この対談についての描写は、『天皇の世紀』における秀逸の一つだと思う。そこでまた孫引きということになるが、名文紹介ということでお許し願う。

《「戊辰三月官軍先鋒品川に至る。十五日を期して、侵撃の令ありと。同十四日、書を先鋒参謀に送る一見を希う。余〔原注・勝海舟〕高輪〔原・田町の誤り〕薩摩の邸に至る。時に君一僕を随え、悠然として到る、初め余を見て曰く、『時事ここに至る、君果たして窘蹙《きんしゅく》するや否や』と。余答えて曰く、『今試みに君と地を易えん、然らざれば君詳悉《しょうしつ》する能わざるなり』と。君、唖然として絶倒す。」（引注・勝海舟「亡友帖」）

対面の背景に、遠くパークスの影が在ることを頭に置いて、この勝、西郷の見事な応酬を眺めよう。「勝先生、いよいよ、こう成りました、さぞお困りでごわしょう」、と西郷がからかって言った。すると勝は、「いや、それは貴下と手前と位置を変えて見ぬと、決してくわしくはお判りにはなりますまいね」、と酬いた。すると、西郷がびっくりしたように勝を見てから突然に笑い崩れた。

この場合、あるいはほんとうに困って出て来たのは西郷の方なのである。寧ろ、困ったどころではありませんねえと答えた勝の方が決して困っていなかったのである。これがこの日の対面の序曲である。》（引注・会話の部分には読み易さのため「　」『　』のカギ括弧を付した）

【無血開城】　こう述べてから、二人の対談は、詳細にして鮮やかに続くのだが、その長文は、各位『天皇の世紀』に当たってもらう他はない。

かくて、四月四日、江戸城は無血開城され、皇師（官軍）はこれを収めた。

「四月十日、皇師日光に向かう、我が公父子（勝静・万之進）今市に出向かえる。」（年譜）

出向かえる、とは、恭順の意を示して出頭したのである。

しかし、資料の記述は、それぞれ錯綜していて、情況ははっきりしない。

勝静は、旧備中松山藩再興の為には、藩主恭順・出頭する必要があり、逃亡謹慎もここまでと考え、自主的に出頭したのであろうか。その場合、江戸で謹慎していた徳川慶喜も、無事、水戸へ退隠することになってみれば、自分も重刑に処せられることもなさそうだという思いもあったかも知れない。あるいは、官軍（宇都宮藩兵、彦根藩兵）が迫り、逃亡は不可能とみての、本意ではない自首だったのであろうか。

この後は、波に漂うように、会津、仙台、函館へと逃走を続け、松山藩士が探索の結果、ようやくその踪跡を見つけ、藩再興のためにと出頭を願っても、幕府と運命を共にするとして、頑として応じなかった。

勝静は、結局は恭順を表わし出頭することにはなるのだが、それも情況の変化のままに放浪したと見えるのであって、一貫して素志をつらぬいたというよりは、運命に翻弄されつつ時折我意を通したとしか見えない。

第二十章　了

第二十一章　豹変

1　松山藩の再興運動

【方谷先生が枢軸】　備中松山藩の苦境は、岡山藩鎮撫使の支配下に置かれた備中松山藩と、江戸藩邸との間には、すでに朝廷派遣の東征軍、慶喜追討の官軍が活動しているため、両岐の連絡を絶たれ、互いに孤立していたことである。藩主勝静は行方不明で不在であり、松山藩は自由な行動を束縛されて、どう動きようもなかった。重臣たちは相談して、まずは備前藩に頼る他はないとして、手蔓をたよって寛典を朝廷に請うた。一方、川田剛など藩士は、変装して京都に入り、これも伝手を頼って、陳情書を奉呈したり、東行して勝静公の踪跡《そうせき》を探索したりした。

《当時、わが収納米（年貢米）は備前藩の監督下に置かれており、藩士たちは四方に離散屏居《へいきょ》（閉じこもる）して備前藩吏の宛行扶持《あてがいぶち》を受けていた。また朝廷への嘆願も全部備前藩吏の手を経て行っていた。私（三島毅）は日々それらの応接に携わっていたが、何ごとも滞《とどこ》って全く捗《はかど》らないため、裏に手を回したが、その費用たるや並大抵ではなかった。しかも備前藩の吏は金銭に吝嗇《りんしょく》で、（松山藩内）諸士の非難は囂々《ごうごう》たるものがあった。私はその間に立ってひどく苦労していた。

○我が藩士で、変装し身分を偽って出ていった人は、川田剛、林富太郎、三浦泰一郎など七、八人で、後には大石隼雄、西郷熊三郎、井上権兵衛などの重臣も出かけ、京都、大坂、江戸、北海道へと、散じて送り出した。そのうち、上手く効果をあげたのは、川田が第一で、大石が第二で、西郷の北海道が第三であった。

○この時、重臣としては金子外記、桑野亀などがおられたが、老衰し且つ外藩のことには通じないとして「壮年の人たちに頼む」ということなので、私たちは、大石、井上、西郷の三重臣の下で働いた。

○不自由な状況下で、小高下の私宅で夜に会し密議した事は皆、大石、井上、西郷、川田が、**山中の方谷先生の決定を仰いだ。それゆえ藩国の恢復も、方谷先生が枢軸となっていたのである。**このことは一藩の藩士たちに謀《はか》らなかったのは、松山城には、接収した備前藩吏が詰めており、漏洩の恐れがあったからである。秘密にする必要のないことは、散らばっている松山藩士を、頼久寺に集め、公然と会議した。》

（方谷年譜、明治元年四月記事への三島毅の注記。引用者意訳）

【占領下の撫育所】　勝静救出運動、藩再興にも、山中に居た方谷が、枢軸、いわばその指揮と承認を得て行われていた。右に、裏に手を回しての嘆願運動とあるのは、いわゆるお手入れで、賄賂《わいろ》のことである。こうした運動のためにはかなりの出費が必要であった。さらに再興運動のために姿を変えて各地へ潜行するにも、かなりの資金を要した。占領下の松山藩がこれを負担できたのは、やはり方谷が設《しつら》えておいた撫育所《ぶいくしょ》が大きな力となったようである。『増補版　高梁市史』にも、次のような一節がある。

《松山藩には方谷が元締（藩財政改革責任者）の時代に、山林を初め銅・鉄山、そのほかの国産商事のことを司る撫育銀方役所というものができていて、殖産興業の資本が貸し付けられ、でき上がりの商品をこの役所に納めさせ、それを藩船快風丸などで江戸に回送し、その売り払い代金で江戸屋敷の入費にあてていた。そこで石高収入以外の余り金があったから、この時の費用もそれから出していた。神戸謙次郎が京阪地方で奔走したのも、この貸付金回収の金策のためであった。》

「石高収入以外の余り金」と言っているのは、年貢以外の収入という意味であろう。方谷の藩財政改革は、ここにも繋がり、幕末維新期、朝敵となった松山藩の窮状を救うためにも、大きな役割をはたしていた。

【勝静の投降】　四月八日、日光南照院に蟄居していた勝静父子とその従者たちに、進駐してきた総督府東征軍から、自首するよう勧告が届けられた。軍監香川敬三の諭旨も、寛大な処置を説いていたので、勝静は全員の投降を決め、自首して出ている。これは、勝静の「御誠意余りあって機権果断の足らざる御方」（勝静のこと。「艱難実録」）の、数少ない自主的な行動の一つである。「機権果断」とは、臨機応変の処置や決断力の意であろう、勝静にはこれが欠けていたと、勝静股肱《ここう》の臣が批判しているのである。

自首の結果、勝静父子ら八人は宇都宮城に、家臣たち五十一人は近くの壬生藩に御預けとなった。勝静らの動向は、すでに総督府側に知られていたのである。勝静はここでは素直に出頭しているが、勝静の数少ない果断による自首が、そのまま受け入れられ、処置を受けていれば、勝静の後半生も、松山藩のその後も、全く違ったものになっていたであろう。

しかしこの時、勝静らには思いもかけない時態が生じていた。幕府の歩兵奉行であった大鳥圭介が、江戸を逃れた幕府残党や、甲府から退いてきた新撰組の土方歳三など、二千人を率いて、十九日には、宇都宮城を攻撃して、これを奪い取ったのである。自首した勝静としては、望んで救出されたとは思えないのだが、救出を断ることもできなかったであろう。旧幕軍に救出されてしまったために、再び帰順しないものとして、放浪を余儀なくされた。

宇都宮城はこの後すぐに、官軍（総督府軍）に取り返され、勝静父子は、大鳥軍とともに会津に向かったが、父子の行方は、国元ではまたもや不明となってしまった。（この項主として『高梁市史』

による。）

【世子万之進】　その後、会津で勝静は、十一歳の世子万之進に十名ほどの家臣を付けて分れ、江戸へ送り返すことにしている。これから先どうなるか分らぬ放浪に、同道するのが案じられたのであろう。

勝静ら一行は、東上する官軍に追われるように、会津から仙台へ、さらに松島へ出た。

ここで、年譜には「七月二十五日、林富太郎、天野文五右衛門、我が公父子捜索の為め東行す。時に奥羽諸藩白石に会盟し、我が公を総裁に、小笠原長行を副総裁に推す」とある。これがどういう主旨であれ、逃亡者の総裁となっては、自首の道も絶たれたであろう。

やがて、幕府海軍副総裁であった榎本武揚が、幕府軍艦八艦を奪って品川を脱出（慶応四年八月十九日）して来たのに便乗して、勝静、小笠原長行、松平太郎、および幕府軍残党はともに、北海道へと向かうことになった。

【艱難実録】　この軍艦乗込みも大変だったようで、軍艦は石巻湾に停泊して、板倉勝静、小笠原長行、松平定敬の三公が、松島湾東の半島あたりから小舟で乗り出しても、風波が荒く、二度も乗船に失敗して引き返している。

勝静の侍臣辻七郎左衛門の「艱難実録」には、

「この夜は御三公とも色々御考え出しになり、開陽（艦）へ両度迄も御乗込みできず御気鬱のあまり夜どおしたき火などなされて囲炉裏にお寄り、行く末などお話し合いなさり、お寝にもならず、御嘆息なさっていた。私ひとりお世話を申し上げておりましたが、そのご様子に暗涙をもよおしておりました」とある。（引用者意訳）

八艦は、開陽、回天、蟠龍、千代田、長鯨、大江、鳳凰で、仙台領折之波沖へ勢揃いし、三公初め諸兵隊（三千人とある）も乗込み、薪水食料等も積載し、八艦は北上して宮古にまた数日停泊、そこを十月某日に出て、四日目に蝦夷地鷲木《わしのき》村沖に着艦した。

【板倉家血筋の人を立てる】　国元の備中松山では、藩主勝静の動向不明のまま、藩再興に苦慮していた。

「八月、藩庁相議す、我が公敵中に在り、城地は岡山藩鎮撫使の配下に属し、藩封復興《はんぽうふっこう》の目途立たず、別に公家血胤《こうけけついん》（板倉家血筋の人）を求め、因て以て復封《ふくほう》（藩再興）を朝廷に請う外なしと。時に一、二の士いささか難色ありしも、先生（方谷）これを賛し、衆論一決す。時に先代勝政公（十代）の弟勝喬《かつたか》（通称右京）の庶子栄次郎（弘化四年生）という。慶応の末これを江戸藩邸に迎え、当時江戸郊外の小梅村常泉寺に寄寓せり。これを物色し、迎立するに決す。川田剛その任に当たり、主従変装潜行、（江戸より）玉島（に着し）、先ず方谷先生の長瀬の宅に入り、次いで藩城下の頼久寺に諸士を会して之を披露し、名を勝弼《かつすけ》と改む。因て備前藩を経て書を朝廷に上り（たてまつり）、藩初代勝重、二代重宗相継で京都所司代として皇室に勤労せる廉《かど》により、子孫血胤《けついん》に寛典を賜はんことを哀願す。又重臣及諸士を前後微行せしめて我が公父子の踪跡《そうせき》を探る。勝弼公の我主家を相続するや、公は国変の為め已《や》むを得ず相続するも、世子勝全《かつなる》（万之進）君の踪跡分明して（行方がわかり）帰藩の日あらば、必ず家督を譲るべしとの誓約書を納れる。（松叟公後日この書を見て、これ争いの種なりとて、これを焼棄せしむ勝全君は別に分資を獲て一家を立つ。）」（年譜）。松叟《しょうそう》（勝静）も、こういう点ではきわめて清廉であった。

【蝦夷地箱館】　時勢の急速な変化に伴い、松山藩では再興に早く目処《めど》を付けねばならなかった。十一月になって、勝静が蝦夷地に入り、箱館にいるという情報が得られた。

和蘭に留学経験のある榎本武揚は、その新知識によって、共和政体の独立国樹立をもくろみ、蝦夷島政府を発足させていた。

しかし新政府（官軍）は、来春には蝦夷地に総攻撃を加えようと計画していた。

「勝静が箱館にあるという報は、方谷以下松山藩当事者の頭痛の種であった。函館にいるとすれば、誰かがこれを迎えに行かねばならない。しかし榎本一派に擁せられている以上、なかなか引き渡してはくれまい。これは難事中の難事である。まして雪中の北行は容易なことではない。（中略）方谷や西郷熊三郎らの間には、ともかく誰かが出かけて勝静を奪い取らねばならない。そのうえでシベリアか清国へ走らせよう。西洋亡命ということも考えられるが、これは容易ならぬことで、清国に入ったほうが勝静の身のためであろう、などということまでもが話し合われた。（中略）こうして評議が繰り返されたが、結局年寄役の西郷熊三郎が蝦夷地に赴くことになり……十二月二十一日に松山を出発した。」（増補版　高梁市史）

西郷熊三郎は、横浜から外国船に便乗して箱館に着し、勝静に会って脱出を説いた。どうしても自首できないというのであれば、外国へ亡命という手もあることも説いた。年譜は「公（勝静）素と西洋に身を避くる意あり」としている。勝静はこの西洋亡命に心動いたようである。しかしそれには膨大な費用が掛かる。西郷熊三郎は、ひとまず「費用調達その他後事を約して箱館を去る。」

【安五郎殿へ】　この時勝静は、熊三郎に、方谷への手紙を託している。

《多年別段の教諭に預かり候段忘じがたく候。昨春以来心痛の程、万々察し入り候。当今の次第と相成り、遺憾に堪えず候。心事は委細熊三郎（原注・西郷）へ申し含め置き候間、聞き取り給うべく候。老年の処、一層苦心をかけ候儀、何とも気の毒に候へども、この上は、家名相立ち候よう、並びに万之進の進退等の儀、すべてしかるべく尽力指揮いたしくれ候よう、一向頼み入り候。時季別して自愛いたされ候よう相祈り申し候。二月二日認む〔原注・明治二年〕

松叟　安五郎殿へ》　（全一六三〇）

殿様から家臣への言伝《ことづて》であるが、文体と書簡形式は、かつてとは大きく変化している。何よりも、「多年別段の教諭に預かり……忘じがたく」とは、方谷へ向かっては初めて用いられた言葉（書式）

であろう。宛名も、かつては「安五郎へ」として、自分の名前より下に書かれていたのが、「安五郎殿へ」と殿付きになり、自名より上部に置かれている。時代は、大政奉還以来わずか一年余にして、ここまで変容していたのである。変容とともに、彼の徳川氏への忠誠という信念も、影が薄くなっていると感じられる。「当今の次第と相成り、遺憾に堪えず候」とは、どこか人ごとである。殿様という立場が尾を引いているのであろうが、書簡の丁重さとは裏腹である。

「四月二十三日、我が公、桑名（松平定敬）唐津（小笠原長行）両侯と共に外船に乗り、二十九日奥州仙台領勝見浦に着す。

五月十三日、我が公和船に乗換え、上総国松部湾へ帰着し、翌日東京に入る。大石・西郷・川田・林の諸臣伺候して無事を賀し、朝廷へ謝罪自訴を勧説す。公これを諾《だく》し、二十五日駒込吉祥寺へ入りて謹慎し、翌日宇都宮侯を経て自訴状を朝廷に上る。これより先き、十一日箱館陥落し、十八日榎本等官軍に降る。」（年譜）

②　河井継之助の跪坐作礼《きざさくれい》

【河井継之助の負傷】　ここまで、山田方谷年賦の記述順に従って辿って来たが、年譜にはもう一つ、必ず触れなければならない条項があったが、長くなるので触れずに後回しにしておいた。

越後長岡藩の、河井継之助の死である。

継之助は、安政五年七月十七日備中長瀬に山田方谷を訪ね、弟子入りした。

翌六年三月末、継之助は方谷門を辞して帰郷する。すでに触れたところを繰り返すことになるが、その時、継之助が小舟で松山川を渡って振り返ると、向こう岸で方谷先生がまだ立って見送っていた。継之助はいきなり河原の砂石の上に土下座した、三度土下座した。そのことである。

また、年譜の、触れずに後回しにした項目とは、長岡戦争で、奪われた長岡城を、一度は取り返したが、寡勢《かぜい》力およばず、再び官軍に城を奪い返された日の激戦で、継之助は、左脚膝下を撃たれて倒れたことである。慶応三年七月二十九日、長岡城下の町中であった。

継之助が流弾を受けて倒れる直前、河井の門下生の外山脩造は、激戦の合間、しばしの休息中のことを次のように語っている。

「河井さんはさも愉快そうに瓢箪に詰めてある葡萄酒を酌みながら、暫くの間、私と彦助や茂助を相手に四方八方《よもやも》の話をしておいででしたが、これから新町口の三間（部隊長）を助けに行くからといって一同を連れてお出かけになりました。」（今泉鐸次郎『河井継之助伝』）

この箇所を、大佛次郎『天皇の世紀』は次のように記している。

「人間だけを見ていると、何とも平凡な町の風景である。旧暦七月の下越地方では風の色も日の光も最早秋であった。人があまり出ていないだけに、すかっと晴れた秋の町である。

『さて長町、足軽町を通り抜けて新町へ出ましたが、随分（弾）丸がはげしく来る、伴の者は皆んな雁木を行くのに河井さんだけはノコノコ往来を御進みになりますと、思いがけなく丸が飛んで来て河井さんの左足の膝下にあたった。二歩三歩ヨロヨロとして迸る鮮血と、一緒にお倒れになりました。一同はスワ一大事とおどろいて早速雁木の裡へお連れ申し、取り敢えず、傷口をしっかりと包み、それから戸板をはずすやら、雁木柱を抜くやらして漸々戸板を拵《こさ》ってお載せ申したら『頭が北に向けてある。南へ向けろ』とお叱りになりました。何分一同が狼狽しておりましたので、そんな事には一向気がつかなかったのです。そうしていよいよ二歩三歩かつぎ出すと、私をお呼びになって、『血が沢山出たから顔の色は悪いかも知れぬが生命には別状なかろう。しかし足は役に立つまいてな』とおっしゃった。又二歩三歩歩きだすと、寅、寅と私をお呼びになって『人が聞いても傷は軽いと言っておけよ』とお言付けになりました。この時には思わず涙が出て、何とも言えない感慨に打たれました。」(天皇の世紀)

【『天皇の世紀』の中断】 ここで、歴史文学の大著、『天皇の世紀』は終わっている。いや、終わったのではない、宿痾《しゅくあ》が著者の筆を永遠に奪った。その絶筆を、わたくしは、まことに勝手な形で引用したことになるが、お許し願う外はない。大佛氏からの引用は、年譜の次のことに繋げたいがためである。

《この月(慶応四年七月)長岡藩兵敗退、河井継之助会津へ赴く、途次傷重くして没す。

十六日、我が藩及び長岡藩出入りの人夫受け負い業者松屋吉兵衛なる者傍らに在り、継之助曰《い》う、「汝山田先生に逢わば、河井はこの場に至るまで、先生の教訓を守りたる旨伝言を頼む」と、吉兵衛これを先生に通ず、先生これを聴き憮然語らず。》（年譜）

【両者を知り、両者を繋ぐ人物】 運命は、瀕死の河井継之助の傍らに、その遺言を、彼が神のごとく崇拝する山田方谷へ運ぶ者をちゃんと用意していた。これは奇跡という外はない。備中山中に隠遁している山田方谷と、戦い破れ、重傷を負い、越後から会津へ抜ける山中に行き悩む河井継之助とが、どれだけ離れていたか知らないが、その一方が死なんとする時、両者を知り、両者を繋ぐ人物が、すぐ傍らにいたのである。

山田方谷という人物は、あまりにも知られていない。

河井継之助のことを書いた人は、少なくとも二人はいる。小説『峠』を書いた司馬遼太郎と、歴史文学『天皇の世紀』の大佛次郎とである。

わたくしには不満があった。お二人は、ともに、ほとんど、山田方谷には触れていないのである。

司馬氏は、「この諸事、人を容易に尊敬することのない男（継之助）が、いかに師匠とはいえ、土下座したのは生涯で最初で最後であろう」（峠より）という言葉の外、方谷については一頁ほどの記述があるが、深く触れているとは言いがたい。大佛氏をわたくしは尊敬し、この拙稿を書きながらも『天皇の世紀』は傍らに置き、絶えず参照していた。だが、大佛氏のこの歴史文学の傑作では、山田方谷は、残念ながら、引用文の中に「山田某」と、顔をのぞかせたとも云えないほど、ちらっと出ているだけである。

本書冒頭の「序にかえて」でも書いたが、河井継之助という傑物はあまりにも有名だが、その継之助が三度まで土下座した方谷には、誰もほとんど見向きもしない。長瀬の、方谷の名が付けられた無人駅のように寂しいのである。

【方谷に向けられた照明】　この拙稿、山田方谷の伝記のこころみを書き始めたころから、漠然とではあるが、わたくしには予想のようなものがあった。それは、方谷と継之助の別れが、全編の峠となるであろうということである。峠とは、比喩的に言ったまでで、ドラマのクライマックスという意味ではない。山田方谷は、捕まえにくい人である。これまでわたくしは幾人かの伝記を書いてきた。最初からその人の姿が見えているわけではなかった。どの伝記の場合も、書きすすめていているうちに、その姿が、霧の中から現われて来るように、はっきりと見えてくる。あるいは、突然の天啓とでもいうように、すべてが一挙に見えることもあった。宮沢賢治の場合が、そうであった。そのためそれまでに書いた数百枚はすべて破棄して、新たに書き始めねばならなかった。

山田方谷はそうした伝記とは違っていた。いくら書いても、はっきりとはそのすがたが見えてこないのである。捕まえられないのである。

それで、河井継之助という、わたくしには唯一と思われる、方谷の人間性に向けられた照明、その光を当てられた姿こそ、わたくしが求める方谷の真の姿を顕しているのではないかと期待した。わたくしの期待はいつも外れる。

継之助という人は、きわめて直感的である。だが、対象を直感的に素早くつかみ取れば、その認識はすぐに彼を行動に誘うのであって、認識を言葉に翻訳して誰にも分るように書き留めるなどということは、余計な、無駄な事に属するらしい。

そのために、彼の方谷門への遊学日誌『塵壺』は、後日たとえば両親に土産話をする時のための符号的メモに過ぎなかった。方谷についてはこんな言葉が並んでいる。

「兎角、財にのみかかると、文武すたると」

「誠心より出ずれば、敢て多言を用いず。」

「夜、名月。先生より月下に咄を聞く。」

「(方谷は) 世話好き、経済咄好き。筋という言葉あり。面白き処ある様に思わる。他日、戒めのため記し置く。戯ながら其の中に心を用い居ると、妙言ある様に思わる。」

このような類いばかりで、これでは跪坐作礼(土下座)には繋がりにくい。

河井継之助の山田方谷評は、その跪坐作礼という姿にあった、と思っていた。

《後年、方谷の出府せし際、椰野《なぎの》嘉兵衛は、継之助の義兄たる故を以て、その遊学中の恩義を謝するため、方谷を一旗亭に招じたりしが、継之助もまた席に陪しぬ。話次、継之助が、方谷の兼ねて深く秘め置ける藩治上の事に就きてそれとなく談る所ありしに、方谷は聞く度ごとに打ち驚き『彼《あ》の事も知って居つたか、河井の才ですねー、河井の才ですねー』といいて、深く感嘆せりという。》（河井継之助伝）

このエピソードは、司馬氏も小説の中で取上げている。

しかし、これもまた、跪坐作礼には届かないであろう。継之助は、方谷に入門する際に、「自分は先生の講義を聴きに来たのではない。そばに置いてもらうだけでいい」と言い放った。そばに置いてもらうだけで、講義なんか聴かなくても、相手を見抜くことができる、と言っていることになる。そういう河井継之助の洞察力を、右のエピソードは証明している。おそらくこの聡明は、継之助の生まれつきのものだったであろう。

【豪ら過ぎる】　継之助がここで見抜いたのは、「深く秘め置ける藩治上の事」とあった。方谷は「彼《あ》の事も」と言っている。つまり秘されていたのは、藩治上の独自の方策とか、技能とか、知識とかである。

方谷は、河井継之助のことを、「どうも彼の男は豪ら過ぎる」「長岡藩にては河井を抑える人がなかろう」といった。この言葉は、秘めておいた方法とか技能とかを、教えていないのに見抜いていた、などというのではあるまい。「豪ら過ぎる」とは、それよりはもっと大きなもの、途方もないものを示唆している。

だから方谷は心を痛めたのである。この途轍もない才能が、幕末の世をどう生きて行くかを。ここに、もう一度繰り返してもいいであろう。去りゆく継之助を何時までも見送りつつ、餞別として「王文成公全集の後に書して河井生に贈る」と題する一千七百字の大文章と、一瓢酒とに添えて、（長生薬一包）（原文のママ）を贈った。方谷は、心から継之助の長生を願ったのであって、洒落ではなかった、と。

【豹変を明確に示すもの】 方谷と別れ帰郷した後、河井継之助は、その人間としての本性において大きく変化しているのである。

遊学以前、継之助は何度も遊学の許しを藩庁に申請したのだが、「藩の役人は、ああいうものを再び出したならば、どういうことをするか知れぬ、まあまあ出さぬ方がよいということで、仲々聞き届けて呉れぬ。」（河井継之助伝）

安政五年の歳末になって、継之助に、思いがけなくも遊学許可が与えられた。彼はすぐに藩境を越えて飛び出してゆくと、それから実質二年半の遊学を終えて、文久元年夏長岡に帰る。すぐに藩からは難事件の解決などをまかされ、これを次次に解決してゆくのだが、周囲の人々は皆、継之助に魅了されているように見える。これはわたくしの勝手な想像とは思えないのは、彼はたちまち階段を駆け上がるように、藩政の頂点に達してしまうからである。

《抑《そもそ》も継之助の郡奉行となりしは、慶応元年十月十三日にして、同二年三月中ノ口川御普請奉行掛に、同年十一月十九日御番頭格町奉行郡奉行兼帯に、同三年四月寄合組合、同月御奉行格、同年十月廿日御年寄役に進み、次で慶応四年四月御家老本職に、同年閏四月御家老上席となり、更に同年六月軍事総督となれり。其の間僅々四ヵ年に過ぎずと雖も、縦横の材幹を奮い、藩政に就いて改革する所頗る多く、事功の見るべき者甚だ多し。古来君臣の逢会を難しとなす。継之助が百二十石の家に身を起こし、終に一藩の要路に立ちて、殆ど其意のまゝに藩政を左右せるは、其器識の非凡なりしに由ること論なしと雖も、亦実に藩主（牧野）忠恭《ただゆき》が、彼の器識の凡ならざるを見抜きて、深く之を信任し、重く之を登用し、彼をして縦横に其手腕を発揮せしめたるに是れ由らずむばあらず。蓋し忠恭の其後の継之助に対する信任は、殆ど絶対的なりしが如し。之を以て其言、聴かれざるなく、容れられざることなかりき。》（河井継之助伝）

これを見れば——、遊学前の、厄介者として藩内に閉じ込められていた男が、二年半後に帰国すると、僅々《きんきん》四ヵ年で、御家老上席、軍事総督となり、意のままに藩政を左右している。伝記ははっきり言っている「器識の非凡なりしに由ること論なし」と。彼の変貌とは、ある学問、ある技能などの、習得や熟達の類いではない。人格を根底から覆すような、豹変であった。そして、それを明確に示すものが、三度の跪坐作礼に外ならなかった。

そう理解して初めて、「河井はこの場に至るまで、先生の教訓を守りた」り、という遺言も理解できるであろう。

河井継之助が、方谷が語らずして教え、学び取った教訓とはなんであったか、命がけで守り通した教えとはなんであったか。

「誠心より出ずれば、敢て多言を用いず」であったと、わたくしは思う。もっと明確に、方谷の言葉で言えば、「至誠惻怛」である。澄みきった誠実さと、深い思いやりである。

継之助は見たであろう、方谷の日常の姿に、至誠惻怛が血となり肉となっているのを。周りにはそれに魅せられた人々が、孜々《しし》として仕え、働いているのを。継之助は見抜いていたと思う、方谷のさまざまな事業の成功は、その才能によるとしても、それは至誠という揺るぎない基盤に支えられていることを。つまり、才能だけでは駄目である。それが至誠に支えられてこそ、初めて生きてくることを、彼は学び取ったに違いない。

これが、河井継之助の豹変であった。山田方谷に、その権化をみたとき、彼は素直に頭をさげ、土下座したのであろう。家郷に帰っては、壁間に方谷先生の書を掲げ、礼拝を怠らなかった。死に臨んでは、私はこの場に至るまで、先生の教訓を守りましたよ、と誇らかに報告している。

この豹変こそ、藩主牧野忠恭を絶対的に魅了し、その言、聴かれざるなく、容れられざることなき力となった。

第二十一章　了

第二十二章　方谷易簀《えきさく》

易簀　学徳ある人の死をいう（広辞苑）

1　母の魂を慰めん

【高梁藩】　備中松山藩の明治は、実質的には、明治二年から始まる。

八月十八日、板倉勝静父子は、破格《はかく》の寛典《かんてん》をもって、死一等を減じ安中藩へ、終身禁錮を命ぜられた。ついで、特段の思《おぼ》し召《め》しを以て、旧松山藩五万石を、二万石に削減の上、血筋の勝弼《かつすけ》に再興が許された。

九月には、岡山藩の鎮撫使が撤兵し、城地は松山藩に戻され、藩士はようやく松山城下に帰住することができた。しかし、十月になると、松山の名を改めさせられ、高梁と称することになった。石高を半分以下に減らされた上、名前まで変えさせられた。新政府の驕りとばかりも思えない、どういう理由だったのか。あるいは伊予国松山との重複を避けたのであろうか。

【塾舎満ちる】　方谷は、といえば「老いて益々世事を厭《いと》い、事を後進を教育し、国家他日の用に供せんと欲し、塾舎を増築して六棟に及ぶ、東舎・西舎・中舎の目《もく》（クラス分け）あり。従遊の士、五畿東海北陸山陽山陰南海西海諸道より来たり、塾舎たちどころに満つ。」（年譜）

長瀬のこの頃の塾舎復元模型と、見取り図（『入門 山田方谷』）を見ると、模型には、六棟ほどの建物が数えられるし、見取り図は、母屋《おもや》から次次に建物が枝状に伸びていったようすが窺われる。
夏六月六日と日付のある、方谷の詩（宮八四一）の冒頭二句を、宮原信の訳で引用すれば、「屋敷内の塾舎二棟が手ぜまになったので、外に宿舎を作る運びにした。このほど塀の東方、百歩ほど離れた地点に在った廃屋に、少し手を加え、その工も完成したので、生徒は机を移し転居した。」
見取り図には、塀の外にまで伸びた一棟が確認できる。これが東舎で、屋敷内の建物が、母屋の他に、西舎と中舎であろう。

【聖人のことは難し】 これらの塾舎が立ちどころに生徒で満ちたのであれば、当時は、現代よりははるかに広く深く、方谷先生の名が知れ渡っていたのである。その塾舎で、方谷がどんな教え方をしていたか、伝えられるエピソードから（これが長瀬塾のことであるかどうは確証はないが）、推測できる。

《幼少より先生に事《つか》へたる室《むろ》氏の談に、先生嘗《かつ》て一村童に商売往来《しょうばいおうらい》の類《たぐい》を教へられつゝある処に、矢張《やは》り童子なりし余《よ》の参りし時、商売人といふ輩《やから》は云々《うんぬん》といふ様なる文句を繰り返へして、教ふるも、その村童一向これを口にする能《あた》はず、余は先生の繰り返へすを数へしに二十八回程なりしが、それ以前已《すで》に何回言はれしやを知らず、余りのことに覚えず笑ひしに、常に何事にも一心不乱にならるゝ先生は、始めて余の傍に居るに気付きて、然れば明日また来《きた》れとて村童を還《かえ》し、余に講義を始められたり、その始むるに当りて、「論語に、教へて倦《う》まずとあるが、中々聖人のことは難し」とて、両眼に涙を浮べられたり、これを仰ぎ視て、余は思はずぞつとして深く感動したりと云へり。》

（三島復著『哲人山田方谷』ルビ引用者）

それにしても、この碩学《せきがく》（大学者）が、村童に、初学者向け「往来物」の、同じ言葉を一心不乱になって二十八回以上も繰りかえしたとは驚くべきことである。方谷にしてみれば、村童も成人も分け隔《へだ》てはなかったというのであろうが。

【君子は豹変す】　思うに、方谷の「至誠」や「惻怛」とは、言葉ではない、――つまり、使い古され固定化し、生気を失った言葉としての「至誠」や「惻怛」ではない。方谷にとってそれらは、生き方である。村童に同じことを二十八回、一心不乱に繰りかえす、生きた行為である。方谷は陽明学者とされているが、その陽明学の神髄も、おそらくそこにある。

河井継之助が長瀬滞在九ヶ月の間に、方谷から学んだものも、言葉や理論ではなかった。至誠も惻怛も血肉と化し、生きて強く働きかけてくる力であった。その力を、継之助は、全身で受けとめたに違いない。わたくしの勝手な想像だが、継之助は、その力に接していたある日、思わず我が膝を叩きたくなるような、悟りの感動を覚えたのではなかろうか、「判った！」と。継之助の「君子《くんし》は豹変《ひょうへん》す」である。物ごとの理解とは、そういうことであろうかと思う。

そう考えてこそ、尊大といわれるこの男が、備中山中に隠居する方谷に、数ヶ月接しただけで、神のごとく崇敬し、それに向かって平伏《ひれふ》したことも、極く自然なことと思えてくる。

もう一つのエピソードを挙げておきたい。

「当時（時日不明）在塾せられし人に聞けば、先生当時の多忙は実に言語に絶するほどでした、朝は四時に起床せられて、夜十時に至り、講学の課程を督して怠り給わず、塾中の重立ちたる人々先生に言って少しく先生の労を省《はぶ》かんとし、年少のものには自分等代りて教ふべしと、然るに先生は此等の人々に対して厚意多謝す、されど思へ、此所に集まる学生は自分を見んとして来りしもの故、一日一度は是非とも此等の生徒に顔を合せる必要ありと、之《こ》れ先生の教育的見地の髄と思ひます（後略）」（伊吹岩五郎著『山田方谷』）

「明治三年、庚午《かのえうま》六十六歳。正月元旦例歳の韻を歩す。」（年譜）

十二年前の庚午、新たに長瀬に移り家を建て田を拓いた
さらに梅林を育て、この地の主となった。
田は稔り、家室整い、梅林は年々風情を添えきたる
光陰矢の如し、今朝一周年目の庚午の春きたる
（宮八七〇　引用者意訳）

【梅万樹を留む】　ちなみに、右の「梅林」については、村上作夫（後出）に、「沿澗《えんかん》梅数百根皆

係其手栽《そのしゅさいにかかる》（谷川沿いの梅樹数百株は方谷みずから手植えしたものである）」とあり、「遺愛只留梅万樹《いあいただうめまんじゅをとどむ》」の句がある。

「方谷といふ無人駅」建設のために、切り払われてしまったが、方谷の長瀬塾は、手植えの梅樹数百本の中にあったらしい。

注目すべきは、右の詩から感じられる落ち着いた心境である。ふと思うのだが、方谷には、このように一所にあることの、平静な気分を語ったことは、ほとんどなかったと思う。前に引用した伊吹岩五郎の著書に「先生（方谷）の頭脳は全く休息することはなかった事を信じます」という言葉があったが、わたくしも常にそう感じていたことを思いだした。梅樹を数百本も植え、年とともに増してゆく風情を愛しながら、休息することのない頭脳は、一所に留まることをも肯んじない。方谷はそういう矛盾をかかえていた。

右の（八七〇）の詩のすぐ後には次のような詩がおかれている。

開宗明誼《かいそうめいぎ》読めば新たなるが如し
六十余年　この等《ともがら》の人
白首初めて知る孝の終始を
身を立て道を行うは今春よりせん
（新春　孝経を開く。賦して諸生に似す。）

（訳）『孝経』を開いて、その首章の開宗明誼章を読むと、また新しい感動を覚えるのである。／思えば六十六歳になった今日の日まで、私は、この『孝経』に示されている人間像を自分の理想として生きて来たのである。ところが、白頭となったいまやっと孝の終始がわかったように思う。／身を立て、道を行い、そして父母の名を天下に知らしめるという孝の完成をめざして、いよいよ今春より努力してゆきたいと思う。（新春、『孝経』を読んだ。賦して塾生に示した。）

（宮八七三　訓読訳・宮原信による。ルビ一部引用者）

【道を行うは今春よりせん】　宮原氏は、詩の注釈の中で、開宗明誼章の劈頭の文を紹介している。「身体髪膚《しんたいはっぷ》之《これ》を父母《ふぼ》に受《う》く、敢《あえ》て毀傷《きしょう》せざるは、孝《こう》の始《はじ》め也《なり》。身《み》を立《た》て道《みち》を行《おこな》い、名《な》を後世《こうせい》に揚《あ》げ、以《もっ》て父母《ふぼ》を顕《あら》わすは孝《こう》の終《おわ》り也《なり》。」である。

　これが方谷の六十六年来の理想であった。ところが、右の詩では「白頭となったいまやっと孝の終始を知った」という。知った、とは理解したという意味ではない。体得したと言えば近いであろうか。孝を完全に実践する行動に導かれたと言っているのである。これが「身を立て道を行うは今春よりせん」の意味であろう。年譜は、次のように解いている。

【小阪部移住】　「明治三年十月、先生は小阪部《おさかべ》（刑部）に移り住んだ。小阪部は長瀬の北六里あまりである。ここは、先妣《せんぴ》（亡くなった母）の里である。実家の西谷氏は後嗣がなく、祭祀が絶えて二十年余であった。方谷先生は西谷氏の家を再興して、先妣《せんぴ》の霊を慰めたいものと、長いこと願っていた。小阪部の人々もまた、方谷先生の来住を期待していた。この地は旧時、水谷弥之助《みずのややのすけ》（二千三百石）の陣屋があったところで、その頃には陣屋跡は、方谷先生の姻親で、上市村の庄屋矢吹久次郎の所有となっていたが、屋舎は頗る広くゆとりがあった。久次郎もまた、先生が塾をそこへ移すことを薦め、屋舎を提供したので、方谷先生も移住を決めた。長瀬での塾生もまた先生に従って、小阪部の新塾に移り、新たに来塾する者も、すこぶる多かった。」（引用者意訳）

【たらちねを思ふばかり】　また、小阪部の、先妣実家の菩提寺金剛寺には、明治五年十一月になって、方谷は、今は方谷庵と呼ばれる小祠堂を建てている。これも年譜を意訳しておくと、「方谷先生は、外祖父母を葬られた金剛寺域に小庵を営み、その霊牌を安置し、墓参りには、ここに憩い、しばしばこの庵に宿泊されてお帰りになった。三島毅に宛てた書簡に、『これからは西方《にしがた》の庵と、両方へ往来し暇つぶしに、墓掃除を生涯の仕事にして終焉を迎えようと思う。庵の名を続妣祠堂か、継志祠堂かに致そうと考えている。』

祠堂には一張りの屏風があって、外祖父母に由縁ある人々の遺墨を貼り、先生はみずからの歌三首をその末尾に載せている。その一つに、

よせて見るゆかりの人の玉章《たまずさ》はただたらちねを思ふばかりに　」

『入門　山田方谷』には、本堂脇にある方谷庵（続妣祠堂）は「五坪たらず」とある。かなり前に訪れたわたくしの印象では、その半分か、せいぜい三坪ぐらいだったように思うが、計ったわけではない、五坪に従っておくが、ともあれ住むための家ではなかった。そんな小さな家——という

よりも茶室のような小庵である――をなぜ建てたのか。すぐに思い浮かんだのは、ここは方谷が、母や、外祖父母、……などなど、亡くなった人々の霊と、親しむ場所なのだと思った。だから、自分の身体を容れる場所と、位牌を置く場所さえあれば充分である。それ以上は寧ろ余計であろう。そういう感じの小庵であった。

すでに何度も触れたが、方谷にとって亡くなった人とは、霊となって存在している人である。そうした思いが、詩にも繰り返し詠まれている。

小阪部寓居　感懐二首

白髪の翁となりて、母の故郷に住むは前世の因縁
思い出すは、幼き日母に手ひかれ里を訪れしこと
今ははやみな老い衰えて、我を知る人もない
親戚もみな亡くなりて、主は見知らぬ人ばかり
雲かかる樹林の辺《ほとり》、苔むす墓に涙あふれ
谷川のほとり、母の茅屋も今は跡のみ
怪しむなかれ、隠宅にばかり居て出歩かないのを
外の目に入るものことごとく我が胸を傷《やぶ》るのだ。

（宮八九二）

寒煙たちまよう夕陽《せきよう》の村
母の生家はどのあたりか……
あの鳥居は記憶にあれど、残るは墓石のみ
大佐山は変らずして、人皆逝きて跡なし
幼き日そこに戯れし、脳裏をさらず
老後はそこに暮そうと、久しく思いしが……
さればここに骨を埋め、外祖父の傍らに睡りて
母の魂を慰めん
（宮八九三）

2 温藉《おんしや》清遠なる老境

【村上作夫】　小阪部に祠堂を建てたころ、「豊後《ぶんご》森藩士村上作夫（号 樟江《しょうこう》、中島衡平《こうへい》、春日潜菴《せんあん》に学ぶ）前後再び来て先生の教を受ける。しばしば祠堂に随行し、先生の談話を輯《あつ》めて雨窓夜話と題した。」（年譜）

村上作夫は、ほとんど世に知られていなかった人物だが、京都新聞の実質的な創刊者として、同新聞社の森博が発掘普及に努め、ようやく一部では知られるようになった。

それによると、村上作夫は郷里で学んだ後、山田方谷や、春日潜菴について、陽明学を学んだ。

各地で私塾を開き、京都では同志社で漢学を教えたり、京都新聞の前身である「京都商事迅報」を創刊している。しかし、その才能を認められながらも、病弱（肺結核）で、いずれも長く続けることができなかった。三十四歳で、松方正義の引きで農商務省の官吏となったが、吐血してすぐに辞し、南紀で療養中三十八歳で死去した。まとまった著作はなかったようであるが、みずからが京都で創刊した『水雲館雑誌』に載せた「雨窓夜話」に、山田方谷の思いでを語った短いが貴重な記録がある。

前に引用した年譜の記事と重複するところもあるが、省略せずにおく。

《　雨窓夜話

備中の国阿賀郡刑部《おさかべ》村に金剛寺てふ《という》寺あり。寺の傍に、一の小庵あり。庵の中央の正面に高く霊牌を安置し、其側《そのそば》にたてたる張《はり》まぜの屏風《びょうぶ》は、みな霊牌《れいはい》に由縁《ゆえん》ある人々の遺墨《いぼく》なり。其末《そのすえ》に三首の和歌をぞかい《書き》つけたる。

○よせて見る、ゆかりの人の、玉章《たまずさ》は、たゞたらちねを、思ふばかりに

○水くきの、あといろいろに、ありし世の、その面影を、見る心地して。

○老《おい》はてゝ、わらへ《べ》にかへる、身はいと《ど》ゝ、いつくしまれし、昔恋しき。

これなん道徳文章経済の三つをもて雷名を世に轟かせし、山田方谷が、功なり名遂げて長瀬の渓谷に帰隠せられ、四方より集ひ《つどい》来る数多《あまた》の生徒を教え導かれし間になき母の昔をしのび、

外家《がいけ》の今は世嗣《よつぎ》さえたえはてたるを嘆きて、いかで外祖の跡を弔はんをりをりには墓にも詣づべきたよりにもとて、金剛寺なる墓処に程遠からぬ刑部村に学舎を移し忌日忌日はいふもさらなり感にふれ情の動くまにまに香華など携《たずさ》へて墓の前に手向けする序《ついで》には打休《うちやす》らひてなき人のありし昔を思ひ出《いず》べきよすがにとて構《かま》へられたる庵なりける。いにし明治五年の秋予が翁の門にありし頃、時々此庵に伴なはれて、香を焼き茶を煮るなどして、終日語りくらせしことも多かりしが、是《これ》さへ今は昔となりて、たゞ流水の遠き音を聞きて、空《むなし》く翁の澄《すま》せとも清《すま》ず撹（かきまぜ）れども濁らざる深淵なる面影のみを追想するになむ。此《この》庵の中にて親しく語られし話の今も猶耳に残れるが数多《あまた》ある中にも、或日打ほゝゑみて、予の当時のさまこそをかしけれ、世に用ゆらるゝにもあらず、又すてらるゝにもあらずと、又あるときは老はてたる身は世に尽すべき気力もなし、されども世を済《すく》ふの癖のみは、今も猶わすれずして世話ごとの絶えざるこそうたてけれ（わずらわしく厄介なことだ）、是はた途中に小児の転びたるを見てたすけ起すばかり、老の戯れわざにこそと語られき、実にや富岡寓中の作詠松の詩などを見ても、翁の世を出て世を忘れず、世にありて世の外に遊ぶ、温藉《おんしゃ》清遠なる老境のさまこそかへすがへすも床しけれ、されども、腹にみちたる英豪《えいごう》の氣のみは老ても猶《なお》衰《おとろ》へず、物に触れ感に激《げき》するの余りには、唐人の「関塞《かんさい》ノ老将年七十。欄《らん》ニ倚《よ》リテ半夜《はんや》涕泗流《ていしなが》ル。刀瘢体《とうはんたい》ニ徧《あまね》ク身《しん》長《とこしえ》ニ廃《すた》ル。部下ノ偏裨万戸《へんぴばんこ》ノ侯《こう》」などうちかへしうちかへし朗吟して腕《うで》を扼《やく》し慨嘆せられしをも、しばしば見受たりき。》

ごく狭い茶室ともいうべき小庵に、方谷は村上作夫を招じいれ、茶話を交わしていたらしい。方谷は、作夫が気に入っていた、大いに気に入っていた、と言ってもいいであろう。

【温藉清遠なる老境】　作夫は「月に釣り雲に耕し悠々自適病遂に癒《い》え而《しか》て東国漫遊を企てらる、其際の旅装は尚ほ《なお》丁曲髪《ちょんまげ》にして青打裂羽織《ぶっさきばおり》の古武士風なりき也」。明治五年九月、作夫二十五歳であった。十月に方谷の刑部塾に入っている。「在塾三ヵ月で京都に出ようとしたが、方谷のたっての希望で、さらに四ヵ月、塾頭として研究を続けている。」（引用は森博『二百年後の世界を待つ村上作夫伝』）

方谷が、身近かに引き留めておきたいと思った弟子は二人目である。前には河井継之助を「どうも彼の男は豪ら過ぎる。彼の男を北国辺の役人にするは惜い、此辺（中国）の役人の方がよかろう」と言いつつ、三度跪坐作礼して去る継之助を、いつまでも見送っていた。

村上作夫は、漫遊の途次であったが、方谷の要請に従って、四ヵ月出発を延ばしている。しかも継之助よりは、まとまった印象記を残していて貴重である。

【鋭い批評眼】　前の「雨窓夜話」に少し注を付しておくと、「澄《すま》せと《ど》も清《すま》ず撹（かきまぜ）れども濁らざる深淵なる面影」とは、押せども引けども動かすことができなかった、というほどの意味であろう。勿論学問上のことだが、問えば答はいよいよ深く、発する言葉はいよいよ高く感じられると言うのである。それが温藉《おんしゃ》清遠なる老境のさま、つまり「心広く包容力があってやさしい」ということである。これに就いてはもう少し加筆しておきたい。

村上作夫は、東国漫遊の途次であろうか、徳富蘇峰にも会っていて、『蘇峰自伝』には次のような記述があることを教えられた。

「この人（村上作夫）は備中山田方谷翁の門人で、陽明学をやったと云ふ事であるが、兎に角声がよく、弁舌は更によかった。（中略）なかなか気焔もあり、自ら運ぶところの文章はそれ程とも思はなかったが、文章の評論にかけては、頗る明快、痛切の感を与へた。尠《すくな》く共予は氏に依って、作文に於る新たなる光明を与へられたる感じがした。」（徳富蘇峰『蘇峰自伝』）

蘇峰は、作夫に鋭い批評眼を見ていたのである。

「雨窓夜話」の方谷にふれた短い記述、たとえば「翁の世を出て世を忘れず、世にありて世の外に遊ぶ」などという言葉など、作夫独自の批評眼がよく感じられるであろう。

すでに述べた処だが、方谷を一言で言おうとするのは不可能である。村上作夫は「温藉《おんしゃ》清遠なる老境にして、老いて尚英豪の気衰えず」と言っている。その証として作夫は、富岡寓中の作を挙げている。富岡は備中の南西端笠岡村の東端の地である。明治六年五月、六十九歳の方谷は、富岡を訪れた。

【山田安五郎には会ったのか】　その経緯を、これも余談に渉るが、年譜は次のように述べている。

「これより前、小田県令の矢野光儀は、要務あって上京し内務省を訪れ、内務卿大久保利通に面謁した。大久保は矢野に言った『山田安五郎には会ったのか。小田県を治めるには、政務は山田安五郎に聴かねばならん』と。そこで矢野県令は、おそらく初めて山田方谷の名を知り、小阪部に山田方谷を訪ね、方谷を笠岡に招請した。方谷は弟子岡本巍《たかし》を従えて笠岡の坂本氏邸に滞在した。矢野県令はしばしば坂本邸を訪れ商議した。方谷は物産会社の規則を起案している。」（引注・小田県は、笠岡を県庁所在地とし備中南部と備後の一部を含む当時の県。県令は県知事）

大久保利通、木戸孝允など、明治の元勲は、山田方谷の道徳・文章・経済にわたる雷名をよく知っていて、これを度々新政府に起用しようとしたが、方谷は一切応じなかった。この前年、明治五年にも、すでに新政府に出仕していた愛弟子の三島中洲が、方谷に、新政府への出仕の意向を、改めて尋ねている。村上作夫に、世に用いられるわけでもなく、棄てられたわけでもないと言ったのは、これらのことを指しているようである。

また、老いて世に尽すべき気力もない、といいながら、儒学が勧める済世の業は、身について忘れず、話が持ち込まれれば、厄介な、と思いながらすぐに出かけてしまう。子供がころぶのを見てたすけ起すようなもので、老人の戯れごとなんだよ、などとも語っている。

方谷の温藉《おんしゃ》清遠とは、ただ度量の広さをいうのではない、さまざまな矛盾する性質傾向を抱えながら、それらを見事に統御して平静なすがたである。

五月富岡客中の作

富岡駅から十里の堤が延び

第二十二章　方谷易簀

南へ横たわる長蛇に似ている
首下げて水飲むところ港なり
松林幾群か、間隙《かんげき》に海見ゆ
長短の梢の向こうに島の影
木々の間を帆柱がよぎる
山人我この海辺に遊べば
目新しき景に眼を奪われる
門前の大道県庁に通じ
馬車の官吏カツカツと過ぐ
美酒の酔に鯛料理
都ぶりの音曲に麗人の舞
銘酒佳肴に歌舞音曲も
風塵滾滾《こんこん》たるを如何せん
半月の淹留《えんりゅう》も何の楽しむ所ぞ
衣類汚れるも洗うに川なし
独り楽しむ南海幽趣豊かなるを
漁歌もまた哀調樵歌に劣らず

北山に早速《そうそく》には帰らず
南海にしばし留まり釣蓑《ちょうさ》をまとう

【世にありて世の外に遊ぶ】　村上作夫は、この詩に方谷の「世を出て世を忘れず、世にありて世の外に遊ぶ」趣を見ている。銘酒佳肴をいい、麗人の舞といいながら、すぐに転じて「風塵滾滾《ふうじんこんこん》」というのも、風や塵そのものではあるまい、俗臭紛紛、あるいは俗事山積と受け取った。長々と滞留したが何の楽しみがあったか、といいながら、独り海の幽趣を楽しみ、漁歌に耳を傾け、蓑を着て釣りをしようとしている。

さらに作夫は、方谷が、老いてなお英豪の気の衰えなかったことを指摘している。これはすでに本稿でも、長州征討の折、嗣子耕蔵の初陣を見送りつつ、自らも戦陣に向かおうとするような、気持ちの高ぶりを指摘しておいた。

さらに言えば、これら胸中のさまざまな志向も、方谷十四歳の「述懐」詩に、その根源があった。それら互いに矛盾するさまざまな志向を、統御しつつ「至誠惻怛」にまで高めていったこともすでに述べた。忘れてはならないことは、統御された意識界は、私たちが普通に言う意識界ではなかったことである。それを言葉で説明するのは困難だが、ここまで、霊界、超常界と呼んで来た処である。

3 雲に出没する龍

【閑谷学校再興】　明治六年もまた、方谷の言う「世を済《すく》ふの癖、小児の転びたるをたすけ起す老の戯れわざ」の絶えなかった年である。

話を前年五年に戻すが、旧岡山藩士岡本巍《たかし》、中川横太郎等数人が、方谷を迎えて岡山に学校を起こそうとして、正月方谷を訪れこのことを要請した。方谷はこの件については辞拒したが、逆に言った「皆さんは閑谷学校を再興するつもりはないのですか、再興できれば、私が出かけて行ってもいい」と。（閑谷学校の呼称については、変遷の複雑を避け、現代の呼称に従う）

「閑谷学校は、寛文十年、岡山藩主池田光政の創建に係わり、熊沢蕃山がその創建に与かっていた。爾来二百年、庶民教育の府として歴史を誇っていたが、明治三年始めてこれを閉ざした。方谷先生は、いにしえの賢人が遺した学問の美風を慕い、名校廃絶を惜しんだのである。」（年譜）

これを聞いて、岡本、中井らは、閑谷学校再興に奔走し、旧岡山藩前藩主池田慶政より、二千金の補助を受けて、再興がなり、方谷を招聘《しょうへい》した。

方谷は、これに応じ出発する際には、例のごとく詠詩がある。

「　将《まさ》に閑谷《しずたに》に遊ばんとしこれを賦す

独り杖を引いて閑谷を訪れた／幽邃の地を愛するためだけではない／日本陽明学の祖中江藤樹

の教えを引き継いだ熊沢蕃山《ばんざん》教学の地だ／その遺香に触れたいがため　」

「方谷学を督すること月余、爾後春秋両度来遊を約して還る。去るに臨みて学業の方針を示す」（宮九六四）

《古典の学問は、陽明学の大意をしっかりと講究した上で、朱子学の定評あるものを学ぶこと。儒教はこのようにして、文字訓詁《くんこ》は清《しん》儒学の考証に拠るべきこと。史学は、日本・中国・西洋を次第に順序立てて究読し、この三つの歴史の、歴代推移研究は緊要である。幼少期から地理史学の二科目は第一に教授しなければならない。これも日本・中国・西洋と、順序を乱さず教える事が大事である。漢文は最も力を入れるべきである。ただし学力に応じ、日課として又は月課として、課題を与え、平明達意の文を苦渋せずに書けるよう心がけるべき事。》

【雲に出没する龍】　これは教育すべき項目であるが、むしろ方谷の学識の広さ深さが、覗える。たとえば、中国の史学と言っても、方谷の頭には、歴代王朝の貨幣経済史の細部まで、いつでも取り出せるように、きちんと順序立てて入っているのである。これもすでに述べたところだが、大坂から松山まで、駕籠に揺られながら、それをすべて文章ではなく、漢詩に整えて提示している。しかも駕籠の中では筆記はできなかったであろうから、暗記していたのである。こういう頭脳を何と表現したらいいのか私には分らなかったので、コンピューター的頭脳と、俗っぽい云い方で、つまり詩的ではない言い方で、ごまかすしかなかった。文章にしても、達意、健筆を学ぶと言うが、あの千数百字に及ぶ書簡や文章を、一字の誤字も脱字も訂正もなく、さらさらと流れるように書き上げる才が、どういうものか、想像を超えている。

いわば、怪物じみているとしか言いようのない人物を、なんとか捉えよう、せめてその糸口ぐらいは見いだせないかと努めてきたが、方谷は静かである。冷たい機械のように静かであった。

愛弟子の三島中洲は、方谷先生を龍と言った。雲に出没する龍で、その瞳に、至誠惻怛を点ずれば、方谷になるというのである。

これには驚いたが、実は、わたくしも同じ事をしていたのである。

わたくしもまた、向こう岸で黙って見送っている方谷に、至誠惻怛を点じた。

河井継之助もまた、方谷という至誠惻怛の権化に、跪坐作礼したのだ。

司馬遼太郎が、「峠」を書くための取材に越後長岡を訪れ、河井継之助の人間像を捉えるのに苦労したことを、『歴史と風土』（文春文庫）に書いている。

《長岡に何度か行っているうちに、たまたまモスリン問屋のご隠居のお婆さんに会いましてね。そうとう高齢の人ですが、長岡の町では女傑といわれた人なんだそうで、この人がまだ小さな娘のころに家によく松蔵さんていうのが遊びに来ていたんです。それが継之助の若党で、彼の最後の場面にも登場する松蔵なんです。あの継之助に命じられて泣きながら棺桶をつくった若党ですね。彼は長岡郊外の農家の倅で、なかなか気持ちのいい男だったらしいですね。小娘の目にもいい男に見えたようです。スラッと大きな体をして、割合背が高くて、いつでも紺の匂うような股引をはいている、身ぎれいな男だったらしい。

松蔵さんももう相当な年配だったでしょう。その松蔵さんが、小娘だった御隠居さんをかわいがってくれて、遊びに来ては継之助の話しをしていたんです。彼にとっては、河井継之助というのはもう終世忘れられない、神のような存在だったんでしょうね。》（『峠』のあれこれ）

司馬氏は、「松蔵さんを通して、河井継之助の姿がだんだんに浮かびあがって、見えるようになってきたんです。」と言っている。

真似をしたわけではないが、わたくしには、河井継之助の起坐作礼——その神のごとき崇拝こそ、逆に、山田方谷の人間性を知る手がかりに思えた。それは既に記した。

さて、こう書いてくれれば、この稿も、そろそろ終にしてもいいかと思う、特に書き落としたこともなさそうである。

三つのことだけを書いておきたい。

方谷の、河井継之助遺族への思いやり、旧殿様板倉勝静の長瀬訪問、そして易簀である。

4　茶園の緑芽萌え立つ頃

【河井継之助の遺族】　明治七年になって、方谷は、河井継之助の遺族が、どうしているのかその消息が知りたいと、弟子の三島中洲（毅）に問い合わせている。一月二十八日付書簡の末尾に、「今一条お託し申しおき候、河井生遺族は如何に相なり候やこの消息も承りたく懇望にたえず候。お分かり候はゞ御知らせ願いたてまつり候」とある。（全二二二五　引用者表記改）

三島は、明治五年六月に、朝廷の徴命を受け、小阪部に方谷を訪ねて、新政府に出仕すべきかどうか意見を求めていた。「先生深くこれを賛す」とある。三島は方谷の強い賛同と励ましを受けて上京し、新政府の法官となり、判事となっていた。

年譜は、方谷は「是より前、河井遺族の窮迫を伝聞し、使を遣り、『当方へ御移寓なされては如何《いかが》およばず乍ら御世話申し上げ候』と申し入れしことあり。また河井継之助の碑文を書いて欲しいと依頼されたが、方谷は『碑文《いしぶみ》を書くもはづかし死に後《おく》れ』と詠じて、ついに筆を執ることがなかった。碑文は、後に三島毅が撰している。また旧松山藩士の谷資敬《すけたか》が、明治十二年長岡裁判所に判事として勤務中に、継之助の母および未亡人が、谷に「河井は山田先生を神のごとく尊信し一室に先生の書幅を掲げ、毎朝礼拝して居た」と語ったという。

（引注・谷資敬は、松山藩定詰藩士、方谷の弟子川田甕江に学び、のち方谷に学ぶ。勝静の日光立ち退きに従い、壬生藩御預けとなり苦難を経て松山に帰る。維新後東京控訴院判事となる。『高梁歴史人物事典』による）

【旧藩主勝静公の赦免】　少し時間を遡る。明治五年正月六日、「朝廷は特旨を以て旧藩主勝静公の禁錮を免ず」（年譜）

朝敵として明治二年八月十八日、安中藩へ永預け（終身禁錮）となった身は、ようやく赦免となった。勝静はこれを二月十三日付の書簡（全一六六八）で、方谷に報じている。なお勝静はすでに松叟《しょうそう》と名乗っていた。

《一書申し述べ候。追々春暖相もよおし候処いよいよ御安栄欣喜無量《ごあんえいきんきむりょう》に存じ候。今般拙老儀も御赦免をこうむり誠に以て有難き仕合せに存じ奉り候。これ迄段々御心配くだされ殊に辰年（明治元年）事件のみぎりはひとかたならず御苦心御配慮の程、千万《せんばん》千万深くお察し申し候。まずまずご安心下さるべく候。さて拙老当家引き移り（引注・桑名藩より板倉家へ養子として入る）以来、厚く御教諭、在職中も家政むき厚く御尽力下され候段は誠に謝すところを知らず、恩顧のほど終身忘却いたさず候。何とぞ一度は高梁表へ立ち帰りに相越旧情を相話し申したく候えども、当時県の引き渡し等にて混雑にもこれあるべく、とくと時節を考え相越すべくと存じ候。軽率にも相なりがたくと存じ居り候。この節幽閑の地を選び転宅いたすべくと存じ居り候。段々探索も致し、まずかなりの場所を得申し候。不日引き移り申すべくと存じ候。それゆえ日々俗事に取り紛れ居り候。幸便に任せ何ぞ御贈り申したくと存じ候えども、しかるべき考えもこれなく、この品（引注・寒暖計）珍しからず候えども、これを以て寒暖を測り御攝養専一に存じ候ゆえ、いささか肴料相そえ御贈り申し候。御笑捨下され候はば本懐に存じ候。種々申し述べたき儀もこれ有り候えども今便は省筆致し候。これよりは幸便の節は文通に及ぶべく候。まずは時季御見舞い今般の御吹聴まで、匆匆かくの如くに候不悉。二月十三日　松叟

方谷先生

再白随時折角御自重専一に存じ候、拙老旧に拠り頑健に候間必ず御放念これ有るべく候なり。》

【松叟の長瀬訪問】　文面に少しの陰も留めないのは、赦免の喜びばかりではないように思える。勝静という人は、本来楽天的で、逆境の苦労をいつまでも気にかけることのない、明るい性格だったのではないか。

明治八年、方谷七十一歳。

「一、先生聾疾すこぶる進む。

一、二月、閑谷に赴く、しばしば蕃山山下の草廬に留宿す。

一、四月、旧藩主松叟公、祖廟を高梁に拝し、諸臣を引見し、旧誼《きゅうぎ》を叙《の》ぶ。

先生（方谷）小阪部山中に入りしより、全く世事を謝絶し、復た旧藩城に入らず、ここに至り始めて赴き謁す。旧臣松叟公に酒餐を献ず、先生また陪従す、公次いで先生を長瀬に訪い、滞留三夕に及ぶ。先生感旧の念禁ずること能わず、詩を賦して恩を謝す。」（年譜）

詩は四首ある。全詩を引用したいので、勝手な形での引用となるのを、お断りしておく。原詩は省略し、宮原信の訓読による。

①　乙亥四月。恭しく松叟公の
　　草廬（長瀬）に辱臨《じょくりん》するを奉謝す。

海より深い御恩に、わずかのお返しも出来ませんでした。
時過ぎ大事ことごとく流れ去り、残る身を如何《いか》にせん
天怒り、雲逆巻き
大地荒れ果て、形あるは一片の月のみ
死にぞこないのこの枯骨も、谷底に棄てるべきを
思いがけなくも、わが君、この山奥においで下さろうとは
お恵みの、初夏の爽やかな風
九死の魂に、蘇りの喜びもたらす

（宮一〇三一）

②

奉謝するに一詩を以てするも情未《いま》だ
　尽す能わず。畳韻《じょういん》再び呈す。
嗚呼思い返せば幾たびかご恩に背きしことあり
死に直面しても、御賜与の短刀を手にすることは在りませんでした。
征夷大将軍の権威凋落
浪速の濁水を去って東帰なさいましたが
新世界は、万国和親の時
老拙は、昔変らぬ故山に隠れ住むも
詩、悲しみ嘆き多きを咎めるなかれ
我は、尚お日本古武士の魂

（宮一〇三二）

③

　松叟老公草廬に辱臨し、留宿三夕
　この二絶を賦して、その帰を奉送す
粗末な山荘にお越し下さりしは、夢か現か
昔に変る質素なお姿に、涙あふれる
天老い、地荒れ、十年の時流れ去りました

されど、草深き山里、遺臣まだここにあり　（宮一〇三三）

④　存亡危急の秋《とき》を乗り越え、ここにお迎えするは
今や、十畝の茶園を経営なさる新主人
旧臣強いては殿様をお引き留め致しませぬ
南風薫り、茶園の緑芽《りょくが》萌え立つ頃なれば　（宮一〇三四）

訳語の拙劣は措いてもらうが、四詩に流れる、爽やかなものを感じないであろうか。

これは方谷の達した境地の爽やかさだと思う。「我は、尚お日本古武士の魂（尚《な》お是《これ》当年の日本魂）」（括弧内は原詩訓読）。方谷の信念が古く見えるのは、日本古来の伝統を引き継いでいるからである。しかし、それが新しいのは、方谷が至誠という伝統をみずからの血肉と化したからである。彼は幼児にむかって、同じ事を三十回も読み聞かせて倦《う》まない。彼が教えたのは、「商売往来」ではない、至誠であったというべきであろう。

旧藩主板倉勝静は、かつての臣下にして、今は、はばかることなく方谷先生と呼び、その側に居られることを喜んだであろう。まことに方谷先生は、板倉藩の守り神であった。すべて板倉藩も我が身も、先生が居ればこそ、であった。三夕の滞在も、余りにも短かったであろう。

方谷は、この殿様が、今は茶園の新主人となったのを、祝福して送り出している。

「南の薫風が吹き始めたではありませんか、さあ行って、あなたの茶園の、薫り高き緑芽《りょくが》をお摘みなさい。」

5 春服既に成り

【山田方谷の易簀】　明治九年　方谷七十二歳

この歳、七月には閑谷《しずたに》学校を訪れている。方谷の閑谷行は、これを以て終わった。

八月には作州真賀温泉に出かけている。あるいはこの頃から、体調の異を覚え始めていたのであろうか。九月までは「諸生を教授すること常のごとし」と年譜は言うが、「時に暑甚だし。偶々腫疾（慢性水腫）に罹り、手足稍腫《ややはれ》る。」として、病床に就いたことが窺われる。

「十一月一日、旧藩主松叟公特旨を以て従五位に叙せらる。先生に書を賜うて曰《い》う、『先般は拙老儀特旨を以て叙位仰せ付けらる。まことに存じ寄らざる儀、天恩のほど有難き仕合わせに存じ奉り候』とあり。先生病褥《びょうじょく》にあり起坐して言う、『百薬の効も一報を聞くの快に及ばず』と。」（年譜）

十二月、方谷の姻戚で、後援者でもあった矢吹久次郎が死去した。

方谷の病勢も、この頃すこぶる進んでいた。

ちょうど年末で、塾生も帰郷するものが多かった。

方谷は詩を賦したが、みずから筆を採ることもできなかったようで、代筆させている。

これが方谷の最後の作品となった。

明治九年の冬。予腫疾《しゅしつ》に罹《かか》り、病勢大いに激しく塾徒の勉強を視ることができない。しかれども年少の生徒の勉強を視る監督生の数人は良く指導し、生徒たちも又よく努力している。今は年末である。学生たちはそれぞれ帰省して行く。皆やって来て別れの挨拶をしてくれる。そこで病苦を忍んでこの詩を賦して喜びを言い、諸士にも示そうとしたが、みずから筆を執ることができない。代書させた。

病魔が、私の衰えを侮《あなど》り、
冬の寒さに乗じて忍び込んできた。
七十の老夫、力も尽き果てている
塾生たちの勉強を視てやることもできない
嬉しいことに、監督生が努めて私を助けてくれる
課程を正しく定め、進捗を図っている
長幼の順序守り、段階を追って進む
成童は肩を並べ和やかに、小童はそれに従う
雪の朝も早朝より窓を開け、霜の夜も燈火親しみ
早朝の誦読、夕べの読書といささかの怠りもなく

進歩はかえって普段の二倍も進んでいる
嗚呼、意志強く困難を乗り越えることかくの如し
皆協力し言いつけを守り和やかなることかくの如し
しっかりと協和の徳を尊べば
万事不可能なるはなし
雨雪降りしきり、歳暮れなんとしている
塾生みな父母の元に帰り行く時
荷物を肩に、霰のように四方に散りゆく
それぞれ、病床に来たりて別離を告ぐ
この離別、おそらくは尋常の分れにあらず
わが心の喜びをしかと言葉に載せようとするが
どうしようもない、病がそれを阻《はば》むのだ
一言二言口にしても神経が疲れ果ててしまう
諸君が再び帰ってくる時には、病も良くなっていよう
塾舎に吹き入る春風の中で、喜びを語ろう
それは、孔子様が嗚呼《ああ》と感嘆賛同した「春服既に成り
舞雩詠帰《ぶうえいき》」の、みなで和やかに楽しむ頃なのだよ

（宮一〇五六）

明治九年師走に、方谷は、右の漢詩を賦して、侍者に書き取らせた。みずからは、筆を執ることはできなかった。生涯最後の詩である。

この遺詠の最後で、方谷が触れている「舞雩《ぶう》詠帰」（舞雩《ぶう》帰詠、浴沂《よくき》詠帰とも）について、少しく注記が必要であろう。これは、『論語』の先進第十一章にあって、『論語』の中で一番長い文だそうである（新釈漢文大系）。要約すると、

「孔子が、四人の弟子の、子路《しろ》、曾晳《そうせき》、冉有《ぜんゆう》、公西華《こうせいか》に囲まれて、静かに話し合っている。孔子の晩年は不遇であった。孔子が弟子たちに問うた、『君たちはいつも、世に認められていないから、政事にかかわる仕事は、何ごともすることができないと云っているが、君たちが世にみとめられたら、君たちは何を行うのか』と。

孔子のこの質問に答えて、弟子たちは、めいめいの治国安民の抱負を語る。しかし、曾晳《そうせき》だけが、黙して語らなかったが、孔子に促されて、私は全く違った考えを持っているとして、こう答えた。『暮春には春服既に成り、冠者五六人・童子六七人を得て、沂《き》（首都にある川の名、又は温泉とも）に浴し、舞雩《ぶう》に風して（雨乞《あまごい》の祭をする土壇で涼み）、詠じて帰らん」と。孔子、これを聞き「喟然《きぜん》として歎じて曰《い》わく、吾れは点《てん》（曾晳）に与《くみ》せん」と云った。（原文引用は岩波文庫版『論語』より）

右に原漢文訓読の引用の中で、わたくしの気にかかっていたのは、「暮春ニハ春服既ニ成リ」であった。古代中国の孔子の時代、書物はすべて竹簡と呼ぶ、竹の小さな板に書かれ、革の紐で綴じ

合わされていた。そのため、余計な文字を書く余裕はなく、文章は必要最小限の文字だけに留められたという。すると「春服既に成り」は、ちょっと状況描写も加えたなどという、決して不必要な言葉ではなく、文構成上必要欠くべからざる文字だったはずである。

孔子は、弟子たちの政治上の抱負ではなく、曾皙の「春服既に成り、舞雩《ぶう》に風し、詠じて帰る」という言葉に、「嗚呼」と声をあげて詠嘆し、賛同の意を表わした。

政治上の抱負とは、儒学の究極の目的とされている治国安民、あるいは済世救民である。だが、孔子はそれではなく、「舞雩《ぶう》詠帰」の風雅な遊びをこそ採りあげた。こちらこそ、孔子の理想だったわけである。すると、舞雩詠帰の風雅は、国を治め民を安んじた、さらにその先にあるものだと云っても良いことになろう。なぜならば、「春服既に成り」とは、安民の業成就の象徴であろうから。そうでなければ——民の生業が豊かでなければ、春服は、容易に成ることはないであろうから。

山田方谷は、早くから、舞雩《ぶう》詠帰、つまり「春服既に成り、舞雩に風し、詠じて帰る」を、みずからの理想としていた。詩文の中でも、管見では二度ほどこれを取上げている。

最初は、文久元年三月、江戸市中に吐血して倒れ、その冬、作州湯原温泉に療病逗留中の作に、「詠帰尚お舞雩の興あり」の句が見えている（宮六五六）。

も一つは、やはり文久元年の八月、「創業と守成」を語って、弟子たちに送った書簡の中に、次の一節があった。

「春の耕作は、秋の収穫に終わり、これを創業とすれば、穀倉満ちて後、衣服を製し、飲食を供し、鬼神をお祭りし、賓客をもてなし、敬い慎む心が広まり、どの家族も一家心を通わせるようになる。これが守成に当たるだろう。そういう世を私は願っているのだ。」（年譜文久元・八月より、引用者意訳。原文は〈宮一一九〉）

ここには、「舞雩詠帰《ぶう》」を示す言葉はない。「春服既に成り」が、方谷の「衣服を製し」に通じているかと思わせるだけだが、わたくしは、方谷は藩政改革を治国に、守成を、改革成就の後にやってくる「舞雩詠帰の風雅」に擬《なぞら》えていると思う。

言い換えれば、この風雅こそ、方谷が求めた理想であった。

さらに言えば、風雅は、方谷の隠逸志向、山林への憧れに通じていると思う。彼は生涯この憧れを追い求めた。その実現の最初は、彼が自分を、山奥で千年の眠りをむさぼる蝸牛に擬えた、有終館学頭時代の「陸沈」である。次いで五十五歳での長瀬移住であり、六十歳で瑞山の頂上に、世を逃れた。

明治維新のいわば革命期、方谷は一度は死をも決意したが、動乱が治ると、長瀬を去りさらに奥地の小阪部に移住した。ここは彼が、すでに亡くなった人々の霊魂と親しみ慰める地であり、且つ、将来を担う若人を教育し親しむ地であった。

では、ここが、方谷の山林志向実現だったのであろうか？

そうではあるまい。方谷は「さて、私はついに仙人にはなれなかった」と告白していたではないか。十四歳にして「田野の趣を詩に写せば、心はいよいよ詩情にひかれ」と詠った、方谷の隠逸志向は、「舞雩詠帰」の夢を残したまま、みずから筆を採る力も失せたまま閉じられようとした。

そして方谷には、いわばもう一つの易簀があった。風雅の夢は閉じられたとしても、方谷の頑健な体力は、さらに半年の生命を維持させた。

十四歳の「述懐オリジナル」を思い出して欲しい、「詩情」と共に、「世を救う大志を慕いながら」とも彼は詠じていたのである。こちらは、隠逸とは逆に、世間に生きる者としての義務である。方谷は、隠逸と、済世という、相反する志向を同時にかかえていた。

その大志の実現においても、方谷は理想的な成功を収めていた。当時、藩政改革において、備中松山藩ほど見事な成果を上げた例は他にはない。さらにその成功に対する、方谷の終始変らぬ謙虚で誠実な態度も無類である。このように世間に生きた実務家としての易簀は、隠逸あるいは詩情の人としてのそれとは、おのずから異なっていた。

明治十年六月二十六日のことである。

「其易簀《そのえきさく》ニ瀕《ひん》スルヤ、家人ニ命ジテ枕上《ちんじょう》ヲ洒掃《さいそう》セシメ、案上《あんじょう》香ヲ焚キ、松叟《しょうそう》公嘗《かつ》テ賜ヒシ所ノ短刀小銃及ビ王陽明全集ヲ安置セシム。又嘗テ（松叟）公ニ供セシ寝裀《しんいん》ヲ覆ヒ、悠然トシテ逝《ゆ》ク」（年譜）。

午前八時であったという。
法号「方谷院深文純徳居士」。

山田方谷——至誠惻怛の人—— 了

主要参考文献　（直接引用したもののみ）

「山田方谷全集」　山田準編　山田方谷全集刊行会　昭和二十六年
「魚水実録」　国分胤之編　旧高梁藩親睦会　明治四十四年
「昔夢一斑」　国分胤之　旧高梁藩親睦会　昭和三年
「山田方谷」　山田琢　明徳出版社　平成十三年
「天皇の世紀」　大佛次郎　朝日新聞社　平成十八年
「大佛次郎追悼」（『小林秀雄全集』収録）　新潮社　平成十四年
「未公開講演記録　司馬遼太郎が語る日本」　司馬遼太郎　朝日新聞社
「『峠』のあれこれ」（『歴史と風土』収録）　司馬遼太郎　文春文庫
「峠」　司馬遼太郎　新潮文庫　平成十五年
「山田方谷の詩――その全訳」　宮原信　明徳出版社　昭和五十七年
「哲人・山田方谷とその詩」　宮原信　明徳出版社　昭和五十三年
「炎の陽明学――山田方谷伝」　矢吹邦彦　明徳出版社　平成八年
「ケインズに先駆けた日本人」　矢吹邦彦　明徳出版社　平成十年
「山田方谷の文」　浜久雄　明徳出版社　平成十一年
「雨夜譚」　渋沢栄一　岩波文庫　昭和五十九年

「宋名臣言行録」　梅原郁編訳　筑摩書房　平成二十七年

「易経」　新釈漢文大系　明治書院　昭和六十二年
「論語」　新釈漢文大系　明治書院　昭和三十五年
「佐久間象山」　大平喜間多　吉川弘文館　昭和三十四年
「臨死体験」　立花隆　文藝春秋　平成六年
「哲人　山田方谷」　三島復　山田方谷顕彰会　平成十八年
「備中聖人　山田方谷」　朝森要　山陽新聞社　平成七年
「幕末の閣老板倉勝静」　朝森要　福武書店　昭和五十年
「岡山県史」　岡山県史編纂委員会編　平成元年
「備中松山藩『快風丸』」（『高梁川53号』所収）　高見彰
「水上の杯」　栗谷川虹　作品社　平成二十四年
「阿部正方公」　福田祿太郎　私家版　昭和一年
「幕末政治家」　福地櫻痴　東洋文庫　平成元年
「幕府衰亡論」　福地櫻痴　東洋文庫　昭和四十二年
「塵壺」　河井継之助　東洋文庫　昭和四十九年
「河井継之助伝」（復刻版）　今泉鐸次郎　象山社　昭和五十五年
「一外交官の見た明治維新」　アーネスト・サトウ　坂田精一訳　岩波文庫　昭和三十五年

主要参考文献

「高梁歴史人物事典」　佐藤享編・発行　平成十八年
「三条実美公年譜」　宮内省図書寮編纂　宗高書房　昭和四十四年
「京都守護職日誌」　菊池明編　新人物往来社　平成二十年
「近世日本国民史」　徳富蘇峰　時事通信社　昭和四十年
「蘭疇自伝」　松本順著　小川鼎三校注　東洋文庫　昭和五十五年
「骨は語る　徳川将軍・大名家の人々」　鈴木尚　東京大学出版会　昭和六十年
「昔夢会筆記」　大久保利謙校訂　東洋文庫　昭和四十一年
「藤陰舎遺稿」　関藤藤陰　関藤邦助編私家版　明治四十四年
「艱難実録」　辻七郎左衛門　高梁市郷土資料刊行会　平成四年
「山田方谷」　伊吹岩五郎　順正高等女学校清馨会　昭和五年
「増補版　高梁市史」　高梁市史編纂委員会　高梁市　平成十六年
「大漢和辞典」　諸橋轍次　大修館書店　昭和三十五年
「ことわざ大辞典」　尚学図書編　小学館　昭和五十七年
「日本歴史大事典」　小学館　平成十三年
「国史大辞典」　国史大辞典編集委員会編　吉川弘文館　平成九年
「日本史総合年表」　加藤友康他編　吉川弘文館　平成十三年
「日本国語大辞典」　日本大辞典刊行会編　小学館　昭和四十七年

あとがき

山田方谷のことを書いてみたいと思ったきっかけは、高梁市歴史美術館に展示されていた、方谷自筆の、四メートルに及ぶ長尺の書簡であった。流麗にして雄渾な文字列が、寸分の狂いもなく並んでいる。定規をあてて書いたのですかと、学芸員に聞いてみたら、文字列には、わずかにずれた所もあって、定規はあてていないと思うと云う返事であった。方谷には、こういう書簡が何百通もあるのだという。しかも誤字脱字訂正欠字などは一切無い。活字に起こしたものでざっと数えて、行数一九四行、文字数二六四八字であった。宛名は平野耕之助、日付は慶応三年八月十八日である。平野は美作津山の商家だと聞いている。幕末最後の秋——大政奉還二ヶ月前である。方谷の心境が、三首の漢詩によって伝えられている。こういうまごころと思いやりのこもった芸術品のような書簡を書く人とは、どういう人であったか、その肉声を聞きたいと思った。

六十年も昔、私が評伝を書き始めた頃、その人の全集は二回読めと言われた。方谷に関しては、これはもう実行し難かった。耳目衰え、旧版の大漢和辞典は、大きな天眼鏡がなければ読めず、方谷全集の漢詩文の細字は、拡大コピーしなければ、文脈がたどれなかった。講座などでの経験から、漢詩文はすべて、意訳による他はなかったが、多々御批判もあるであろう。私としては方谷人間像探求の入り口をうろついたに過ぎない。書き終えて、山田方谷とは？　と聞かれたら、国分胤之に借りて「先生は全く天与の御家保護神なり非凡の大材を抱き清廉潔白勤勉忠実にして綿密深切細大周到なり」と答える他はない。一言で、と言われたら、やはり「至誠惻怛《しせいそくだつ》の人」であろうか。

（虹記）

栗谷川 虹（くりやがわ こう）

昭和12生まれ　長野県出身。岡山県笠岡市在住。早稲田大学文学部中退。著述業。（本名宇江誠）

〔著作〕

『気圏オペラ —— 宮沢賢治『春と修羅』の成立 —— 』（双人社）（s51）、『宮沢賢治 見者（ヴォワイヤン）の文学』（洋々社）（全国学校図書館協議会選定図書）（s58）、『木山捷平さんと備中』（岡山・吉備の国文学賞優秀賞）（h3）、『木山捷平の生涯』（筑摩書房）、『宮沢賢治童話集・インドラの網』（角川文庫）解説執筆、『宮沢賢治 異界を見た人』（角川文庫）、フランス語訳『宮沢賢治童話集・ひかりの素足』（Le Plumes）序文執筆、『備中の二人』（第4回岡山・吉備の国文学賞優秀賞）（h10）、『露けき夕顔の花 —— 詩と俳句・木下夕爾の生涯』（みさご発行所）、『白墓の声 —— 横井小楠暗殺事件の深層 —— 』（新人物往来社）（h16）、『茅原の瓜 —— 小説関藤藤陰伝・青年時代』（作品社）（第7回岡山・吉備の国「内田百閒文学賞」長編部門最優秀賞）（h16）、『四方の波 —— 小説関藤藤陰伝・壮年時代』（作品社）、『水上の杯 —— 小説関藤藤陰伝・老年時代』（作品社）、『随筆集　大根の葉』（みさご発行所）（h25）、『宮沢賢治の謎をめぐって』（作品社）（h26）、小冊子『緒方洪庵 —— その易簀』（みさご発行所）、小冊子『古川古松軒 —— 雲霧につつまれた地理学者』（みさご発行所）、令和元年　第20回ワコー文化賞授賞

山田方谷　至誠惻怛の人

令和三年九月一〇日　初版印刷
令和三年九月一六日　初版発行

著者　栗谷川虹
発行者　佐久間保行
発行所　㈱明徳出版社
〒167-0052 東京都杉並区南荻窪一-二五-三
電話　〇三-三三三三-六二四七
振替　〇〇一九〇-七-五八六三四

印刷・製本／㈱明徳

 ISBN978-4-89619-303-9